대의 단의 타파
무방법의 방법

1. **Shattering the Great Doubt**: The Chan Practice of Huatou
2. **The Method of No-Method**: The Chan Practice of Silent Illumination

By Chan Master Sheng Yen

Published by Shambhala Publications, Inc., Boston, Massachusetts, USA

1. Copyright ⓒ 2009 by Dharma Drum Publications
2. Copyright ⓒ 2008 by Dharma Drum Publications
Korean translation rights ⓒ 2010 by Tamgusa Publishing

Printed in Seoul, Korea

This Korean edition is published under arrangement with Shambhala Publications Inc., through Sybille Literary Agency, Seoul.

이 책의 한국어판 저작권은 시빌 에이전시를 통해 Shambhala Publications Inc.와의 계약에 의해
도서출판 탐구사에 있습니다. 저작권법에 의해 보호되는 저작물이므로,
책 내용의 전부나 일부를 무단 전재하거나 복사하는 것은 허용되지 않습니다.

성엄 선사(聖嚴禪師) 말씀 | 대성(大晟) 옮김 성엄선서 4

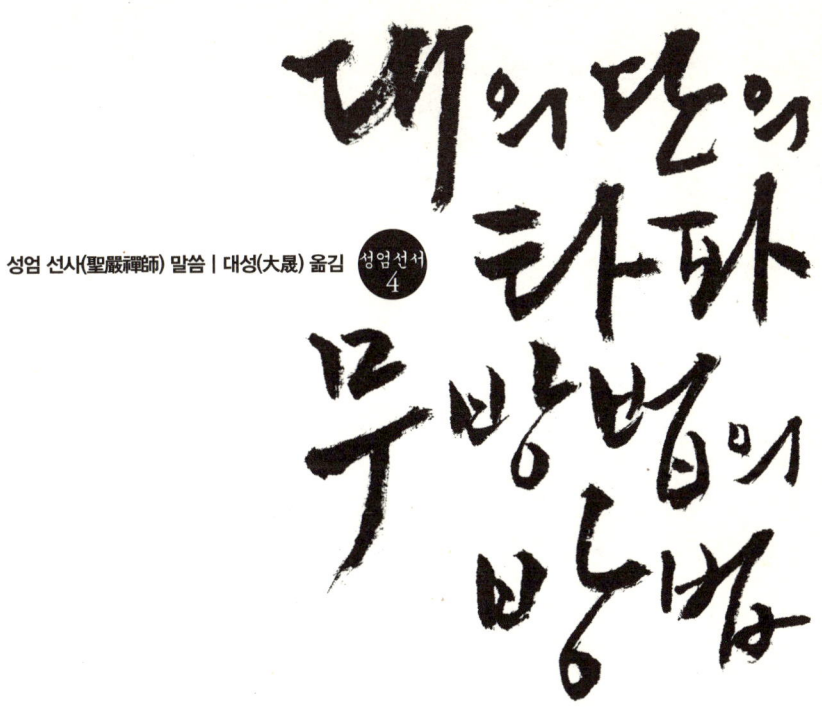

대의단의 타파
무방법의 방법

화두선과 묵조선의 요체

탐구사

옮긴이 • 대성大晟

일찍이 라마나 마하르쉬와 니사르가닷따 마하라지 관련 서적들과 허운 선사의 『참선요지』와 『방편개시』, 감산 대사의 『감산자전』을 번역했다. 최근에는 성엄 선사의 『마음의 노래』, 『지극한 도는 어렵지 않다』, 『지혜의 검』을 우리말로 옮겼다.

성엄선서 4

대의단의 타파, 무방법의 방법
화두선과 묵조선의 요체

초판 1쇄 발행   2010년 7월 27일
　 2쇄 발행   2011년 2월 28일

지은이 | 성엄선사(聖嚴禪師)
옮긴이 | 대성(大晟)
펴낸이 | 이효정
펴낸곳 | 도서출판 탐구사

등록 | 2007년 5월 25일 제208-90-12722호
주소 | 121-854 서울 마포구 신수동 93-114(4층)
전화 | 02-702-3557   FAX | 02-702-3558
e-mail: tamgusa@korea.com

값 18,000원
※ 잘못된 책은 바꾸어 드립니다.

ISBN 978-89-89942-23-8 04220
　　　978-89-89942-13-9(세트)

차 례

제1권 대의단大疑團**의 타파** – 화두선話頭禪의 요체

편자 서문 • 11

제1부 화두법 해설

1. 화두법話頭法 • 16
   - 화두를 발견하기 • 16
   - 염불 • 19
   - 새의 두 날개와 같이 • 22
   - 화두 수행의 단계들 • 29
   - 의정을 일으키기 • 34
   - 화두 수행의 의미 • 39
   - 호흡을 관하기 • 18
   - 자기 자신을 알기 • 20
   - "무엇이 무無인가?" • 28
   - 화두를 참구하기 • 32
   - 몸과 마음의 현상들 • 38
   - 직접 관법 • 44
2. 수행 • 47
   - 수행의 의미 • 47
   - 「신심명信心銘」 • 52
   - 계율을 지키기 • 60
   - 참회 • 65
   - 언제 또다시 기회가 오겠는가? • 50
   - 문 밖의 빛과 소리 • 55
   - 근면과 겸손 • 62
   - 확신, 결의, 장원심長遠心 • 70
3. 중도中道 • 75
   - 수행과 중도 • 75
   - 근본무명 • 80
   - 보살과 출리出離 • 87
   - 선을 수행하는 마음자세 • 92
   - 공空 • 99
   - 화두와 중도 • 78
   - 올바른 견해 • 84
   - 사홍서원四弘誓願 • 89
   - 마음을 비우기 • 94

제2부 화두 수행 강해

1. 초심수오법요初心修悟法要 – 감산덕청 선사 법어 강해 • 106
   - 삶의 취약성 • 108
   - 금강검으로 망상을 죽이기 • 113
   - 초심初心 • 120
   - 만 명의 적과 싸우기 • 131
   - 기법의 핵심 • 111
   - 의정을 일으키기 • 115
   - 영하 27도에서 '무'를 닦기 • 129

2. 『선관책진禪關策進』 중에서 – 황룡오신 선사 법어 강해 • 138
   - 선업의 잠재력 • 139
   - 말과 언어를 넘어서 • 146
   - 업식業識 • 152
   - 의심의 3단계 • 161
   - 지옥의 문턱에서 • 164
   - 정진 • 174
   - 사람 몸 받기의 어려움 • 141
   - 마음과 몸: 자아의 두 측면 • 150
   - 대의단의 타파 • 154
   - 일상생활 속에서의 대의단 • 163
   - 지혜의 검 • 171

3. 부처는 중생들을 위한 약이다 – 대혜종고 선사 법어 강해 • 177
   - 자아를 긍정하기 • 178
   - 무無와 불성 • 184
   - 무수한 것들을 비우기 • 195
   - 깨달음 도상의 단계들 • 206
   - 지혜를 발현하기 • 180
   - 부처와 마왕 • 190
   - 진여 • 200

4. 생사대사生死大事 – 대혜종고 선사 법어 강해 • 211
   - 생사대사 • 214
   - 모든 상황에서 진입하라 • 222
   - 선불장選佛場 • 217
   - 집을 본래 자리로 돌려놓기 • 226

제2권 무방법無方法의 방법 – 묵조선默照禪의 요체

편자 서문 • 233
영역자 머리말 • 237

제1부 묵조 수행

선칠을 시작하기 전에 • 250
   저녁 법문: 묵조의 방법 • 250

첫째 날 • 255
   아침 법문: 무상無常 • 255   오후 법문: 묵조법의 주안점 • 257

둘째 날 • 262
   아침 법문: 몇 가지 공통적인 문제 • 262   오후 법문: 묵조의 단계들 • 265

셋째 날 • 271
   아침 법문: 공空과 무아無我 • 271   저녁 법문: 완전히 현재 속에 있기 • 275

넷째 날 • 279
   새벽 법문: 바른 견해와 수행 • 279   아침 법문: 무아 • 280

다섯째 날 • 289
   새벽 법문: 보리심을 발하기 • 289   아침 법문: 묵조의 세 번째 단계 • 294

여섯째 날 • 297
   새벽 법문: 일상생활 속의 묵조 • 297   아침 법문: 직접 관법 • 301

일곱째 날 • 303
   오후 법문: 참회 • 303

선칠을 마치며 • 307
   새벽 법문: 감사, 회향, 보시 • 307

제2부 굉지 선사 법어 강해(上)

『굉지선사광록宏智禪師廣綠』에서(1) • 312
첫째 날 저녁 강해: 큰 활용은 걸림이 없다 • 316
    비춤 • 318　　　　　　　　묵연함 • 320
    묵연함과 비춤의 통일 • 321
둘째 날 저녁 강해: 본체를 파악하라 • 331
셋째 날 저녁 강해: 마음 밭을 갈기 • 338
    웃자란 풀을 뿌리 뽑기 • 340
넷째 날 저녁 강해: 황소 마음이 속박을 벗어나다 • 349
    황소-마음이 환경에 반응하다 • 352
다섯째 날 저녁 강해: 법 음식 • 355
여섯째 날 저녁 강해: 처처에서 만물이 있는 그대로 현현하다 • 360

제3부 굉지 선사 법어 강해(下)

『굉지선사광록宏智禪師廣綠』에서(2) • 374
첫째 날 저녁 강해: 묵조의 상태 • 376
둘째 날 저녁 강해: 묵연함은 자아가 없는 것이다 • 382
셋째 날 저녁 강해: 환경과 하나 되어 좌선하기 • 388
넷째 날 저녁 강해: 본래의 청정한 마음 밭 • 393
다섯째 날 저녁 강해: 이 자아를 곧바로 포기하라 • 401
여섯째 날 저녁 강해: 모든 일의 오묘한 작용 • 405

옮긴이의 말 • 411

제1권

대의단의 타파

화두선의 요체

편자 서문

　성엄 스님은 1998년 가을부터 2006년 가을까지 1년에 두 차례씩 미국에서 화두선 수행의 선기禪期(선칠禪七이나 선십禪十)를 주재하셨다. 이 선기는 뉴욕 주 파인부시에 있는 상강도량象岡道場(Dharma Drum Retreat Center)에서 행해졌다. 성엄 스님은 낮 동안에는 화두 수행에 관하여 법문을 하시고, 저녁에는 화두 수행에 관한 옛 선사들의 문헌에서 뽑은 텍스트를 강해하셨다. 중국어로 하신 이 즉석 법어는 영어로 그 자리에서 통역되고 녹음되었다. 그리하여 성엄 스님이 서양에서 주재하신 화두선 선기로는 필시 마지막이 될 선기를 주재하신 2006년 말까지, 상강도량은 한 가지 주제에 관한 상당량의 법문을 축적했다. 그 주제란, '자신의 본래면목 보기'—다시 말해서, 자신의 본래적 지혜 깨닫기라고 하는 이 단순하면서도 붙잡기 어려운 방법을 어떻게 수행할 것이냐 하는 것이다.
　화두에 관한 스님의 가르침을 토대로 영어책을 한 권 만들기로 결정했을 때, 그 가르침 시리즈 중 첫 번째와 마지막 법문을 넣고, 그 중간에 하신 두 가지 강해로써 그것을 심도 있게 마무리하는 것이 좋을 듯했다. 그래서 우리는 네 차례의 선기를 골랐는데, 1998년 가을, 1999년 봄, 1999년 가을 그리고 2006년 가을이 그것이다. 이 중 첫 번째 것은 7일간의 선칠禪七이고, 나머지 것들은 10일 간의 선십禪十이다. 우리는 이

네 번의 선기 법문에 화두법에 관한 성엄 스님의 충분하고 확정적인 가르침들이 다 들어 있다고 믿는다.

이 네 번의 선기는 약 37일에 걸친 선기 법문과 어떤 때는 하루에 두 번 이상 하신 법문을 포함하므로, 영어로 옮겨쓰기 한 내용 가운데서 신중하게 선별하여 이 방법에 관한 성엄 스님의 가르침을 충분한 깊이와 폭으로 수록하되 중복되는 말씀은—그것도 유용하기는 하지만—적당한 선에서 그치게 하였다. 이러한 편집 과정의 결과 이 책은 두 부분으로 나뉘게 되었다. 제1부는 낮에 하신 법문들 가운데서 선별했고, 제2부는 저녁에 하신 강해들 전체를 수록했다. (역사적 정확성을 기하기 위해, 우리는 이 책의 각 장이 어느 선기 때의 것인지 알 수 있도록 출처를 밝혔다. 14쪽 참조-역자.)

우리는 제1부에서 낮 법문을 시간적 순서에 따라 엮지 않고 각 법문을 독립적인 가르침으로 제시하려고 노력했다. 그러면서도 그 장들은 기초에서부터 수행과 마음자세의 문제들에 이르기까지 자연적인 순서를 따르고 있다. 바꾸어 말해서, 이 책을 마치 화두법의 매뉴얼인 양 읽을 필요나 이유는 없다. 여하튼 이것은 그런 매뉴얼은 아니다. 여기 선별 수록한 법문들은 일별日別 기록이기보다는 같은 주제에 관해 말씀하신 여러 가닥의 가르침들을 직조하여 만든 태피스트리(다색무늬 직물)에 가깝다. 한편 제2부의 저녁 강해는 텍스트를 따르기 때문에, 원래의 순서대로 되어 있다.

우리가 화두를 수행해야 할 이유와 그 방법을 본서가 자세히 제시하고 있기는 하지만, 이 책을 자가 학습의 매뉴얼로 간주하는 것은 잘못일 것이다. 오히려 본서의 의도는 화두법을 그 지극히 단순하면서도 복잡한 모습 그대로 제시하여, 수행자들은 물론 지도 법사들에게도 지침이 될 수 있게 하려는 것이다. 일반적인 선 수행, 특히 화두 수행을 해 보지 않은 사람들에게는 이 방법을 가르치는 선사나 법사를 찾아가는 것이 좋은 출발점이 될 것이다.

2008년 성엄 스님께서는 서양에 건너가는 일은 그만두겠다고 선언하셨고, 지금은 대만의 진산현에 있는 법고산法鼓山에서 사람들을 지도하고 계시다.* 당신이 미국에 사시는 동안 화두에 관한 이 책을 포함하여 귀중한 가르침을 많이 남겨주신 것은 실로 우리에게 큰 행운이 아닐 수 없다.

우리는 또한 불도佛道를 형성하는 고대의 전통 안에서 영적인 성장을 위한 새로운 지평들을 발견하고 있는 서양 독자들을 위해 이 책을 간행해 준 샴발라 출판사에도 깊이 감사드린다.

2008년 뉴욕에서
어니스트 호(Ernest Heau)

수고한 분들

스승: 성엄 선사
통역: 궈구果谷(지미 위俞永峰)
옮겨 쓰기: 브루스 리컨바허, 스테이시 폴래코
편집: 어니스트 호
교열: 궈구(지미 위)
출판: 아이리스 왕(王翠嫄)

---

* (역주) 성엄 스님은 2009년 2월 3일 법고산에서 입적했다.

법문의 출처

성엄 선사가 이 책의 바탕이 되는 법문과 강해를 베푼 네 차례의 선기禪期에 대하여 편의상 R1부터 R4까지 번호를 붙였다. 제1부 "화두법 해설"의 각 절에는 그 법문이 어느 선기 때 한 것인지를 말해주는 이들 번호가 붙어 있다. 제2부 "화두 수행 강해"의 각 장은 수록한 순서대로 R1, R2, R3, R4에 한 강해들이다.

R1: 1998. 12. 25–1999. 1. 1.
R2: 1999. 5. 29–1999. 6. 6.
R3: 1999. 12. 24–2000. 1. 1.
R4: 2006. 11. 24–2006. 12. 2.

제1부

화두법 해설

1. 화두법(話頭法)

화두를 발견하기 R2

선禪(Chan)의 모든 가르침은 하나의 목적을 가지고 있는데, 바로 해탈입니다. 하지만 역대 선사들의 가풍에 따라 선은 다양한 모습을 보였습니다. 모든 선사들 중에서도 6조 혜능慧能(638~713)의 가르침이 선 전통의 토대를 확립했습니다. 물론 그의 가르침은 인도 승려였던 보리달마菩提達摩(?~536?)를 통해 인도까지 거슬러 오를 수 있습니다. 보리달마는 훗날 선종의 초조初祖로 불리게 됩니다. 혜능 이후 선종에서는 역사적으로 중요한 다섯 종파가 생겨났지만, 그 중에서 지금은 조동曹洞(Caodong)과 임제臨濟(Linji) 두 종파만 살아남았습니다. 일본에서는 선이 젠禪(Zen)으로 되고, 조동은 소토曹洞(Soto), 임제는 린자이臨濟(Rinzai)가 되었습니다. 화두법(huatou method)에 대한 일반적 관념은, 그것이 임제종 계열의 독특한 면모이고 다른 선의 종파는 이 방법을 가르치지 않는다는 것입니다. 이것은 적어도 중국에서는 잘못된 견해입니다. 모든 종파가 이 방법을 사용하기 때문입니다. 그러나 선의 전통에서 이 방법에 특별한 지위를 부여한 분은 대혜종고大慧宗杲(Dahui Zonggao, 1089~1163) 선사라고 말해도 무방합니다. 거의 같은 시기에 조동종의 굉지정각宏智正覺(Hongzhi Zhenjue, 1091~1157) 선사는 묵조선默照禪을 제창하고 있었습니다. 물론 그의 어록에서는 그 자신도 화두법을 사용한 것처럼 보이지만 말입니다. 이 두 방법 모두 각 종파 선사들의 전법傳法을 통해 오늘날까지 존속하고 있습니다.

화두법은 '공안公案'과 밀접히 연관됩니다. 일본에서는 이 용어를 '코안(koan)'이라고 발음합니다. 이것은 근대 이전 중국의 사법제도에서 볼 수 있던 소송 사건 등의 '공적 사건'이라는 뜻입니다. 선에서 말하는 공안은 어느 선사의 생애에서 나타나는 어떤 일화나 사건인데, 그 선사의 깨달음과 직접 관련되는 일화인 경우가 많습니다. 훗날 선 수행자들은 많은 공안을 수행의 주제, 곧 참구參究(investigation)의 주제로 삼았습니다. 실제 수행에서는 공안 전체가 늘 사용되는 것은 아닙니다. 공안이 복잡하고 길 수도 있기 때문입니다. 그래서 초기 선사들은 어떤 공안의 핵심 요점, 혹은 결정적인 문구나 낱말을 뽑아서 그것을 수행의 도구로 사용하곤 했습니다. 화두란 것은 어떤 공안에서 나온 하나의 조각—하나의 물음 혹은 낱말—입니다. 그러나 모든 화두가 반드시 공안에서 나오는 것은 아닙니다. 어떤 것들은 출처가 분명하지 않은가 하면, 어떤 것들은 스승이 제자에게 그냥 하나의 수행방법으로서 주는 것일 수도 있습니다.

문자상으로 '화두話頭'는 '말의 머리 혹은 핵심'이라는 뜻입니다. 근대 중국의 대선사인 허운虛雲(1840~1959) 스님은 화두를, 우리의 마음에서 한 생각이 일어나기 직전의 자리라고 설명합니다. 화두를 수행할 때 수행자는 질문하듯이 그 문장이나 어구를 염하지만 어떤 해답을 얻기 위해 이론적으로 따지거나 분석하지는 않습니다. 만일 화두의 의미를 이성적으로 추론해 내려 한다면, 그것은 그 생각의 머리가 아니라 꼬리를 보는 것이 됩니다. 이론상, 화두를 참구한다는 것은 생각이 일어나기 전의 그 자리를 탐색하는 것을 뜻합니다. 그러나 생각이 일어나기 전의 자리에 있는 것은 무엇입니까? 화두가 가리키는 것은 무엇입니까? 우리의 본래적인 해탈한 마음입니다. 이것을 '부처 마음(buddha-mind)'이라고도 합니다. 이것을 개념적으로 이해하는 것으로는 충분치 않습니다. 확실히 그것은 우리의 번뇌나 생활상의 문제들과는 아무 관련이 없습니다. 여러분은 그것을 개인적으로 체험해야 합니다. 실제 수행에서는 개념, 지식 그리고 이전의 체험을 내버려야만 화두가 여러분의 마음속에 오롯이 자리 잡게 됩니다. 그리고 그 화두 자체를 결국 타파해야 합니다.

호흡을 관하기 R2

처음 좌선을 하면 마음이 안정되지 않아 망념妄念이 일어날 수 있습니다. 화두를 들기 전에 마음을 가라앉히려면 호흡 관법을 닦아도 됩니다. 그것은 호흡을 세거나[數息] 호흡을 따르는[隨息] 것입니다. 호흡을 세는 것은 몸을 이완하고 자연스럽게 호흡하는 것으로 시작합니다. 그런 다음 숨을 한 번씩 내쉴 때마다 하나부터 열까지 마음속으로 세고 나서, 다시 하나부터 시작합니다. 숨이 코를 들고나는 것을 느끼면서 이 과정을 계속 반복합니다. 세다가 잊어버리면 하나로 돌아가서 다시 시작합니다.

어떤 지점에서는 호흡에 숫자를 붙이지 않아도 숨이 드나드는 것을 명료히 자각할 수 있습니다. 만일 이 상태를 지속할 수 있으면 자각을 코끝에 두고, 숨이 들고나는 것을 아주 또렷하게 경험하십시오. 아니면, 호흡과 함께 배가 나왔다 들어갔다 하는 데 주의를 집중해도 됩니다. 이 지점에서 여러분은 호흡 따르기(주시하기)를 수행하게 됩니다. 물론 원한다면 먼저 호흡 세기를 하지 않고 바로 호흡 따르기를 수행할 수도 있습니다. 그러나 어떤 사람들은 호흡 세기로 시작하는 편이 마음을 가라앉히기가 더 쉽습니다.

호흡 관법을 할 때도 계속 망념이 일어날 수 있습니다. 그러면 그것을 자각하자마자 그냥 그 망념을 놓아 버리고 호흡법으로 돌아가십시오. 호흡을 세던 도중이었다면 다시 하나부터 세기 시작하십시오. 결국 망념은 점점 줄어들 것이고 마음이 한결 안정될 것입니다. 그러면 화두 수행을 시작해도 됩니다.

염불 R2

마음을 가라앉히는 또 하나 간단한 방법은, 서방정토의 부처님인 아미타불과 같은 어떤 부처님의 명호를 마음속으로 염하는 것입니다. "나무아미타불(Namo Amituofo)", 즉 "아미타 부처님께 귀의합니다"라고 염할 수도 있습니다. 적당한 속도로 염하십시오. 너무 빨리 하면 신경이 예민해질 수 있고, 너무 느리게 하면 망념이 많아지거나 졸음이 올 수 있습니다. 그리고 염불을 한 번 하고 나서 숫자를 붙일 수도 있습니다. "나무아미타불, 하나. 나무아미타불, 둘." 이런 식으로 열까지 붙이고 나서 다시 하나로 돌아갑니다. 그러나 호흡이 아니라 그 염불 어구에 집중해야 합니다. 호흡을 관하는 것과 마찬가지로, 염불을 하는 목적은 망념을 줄이고 마음을 안정시키기 위한 것입니다.

자기 자신을 알기

선 수행의 목적은 자기 자신을 알기 위함이며, 자기 자신을 알면 궁극적으로 자신을 해방시킬 수 있습니다. 그러나 자아를 알기가 어렵고, 자아를 제어하기는 더 어려우며, 자아를 해탈시키기는 더욱 더 어렵습니다. 하지만 그렇게 해야 합니다. 왜냐하면 모든 무지와 번뇌는 우리가 누구인지 모르는 데서 일어나기 때문입니다. 우리 자신에 대한 제어가 부족하기 때문에 우리에게 번뇌가 있고, 자아집착이 있습니다. 그래서 우리는 자아에 속박되어 있습니다. 수행의 목적은 우리 자신을 이 속박에서 해방하기 위한 것입니다. 그렇게 하려면 우리의 안내자로서 개념들이 필요하고, 어떤 수행방법이 필요합니다.

선이 기본적으로 이해하는 것은 우리의 자아감(sense of self)이 몸, 마음 및 외부 환경의 상호작용에서 일어난다는 것입니다. 방법의 면에서 첫째 원리는, 외부 환경에서 일어나는 자아감에서 초연해지고, 그 다음에는 우리의 몸에서 일어나는 자아감에서 초연해지며, 마지막으로 우리 마음의 활동에서 일어나는 자아감에서 초연해지는 것입니다. 이 마지막 자아감에는 감각, 느낌, 관념, 사고들이 포함되는데, 이것들은 본질적으로 모두 집착입니다. 그래서 단계적으로 자아감을 분리하고, 고립시키고, 좁혀 나갑니다. 이렇게 하기 전까지는 여러분이 참으로 화두를 이용하여 자아감을 타파하고 깨달음에 이르지는 못할 것입니다.

초심자들은 우리의 신체적 감각에서 일어나는 자아감을 포착하면 화두법에 들어가기 쉽다고 느끼는 경우가 많습니다. 예를 들면 좌선하며 앉아 있는 여러분의 체중을 자각하거나, 콧구멍을 통해 드나드는 숨을 자각하는 식입니다. 이러한 감각들은 모두 여러분이 인식할 수 있는 즐겁거나 즐겁지 않은 느낌입니다. 이런 감각들에 대한 여러분의 자각은 자아감의 한 측면입니다. 그런 것들을 누가 경험하고 있습니까? 그것이 바로 제가 '자아감'이라고 한 말의 의미입니다. 즉, 자각하는 그 '누구', 경험하고 있는 그 '누구'를 포착하는 것입니다. 그래서 이 자아감을 포착하고 나면 그것을 유지하십시오. 마음이 딴 데로 흐르지 않게 하십시오. 그 느낌과 자각을 유지하십시오. 여러분의 몸을 마음이 다른 데로 떠내려가지 못하게 묶어두는 닻으로 삼으십시오. 오늘 하루 동안은 이 방법을 사용하여 자아를 분명히 자각해 보십시오. 그러나 여러분의 마음이 이미 집중되어 있고 차분하며 강한 자아감이 없다면, 바로 화두를 시작해도 됩니다. 그렇지 않고 여러분의 마음속에서 몸이 아직도 뚜렷한 위치를 점하고 있다면, 오늘 하루 동안은 자신의 감각들을 지켜보는 수행을 하십시오.

결가부좌나 반가부좌를 해야 할 필요는 없습니다. 몸을 곧게 유지할 수만 있다면 그냥 앉아 있기 편안한 자세를 취하십시오. 몸을 이완하고 호흡이 들고나는 것을 자각하십시오. 호흡에 대한 자각을 통해 여러분 자신의 존재를 알고 경험하게 될 것입니다. 여러분은 호흡 때문에 존재하고 있고, 살아 있는 한은 호흡을 가지고 있을 것입니다. 그러니 호흡에 대한 자각을 유지하십시오. 이렇게 하면 여러분 자신의 존재에 대한 느낌을 얻습니다. 계속해 나가면 호흡이 느려질 것이고, 더 깊어지고 더 낮게 가라앉을 것입니다. 그럴 때 배가 올라왔다 꺼졌다 하는 것을 자각해도 됩니다. 그 과정이 자연스럽게 일어나게 하십시오. 그것을 자각하되 그에 대해 생각하지는 마십시오. 이와 같이 수행하면 집중력과 꾸준함이 늘 것이고, 편안한 느낌이 들 수도 있습니다. 자아감에 대한 자각 가까이에 머무르십시오. 그렇게 하면 얼마 후 화두법을 쓸 수 있게 됩니다.

몸을 이완하려면 먼저 눈을 이완하고, 얼굴 근육을 이완하고, 머리를 이완하십시오. 그런 다음 필히 어깨와 팔을 이완하고, 가슴, 등, 허리를 이완하십시오. 곧은 자세를 유지하되 아랫배도 반드시 이완하십시오.

몸을 이완하는 이 기본 사항들을 유지할 수 있으면 호흡이 부드럽고 원활해질 것입니다. 그러나 몸의 어느 부위가 긴장되어 있으면 숨이 가쁘고 답답할 것입니다. 제가 방금 말한 방식대로 몸을 이완하면 호흡이 자연히 부드럽고 원활해질 될 것입니다. 배가 올라왔다 꺼지는 것을 경험할 것이고, 호흡은 자연스럽게 가라앉을 것입니다.

그래서 몸을 이완하고 순간순간 여러분의 자아감을 자각하십시오. 호흡에 주의를 기울이면서 그렇게 하십시오. 만일 마음이 딴 데로 흐르는 것을 알아차리면 호흡으로 돌아가십시오. 환경에서 초연해지십시오. 거기에 주의를 기울이지 마십시오. 만일 보이고 들리는 것들에 마음을 쓰면 망념들에 휘둘릴 것입니다. 그저 바로 이 순간에 대한 여러분의 경험을 시시각각, 순간순간 유지하십시오. 그러면 이 현재의 경험이란 무엇입니까? 그것은 몸이나 마음에 대한 자각에 기초하고 있는 여러분의 자아감입니다.

새의 두 날개와 같이 R2

모든 좌선 수행은 우선 마음을 안정시키고 조화롭게 하는 것을 목표로 합니다. 이것은 쉬운 일이 아닙니다. 좌선을 할 때 겉보기에는 우리가 가만히 앉아 있는 것 같지만 내면적으로는 우리의 마음이 상당히 바쁠 수도 있습니다. 신체적으로 고요한 겉모습이 산란한 마음을 숨길 수 있다는 것입니다. 올바른 선 수행은 새의 두 날개에 비유할 수 있습니다. 한 날개는 수행을 이끄는 개념, 또 한 날개는 수행방법입니다. 새가 날려면 두 날개가 있어야 하듯이, 올바른 개념과 적합한 방법을 가지고 있어야만 우리가 참으로 선을 수행할 수 있습니다. 따라서 우리의 목표는 선의 개념들에 대한 올바른 이해를 얻는 한편 화두법을 수행하는 것입니다. 마음이 지극히 고요하고 아무 번뇌가 없을 때는 그 마음이 열려서 광대해집니다. 그러면 그것이 자신의 본래 상태를 드러낼 수 있는데, 그것이 곧 지혜의 상태입니다. 마음이 지혜로 충만해 있을 때 이것을 '깨달음'이라고 부를 수 있습니다.

화두를 참구하려면 여러분의 마음속에서 단 하나의 물음에 대해 그 해답을 얻어야겠다는 절박한 심정으로 거듭 묻되, 생각에 의존하지 않고 물어야 합니다. 어떤 물음입니까? "무엇이 무無인가?", "이 송장을 끌고 다니는 것은 누구인가?", "태어나기 전의 내 본래면목은 무엇인가?" 같은 것입니다. 심지어 단 한 마디로 된 화두, 예컨대 "무無?"를 참구할 수도 있습니다.

그 물음이 해소될 때까지 다른 모든 생각을 물리치고 화두를 물으십시오. 여기서 핵심은 그 물음이 논리적 사고나 개념적 사고로는 해소되지 않는다는 것입니다. 여러분이 어떤 화두를 선택했거나 화두를 받고 나면, 오로지 그것만 견지해야 합니다. 화두를 계속 바꾸게 되면 일관된 힘을 끌어내기 어렵습니다. 사실 초견성初見性을 한 뒤에도 같은 화두를 가지고 평생 수행할 수도 있습니다. 그 화두를 가지고 깨달음을 거듭 체험하다 보면 마침내 철저히 깨닫게 됩니다. 저는 여러분에게 "무엇이 무인가?" 화두를 사용할 것을 적극 권장합니다. 왜냐하면 이것은 이 수행법의 초기부터 사용되어 온 아주 강력한 화두이기 때문입니다.

좌선을 시작하면 이 수행에 바로 들어가서 여러분의 물음을 거듭거듭 힘 있게 던지십시오. 예를 들어 마음속으로 "무엇이 무인가? 무엇이 무인가? 무엇이 무인가?" 하고 묻게 됩니다. 이때 그 물음은 그 화두를 향해야지 자기 자신을 향하면 안 됩니다. 적당한 간격으로 계속 묻되 늘 어떤 의문의 마음으로 물으십시오. 여러분의 마음이 그 방법 속에 자리 잡게 하고, 그것과 친구가 되십시오. 마음 속에 그 해답을 찾는 것 외에 아무것도 없을 때, 그것을 일러 '화두 참구' 라고 합니다. 화두는 이렇게 수행해야 합니다.

    화두를 들 때는 그것을 분석하지 마십시오. 그냥 그 물음을 물어 들어가 화두가 스스로 답을 내게 하는 것이 올바른 방법입니다. 이런 자세로 그저 계속 화두를 물어 가십시오. 물음의 방향을 돌려—해답이 자신에게서 나오기를 기대하면서—여러분 자신에게 묻지 마십시오. 그렇게 되면 생각을 하게 되고, 머리가 답답해질 것입니다. 만약 그 물음을 여러분 자신에게 돌리게 되면 여러분의 잠재의식에서 어떤 해답을 얻어낼지는 모르지만, 그런 해답은 어김없이 틀린 것입니다. 왜냐하면 개념적인 해답일 것이기 때문입니다. 그럴 경우에는 그냥 그 가짜 대답들이 사라지게 내버려두십시오. 자기 자신에게 이렇게 말하십시오. "이것은 내가 찾는 답이 아니다." 그리고 화두를 계속 물어 가십시오.

    화두가 의문의 마음 없이 계속 되풀이하여 묻는 진언眞言이 되어서도 안 됩니다. 그 물음에 대해서는 두 번째 생각을 거기에 보태지 마십시오. 영리한 사람들은 아무 의미도 없는 물음을 물어서 어떻게 선 체험을 할 수 있을까 의아해할지 모릅니다. '어떻게 "무엇이 무인가?"를 묻는다고 내가 깨달을 수 있을까?' 만일 그렇게 생각한다면 그것은 여러분에게 믿음과 확신이 부족한 것이고, 그런 경우에는 그 화두가 별 효과가 없을 것입니다. 차라리 화두를 그냥 선을 수행하는 하나의 도구로 보십시오. 화두는 그냥 곧바로 이렇게 하십시오. 즉, 화두를 계속 물어 들어가 그것이 답을 내게 하는 것입니다. 이 방법의 핵심은 여러분의 마음을 화두에 집중할 뿐 아니라, 어떤 답을 알고 싶다는 느낌을 일으키는 것입니다. 이런 요소들—마음을 집중하고 해답을 알고 싶어하는 것—이 갖추어지면 여러분의 자아중심이, 말하자면 코너에 몰리게 됩니다. 끈질

기게 물어 들어가면 자아가 마침내 갈 곳이 없어져서 사라집니다. 자아가 사라지면 찾던 답이 저절로 드러나고, 여러분은 해탈의 상태를 직접 알게 될 것입니다.

화두를 물어 가는 동안 망념이 일어날 것입니다. 그것을 알아차리는 즉시 그냥 화두를 들고 계속 물으십시오. 이렇게 하면 화두를 사용하여 망념을 물리치게 됩니다. 지혜의 금강검金剛劍으로 망상을 끊어야 한다는 선 격언이 있습니다. 사실 여러분의 마음속에서 일어나는 그 어떤 것도 여러분이 이 검을 쥐고 있으면 자연히 사라집니다. 그러니 화두를 여러분의 금강검으로 여기십시오. 거듭거듭 화두를 물어 가야 하고, 화두가 여러분에게 해답을 내놓기를 바라는 마음을 일으켜야 합니다. 그저 계속 화두를 묻고 망념이 일어날 때마다 다시 화두를 드십시오. 그러다 보면 진정으로 화두를 참구하게 됩니다. 그 지점에서 이른바 의정疑情(의심의 느낌)이 일어날 것이고, 결국 그것은 대의단大疑團(큰 의심 덩어리)으로 발전할 것입니다. 그 큰 의심이 타파되면 화두의 답을 얻게 됩니다.

두 가지 원리를 명심해야 합니다. 첫째, 화두를 분석하지 마십시오. 왜냐하면 그렇게 해서는 바른 답이 나오지 않기 때문입니다. 둘째, 절대로 호흡을 제어하려고 하지 마십시오. 예컨대 망념을 억누르기 위해 호흡을 제어하면 안 됩니다. 망념이 있으면 그냥 화두를 들고, 그것을 절대 호흡과 연관시키지 마십시오.

화두와 공안의 기능은 소위 말하는 '큰 의심'을 일으키기 위한 것입니다. 이 의심은 회의나 의구심이 아니라, 그 화두의 의미를 알아야 하는데 알지 못해 몹시 답답하고 궁금한 것을 말합니다. 그것은 일체를 집어삼키는 의문의 상태, 그 화두를 완전히 해결하는 것 외에는 어떤 답도 타협하지 않는 가차 없는 마음 상태입니다. 그러한 해결은 생사대사生死大事에서의 해탈을 의미합니다. 당연히 의심에는 정도의 차이가 있습니다. 잠깐 지나가는 일시적 감정의 의정에서부터, 여러분의 모든 일상 활동 속에서도 저변에서 면면히 이어지는 의심의 흐름도 있고, 여러분의 온 세계가 이 강렬한 궁금증 속으로 다 빨려드는 것처럼 느껴지는 큰 의정도 있습니다. 그 의심이 최고조에 이르면 그것이 광대해지고 스스로 유지됩니다. 어떤 상황에서 이 큰 의심이 폭발하면, 여러분의 자아감이 문득 사라지고 깨달음이 일어날 것입니다. 화두는 대단한 도구입니다. 여러분은 그것을 참구하여 그 의심을 일으켜야 합니다.

선의 전통에서 보편적으로 사용하는 화두가 많이 있지만, 제가 하는 선기禪期에서는 네 가지가 유용하고 효과적이고 직접적이라는 것을 발견했습니다. 그 첫 번째는 "무엇이 무無인가(什甚是無)?"*입니다. 이 화두는 한 제자가 조주趙州(Zhaozhou, 778~897) 선사에게 이렇게 물은 데서 나왔습니다. "개에게도 불성佛性이 있습니까?" 선사는 "무無"라고 대답했는데, 그것은 "아니다" 또는 "없다"는 뜻입니다. 이 역설적인 문답은 선종사에서 가장 유명한 공안일 것입니다[184쪽의 "무無와 불성" 절 참조].

두 번째로 자주 사용되는 화두는 "이 송장을 끌고 다니는 것은 누구인가(拖著死屍走的是誰)?"입니다. 여기서 송장은 우리 자신의 육신인데, 왜 송장입니까? 우리의 육신에 생명을 부여하는 '영혼'이 없으면 그것은 하나의 송장에 지나지 않겠지요. 그러나 여러분이 이 화두를 든다면, 그것이 무슨 의미인지는 따지지 마십시오. 그저 "이 송장을 끌고

---

* (역주) '什甚是無'는 "어떤 것이 무인가?"로 옮길 수도 있다. 이 화두를 '무란 무엇인가?' 하고 단어 순서를 바꾸어 묻는 것은 올바른 방법이 아니라고 한다. 그럴 경우 물음의 중점이 '무'에서 '무엇'으로 옮겨가, 생각이나 추측에 빠지거나 해석과 설명을 요구하기 쉽다는 것이다. 다른 화두도 마찬가지다. 예컨대 "염불하는 것은 누구인가?"를 "누가 염불하고 있는가?"로 하면 안 된다. (『聖嚴法師教話頭禪』, 69쪽.)

다니는 것은 누구인가?"라고만 물으십시오.

세 번째로 흔히 쓰는 화두는 중생들이 생사윤회 속에서 몸을 바꾸어 태어난다는 가르침에서 나온 것입니다. 여러분은 한 중생으로 태어나기 전에 어떤 형상을 가지고 있었는지 알고 있습니까? 그래서 이렇게 묻습니다. "태어나기 전의 본래면목은 무엇인가?(未生出娘胎前的本來面目是甚麼)" 다른 화두와 마찬가지로 그저 그 물음을 계속 물어 가되, 만약 놓치면 다시 들어야 합니다.

제가 이야기하려고 하는 네 번째 화두는, 염불을 통해 오롯한 마음을 닦는 중국 스님들 사이에서 인기가 있습니다. 두 번째 생각을 일으키거나 어떤 답을 찾아 옆길로 가지 않고 곧바로 이렇게 묻는 것입니다. "염불하는 것은 누구인가(念佛的是誰)?" 조금 다른 형태로 "부처님을 생각하는 것은 누구인가?"로 할 수도 있습니다.

저는 지금 말한 네 가지 화두 중에서 선중禪衆에게 가장 효과적이고 직접적인 것은 "무엇이 무인가?"라는 것을 알았습니다. 그러나 여러분이 이 화두를 들기가 어려우면 다른 화두 가운데 어느 것을 들어도 됩니다. 그래서 저는 대다수 사람들에게 "무엇이 무인가(What is *wu*)?" 또는 "무?"를 권장합니다. 중국어 "무(*wu*)"가 잘 잡히지 않는 분들은 그냥 "왓 이즈 넛싱니스(What is nothingness)?" 해도 됩니다. 이 화두는 어떤 부작용이 없을 뿐 아니라, 여러분이 사용할 수 있는 가장 직접적이고 단순한 화두입니다. 그래서 만일 "무엇이 무인가?"를 사용할 수 있다면 좋고, 그렇지 않다면 "왓 이즈 넛싱니스?"로 하십시오.

서양에서는 "나는 누구인가(Who am I)?"도 인기 있는 화두이지만, 이것은 선의 전통에서 전통적인 화두는 아닙니다. 저는 이것을 사람들에게 권하지 않습니다. 왜냐하면 그것은 이 물음의 중심에 '나'를 두기 때문에, 어떤 분들은 이 '나'를 놓아 버리기가 어려울 수 있기 때문입니다.*

"무엇이 무無인가?" R4

"무엇이 무인가?"는 제가 보통 권하는 화두입니다. 무無는 자아감이 전혀 존재하지 않는 상태입니다. 즉, 무아無我의 상태입니다. '무아(no-self)'란 여러분이 '나'라고 아는 상주불변의 실체가 없다는 것을 뜻합니다. 이 무아가 깨달음의 본래적 상태입니다. 지금 무아를 이렇게 이해하는 것으로는 불충분합니다. 왜냐하면 깨달음은 직접 체험해야 하는 것이기 때문입니다. 무아를 직접 체험하려면 "무엇이 무인가?"라고 물어서, 여러분의 온 생명을 이 물음 뒤에 두어야 합니다. 그것은 긴장하고, 걱정하고, 초조해진다는 의미는 아닙니다. 그것은 그저 더없는 간절함과 오롯한 마음으로 화두를 의심한다는 것을 뜻합니다. 그래서 이런 마음자세로 "무엇이 무인가?" 하고 물으십시오. 그러면서도, 긴장해 버리는 함정에 빠지지 마십시오. 신체적으로 긴장되면 온 몸이 뻣뻣해지고 숨이 갑갑해지며, 가슴에 압박을 느끼게 될 것입니다. 정신적으로 긴장되면 기진맥진하여 혼침昏沈에 떨어지거나 망념에 시달리게 될 것입니다. 그러니 몸이나 마음에 긴장 없이 모든 초점을 화두를 묻는 데 집중하십시오. 그것이 바로 화두를 참구하는 법입니다.

---

* (역주) 라마나 마하르쉬의 가르침으로 널리 알려진 "나는 누구인가?"는 외관상 화두 같지만 실은 자기존재에 대한 자각의 유지를 통해 '나'를 소멸하려는 자기탐구법의 초기 단계에서 사용하는 언구이며, 자기자각에 익숙해지면 이것을 화두처럼 계속 물을 필요가 없다. 여기서는 '나'를 놓아 버리는 것이 아니라 '나'라는 느낌(자아감) 자체가 탐구의 대상이며, 따라서 자각이 곧 탐구(의심)이다. 요컨대 이것은 묵조적 자기자각에 화두적 탐구가 가미되는 행법이라고 할 수 있다.

화두 수행의 단계들

화두는 세 가지 수준 또는 단계로 수행할 수 있습니다. 즉, 화두 염하기, 화두 묻기, 화두 참구하기입니다.

첫째 단계인 화두 염하기[念話頭]는 아주 간단합니다. 그냥 마음속으로 화두 문구를 거듭거듭 염하는 것입니다. 이 단계에서는 답을 알아야겠다거나 화두의 의미를 발견해야겠다는 절박감을 느끼지 않습니다. 그저 그것을 다소 진언처럼 계속 반복해서 염하거나, 마치 염불하듯이 그렇게 합니다. 이 수준에서는 아직도 망념이 많이 있는 것이 보통입니다. 그렇기는 하나, 꾸준히 하면 마음을 가라앉히고 안정시키는 데 도움이 될 것입니다.

두 번째 단계인 화두 묻기[問話頭]에서는 그 답을 알고 싶은 큰 욕망이 수반됩니다. 이제는 더 이상 단순히 화두를 염하는 것이 아니라 그 답을 간절히 알고 싶어합니다. 그럴 때는 그 화두에 큰 매력이나 흥미를 느끼기도 합니다. 여러분이 화두에 끌리게 되고, 그래서 망념이 대폭 줄어듭니다. 망념들이 사라지면서, 비록 아직은 화두와 하나가 되지 못했지만 그래도 수행에서 힘을 낼 수 있습니다. 이 지점에서는 여러분이 여전히 화두와 대립하고 있는데, 그것은 여러분이 분명히 화두와 별개라는 뜻입니다. 여러분은 화두를 묻는 자이고, 화두는 여러분에 의해 물어집니다. 이 힘을 유지하는 것은 그 답을 알고 싶어하는 여러분의 강한 절박함입니다.

세 번째 단계인 화두 참구하기[參話頭]에서는 여러분이 더 이상 화두와 별개가 아니고 그것과 하나가 됩니다. 사실 여러분은 그 물음에 의해 완전히 집어삼켜집니다. "무엇이 무인가?"가 여전히 있을 수도 있겠지만, 결국은 그것도 사라지고 소위 '의정疑情(doubt sensation)'이라고 하는 깊은 궁금증의 느낌만 남게 됩니다. 여기서 '의疑'란 의구심의 의미가 아닙니다. 그것은 단순히 그 답을 알고 싶은 바람을 의미합니다. 그것은 묻고 궁금해 하는 마음입니다. 그 한가운데서 여러분은 완전히 이 의정과 하나가 됩니다. 얕은 수준에서는 여전히 "무엇이 무인가?" 하고 묻지만, 그 의심 속에 완전히 집어삼켜지면 그 물음 자체가 사라지고 이 궁금증의 상태만 있습니다. 그래서 앉으나 서나 걸으나 잠을 자나 이 상태가 지속됩니다. 공간과 시간에 대한 감각을 잃어버릴 수도 있는데, 그래도 여러분은 여전히 활동할 수 있습니다. 하지만 여러분의 전 존재는 이 알고 싶은 마음, 이 의심과 큰 궁금증으로 가득 찹니다. 이때 여러분은 선에서 말하는 소위 '대의단(great doubt mass)'을 일으킨 것입니다. 어떤 수행자들은 이 상태에 몇 시간 동안 들어 있을 수 있고, 어떤 사람은 며칠간, 또 어떤 사람들은 그보다 더 긴 기간 동안 이 상태가 지속됩니다. 내과來果 선사(1881~1953)는 꼬박 석 달간이나 이 상태에 들어 있었습니다.

화두법의 관건은 의정을 일으키는 것입니다. "의심이 크면 크게 깨치고, 의심이 작으면 작게 깨치며, 의심이 없으면 깨치지 못한다."는 말이 있습니다. 이것은 어떤 깨달음이든 그 깊이는 의심의 힘에 상응한다는 것을 말해줍니다. 만일 의심을 키워서 큰 덩어리로 만들었는데 이것이 이내 흩어져 버린다면, 아주 얕은 깨달음밖에 얻지 못할 수도 있습니다. 그러나 대의단을 일으키고 이것이 여러 날 혹은 그 이상 간다면, 나중에 훨씬 크게 이것을 타파하게 될 것입니다. 사실 그것은 한 평생을 갈 수도 있습니다.

어떻게 하면 단순히 화두를 염하다가 화두를 묻게 되고, 그 다음에는 (의정을 가지고) 화두를 참구하게 됩니까? 그 열쇠는 관심, 절박함 그리고 확신입니다. 여러분은 화두를 드는 것에 큰 관심이 있어야 합니다.

왜 그래야 합니까? 뭐, 여러분이 자신과 남들에게 번뇌를 안겨주고 있고, 그것은 모두 지혜가 없기 때문이라는 것을 스스로 인식하기 때문이겠지요. 번뇌에서 벗어나고 싶다는 욕망이 있으면 화두에 대한 관심을 일으킬 수 있을 것입니다. 관심과 함께 큰 절박함이 따라오고, 자신의 실존적 갈등을 해결하고 싶다는 진지한 욕망이 일어납니다. 그 다음은 의정을 일으키는 것이 자신의 문제를 해결하는 데 도움이 될 거라는 것을 믿어야 합니다.

설사 의정을 일으키지 못한다 해도, 그 수행은 마음을 가라앉히는 데 도움이 됩니다. 그래서 의정을 일으키지 못해도 화두는 유용한 것입니다. 그저 마음속으로 화두를 꾸준히, 간단없이 염하십시오. 몸과 마음이 이완된 상태로 말입니다. 몸과 마음자세가 이완되면, 여러분이 해야 할 일은 화두를 견지하면서 자신이 거기서 벗어나지 않게 하는 것입니다. "무엇이 무인가? 무엇이 무인가? 무엇이 무인가?" 망념이 있든 없든 관계없이 그저 계속 이렇게 하십시오. 그 화두가 여러분의 마음에 있다는 것을 또렷이 자각하면서 그것을 계속 반복하십시오. 망념이 들어온 것을 알아차리면 즉시 주의를 화두로 돌려놓으십시오. 어떤 망념도 없다면 다른 아무것도 걱정하지 마십시오. 그저 화두만 붙드십시오. 그래서 이와 같이 지속적으로 수행해 나가면, 최소한 여러분의 마음이 안정되고 고요해질 것입니다.

우리가 고를 수 있는 화두가 무수히 많은데, 왜 저는 여러분에게 "무엇이 무인가?"나 그냥 "무?"를 하라고 권합니까? 우리가 논의한 화두들 가운데서 "무?"가 가장 명쾌하고, 가장 하기 쉽고, 가장 효과적이기 때문입니다. 이것은 부작용이나 온갖 생각의 흐름을 가장 덜 일으킬 것입니다. "무?"는 가장 직접적이고 가장 단순할 뿐 아니라 가장 큰 힘을 가지고 있기 때문에, 대혜종고 선사도 그것을 강조했고 저도 사람들에게 그것을 사용하라고 권하는 것입니다.

　어떤 화두도 진언은 아니라는 것만 기억하십시오. 그것은 그냥 염하기보다는 물어 가는 하나의 의문입니다. 중국어 '무無'가 친근하게 느껴지지 않으면 영어로 "왓 이즈 넛싱니스?" 해도 됩니다. 그리고 "무엇이 무인가?"라고 묻기 때문에, 무無가 무엇인가에 대해 더 이상 물어야 할 질문은 없습니다. 따라서 '무'가 중국어든 영어든, 그것은 사실 여러분의 내면 깊숙이 물어 들어가는 어떤 태도를 의미하는 기호에 지나지 않습니다.

화두를 참구하기　　　　　　　　　　　　　　R4

　화두 수행은 간단합니다. 여러분의 화두인 그 물음을 묻기만 하면 됩니다. 다른 어떤 것에도 관여하지 마십시오. 이와 같이 끊임없이 물어 가는 것을 '화두 참구'라고 합니다. 그러나 화두를 참구한다는 것은 그에 대해 생각하여 답을 내려고 애쓴다는 뜻이 아닙니다. 사실 여러분이 내놓는 어떤 답도 틀린 것입니다. 그 답은 화두 자체에서 나와야 합니다. 그래서 대혜종고 선사는, 화두를 하는 올바른 방법은 가장 이익이 될 때를 위해 기력을 아껴두는 것이라고 했습니다. 생각해 보십시오! 아무것도 하지 않고 "무엇이 무인가?" 하고 묻기만 하니 얼마나 간단합니까? 게다가 여러분 자신이 그 답을 내놓을 필요도 없습니다. 화두가 답을 줄 테니 말입니다. 그래서 여러분은 "무엇이 무인가?"를 단 하나의 과제로 삼아 그저 절박하게 물어 가기만 하면 됩니다. 혼침에서는 깨어나고, 망상은 그치고, 몸은 이완하십시오. 이것은 정말 쉽고, 힘들 것이 없는 방법입니다. 그러나 너무 애를 쓰면 기력이 고갈될 것이고, 어떤 답을 생각하려고 애쓰면 망상이 되고 말 것입니다.

화두 수행을 시작할 때는 여러분의 몸과 그 감각을 자각하는 것부터 시작해도 됩니다. 신체적 자각을 유지하면서 마음이 경계境界(인식의 대상)들 속으로 흘러가지 않게 하십시오. 마음과 몸이 하나라는 것을 경험해야 합니다. 만일 느낌과 생각을 순간순간 자각한다면, 명료한 자아감을 가지고 자기를 제어하게 될 것입니다. 통증이든 졸음이든 망념이든 아니면 몸의 불편함이든, 스스로에게 "내가 이것을 경험하고 있다"고 말하십시오. 이렇게 꾸준히 해 나가면 자기를 더 잘 제어하게 될 것이고, 여러분의 자아감이 안정되어 마음을 붙들어 매게 될 것입니다. 결국 모든 망념과 미혹된 생각이 이 단 하나의 자아감 안에 들어 있다는 것을 깨닫게 됩니다. 그 지점에서 여러분은 화두를 들 준비가 됩니다. 그러나 여러분이 이 명료한 자아감 속에 자리 잡는 것이 아직은 힘들다 해도, 그냥 화두를 시작해도 됩니다. 기억해야 할 주안점은 화두법이 힘이 안 드는 방법이라는 것입니다. 여러분이 해야 할 일은 그저 순간순간 그것을 붙드는 것뿐입니다.

먼저 명료한 자아감 속에 자리 잡은 다음 화두를 들도록 해 보십시오. 마음이 안정되지 않은 상태라도 화두를 들 수는 있지만 십중팔구 마음이 분산되고 들뜰 것입니다. 그럴 때는 인내심이 중요합니다. 안 그래도 망념에 끄달리고 있기 때문에, 더 이상의 번뇌를 일으키고 싶지 않습니다. 이럴 때는 망념을 알아차리는 순간 그저 화두로 돌아가십시오. 몸이 불편하거나 마음이 들뜰 때도 같은 방법을 쓰십시오. 그저 화두로 돌아가는 것입니다. 어떤 결과를 추구하거나 자신의 상황을 배척하려고 드는 것은 피해야 합니다. 왜냐하면 어느 쪽이든 마음이 안정되지 못할 것이기 때문입니다. 그래서 첫 번째 열쇠는 인내심을 갖는 것이고, 두 번째 열쇠는 화두를 놓칠 때 화두로 돌아가는 것입니다. 먼저 명료한 자아감 속에 자리 잡는 것부터 시작한다면 아주 좋습니다. 꾸준히 해 나가서 이 자아감 속에 머무를 수 있으면 화두를 효과적으로 들 수 있습니다. 그래서 마음을 먼저 안정시켜도 되고, 바로 화두를 들기 시작해도 됩니다. 어느 쪽이든 얼마간은 수행이 필요할 것입니다.

의정을 일으키기 R2

의정을 어떻게 일으킵니까? 화두의 답을 알고 싶은 간절하고 절박한 마음으로 지속적으로 화두를 물어 가면 됩니다. 화두는 치열하게 들 수도 있고, 좀더 이완된 방식으로 들 수도 있습니다. 몸 상태가 좋고 의지력이 강한 사람들은 한결 치열한 방식[緊法]을 사용할 수 있습니다. 그렇지 않다면 저는 좀더 이완된 방식[鬆法]을 권합니다. 일상생활에서 치열하게 화두를 들기는 어렵습니다. 그래서 그럴 때는 이완된 방식이 더 적합합니다. 반면에, 선기禪期와 같이 일정한 기간 동안 수행할 때에는 치열한 방식을 사용하는 것이 더 낫습니다. 어느 방식이든 마음을 사용하여 화두를 추론해서는 안 됩니다.

치열한 방식과 이완된 방식의 주된 차이는 사실 마음자세의 차이입니다. 치열한 방식은, 바다 한가운데서 통나무를 붙들고 있는데 만일 그것을 놓쳐 버리면 익사할 그런 절박한 상황에 비유할 수 있습니다. 오직 화두만이 답을 가지고 있다는 것을 알고, 그와 같은 절박함으로 화두를 들어야 합니다. 따라서 화두를 들 때는 아주 치열하게, 아주 골똘히 들어야 합니다. 오롯한 마음으로, '무'가 무엇인지 혹은 자신의 화두가 대체 어떤 것인지를 알아내려고 해야 합니다. 포기함이 없이, 더없는 절박함으로 계속해 나가십시오. 잠시라도 그것을 놓아 버리면 죽는다고 생각하십시오. 그런 치열함이 있으면 망념이 일어날 수 없습니다. 왜냐하면 그 수행은 이음매가 없고 틈새가 없기 때문입니다. 이런 치열한 방식을 쓰면 더 많은 이익을 얻을 수 있고 더 빨리 성과를 볼 수 있습니다. 그러나 그것은 위험할 수도 있습니다.

이 치열한 방식에 따르는 첫 번째 위험은, 화두를 단순히 묻기보다는 화두를 생각하기 시작할 수 있다는 것입니다. 화두에 대해 마음을 사용하기 시작하면, 이것이 치열해지면서 두통이 오거나 머리가 뻐근해지거나 현기증 등이 나타날 수 있습니다. 두 번째 위험은 그런 치열함과 더불어 강한 기대감을 가질 수 있고, 그런 마음 상태가 장애를 불러올 수 있다는 것입니다. 우리는 이런 장애들을 마장魔障이라고 부릅니다. 왜냐하면 그것이 여러분 자신의 마음에서 일어나기 때문입니다. 그것은 실은 수행 중에 일어날 수 있는 환영幻影이나 환각입니다. 치열한 방식의 세 번째 위험은, 화두 물음에 호흡을 맞추려 들거나 그 물음이 여러분의 호흡 패턴에 영향을 줄 수 있다는 것입니다. 이렇게 되면 오한, 긴장 기타 불편함이 초래되어 수행을 장애할 수 있습니다. 이런 것이 화두를 치열하게 들 때 일어날 수 있는 일반적인 위험 요소입니다. 그러나 정서적으로 안정되어 있고 확신이 있는 사람들은 치열한 방식을 얼마든지 사용해도 됩니다.

이완된 방식에서도 여러분은 화두의 답을 알고 싶어하지만, 특이한 체험을 구하거나 무엇을 없애려고 하면서 아주 세게 밀어붙이지는 않습니다. 오롯한 마음으로, 그저 그 답을 알고 싶은 욕망을 유지해 갑니다. 이 방식은 한결 이완되어 있지만 그래도 이음매가 없어야 합니다. '이음매가 없다'는 것은 화두를 물을 때마다 망념이 스며들지 않고 마음이 또렷하다는 뜻입니다. 이완되어 있으되 또렷한 가운데 화두를 묻고, 화두에 대한 관심을 계발하고, 화두를 묻는 일의 가치를 인식합니다. 이것은 강아지가 오랫동안 공을 가지고 노는 것과 같습니다. 그와 마찬가지로, 이완된 방식에서는 관심을 키우고 그 물음의 가치를 알아야 하며, 심지어는 화두를 가지고 놀아야 합니다. 그럴 때 여러분은 마치 귀한 기름이 가득 찬 그릇을 들고 길을 가듯이 해야 합니다. 기름을 한 방울도 흘리지 않아야 하고, 따라서 최대한 깨어 있는 마음으로 걸어가야 합니다. 이 마음의 깨어 있음은 주의 깊은 것이지, 긴장해 있는 것이 아닙니다.

만약 이 이완된 방식을 사용하다가 피로해진다면, 그것은 여러분의 마음이 몽롱하기 때문입니다. 화두를 또렷이 지닐 수만 있다면 잠시 화두를 내려놓고 휴식해도 됩니다. 기력을 회복한 다음 다시 화두를 드십시오. 일상생활에서도 비슷한 방식을 사용할 수 있습니다. 일반적으로는, 그저 또렷하고 집중된 마음을 유지하면서 이따금씩 화두를 드십시오. 그리고 어떤 당면 과제가 있을 때는 화두를 내려놓고 오롯한 마음으로 집중을 유지하면서 그 과제를 완수하십시오. 사람들과 이야기를 할 때에도 같은 방식으로 하면 됩니다. 그 과제나 대화가 끝나면 다시 화두를 들고 또렷하게 화두를 지어가면 됩니다.

이런 식의 수행은 비록 이완되어 있기는 하나, 마치 낙숫물이 결국에는 바위에 구멍을 뚫는 것과 같습니다. 그와 마찬가지로, 이 방식으로 수행하면 오랜 시간이 지난 뒤에는 여러분의 인격이 다듬어져 있고, 마음이 아주 명료하고 확장되어 있으며 끝없이 유용하다는 것을 발견하게 될 것입니다. 결국 점진적으로 여러분의 인격은 더 다듬어지고 더 안정되며, 마음은 더 명료해지고 더 확장됩니다. 얼마간 시간이 지난 뒤에는 자신이 알아차리지 못해도, 여러분이 깨달았다는 것을 스승이 알아차릴지도 모릅니다. 이 경우는 그 깨달음이 자연적으로 그리고 점진적으로 일어난 것이고, 그 사이 여러분의 번뇌가 사라지고 인격이 더 안정된 것입니다. 이런 방식에서는 치열한 방식에서처럼 깨달음이 돌발적으로 신속하게 일어나지는 않을지 모르지만, 그래도 깨달음이 가능합니다. 그에 비해 치열한 방식에서는 깨달음에 도달하는 것이 더 빠를 수 있지만, 우리가 이야기했듯이 그것은 위험을 수반합니다.

이완된 방식이 깨달음으로 이끌어줄 수는 있지만, 깨닫는다는 보장은 전혀 없습니다. 그것은 몇 가지 이유가 없습니다. 어떤 사람들은 아주 게으르게 수행하면서도 자신이 진지하게 수행하고 있다고 생각합니다. 기름이 가득 든 그릇의 비유로 돌아가 보겠습니다. 그 그릇을 들고 걸어가지 않으면 아무 소용이 없습니다. 왜냐하면 진보가 없기 때문입니다. 핵심은, 기름을 흘리지 않고 계속 걸어가는 것입니다. 걷는 것이 아무리 느리다 해도 아주 또렷한 마음으로 걸어가고, 서두르지 않고 목적지에 도달할 수 있을 만큼 시간적으로 여유를 두어야 합니다. 조금 피로하거나 지루하다고 해서 매번 그릇을 내려놓아야 한다면, 그것은 게으른 것이고 진보하기는 어려울 것입니다. 따라서 이 이완된 방식의 핵심은 끊임없이, 그러나 구하지 않는 자세로 계속 수행한다는 것입니다.

치열한 방식을 택하든 이완된 방식을 택하든, 부디 부지런히 수행하십시오. 화두를 하지 않는 분들도 기름이 가득한 그릇을 들고 걸어가는 비유를 응용할 수 있습니다. 어떤 방법을 사용하든, 아주 주의 깊은 마음의 또렷함으로 그 방법을 사용하십시오. 어떤 방식을 택하든 아주 주의 깊게 또렷한 정신으로 수행하고, 망념이 스며들지 못하게 하십시오. 마음속에 오로지 화두만 있게 되면, 의심하는 마음을 일으켜도 됩니다. 그럴 때는 자연스럽게 의정이 일어날 것이고, 대의단을 일으킬 수 있습니다. 망념이 있으면 의정이 일어나기 어렵습니다.

몸과 마음의 현상들　　　　　　　　　　　　　　　　　　R3

　대부분의 수행자들은 좌선 도중에 신체적이거나 심리적인 반응들을 몇 번씩은 경험하게 될 것입니다. 그 반응들은 통증, 욱신거림, 감각의 마비, 가려움은 물론, 몸의 떨림이나 흔들림같이 저절로 일어나는 움직임일 수도 있습니다. 몸이 따뜻함이나 차가움, 극도의 열이나 냉기를 경험할 수도 있습니다. 치열한 수행에서 오는 심리적 반응들은 주로 환각과 번뇌입니다. 환청은 그것을 경험하는 사람에게만 들리는 소리입니다. 그것은 심지어 이전에 일어난 실제 사건들이 마음속에서 재연되는 데서 오는 것일 수도 있습니다. 예컨대 좌선 종이 울린다든가 예불 독경 소리가 들리는 것이 그런 경우입니다. 환영幻影은 무엇을 계속 응시하고 있을 때 형상들이 나타나기 시작하면 올 수 있습니다. 아니면 그것은 여러분이 눈을 감고 있을 때 보는 장면이나 이미지들로서 진짜처럼 여겨지는 것일 수도 있습니다. 이런 환영이 나타날 때는 눈을 크게 뜨고, 대상을 너무 집중해서 보지 않도록 노력하십시오. 냄새나 향기를 경험할 수도 있는데, 그것은 흔히 기억에 의해 촉발됩니다. 감촉도 온갖 다양한 환각을 일으킬 수 있지만 그런 것들이 반드시 신체적 접촉에서 오는 것은 아닙니다. 피부가 건조한 느낌과 같이 아주 일반적인 느낌일 수도 있고, 몸이 아주 유연하거나 아주 긴장되어 있다고 느껴질 수도 있습니다. 다른 유형의 신체적 환각은 몸이 확장되거나 줄어드는 느낌, 떠오르거나 가라앉는 느낌 같은 것입니다. 이런 것들은 모두 환각이며 무시해 버려야 합니다. 눈을 크게 뜨고 여러분이 수행하는 방법을 계속 견지하십시오.

　환각은 탐애와 혐오의 마음, 즉 좋아하거나 싫어하는 마음에서 일어날 수도 있습니다. 바꾸어 말해서, 특별한 체험을 구하는 마음에서 일어날 수 있습니다. 혐오는 어떤 경험들을 회피하거나 억누르려고 하는 마음입니다. 여러분에게 무엇을 추구하거나 회피하는 마음이 있을 때는 심리적인 반응들이 일어날 것이고 환각이 나타날 것입니다.

이런 것이 치열한 수행에서 보통 나타나는 신체적·심리적 반응들입니다. 그런 것을 경험해도 무방하고, 경험하지 못해도 무방합니다. 계속 수행하십시오. 그리고 만약 그런 것들을 경험하면, 제가 말한 것을 여러분이 귀담아 들었으니 자연히 어떻게 해야 할지도 알겠지요.

화두 수행의 의미 R4

허운 스님이 법문을 하실 때는 이따금 제자들에게 사과하기도 했습니다. 그들의 수행을 당신이 방해하는 것을 참회하면서도 주칠법사主七法師(선칠을 주재하는 스님)로서 법문을 하지 않을 수 없다고 느꼈던 것입니다. 저도 병이 났으니, 본 주칠법사도 아마 말을 해서는 안 될 것 같습니다. 그러나 허운 스님처럼 저 역시 불법佛法을 가르치지 않으면 여러분의 기대에 부응하지 못하게 되겠지요. 실은 제가 말을 하든 않든 어느 쪽도 무방할 것입니다.

사실 제가 법法(Dharma)을 이야기할 때 여러분은 귀로 듣기만 하면 됩니다. 그러면서 마음속으로는 계속 수행해야 합니다. 그렇게 할 수 있습니까? 제가 두서없이 하는 말을 들으니 자기 화두를 오롯이 참구하는 것이 더 낫지 않습니까? 어쩌면 여러분은 수행을 하면서도 이런 이야기 중 어떤 것을 화두와 뒤섞을 수 있을지 모릅니다. 만일 이 법문이 두서없는 이야기에 불과하다면, 무시하고 그저 화두를 참구하는 것이 멋진 일 아니겠습니까? 어쩌면 바로 여러분의 마음이 망상으로 가득하기 때문에, 수행을 돕기 위해 이런 망상이 더 필요한지도 모릅니다. 결국 모든 생각은 산만한 사고에 불과한데, 왜 우리가 산만한 사고를 더 해야 합니까?

조주 선사는 언젠가 말하기를, 하루 24시간 중 자신의 마음에 다른 생각이 끼어들지 않는다고 했습니다. 이것은 정말 대단한 것입니다. 왜냐하면 그는 좌선할 때는 물론이고 사람들과 어울릴 때도 수행을 하고 있었으니 말입니다. 그는 송장처럼 걸어 다니기만 한 것이 아니라 복잡한 일들을 처리하고 있었습니다. 범부들은 깨어 있는 동안은 오롯이 수행할 수 있지만 잠들어 있을 때는 대개 수행을 한다고 보기 어렵습니다.

고봉원묘高峰原妙(1238~95) 선사는 언젠가 제자들에게 이렇게 말했습니다. "여러분이 7일 내리 지속적으로 수행할 수 있으면 깨달을 것을 보증한다. 그렇지 않다면 내 머리를 끊어 가라." 이 이야기는 허운 스님이 사용한 하나의 공안이 되었습니다. 왜냐하면 누구도 고봉 선사의 주장을 뒤집지 못했기 때문입니다. 실로 여러분이 7일 동안 지속적으로, 이음매 없이, 틈새 없이 그리고 완전한 명료함으로 7일 밤낮에 걸쳐 화두를 수행할 수 있다면 깨닫게 되어 있습니다.

왜 여러분은 7일 내리 틈새 없이 수행하지 못하느냐고 스스로에게 묻는다면, 그 답은 여러분에게 결의가 부족하다는 것이 되겠지요. 불교 용어로 이것을 '대서원大誓願의 부족'이라고 합니다. 결의가 부족하면 망념이나 주변 환경에서 나는 소리, 몸의 불편함, 이런 저런 것의 방해를 받기 쉽습니다. 그러나 의지를 발동하여 무슨 일이 있어도 순간순간 방법을 고수할 수 있으면 더 큰 자신감이 생길 것입니다. 역으로, 자신감이 생기면 생길수록 여러분의 결의도 더 강해질 것입니다. 애당초 결의가 부족하다면 어떻게 해야 합니까? 방법에서 벗어나지 않겠다고 거듭거듭 서원을 세워야 합니다. 그리고 만약 벗어났다는 것을 발견하면 다시 방법으로 자신을 돌려세워야 합니다. 매번 좌선할 때마다 이러한 서원을 세우면 나중에는 여러분의 마음이 방법을 고수하는 데 익숙해질 것입니다. 방해 요인 없이 편안하게, 이음매 없이, 틈새 없이 화두를 사용할 수 있게 됩니다.

그러나 의심을 일으키지 못한 채 화두를 들기만 하면 그것은 그냥 진언을 염하는 것과 다를 바 없습니다. 그래서는 기껏해야 마음이 평화로워지는 정도겠지요. 그래서 의심이 필수적입니다. 화두를 들 때는 동시에 의심을 일으켜야 합니다. 꾸준히 하다 보면 결국 '대의단'이라는 것을 일으키게 될 것입니다. 그러나 큰 의심이 반드시 깨달음을 보증하는 것은 아니며, 의심이 없는 경우는 더 말할 나위가 없다는 것을 여러분에게 상기시켜 드리겠습니다. 이것은 요컨대 '무'를 지속적으로 들고, 의심을 일으켜서 그것이 결국 큰 의심 덩어리로 발전할 수 있게 하며, 그런 다음 그 큰 의심을 타파한다는 것입니다. 그러나 편안한 마음으로 거기 앉아 있으면서 어떤 때는 '무'가 있고 어떤 때는 없다면 그것은 화두를 참구하는 것이 아닙니다. 화두를 하는 요령은 팽팽하게, 다시 말해서 틈이 없이 하되 그러면서도 몸과 마음이 이완되어 있게 하는 것입니다. 그러니 화두를 지속적으로 하면서도 애씀 없이 하도록 자신을 훈련하십시오. 이것이 화두 수행의 과정입니다.

화두법을 수백 년 동안 해 왔지만 현대에 와서야 허운 스님이 '화두'라는 말을 설명했습니다. 허운 스님은, 우리가 마음을 밝혀서 자신의 참된 자성을 보는 것[明心見性]이 화두를 하는 목적이라고 했습니다. 하지만 무엇이 참된 자성입니까? 그것은 다름 아닌 불성(buddha-nature)입니다. 불성이 무엇입니까? 불성은 공성空性(emptiness)입니다. 공성이 무엇입니까? 확실히 공성은 아무 대상이 없는 텅 빈 상태가 아니고, 일종의 결핍도 아닙니다. 이 공성은 중생이라고 하는 것, 부처라고 하는 것의 실체 저변에 있는 것입니다. 공성은 우리 각자의 내면에 우리의 본래 성품으로서 내재해 있는 불성입니다. 따라서 참선을 한다는 것은 중생들의 마음을 참구하고, 불성을 참구하는 것입니다. 중생들의 마음을 정확히 아는 것이 부처의 마음을 아는 것입니다. 그래서 마음, 중생, 부처는 하나입니다.

   이것은 화두와 어떻게 관계됩니까? 중국어로 '화話' 는 '말' 이라는 뜻인데, 때로는 마음속으로 하거나 입 밖에 내어 하는 '입말' 로도 번역됩니다. '두頭' 라는 말은 '머리', '싹', '수원水源' 혹은 '근원' 을 뜻할 수 있습니다. 입말의 수원이 무엇입니까? 아니면 간단히 말해서, 입말이 무엇입니까? 입말은 우리가 의사소통을 하고 생각을 하기 위해 사용하는 기호입니다. 이 기호들 이면에 있는 것은 무엇입니까? 그 이면에 있는 것은 근원 혹은 수원입니다. 이 수원은 어떤 대상이나, 이 기호들이 나오는 어떤 원래의 자리가 아닙니다. 오히려 그것은 정확히 공성입니다. 이 공성은 무엇이 없거나 허공처럼 빈 것이 아닙니다. 실은 그것은 중생과 부처들을 구현하고 있다는 점에서 사뭇 충만해 있습니다.

   그래서 화두, 선禪, 불성의 관계는 우리가 (화두를 통해) 그 입말의 근원을, 즉 다름 아닌 우리 자신의 부처 마음을 탐구한다는 것입니다. 이 마음은 공空의 마음이고 우리의 참된 불성입니다. 이것을 우리가 직접 탐구할 수는 없습니다. 왜냐하면 그것은 우리 바깥의 어떤 알 수 있는 대상이 아니기 때문입니다. 만약 그런 대상이라면 그것이 우리와 대립하겠지요. 따라서 화두법은 기호를 사용하여 기호들의 근원을 탐구하는 것입니다. 그러나 허운 스님은 우리가 화두를 말로 하면 그것은 더 이상 수원이 아니라고 했습니다. 우리가 '무' 라고 말하고 나면 그것은 이미 그 생각의 '꼬리' 라는 것입니다. 그러나 그 생각의 '머리' 혹은 근원은 대상적으로 알 수 없기 때문에, 그것을 알기 위해 우리는 꼬리를 사용합니다. 그래서 '무'라고 묻는 것은 꼬리를 쫓아가는 것과 같습니다. 우리는 그것을 사용하여 마음을 탐구합니다. 다시 말해서 우리의 참된 불성을 탐구합니다.

화두법을 사용하기 위해 그에 대한 설명을 들어야 할 필요는 없습니다. 제가 이런 설명을 하는 것은 이 방법을 쓰는 데는 어떤 이유가 있다는 것과, 그것이 참선과 관련이 있다는 것을 여러분이 알도록 하기 위해서입니다. 이제 질문을 한두 가지 받아 보겠습니다.

선중: 한번은 낮에, 마치 문이 갑자기 열린 것처럼 느껴져 제가 화두 속으로 뛰어들 수 있었고, 화두가 분명하게 잡혔습니다. 외부 환경을 지각할 수는 있었지만 그것이 더 이상 부담 되지는 않았고, 그냥 일종의 먼 빛 같았습니다. 생각들이 오고갔지만 그것들은 힘이 약했습니다. 그 생각들이 일어나자마자 어떤 힘이 그것들을 쓸어버린다는 느낌이 들었고, 저는 화두를 계속 들 수 있었습니다.

성엄: 그것은 좋은 체험이지만 의심이 없었습니다. 의심이 있었을 수도 있지만 그것이 지속될 만큼 강하지 않았습니다. 스스로에게 "별 거 아니다"라고 말하십시오. "이건 내가 원하는 게 아냐. 그런데 내가 과연 뭘 원하지? 모르겠다."고 하십시오. 그저 화두를 들고 이 '모름'을 일으키십시오. "무엇이 무인가? 모르지만 알고 싶다." 그대가 알고 싶은 것이 무엇인지에 대해 어떤 고정 관념을 갖지 말고, 무엇이 떠오르든 자신에게 이렇게 말하십시오. "이건 아니야." 모르는 가운데 '무'를 계속 드는 것이 의심을 일으키는 방법입니다. 그런 체험 같은 것들은 일어나겠지만, 그것은 그렇게 깊은 체험이 아닙니다. 그저 화두를 계속 지어 가십시오.

선중: 저는 과거에 하던 수식법隨息法이 계속 돌아오는 바람에 화두를 하는 데 애를 먹고 있습니다. 저는 어떻게 해야 합니까?

성엄: 바로 지금 그대는 화두법을 하고 있습니다. 그러니 만일 어떤 것이 과거의 경험에서 다시 돌아오면 그냥 놓아 버리고 화두를 계속 지어 가십시오. 물론 습관상 그 호흡법으로 거듭거듭 돌아가겠지요. 그러니 유일한 방도는 그대 자신을 제어하는 것입니다. 예전 습관이 돌아오면 그냥 그것을 놓아 버리고, 거듭거듭 화두를 계속 지어가십시오. 때가 되면 화두를 고수할 수 있게 될 것입니다. 그렇지 않으면 평생 다른 방법은 해 보지도 못하겠지요.

직접 관법 R3

집중적인 선칠의 환경에서는 화두법을 늘 사용해야 하고, 경행經行 중에도 그래야 합니다. 경행은 실은 일상생활 속에서 화두를 수행할 기회입니다. 그러나 걷는 동안 환경 속의 소리와 형상에 주의가 끌릴 수 있습니다. 이미 의정을 일으켰다면 이런 지각들이 여러분을 방해하지 못할 것이고, 여러분은 그저 화두를 지어 가야 합니다. 그러나 만일 그런 지각의 방해를 받는다면, 마음을 가라앉히는 방편으로 '직접 관법'이라는 방법을 사용할 수도 있습니다. 이 방법에서는 그냥 눈이나 귀를 사용하여 목전의 대상을 직접 지각하도록 마음을 훈련합니다. 그 핵심은 분별적 사고에 빠지지 않는 것입니다. 그래서 세 가지 원칙이 있습니다. 이름 붙이지 말 것, 묘사하지 말 것, 비교하지 말 것입니다. 목전에 무엇이 있든 그냥 있는 그대로 지각되게 하십시오. 그것이 직접 관법입니다.

이것을 잘 하게 되면 공을 관하는 데까지 나아갈 수 있습니다. 일반적인 용법에서 관觀이란 것은 '생각하기', '성찰하기' 혹은 '분석하기'

를 뜻합니다. 그러나 불교에서 예컨대 공을 관한다는 것[觀空]은 공에 대해 생각한다는 의미가 아닙니다. 관觀은 그냥 하나의 비개념적 지각 방식으로, 마음을 어떤 상태에 머물러 있게 하는 것입니다. 직접 관법에서 '공을 관하기'로 어떻게 옮겨갑니까? 직접 관법에서는 여러분이 지각하는 그 대상 외에는 마음에 아무것도 없어야 합니다. 아무 개념도, 명칭도, 비교도 붙지 않으면 마음은 대상을 있는 그대로 지각할 수 있습니다. 이 상태로 오랜 시간을 계속할 수도 있겠지만, 그것은 아직 깨달음이 아닙니다. 왜냐하면 지각되는 대상을 지각하는 어떤 '나'가 있기 때문입니다.

  이 행법에 통달하고 나면 여러분의 마음은 관觀의 대상에 고착됨이 없이 명료함을 유지하는 법을 터득합니다. 이 지점에서 여러분은 공을 관하기 시작합니다. 공을 관하려면 마음이 대상들의 형상이나 소리에 고착되지 않게 하십시오. 외부의 사건이나 상황에 고착되지 말고, 내면의 생각이나 관념에도 고착되지 마십시오. 그래서 안팎으로 마음이 어디에도 안주하지 못하게 하십시오. 내면에서는 많은 생각이 일어날 것이고, 바깥의 많은 것들을 지각하게 되겠지만, 마음이 그 모든 것에서 떨어지게 하십시오. 마음을 예컨대 소리에 머무르게 하는 직접 관법과는 달리 이제는 그것을 그냥 놓아 버립니다. 마음의 자유로운 흐름이 여러분의 지각에 끄달리지 않게 하십시오. 만일 형상들을 보게 되면 그것들이 마음의 내용이 되지 않게 하십시오. 그냥 놓아 버리십시오. 내면의 생각과 개념들도 마찬가지입니다. 놓아 버리십시오. 많은 것들이 떠오를 수 있지만, 여러분은 단순히 머무르지 않음의 상태, 놓아 버림의 상태에 있습니다. 그래서 그 경험의 과정과 그 후의 놓아 버리기를 고수하십시오. 그것은 단순히 지켜보기만 하는 하나의 연속적 과정이며, 거기서 사물들은 여러분의 인식의 장에 나타났다가 제풀에 사라집니다. 이것을 아주 잘 하게 되면 대의단의 타파를 우회하고도 깨달음을 체험하는 것이 가능합니다. 이 방법은 쉽지 않지만 또한 어렵지도 않습니다.

그래서 여러분에게는 세 가지 방법이 있습니다. 화두, 직접 관법 그리고 공을 관하기입니다. 여러분은 모두 최소한 화두에는 친숙합니다. 둘째로, 여러분에게는 직접 관법이 있습니다. 이름 붙이지 않기, 묘사하지 않기, 비교하지 않기입니다. 그리고 세 번째는 공을 관하기, 즉 여러분이 경험하는 일체를 놓아 버리기입니다. 이 마지막 것은 그냥 여러분에게 맛을 보라고 내놓는 하나의 찬일 뿐입니다! 자기비하적인 생각들을 하지 마십시오. 이따금 사람들은 많은 번뇌를 가지고 있다가도, 갑자기 이 번뇌들이 싹 사라지고 마음이 문득 평화로워집니다. 그러니 자기 자신에 대해 믿음을 가지고 이 수행을 하십시오.

2. 수행

수행의 의미 R2

 선禪에서는 우리가 '수행'을 이야기합니다. 수행修行은 더러 practice로 번역되는데, 이것은 교정하기, 바로잡기 혹은 고치기라는 의미를 내포합니다. 선 수행에서 우리는 자신의 그릇된 방식을 교정하려고 노력합니다. 우리는 행위하고, 생각하고, 말하는 자신의 방식에서 오류를 인식하는 것으로 시작합니다. 우리 자신에게나 남들에게 문제를 야기하는 자기 행동의 측면들을 자각하게 됩니다. 이것이 수행의 진정한 의미입니다. 그러나 우리의 결점을 인식하기는 쉽지 않고, 그것을 바로잡기는 더욱 쉽지 않습니다. 남에게 해를 끼치지 않는 법을 수행하는 것은 단순히 우리의 실수를 인식하는 것 이상입니다. 각 수행 단계는 그 이전 단계보다 어렵습니다. 첫째, 우리는 자신의 실수를 인식해야 합니다. 둘째, 그것을 교정해야 합니다. 셋째, 우리는 해害를 야기하는 부정적인(나쁜) 측면들에서 벗어나야 합니다.

 자기발견을 시작하기 위해 우리는 선법을 쓸 수 있습니다. 그러나 먼저 몸, 말, 마음의 부정적인 측면들을 인식할 필요가 있습니다. 말에 관해서는, 우리가 하는 말이 불친절하고 상처를 줄 때를 인식해야 합니다. 몸에 관해서는 우리가 (남에게) 해를 주는 일들을 한다는 것을 시인해야 합니다. 그리고 마음에 관해서는, 건전하지 못한 태도, 습관, 번뇌를 인정해야 합니다. 따라서 수행은 우리의 전 존재를 교정하는 하나의 전일적全一的 접근 방법(holistic approach)이어야 합니다. 우리가 가만히 좌선하고 있으면 기껏해야 어떤 불건전한 마음의 습을 인식할지 모릅니다. 또한 불편함과 그 밖의 신체적 번뇌를 자각하게 될지도 모릅니다. 그러나 진정한 수행은 좌선을 넘어섭니다. 그래서 우리는 그것을 타인들과의 상호작용에까지 확장할 필요가 있는데, 그것은 좌선보다 더 어렵습니다.

수행 도중에 여러분은 부정적인 마음 상태들을 경험할지도 모릅니다. 이런 경험들 중 가장 일반적인 것은 삼독三毒, 즉 탐貪·진瞋·치癡의 세 가지 번뇌에서 일어납니다. 수행이 잘 되지 않을 때는 곧잘 짜증, 분노, 혐오 등을 인식하게 됩니다. 좌선이 순조롭게 될 때는 미세한 번뇌를 알아차리기가 더 어렵습니다. 왜냐하면 여러분의 마음이 그런 것들을 대충 덮고 넘어가는 경향이 있기 때문입니다. 반면에 좌선이 아주 잘 되어 희열을 체험할 때는 탐애貪愛의 독에 굴복하여 그 희열에 집착할 수 있습니다. 이런 상태들은 즐거운 것이든 싫은 것이든 모두 마음의 번뇌입니다.

우리가 잘 살펴보면, 상황이 요구하지 않는데도 우리가 말을 할 때가 있고, 상황이 요구하는데도 우리가 말을 잘못하는 때가 있다는 것을 깨닫습니다. 심지어 우리가 늘 그래 왔다는 것을 깨달을 수도 있습니다. 행위에 관해서 보자면, 어떤 때는 우리의 반응이 필요하지 않은데도 우리가 행위하여 문제를 야기합니다. 또 어떤 때는 반응해야 하는데 하지 않거나, 반응하지만 일을 잘못하기도 합니다. 수행을 통해서 우리는 이러한 번뇌들이 알아차림(mindfulness)의 부족에서 일어난다는 것을 알게 됩니다. 우리는 괴로움이 어떻게 우리의 내면에서 일어나며, 우리가 어떻게 남들에게 고통을 야기하는지를 발견합니다. 이것을 일단 인식하면 우리의 과오를 교정해 나갈 수 있습니다.

이것은 결코 쉽지 않습니다. 수행을 하면 불가피하게 우리 내면의 번뇌와 부정적인 면들을 발견합니다. 수행이 잘 되지 않을 때는 또렷한 알아차림으로 그저 다시 수행해야 합니다. 거듭거듭 그렇게 해야 합니다. 묵언을 원칙으로 하는 단순화된 선기禪期 공간에서도 우리는 여전히 자신의 생각들을 깨어서 지켜보며 일상 활동을 해 나갈 수 있습니다. 우리가 상황에 어떻게 반응하는지를 아주 분명하게 자각해야 합니다. 선기가 끝난 뒤에 다시 말을 할 때에는 우리가 하고 싶은 말과 우리가 하고 있는 말을 잘 자각할 필요가 있습니다. 우리는 명료한 마음과 차분함이 사람들과 상호작용 할 때 필수적이라는 것을 보게 됩니다. 선기 참가는 이 수행을 시작할 하나의 기회입니다.

불자들은 몸과 말과 마음으로 범하는 과오들을 교정하는 훈련을 해야 합니다. 자기 마음이 안정되고 명료하든 아니면 부정적인 생각들로 가득 차 있든, 자신의 의도를 알고 있어야 합니다. 좋은 수행자는 어떤 행위와 말이 적절한지를 아주 명료히 인식합니다. 만일 우리가 자신의 마음조차 모른다면, 또 그것을 명료히 하고 안정시키지 못해서 계속 우리의 행위와 말로써 남들에게 해를 끼친다면, 깨달음은 요원할 것입니다. 우리는 마음, 몸, 말, 특히 마음과 관련된 전일적 존재 방식을 닦을 필요가 있습니다. 그래서 우리가 어떤 수행방법을 사용할 필요가 있는 것입니다. 수행자는 언제 어디 어떤 상황에서도 방법상에 머물러 있으면서 부단히 수행해야 합니다. 이렇게 하다 보면 몸, 말, 마음을 정화할 수 있고, 그리하여 부정적인 면과 과오에서 벗어나게 됩니다. 일단 차분하게 수행할 수 있게 되면 우리에게 깨달을 기회가 옵니다.

언제 또다시 기회가 오겠는가?   R2

『선관책진禪關策進』에 나오는 법어에서 황룡오신黃龍吳新(1044~1115) 선사는 이렇게 묻습니다. "금생에 이 몸을 제도濟度하지 못하면 어느 생에 이 몸을 제도할 기회가 있겠는가?" '이 몸을 제도한다' 는 것은 생사 윤회를 벗어나는 것을 두고 하는 말입니다. 현대의 수행자들에게는, 간단히 '괴로움에서 벗어나는 것' 으로 번역할 수 있습니다. 여러분이 깨달아야만 괴로움에서 벗어나는 것은 아닙니다. 해탈을 향한 길 위에 올라서 있기만 하면 됩니다. 그것은 괴로움의 이쪽 언덕에서 해탈의 저쪽 언덕으로 가는 나룻배를 타는 것과 같습니다. 여러분이 그 배를 타고 건너기 시작하는 한 이미 해탈을 향해 가고 있는 것입니다. 그래서 '벗어난다' 는 것은 저쪽 언덕으로 나룻배를 타고 가는 과정으로 이해할 수 있습니다. 그 배란 다름 아닌 불법입니다. 우리가 이 나룻배를 탈 수 있는 것은 오직 우리가 이 귀중한 사람 몸을 받았기 때문입니다. 우리는 사람 몸을 받았고 불법을 들었기 때문에, 이 희유한 기회를 이용하여 수행을 해야 합니다. '제도濟度' 는 생사를 극복하는 과정이라고 생각하십시오. 생사를 초월하려면 완전한 깨달음을 얻어야 한다는 선 격언이 있습니다. 이 격언은 수행자들에게 이 깨달음을 얻으려면 일정 기간을 정하라고 권유합니다. 그것이 한 평생이든, 아니면 한 번의 선기禪期와 같이 정해진 기간이든 말입니다.

깨닫는 것은 간단치도 않고 어렵지도 않습니다. 그러나 그것을 직접 체험하려면 무상無常에 대한 올바른 견해를 가지고 있어야 합니다. 매 순간은 잠깐이며 붙들 수 없습니다. 이 찰나적인 순간을 이용하여 수행하지 않는다면 여러분의 시간을 낭비하는 것입니다. 만일 그것을 이용하여 수행한다면 매 순간이 귀중한 것이 됩니다. 매 순간을 소중히 여겨 자신의 생각들이 갖는 찰나적인 성품을 이해하십시오. 여러분 마음이 가진 두 가지 무상함을 체험해 보십시오. 끝없이 지나가는 생각들의 무상함과 마음 자체의 무상함 말입니다. 여러분 스스로가 그것을 체험해야 합니다. 무상에 대한 올바른 견해를 갖는 것은 불법을 닦기 위한 가장 안전하고 가장 유익한 길입니다.

인간의 삶은 무상함을 특징으로 합니다. 설사 여러분이 120년을 산다 해도 삶은 여전히 찰나적입니다. 여러분이 한 생에 하는 호흡의 수는 수백만 번일지 모르나 그 역시 유한합니다. 만일 무상을 온전히 이해한다면 자신이 하는 매 호흡을 잘 활용해야 합니다. 그러면 한 번 들이쉬고 내쉴 때마다 이 사람 몸을 제도하게 될 것입니다. 이것이 고해를 건너 해탈의 저쪽 언덕에 도달하는 하나의 확실한 방법입니다.

그렇다고 해서 조바심을 내며 성급하게 수행을 해야 한다는 의미는 아닙니다. 그것은 나룻배를 타려고 황급히 달려가면서 선표를 깜빡 잊고 가는 것과 같습니다. 다른 사람들은 다 배를 타는데 여러분은 뒤에 남게 됩니다. 무상함을 이해하되, 너무 서두르거나 너무 조바심을 내지는 마십시오. 인내심 있게 그저 순간순간 방법을 고수하십시오. 그렇게 하면 자신이 이미 배에 타고 있다는 것을 알게 될 것입니다. 이것이 수행을 하는 가장 좋은 방식입니다. 그렇지 않으면 계속 수행을 놓치게 될 것입니다. 그것은 마치 배를 무사히 타고 나서 뱃전 밖으로 추락하는 것과 같습니다. 배를 타고, 저쪽 언덕에 도달할 때까지 인내심 있게 꾸준히 붙어 있으십시오.

그래서 지금부터 시작하여 무상함을 온전히 체험해 보십시오. 생각 생각 완전히 여러분의 수행과 함께 하십시오. 방법에 전심전력하십시오. 이 귀중한 삶을 불법에 내놓으십시오. 이와 같이 수행하면 여러분의 노력이 헛되지 않을 것입니다. 여러분이 이 보배를 가지고 있다는 것을 안다면, 매일매일 순간순간 그것을 낭비한다는 것은 안쓰러운 일이겠지요. 이 귀중한 황금은 원래 여러분의 것입니다. 그러니 그것을 수행에 쓰십시오. 이렇게 하면 여러분은 사람 몸을 제도하는 길 위에 있게 될 것입니다.

신심명信心銘 R2

「신심명」은 선종의 3조인 승찬僧璨 대사(?~606)가 지었다고 하는 유명한 선게禪偈입니다. 그 첫 구절은 다음과 같습니다.

지극한 도는 어렵지 않으니   至道無難
가리고 고르지만 않으면 되네.   唯嫌揀擇

이 구절에서 승찬 대사는, 여러분이 모든 의심을 버리고 자신이 불도佛道를 성취할 수 있다는 것을 참으로 믿으면 그것을 이룰 수 있다고 말합니다. 그래서 수행자가 갖추어야 할 첫째 요건은 믿음을 갖는 것입니다. 무엇에 대한 믿음입니까? 자기 자신의 마음에 대한 믿음입니다. "지극한 도"는 중생을 돕기 위하여 자신의 해탈을 미루는 보살의 대승도大乘道입니다. "가리고 고르지만 않으면 되네"는 생각과 분석으로써 모든 의심을 해결할 수 있을 때까지 불법에 대한 믿음을 보류하는 사람들의 중대한 과오를 두고 하는 말입니다. 이런 식의 '가리고 고름(揀擇)'을 가지고 있으면 참으로 수행에 진입하기는 매우 어렵습니다. 참된 진입은 지적인 이해로는 얻을 수 없고, 그 길에 대한 확신과 자기 자신의 불성에 대한 믿음을 통해서만 가능합니다. 수행에 착수하고 나면 이해가 따라올 것입니다.

어떤 사람들은 믿음이 부족한 반면, 어떤 사람들은 불성을 가지고 있다는 것이 우리가 이미 부처라는 의미라고 믿습니다. 이것은 또 하나의 중대한 과오입니다! 자신의 불성을 본다는 것은 마음속에 더 이상 불확신이 없다는 것이지만, 그것은 불지佛地를 성취하는 것(성불)과는 다릅니다. 그러나 처음에는, 우리 자신이 성불할 잠재력을 가지고 있다는 것에 대한 단호한 믿음을 가져야 합니다. 그런 믿음을 어떻게 일으킬 수 있습니까? 부처님이 입멸하시기 전에 설하신 『대반열반경大般涅槃經』에서는 중생들이 불성을 가지고 있다고 분명하게 말합니다. 마찬가지로, 『화엄경華嚴經』에서는 모든 중생이 "부처의 지혜와 덕상德相"을 구족具足하고 있다고 말합니다. 바꾸어 말해서 불성을 가지고 있는 것입니다.

부처님이 말씀하신 법法은 당신 자신의 체험과 깨달음에서 일어났고, 그것이 입말로 전승되고 기록되었습니다. 당신의 직제자들은 물론 역대 조사들도 그것을 증언했습니다. 그들 또한 믿음을 가졌고 수행을 했습니다. 그들은 법을 완전히 체험했고, 그것을 우리에게 전해 주었습니다. 그래서 부처님 법과 조사·선사 그리고 다른 깨달은 존재들에 대한 믿음을 갖는다는 것은 모두 한 가지를 이야기합니다. 즉, 우리가 불성을 가지고 있음을 믿는다는 것입니다. 이 믿음이 있으면 우리는 선禪 수행을 잘 할 수 있습니다.

부처님의 초기 법문을 모은 아가마(Agamas)와 니까야(Nikayas)에서 수행은 네 가지 부문 또는 학學으로 이루어진다고 규정하는데, 그 첫째

가 믿음입니다. 믿음은 계율, 선정, 지혜라는 다른 세 가지 학의 기초입니다. 믿음이 없으면 이른바 높은 학을 참으로 닦을 수 없지만, 믿음이 있으면 한 단계씩 진보하면서 그 길로 나아갈 수 있습니다. 믿음이 없이 계율, 선정, 지혜를 공부하는 것은 헛일이 될 것입니다. 『화엄경』 같은 후기 경전들은 "믿음이 도의 근본이며 공덕의 어머니(信爲道元功德母)"라고 분명히 말하고 있습니다.

확고한 믿음은 얻기가 쉽지 않고 유지하기도 어렵습니다. 예리한 근기를 가진 사람들은 불법을 만나면 금방 믿음을 일으킬 수 있습니다. 그들은 그 길에 믿음을 가질 것이고, 깨달음과 불성에 관한 가르침을 듣고 나면 수행에 들어갈 것입니다. 그들은 믿음이 있으므로 근면하고 꾸준하며, 퇴보하지 않습니다. 그들의 믿음과 수행은 과거생에 축적한 공덕의 과보이고, 현생에 좋은 업습業習을 낳습니다.

어떤 사람들은 같은 믿음을 가지고 시작하지만 결국 확신이 퇴보할 수도 있습니다. 그들은 수행을 하지만 업장으로 인해 딴 길로 빠집니다. 나중에 좋은 상황을 만나면 다시 수행으로 돌아올 수 있고, 이런 식으로 그들은 왔다 갔다 합니다. 그들의 업습은 그리 확고하지 않고 그리 깊지 않습니다. 수행하여 좋은 결과를 얻으려면 믿음을 일으켜야 하고, 부단히 정진해야 하며, 이 길을 신뢰해야 합니다. 우리의 수행이 일정치 않으면 기껏해야 선근善根을 심는 것이지 도를 깨닫지는 못합니다. 중생들이 진보하고 퇴보하는 것은 정상적인 일이지만, 우리는 늘 믿음을 일으키려고 노력해야 합니다. 마명조사馬鳴祖師(Ashvaghosha, 80~150?)의 논서인 『대승기신론大乘起信論』에서는 열 가지 수준의 믿음을 이야기합니다. 우리의 믿음이 열 가지 수준을 지나 진보하여 충분히 성숙되면 퇴보하지 않을 것입니다.

사람 몸 받기가 쉽지 않다는 것은 이 귀중한 삶을 수행에 써야 할 좋은 이유입니다. 우리는 불법을 듣는 것이 희유한 일이라는 관념을 받아들일 수 있지만, 어떤 사람들에게는 사람 몸 받는 것이 희유한 일이라는 관념을 받아들이기가 어렵습니다. 경전에서 부처님은 사람 몸 받는 것이 아주 희유하고 소중한 일이라고 말씀하셨습니다. 일체를 아시는 당신의 지혜에 비추어 볼 때 부처님이 우리를 속이실 리는 만무합니다. 한 가지는 확실합니다. 삶은 무상하고 찰나적이라는 것입니다. 금과 다이아몬드는 다른 것으로 대체할 수 있지만, 이 생은 한 번 과거 속으로 사라지면 대체할 수 없습니다. 따라서 삶은 소중합니다. 매 순간이 소중하고, 매 호흡이 소중합니다. 선기禪期는 여러분의 삶에서 불과 며칠밖에 안 되지만, 그것도 소중합니다. 그것을 잘 활용하여 수행을 하고 여러분의 화두를 참구하십시오.

문 밖의 빛과 소리 R4

대혜종고 선사는, 선사들의 어록을 읽고서 자신이 선을 얻었다고 생각하는 사람들을 더러 비판했습니다. 사실 그런 사람들은 임종시에 염라대왕을 만나면 자신들이 읽은 것이 별 소용이 없다는 것을 알 것입니다. 지적인 성향을 가진 수행자들은 또한 빠른 성과를 원하기 쉽습니다. 그러나 그들이 경전이나 어록을 읽고 얻는 통찰력은 얕은 것이어서 참된 이익을 가져다주지 못합니다. 선에서는 이런 수행자들을 두고 실제 수행에 기초를 두지 않고 "허공을 걷고 있다"고 말합니다. 왜냐하면 그들의 두 발이 단단히 자리 잡혀 있지 않아서 쉽게 걸려 넘어지기 때문입니다. 지름길을 택하기보다는 견고하고 꾸준한 노력으로 수행하면서, 매 걸음 확고히 땅을 디디며 진지하고 성실하게 전진하는 것이 낫습니다. 자신이 아주 예리하다고 생각하는 어떤 사람들은 남들이 열흘 걸리는 것을 하루 만에 성취할 수도 있습니다. 적어도 자신들은 그렇게 믿습니다. 물론 그렇게 할 수 있고 실제로 진정한 이익을 얻는 사람들도 드물기는 하지만 있습니다. 그러나 보통 그런 사람들은 전생에 깊은 수준까지 수행한 사람들이기 때문에 아주 빨리 배울 수 있는 것입니다.

빠른 성과를 구하다 보면 어떤 통찰을 얻을 수는 있으나 그것은 얕고, 얼마 못 가고, 섬광처럼 흩어져 버리기 쉽습니다. 한동안은 그들의 마음이 명료하고 번뇌가 없지만, 만일 여전히 자아집착이 있다면 그 체험은 얕은 것이고 별 쓸모가 없습니다. 더 심각한 것은, 구하는 마음으로 수행하면 마장魔障을 불러올 수 있다는 것입니다. 불지佛地에 이르는 빠른 길을 추구하는 수행자는 어떤 변화된 상태를 두고 자신이 깨달음이나 신통력을 얻은 것으로 해석할 수도 있습니다. 사실 무시이래無始以來로 자신이 부처의 화신이라고 믿는 사람들이 늘 있었습니다. 그런 믿음은 오늘날에도 드물지 않습니다. 만일 그런 사람이 남들을 오도한다면 이것은 정말 위험합니다.

얕은 성취와 마장의 함정을 피하려면 수행에서 확고히 기초를 잡으십시오. 화두 수행은 애씀 없이 해야 한다고 하지만, 공 들인 만큼 얻는다는 것을 알고 꾸준함과 인내로써 그 기초를 잡을 필요가 있습니다. 그러면서도 성과를 기대함이 없이 수행해야 합니다. 여러분은 선기가 인내의 한 시험이라고 생각할지 모르지만, 한 평생의 수행에 비하면 아무것도 아닙니다. 그러니 선기에 참가하기로 맹세하든 아니면 한 평생을 수행하기로 맹세하든, 인내심 있고 꾸준한 마음으로 나아가십시오. 그럴 때 진정으로 가치 있는 성과를 거둘 공산이 큽니다.

허운 선사를 오랫동안 따르던 제자가 한 사람 있었습니다. 그는 들에서 일도 하고, 절도 짓고, 허운 스님이 다른 절로 갈 때도 함께 다녔습니다. 하루는 그 스님이 허운 스님에게 불법을 좀 가르쳐 달라고 청했습니다. 허운 스님은 그에게, 함께 지낸 지도 여러 해가 지났으니 자신에게는 더 이상 가르쳐 줄 불법이 없고, 실은 불법을 들을 필요도 없다고 말했습니다. 그리고 그가 드는 화두를 잘 참구하면 그 자신의 내면에서 불법을 발견할 수 있을 거라고 했습니다. 이 말씀에 감동을 받은 그 스님은 허운 스님에게 절을 한 뒤에 그의 곁에 머물렀습니다. 우리는 이 스님이 깨달았는지 여부는 모르지만, 같은 스승 밑에서 오래 수행하면 확고한 토대를 구축하는 데 도움이 된다는 것은 압니다. 그와 마찬가지로, 선기를 하는 목적은 여러분 스스로 수행의 습習을 들여 그것을 일상생활 속에서 활용할 수 있게 하기 위한 것입니다. 일상생활에서는 수행을 하지 않고 선기에 들어와서 그것을 수행이라고 부른다면, 좋은 성과를 얻기 어려울 것입니다. 더 유익한 것은 일상생활 속에서 수행하다가 선기에 들어와 그것을 재점화하여 여러분의 수행을 심화하는 것입니다. 사실 선종사에서는 선당 밖에서 깨달은 수행자들이 많습니다.

일반적인 관점에서 보자면, 예를 들어 교수가 되는 것을 목표로 교육을 받는 것은 정상적입니다. 그러나 선의 관점에서 보자면, 선사가 되려는 목표를 가지고 시작하는 것은 그 반대입니다. 왜냐하면 그것은 강한 자아중심을 말해주기 때문입니다. 그런 목표를 가지고 시작한다면 화두법을 깨달음을 얻는 한 방도로 이용할 수는 있겠지만, 그렇게 해서 어떤 깨달음을 얻는다 해도 그것은 진정한 깨달음이 아닐 것입니다. 우리는 그런 체험을 '문 밖의 빛과 소리'*라고 부릅니다. 선사가 된다는 것은 공空의 체험 이상의 것을 요구합니다. 능숙한 수단도 필요합니다. 가르

---

* (역주) 224쪽에서는 이것을 '선문 밖의 변용된 상태'로 묘사한다. 『지혜의 검』, 77쪽(25행)에서 '빛과 그림자 세계'라고 한 것과 같은 개념이다.

치는 기술은 물론 사람들과 어울리는 기술이 필요합니다. 그것은 단지 번뇌에서 벗어나는 것 이상입니다.

깨달은 사람은 아무 번뇌가 없다는 것이 사실입니까? 깨달음은 얕을 수도 있고 깊을 수도 있습니다. 얕은 깨달음은, 최소한 그 사람이 현상과 자아의 성품이 공하다는 통찰을 얻었다는 것을 뜻합니다. 그런 사람들에게는 여전히 번뇌가 존재하지만, 번뇌가 있을 때 그것을 즉시 분명하게 알아차립니다. 그런 사람에게는 아직 수행이 필요합니다. 깊이 그리고 철저히 깨달은 사람들은 그들 자신의 내면에서 번뇌를 경험하지 않습니다. 그러나 그들에게 번뇌가 아주 없다는 말은 아닙니다. 바꾸어 말해서, 그들에게는 전생부터 가져온 잔여 습기習氣가 있을 수 있는데, 그것이 남들이 볼 때 번뇌로 지각되는 것입니다. 그런 습기는 잔여물로 존재하며 그 사람에게 새로운 번뇌를 야기하지 않기는 하나, 그래도 그들의 행위는 남들에게 영향을 줄 수 있습니다. 그런 사람은 자신의 내면에 번뇌가 없다는 것을 분명히 알지만, 그러한 습기를 자각하고 따라서 여전히 수행할 필요를 느낍니다.

철저히 깨달은 사람들도 여전히 행복, 분노, 슬픔, 기쁨 등을 느낍니까? 우리는 모두 이와 같은 정서들에 대해 알고 있습니다. 당시의 상황과 환경의 변덕에 지배되는 사람들에게는 그런 것들이 마음의 전형적인 내용입니다. 깨달은 사람들에게도 그런 정서들이 있지만, 그것은 남들을 돕기 위한 방법으로서 나오는 자연스러운 반응입니다. 사람들에게 반응할 때 환경에 적절한 감정이 필요하다면 깨달은 사람들에게도 그런 정서가 나타날 것입니다. 그러나 그들의 마음은 그러한 정서에 의해 채색되지 않습니다. 그들이 남들에게 반응하지 못한다는 것이 아니라, 반응할 때도 그들의 마음이 움직이지 않고 영원히 안식하고 있다는 것입니다. 그래서 어떤 깨달은 사람이 행복감을 보일 때 사람들은 그들이 행복하다고 생각할지 모르지만, 그 깨달은 사람의 마음은 움직이지 않습니다. 깨달은 사람이 분노를 보일 때도 그것은 환경이 그것을 요구하기 때문이지 그들의 마음 내용은 분노, 증오, 짜증 등이 아닙니다. 슬픔과 기쁨도 마찬가지입니다. 그런 감정들은 상황에 따라서 나타나지만, 깨달은 이들의 마음은 그런 감정에 물듦이 없습니다. 깊이 깨달은 사람의 마음 상태는 그와 같습니다.

아직 깨닫지 못한 사람들은 화두를 수행하여 강한 정서의 영향을 줄일 수 있습니다. 만일 화두 수행이 여러분이 번뇌에 사로잡히는 것을 피하는 데 도움이 될 수 있다면, 그 수행으로 여러분은 (남들에게) 끼치는 해害도 줄이게 될 것입니다. 여러분은 행복과 기쁨을 번뇌로 보지 않을지 모르지만 그것도 번뇌입니다. 왜냐하면 그것들은 붙들기(grasping)와 자아집착에서 나오기 때문입니다. 따라서 그것들은 지혜도 아니고 자비도 아닙니다. 지혜나 자비로써가 아니라 정서로써 세상에 반응할 때는 남들에게 도움을 주기보다 상처를 주게 될지도 모릅니다. 그렇기 때문에 우리는 일상생활에서 화두를 해야 하는 것입니다.

깨달은 수행자들도 여전히 수행할 필요가 있습니까? 확실히 그렇습니다. 허운 선사는 깨닫기 이전에도 이후에도 화두를 수행했습니다. 선종의 역대 조사·선사들은 평생을 수행했고, 큰 깨달음을 이룬 뒤에도 수행을 계속했습니다. 그것은 밥을 먹고 이를 닦는 것과 같습니다. 그것은 매일 해야 하는 것입니다. 깨달음도 마찬가지입니다. 수행은 오래도록 꾸준히 계속됩니다. 경전에서 우리는 대보살大菩薩들에 대한 이야기를 읽는데, 그들은 시작 없는 옛적부터 다겁多劫 동안 수행해 온 존재들입니다. 실상은, 우리가 깨달은 뒤에도 수행은 계속된다는 것입니다. 여러분은 자신을 금생에 오래 수행한 사람이라고 볼지 모르지만 그것은 한 겁에 비하면 아무것도 아닙니다. 여러분은 이렇게 생각할지 모릅니다. '그렇지만 그건 제가 생각한 것보다 긴 시간이네요. 어쩌면 제가 견 디어낼 수 있는 것보다 더 오랜 시간 같습니다.' 만일 이와 같은 생각을 한다면 빨리 그런 생각을 버려야 합니다. 따라서 인내하고, 꾸준한 마음을 가지십시오. 그리고 그저 방법을 사용하십시오.

계율을 지키기 R3

계율을 지키는 것은 출가인들에게만 해당되는 것이 아니고 재가자들에게도 해당됩니다. 우리가 사회에서 살아가려면 윤리적인 삶의 방식을 지지하는 일정한 기준에 따라 행동해야 합니다. 불교에서는 이런 기준을 '계율'이라고 합니다. 따라서 불교도의 첫 번째 요건은 스스로 윤리적으로 사는 것뿐만 아니라 남들을 위해서도 그렇게 사는 것입니다. 윤리적 기준이 없으면 마치 자기 발 위에 바위를 떨어뜨리는 것처럼 우리 자신에게 해를 끼치게 됩니다. 또한 다른 사람들과 관련해서도 문제를 야기하게 될 것입니다. 그래서 우리가 먼저 윤리적인 삶을 살지 않는다면, 깨달음에 대해 이야기하는 것도 아주 동떨어진 것이 됩니다.

어떤 사람들은 순진하게, 번뇌가 있어도 자기가 깨닫게 되면 모두 해소될 테니 괜찮다고 생각합니다. 이런 순진한 사고는 깨달음을 추구하는 동안은 비윤리적으로 살아도 상관없다는 관념을 내포합니다. 어떤 사람들은 자신이 깨달으면 자기 하고 싶은 대로 뭐든지 할 수 있다고 믿기도 합니다. 만일 깨달은 이들이 계율을 무시하고 절제 없이 산다면, 그들 중 어떤 사람은 감옥에 가고 말 것입니다. 이 둘 다 전도된 견해입니다.

선기禪期가 끝날 때마다 우리는, 계를 받고 삼귀의례三歸依禮를 거치고 싶어하는 사람들에게 오계五戒를 전수합니다. 계를 받고 지키는 것은 그리 어렵지 않습니다. 왜냐하면 그것은 사회생활의 가장 기본적인 기준이 되는 것이기 때문입니다. 더욱이 그것은 우리의 번뇌를 최소한도로 줄여주고 남들과 우리의 관계를 조화롭게 해 주는 데 도움이 됩니다. 지나치게 제약을 가하기는커녕, 실제로 그것은 마치 갑옷처럼 우리가 해害를 입지 않게 지켜줍니다.

계율은 또한 선정에도 도움이 되는 방편입니다. 우리의 행동을 조심하게 되면 계율을 파하는 데서 오는 해로운 결과에서 벗어나고, 그래서 우리의 마음이 고요하고 차분해집니다. 계율을 지키지 않는 사람은 마음이 혼란스러워, 선기에 들어와도 안정되기가 아주 어렵습니다. 일단 좌선이 시작되면 그런 사람은 이것저것 날이면 날마다 생각하게 될 것입니다. 결국 그들에게는 수행이 아주 어려워집니다. 따라서 우리는 계율을 지키는 것이 선정에 도움이 되는 방편이라고 말할 수 있습니다. 선기禪期에서 여러분은 자신의 마음이 얼마나 안정되고 명료해질 수 있는지 알게 됩니다. 그것은 선기에서의 일상생활이 문제와 번뇌를 일으킬 기회를 전혀 주지 않고 규율되기 때문입니다. 그래서 전체 선기 환경은 자연스럽게 계율을 지키는 데 유리합니다. 사회적인 관계가 없기 때문에 이것은 우리가 늘 마음을 챙기고 수행과 연결되어 있어야 한다는 것을 의미합니다. 그래서 우리는 선기의 삶이 규율 있고 안정된 환경의 원칙을 구현한다고 볼 수 있습니다. 이것이 윤리적 생활의 핵심입니다.

제가 말씀드렸듯이, 계율은 선정을 성취하는 보조 방편입니다. 선정을 닦기 전에는 마음이 보통 혼란스럽고, 안정되지 않고, 들뜨고, 목표가 없습니다. 집중된 상태에 도달하기 위해서는 이 산란한 마음을 일념 집중으로 가져가도록 우리 자신을 훈련해야 합니다. 마음이 순간순간 단 하나의 생각에 안주할 수 있을 때 그렇게 됩니다. 이 '한 생각'은 여러분이 화두나 기타 방법을 견지하여 순간순간 마음이 분산되거나 수행에서 벗어나 딴 데로 흐르지 않는 것에 대한 하나의 비유입니다. 이 일념집중은 선정에 들기 위한 필수조건입니다. 단 한 생각을—마치 연속된 사슬의 고리들처럼—견지하고 나서 얼마 후 그렇게 될 수 있다면, 여러분의 마음은 우리가 '선정'이라고 부를 수 있는 상태에 안주하게 될 것입니다.

이 선정은 얕을 수도 있고 깊을 수도 있습니다. 얕은 수준에서는 그것이 단순히 조금 더 깊은 수준의 일념집중이며, 앞생각과 뒷생각이 같은 내용일 경우입니다. 이때는 수행만 있고 다른 아무것도 없습니다. 깊은 수준에서는 아무런 의식적인 사고 없이 마음이 어떤 광대한 공간 안에 안주합니다. 그래서 그 차이는, 마음이 한 생각을 견지하는 것과 마음에 전혀 생각이 없는 것의 차이입니다.

근면과 겸손 R2

경주에서는 마지막 한 바퀴가 가장 중요합니다. 이때 우리는 힘차게 끝마무리를 하고 싶고, 발이 걸려 넘어지기를 원치 않습니다. 그리고 결승선을 통과하기 전까지는 포기하고 싶지 않습니다. 마찬가지로 선기에서도 여러분은 힘 있게 끝마무리를 하고 싶고, 미혹된 생각과 정서적인 기복에 굴복하여 걸려 넘어지고 싶지 않습니다. 물론 선기가 끝나기 전에 포기하고 싶지도 않습니다. 그러나 이 비유는 완전하지 않습니다. 경주를 처음 시작할 때는 주자들이 힘을 아끼지만, 마지막 바퀴에서는 있는 힘을 다합니다. 그와 반대로 선기에서는 처음에 최대의 힘이 필요하지만, 나중에 몸이 선禪 생활에 적응되면 여러분의 마음도 수행방법에 맞추어집니다. 선 격언에 "선칠의 첫 사흘은 하루가 일년 같고, 다음 사흘은 쾌마快馬를 탄 것 같고, 마지막 하루는 연기 한 모금 같다"는 말이 있습니다. 이 말은, 끝에 가면 선칠이 너무 빨리 지나가는 듯해서 그 그림자도 못 본다는 것입니다. 그러나 여러분의 몸과 마음이 적응되었기 때문에, 선기의 마지막 며칠은 좀 느슨하게 하고 싶은 유혹이 있습니다. 심지어 이런 생각도 들 수 있습니다. '좋다, 어차피 깨닫지 못했으니 좀 이완해도 되겠지.' 혹은 '더 이상 아무것도 얻을 게 없으니 시간이나 때우다가 내일 집에 가야겠다.' 만일 이와 같이 생각한다면 더없이 가엾은 것이고, 선기에 들어오는 것은 정말 시간 낭비가 될 것입니다.

선기에서는 우리가 근면의 습관을 기릅니다. 그래야 우리가 일상생활로 돌아갔을 때 그것이 도움이 될 것입니다. 우리가 여기 있는 동안 아무리 부지런히 수행한다 해도, 집에서도 부지런히 해야 그만큼 이익이 될 것입니다. 모든 조건이 갖추어진 여기서 부지런히 하지 못한다면 집에서 어떻게 부지런히 할 수 있겠습니까?

겸손은 두 가지 관점에서 이해할 수 있습니다. 첫째, 우리가 우리 자신은 물론 남들에게도 종종 번뇌를 야기한다는 것을 인식할 때 오는 겸손입니다. 우리는 자신의 부정적인 면을 지속시키면서 남들에게 고통을 안겨주기도 합니다. 겸손의 두 번째 측면은 우리가 더 잘할 수 있었는데 그러지 못한 일들을 가리킵니다. 우리는 더 잘하지 못한 데 대해 부끄러움을 느낍니다. 우리는 이 두 가지 관점에서, 왜 우리가 겸손하게 느껴야 하는지를 성찰합니다.

부끄러움이나 겸손함이 없는 사람들은 계속 그들 자신이나 남들에게 번뇌와 부정적인 면들을 야기할 것입니다. 그들은 자신들의 이익을 추구하면서도 자신의 책임을 회피합니다. 우리가 겸손하면 우리의 생각, 행위, 말이 더 순수해질 수 있습니다. 그렇지 않으면 우리는 계속 번뇌에서 헤어나지 못합니다. 겸손은 또한 믿음과 확신 같은 다른 미덕이 일어나게 합니다. 그러면 깨달음에 대한 열망을 일으키고 출리出離(세간적 집착을 버리기)를 배양하기가 더 쉬워집니다. 따라서 근면과 겸손은 보살도의 삶, 곧 지혜와 자비의 길을 실천하는 데 있어 함께 갑니다.

우리에게 번뇌가 있는 것은 우리에게 겸손함이 부족하기 때문이며, 우리가 책임을 회피하는 것은 우리에게 부끄러움이 없기 때문입니다. 겸손함이 부족하면 우리 자신의 내면에서 갈등을 일으킬 것이고, 남들에게도 고통을 가하게 될 것입니다. 우리가 겸손하면 자신의 번뇌를 인식하게 되고, 우리가 불도에서 벗어날 때는 그것을 알게 됩니다. 우리가 남들을 번거롭게 할 때 우리는 자신이 자비에서 벗어났다는 것을 압니다. 겸손함이 없으면 우리의 결점이나 불법을 닦지 못하는 무능력을 인식하지 못합니다. 따라서 겸손은 자기 자신이나 남들에게 해를 끼치지 않는 것과 아주 밀접히 관계됩니다. 자기 내면의 갈등을 피할 수 있다면 그것은 지혜이고, 남들에게 해를 끼치는 것을 피할 수 있으면 그것은 자비입니다. 그래서 지혜, 자비, 겸손 이 세 가지는 서로 관련됩니다.

우리가 겸손하게 행동하면 다른 사람들이 우리를 약하게 보고 이용하려 들 수도 있습니다. 혹은 우리가 그들의 요구를 들어주지 않으면 그들은 우리에게 자비심이 없다고 비난할지 모릅니다. "어떻게 불자로 자처할 수 있습니까?"라면서 말입니다. 그런 경우에 우리는 그들에게 악업을 지을 기회를 주지 않도록 지혜를 발휘해야 하고, 우리 자신도 악업을 짓지 말아야 합니다. 그래서 우리는 지혜와 자비를 가지고 적절히 반응합니다. 만일 그런 사람을 도울 수 없다면, 우리는 적절히 반응할 지혜가 부족한 점을 부끄러워해야 합니다.

참회

R2

많은 사람들은 겸손이 어떤 열등감이나 낮은 자아존중감이라고 생각합니다. 겸손한 것을 두고 그 사람이 별 볼 일 없는 사람이라고 생각하는 것입니다. 그것은 올바른 이해가 아닙니다. 그 반대로, 진정한 겸손의 느낌에서부터 자기확신이 확립될 수 있습니다. 이 자기확신은 자신의 진면목에 대한 인식에서 옵니다. 그래서 우리가 겸손하면 더 부지런하게 자신을 교정하고 향상시킬 수 있습니다. 더욱이 열등감은 어떤 변덕스러움과 불안정성을 가져올 수 있는 반면, 겸손함은 우리를 참된 관점에 자리 잡게 해 줍니다. 즉, 우리가 자신의 과오와 결점을 인식하고 이해하게 됩니다. 우리의 성격은 더 안정되고 현실적으로 되며 견고한 느낌을 주게 됩니다. 중국식 표현으로, 우리의 기氣가 미세하게 아래로 흐른다고 말할 수 있는데, 그 반대로 불안정한 사람은 기氣가 위로 뜨고 불안정합니다.

겸손과 밀접히 관련되는 것이 참회懺悔입니다. 사람들은 참회를 후회나 원망으로 오해합니다. 예를 들어 우리가 어떤 존재가 되기를 열망하지만 인연이 따라주지 않아 성공하지 못할 때가 있습니다. 뿐만 아니라 실패나 패배를 겪을 수도 있습니다. 그 결과 우리는 후회나 원망을 느낄 수 있습니다. 그러나 이것은 실은 참회가 아닙니다. 일이 우리가 원하는 방식으로 전개되지 않는다면 그것은 인연이 형성되지 않았기 때문이니, 후회하거나 원망할 필요가 없습니다. 또 결과가 우리가 기대한 것이 아니면 화가 나서 다시는 시도하지 않겠다고 결심할지도 모릅니다. 그 행위 자체가 어떤 목적을 가진 것이었고, 그것이 그냥 예상치 못한 방식으로 전개된 것입니다. 이것은 우리가 시도하기를 포기해야 한다거나 그 일을 한 것을 후회해야 한다는 의미가 아닙니다. 음식이 여러분의 목구

명에 걸렸는데 "다시는 음식을 먹지 않겠다"고 말한다면 어리석은 것이 겠지요. 반면에 우리가 어떤 일을 잘못 하거나 어떤 일이 예상한 대로 전개되지 않으면, 다음번에는 어떻게 하면 더 잘할 수 있겠는지를 생각해야 합니다. 이것이 참회의 참뜻입니다. 즉, 깊이 생각하고, 내면을 성찰하고, 분석하여 우리가 잘못을 고치고 더 나아질 수 있는 길들을 발견하는 것입니다. 참회의 참뜻은 과오와 결점들을 인식하고 바로잡는 것이지, 과거에 일어난 일에 대해 속상해 하는 것이 아닙니다.

참회는 우리의 잘못을 인식하는 것을 넘어섭니다. 왜냐하면 우리가 자신의 잘못을 모르거나 기억하지 못하는 경우가 많기 때문입니다. 우리가 한 일을 다 기억할 수는 없지만, 그래도 남에게 해를 끼쳤을지 모르는 일에 대해서는 참회해야 합니다. 우리는 무수한 생사윤회를 거듭해 왔고, 각 생에서 아마도 우리의 영혼에 업의 흔적을 남기는 부정적인 일들을 했을 것입니다. 이 업식業識에는 미래의 과보를 일으킬 잠재적 씨앗들이 들어 있습니다. 우리가 금생에 한 일도 다 기억하지 못하는데, 무시이래의 우리의 전생들을 기억한다는 것은 얼마나 어렵겠습니까? 우리의 모든 과거 행위는 우리의 현생은 물론 내생에까지 업보를 남깁니다. 인연이 성숙하면 우리가 과보를 받습니다. 따라서 우리는 다생에 걸친 우리의 모든 행위에 대해 책임을 지고 그에 대해 참회해야 합니다. 참회를 통해 우리의 행동을 바꾸고, 그리하여 부정적인 업의 새로운 씨앗을 심지 않게 됩니다. 우리가 겸손함과 참회심을 유지하는 동안은 우리가 어떤 씨앗을 뿌리든 그것은 무거운 과보로 나타날 가능성이 적습니다.

우리가 자신의 결점과 과오를 인식하지 못하는 또 하나의 이유는 우리에게 지혜가 부족하기 때문입니다. 무지가 우리의 눈을 가려 자신의 행위를 통찰하지 못하게 됩니다. 무엇이 옳고 무엇이 그른지 판단할 수 없는 때도 종종 있고, 우리가 올바르게 행동하려고 할 때조차 무지로 인해 남에게 해를 끼치는 경우도 있습니다. 누군가가 우리의 잘못된 행동을 지적할 때도 우리는 여전히 잘못된 견해에 집착합니다. 그래서 지혜가 없으면 우리의 결점을 인식하지 못한 채 계속 우리 자신의 좋은 의도에 반하는 행동을 합니다. 우리가 올바르다고 생각하는 일이 다른 사람들에게는 적합하지 않을 수 있는데도 우리의 방식을 남들에게 강요하려 들기도 합니다. 우리의 신발이 편안하게 잘 맞는다고 해서 반드시 그것이 다른 사람에게도 잘 맞는다는 법은 없습니다.

우리는 또한 알리바이를 대거나 남들을 탓하여 체면을 유지할 수 있을 때는 참회하기가 어렵습니다. 그래서 우리 자신과 남들을 계속 기만하면서 책임을 회피합니다. 이 자기기만이 내적 갈등을 야기하고, 그것이 번뇌를 증가시키고 지혜를 감소시킵니다. 결국 우리는 남들과 상대하는 일에서 장애를 만나게 됩니다. 이런 장애들 중 어떤 것은 눈에 보일 것이고 어떤 장애들은 그다지 잘 보이지 않을 것입니다. 그렇기는 하나, 과거에 우리가 남들과 대립했거나 업의 빚을 지었기 때문에 아무리 피하려고 해도 과보가 우리를 찾아낼 것입니다. 우리의 양심이 우리가 정말 부정적인 일을 했고, 그 때문에 과보가 따를 것이라고 우리에게 말해줍니다. 따라서 우리는 업의 씨앗을 성숙시키는 인연이 발생하지 않도록 부지런히 참회해야 합니다. 참회가 없으면 보이거나 보이지 않는 온갖 장애들이 내면에서 일어나거나 바깥에서 계속 나타날 것입니다.

참회한다는 것은 우리의 업을 회피하려고 든다는 의미가 아닙니다. 참회한다는 것은 우리가 부정적인 일들을 했고 부정적인 업을 지었다는 것을 인식하지만, 우리가 변하겠다고 서원하는 것입니다. 참회하는 마음은 우리가 사람들에게 돈을 빚졌지만 상환을 회피하려 들지 않도록 조심하는 것과 비슷합니다. 우리가 채권자들을 찾아가서 빚을 갚겠노라고 약속하면 그들은 우리에게 상환할 시간을 더 줄지도 모릅니다. 이것은 참회로써 우리의 업을 경감하는 것과 비슷한 면이 있습니다. 우리가 지은 나쁜 업의 현실에 우리가 직면해 왔기 때문에, 미래의 과보를 부를 수 있는 업을 덜 짓도록 우리의 행동을 바꿀 수 있습니다. 부지런히 수행하면 우리가 얼마간의 지혜와 솜씨 있는 수단을 얻을 수 있습니다. 그러면 업의 빚을 갚을 뿐만 아니라 남들을 돕는 것으로써 이자를 붙여 갚게 됩니다. 우리가 참회를 하면 장애들이 수행을 위한 유리한 환경으로 변환될 수 있습니다. 비유를 계속하자면, 우리에게 진정성이 있기 때문에 채권자들이 우리를 믿을 만하다고 보고 더 좋은 조건을 들어줄지도 모릅니다. 참회의 견지에서는 겸손한 마음을 일으키는 것이 우리가 수행의 장애를 극복하는 데 도움이 될 수 있고, 우리가 얼마간의 지혜를 얻으면 남들을 더 잘 도울 수 있는 입장에 서게 됩니다.

여러분 때문에 화가 난 사람은 여러분이 잘못을 시인하는 것 외에는 바라는 것이 없는데, 만일 여러분이 자신의 잘못을 인정하려 들지 않으면 그것이 사태를 악화시키는 경우가 가끔 있습니다. 그들은 여러분을 더 추궁할 것입니다. "당신이 나에게 무슨 짓을 했는지 압니까?" 그러면 여러분이 말합니다. "아뇨. 저는 아무 잘못한 일이 없는데요." 그러다 어느 시점에 이르면 그들은 여러분이 잘못한 것을 입증하여 사과를 받아 내려고 더 화를 내며 추궁할지 모릅니다. 그러나 여러분이 얼마간 참회하는 모습을 보여주면 상황은 더 나은 쪽으로 변할 수 있습니다.

한번은 제가 보니 어떤 사람이 아주 다급한 상황에 있었습니다. 가방을 몇 개나 들었는데, 혼잡한 곳을 급히 빠져나가려고 하다 보니 가방들이 사람들에게 부딪쳤습니다. 그는 어떤 사람을 세게 쳤는데도 그냥 계속 가기만 했습니다. 맞은 사람이 그를 따라가서 붙들었습니다. "당신은 나를 쳐 놓고 사과 한 마디 없었소!" 가방을 든 남자가 대답했습니다.

"당신과 부딪치지 않았어요. 길을 비켜요. 지금 급해요." 맞은 사람은 화가 치밀었습니다. "당신은 나를 부딪쳐 놓고도 사과하지 않을 뿐 아니라, 잘못한 것이 없다고 하는군."

아까는 가방을 든 남자가 어디로 가기 위해 급히 서두르고 있었습니다. 이제는 자신의 잘못을 인정할 수 없었기 때문에 언쟁하느라고 시간을 허비하고 있었습니다. 이 상황을 지켜보던 제가 두 사람에게 다가가서 말했습니다. "제가 보니 당신이 이분을 가방으로 쳤습니다. 하지만 고의는 아니었지요." 가방을 든 남자가 돌아보며 말했습니다. "당신은 누군데 그럽니까? 당신이 내가 이분을 가방으로 쳤다고 말한다고 해서 내가 정말로 그런 것으로 되지는 않습니다."

제가 차분하게 대답했습니다. "무엇보다도 당신은 어디를 아주 빨리 가고 싶어합니다. 그런데도 당신은 사람들과 부딪쳐 놓고 자신의 잘못을 인정하지 않고 있고, 이제는 여기서 시간을 낭비하고 있군요. 그러니 당신은 진지하게 사과만 하면 됩니다. 그러면 모든 일이 끝나지요." 그러자 그 남자가 한숨을 쉬었습니다. "좋습니다. 오늘은 내가 일진이 나쁘네요. 미안합니다." 그런데 그가 하도 자신이 한심하다는 투로 말을 했기 때문에, 가방에 부딪쳤던 사람이 말했습니다. "당신의 일진이 안 좋아요? 내 일진이 안 좋아요!" 그리고 그들은 다시 다투기 시작했습니다. 저는 계속 중재자 노릇을 했습니다. "만일 당신이 진지하게, '사과드립니다. 제가 좀 서둘렀습니다. 어디 다치신 데는 없습니까? 제가 뭘 어떻게 해 드리면 좋겠습니까?' 하고 말했다면 가던 길을 계속 갈 수 있었겠지요."

가방을 든 남자가 대답했습니다. "그런 말은 하지 않겠습니다." 제가 말했습니다. "만일 그런 말을 하지 않겠다면, 상황이 이런 식으로 전개되니 당신은 경찰서에 연행되고 말 것입니다. 그리고 분명히 말하지만,

저는 증인이 되겠습니다." [웃음] 그러자 그가 말했습니다. "그러지 못하실 텐데요. 당신은 스님이시니 말입니다." 그래서 제가 말했습니다. "예, 스님들은 이와 같이 좋은 일들을 합니다." [웃음] 그러자 그가 말했습니다. "예, 예, 좋습니다. 제가 사과드리지요. 부디 저를 용서해 주십시오." 그리고 이렇게 덧붙였습니다. "좀 봐 주십시오. 저는 급합니다. 그리고 당신의 모든 일이 잘 되기를 바랍니다. 부디 저를 보내 주십시오. 부탁입니다. 지금 가 봐야 합니다." 그래서 그 사람은 이 가방 든 친구를 그냥 보내주었습니다. 그가 떠난 뒤 제가 그 부딪쳤던 사람에게 말했습니다. "당신은 오늘 일진이 나쁘다고 했지만, 어쩌면 여기서 교훈을 얻을 수도 있겠군요."

이 이야기의 핵심은 참회가 고통을 경감해 줄 수 있다는 것입니다. 왜냐하면 우리가 자신의 과오를 인정하고 행동을 바꾸고 싶어하며, 이런 마음자세 때문에 업을 경감할 수 있기 때문입니다. 상대편은 사과 받기만을 바랐을 수 있고, 일단 우리가 잘못을 인정하고 나면 그들이 우리를 용서해 줄 수 있습니다.

확신, 결의, 장원심長遠心 R4

우리는 불자로서, 우리가 몸을 얻을 만큼 복이 있을 때는 그것을 이용하여 수행을 해야 한다는 것을 믿습니다. 비非수행자들도 몸을 받아 세상에 오지만, 그들은 종종 그 몸을 이용하여 부정적인 업을 짓습니다. 그런 사람은 가엾습니다. 왜냐하면 그의 삶이 의미가 없기 때문입니다. 그는 환경의 변덕을 따르고 환경 속에서 뒹굽니다. 바다 위에서 표류하는 배와 같이 조류가 흐르는 대로 배도 흘러갑니다. 그러나 수행자에게는 삶이 심오한 의미를 가지고 있습니다. 몸과 마음을 최대한 활용하여 수행을 하기 때문입니다. 그런 사람에게는 목표가 아주 분명합니다.

　능숙한 선원은 해류를 알고, 목적지에 이르는 경로를 구성할 수 있습니다. 그리고 배가 어디로 향하는지 분명히 알고 있습니다. 또한 앞길에 놓인 잠재적인 위험과 그 위험에 대응하는 법도 알고 있습니다. 그와 마찬가지로 화두 수행자는 목표, 방향 그리고 삶이란 바다를 항해하는 데 필요한 기술들을 알고 있습니다. 의심할 바 없이 우리의 목적지는 깨달음입니다. 그러나 수행자가 그 방법을 솜씨 있게 사용해야 하고, 언제 나아가고 언제 물러설지, 언제 밀어붙이고 언제 휴식해야 할지를 알아야 합니다. 그것은 항해와 같습니다. 선원은 거친 파도가 일 때 거기에 대처하는 법을 압니다. 만일 안전한 항구를 찾을 수 없으면 분명 파도를 견뎌내는 기술을 습득해야 합니다. 그와 마찬가지로 화두 수행자는 어려움에 적절히 그리고 정확하게 대응할 것입니다. 만일 큰 어려움에 봉착하면, 뒤로 물러나서 솜씨 좋은 수단을 이용해 장애를 극복하는 법을 알 것입니다. 그래서 그가 화두법의 원리를 가지고 자신의 삶을 인도한다면 아주 조화롭고 평화로운, 의미가 충만한 삶을 살게 될 것입니다.

　화두 수행으로 말하면, 우리가 참구해야 할 주된 화두는 "무無?"나 "무엇이 무無인가?"입니다. 그 이유는, 이 '무無'가 평생 꾸준히 공부할 수 있을 만큼 굉장히 강력한 화두이기 때문입니다. 마음은 "무?"라고 묻는 것만으로 놀랍니다. '무'의 문자적 의미는 '아무것도 없음' 또는 '존재하지 않음'입니다. 그러니 우리가 "무"에 대해 물으면 마음이 어디로 향할 수 있겠습니까? 반면에 우리가 "나는 누구인가?"와 같은 화두를 사용하면, 이 물음의 자기지시적 성격 때문에 관념 작용이 일어날 여지를 너무 많이 주게 됩니다. "무"는 단순하고 불투명하기 때문에 개념화의 여지를 주지 않고, 거기에 이 화두의 힘이 있습니다.

앞에서 말씀드렸지만, 대혜종고 선사는 화두에서 힘을 얻기 위해서는 힘을 아껴야 한다고 가르쳤습니다. 그의 가르침은 역경 속에서 화두를 하는 것이 화두를 제기하고, 참구하고, 화두 속으로 진입하기에 가장 좋은 때라는 데 초점을 둡니다. 전통적인 좌선 수행은 좌선하기 위한 준비와 적절히 갖춰진 조건을 강조합니다. 대혜 선사의 제자들은 이미 수행의 기초가 잘 되어 있었습니다. 그래서 그는 이런 준비적 관심사들을 쓸어버리고, 그런 유리한 여건을 가질 수 없을 때에 집중하라고 그들에게 요구했습니다. 우리가 역경을 만날 때 그것을 수행의 기회로 삼을 수 있다고 가르친 것입니다. 그것은 여러분이 어떤 상황에 직면하든 그것을 즉시 사용하여 수행에서 힘을 얻을 수 있는 능력입니다.

화두를 잘 하기 위해서는 확신은 물론 결의도 가지고 있어야 하고, 그 길을 지속적인 것으로 만들어야 합니다. 실제로 확신, 결의, 그리고 장원심長遠心(꾸준히 오래 가는 마음)은 수행 일반에 핵심적인 것입니다. 확신이 없으면 처음부터 화두가 지루하게 느껴질 것입니다. 결의가 없으면 사소한 어려움도 여러분의 결심을 시험하게 될 것입니다. 장원심이 없으면 선십禪十이 끝난 뒤에 여러분의 수행도 끝이 날까요? 그러면 다음 선기를 기다려 수행에 다시 불을 붙이십시오. 여러분의 수행에 늘 다시 불을 붙여야 한다면, 그 불길은 일관되게 타지 못할 것이고 힘이 없을 것입니다. 꾸준한 마음을 가지고 있을 때만 수행을 여러분의 일상생활 속으로 가져올 수 있습니다. 만일 선기들 사이에서 힘을 유지한다면 다음번에는 더 빨리 진보하겠지요. 그래서 수행의 세 가지 핵심은 확신, 결의 그리고 장원심입니다.

수행 도중에 여러분은 이따금 어떤 반응을 경험할 것입니다. 어떤 때는 그것이 즐거울 것이고 어떤 때는 불편할 것입니다. 때로는 여러분의 상상에서나 주위의 광경과 소리에서 솟아 나오는 환상을 경험할 것입니다. 이런 경험은 일반적으로 말해서 정상적인 것입니다. 그러나 그런 것들에 사로잡히지 않는 것이 아주 중요합니다. 거기에 집착하거나 그것을 배척함이 없이 그리고 그것을 '좋다', '나쁘다'고 규정함이 없이, 그냥 있는 그대로 그것을 받아들이십시오. 그런 것들에 대해 생각하지 말고, 여러분 자신의 관념을 덧붙이지도 마십시오. 좋은 것이든 나쁜 것이든 단순히 있는 그대로 그것들을 보고, 여러분의 방법을 계속 밀고 나가십시오. 그것이 좌선 체험에 대한 올바른 마음자세입니다.

수행 과정에서 여러분은 또한 두려움과 기대에 봉착할 수도 있습니다. 알 수 없는 것을 두려워하거나 깨달음을 기대하는 것입니다. 그런 감정들은 부디 무시하십시오. 왜냐하면 그런 것이 있으면 진보하다가 딴 길로 빠지기 때문입니다. 만일 그런 태도를 품고 있으면 소위 마경魔境 혹은 망상이 여러분을 장악할 가능성이 있습니다. 그런 망상들 중에는 여러분이 깨달음을 얻었다거나 신통력을 얻었다는 관념이 있습니다. 그러니 두려움이나 기대를 갖지 마십시오. 그런 것은 장애입니다.

깨달음이 무엇입니까? 그것은 지혜의 발현입니다. 세간적 지혜가 아닌 반야般若(prajna)의 지혜―즉, 두려움과 기대에서 벗어난, 그리고 자기중심성에서 나오는 태도와 생각들에서 벗어난 마음입니다. 반야는 세계가 우리 주위를 돌고 있다는 견해에서 일어나는 무수한 측면과 태도들을 놓아 버리는 것입니다. 반야는 자아집착의 소멸입니다. 그것은 깨달음의 마음입니다.

여러분이 지혜에 완벽히 부합할 때 깨달음을 체험할 것이고, 자비가 거기에 수반될 것입니다. 이것은 구한다고 얻어지는 것이 아니라 자연스럽게 일어나는 과정입니다. 이 자비는 중생들에 대한 하나의 자연스러운 반응입니다. 여러분이 남들을 돕고 싶어집니다. 그러나 만일 깨달음을 구하면 지혜도 자비도 일어나지 않을 것입니다. 왜냐하면 그것은 여러분이 자연적인 경로와 반대로 움직이는 것이기 때문입니다. 저 자신은 큰 깨달음을 체험해 보지는 못했지만 약간의 지혜는 체험했습니다. 그러나 제가 깨달은 어떤 지혜와 자비도 확신, 결의 그리고 장원심에서 옵니다.

3. 중도(中道)

수행과 중도　　　　　　　　　　　　　　　　　　　　　　R2

　화두법은 불법과 어떻게 관련됩니까? 사실 그 둘은 불가분입니다. 불법은 선禪을 포괄합니다. 만일 선에 불법이 없다면 그것은 올바른 선이 아닐 것입니다. 화두를 수행할 때 우리는 또한 불법을 수행하는 것이고, 그 반대도 마찬가지입니다. 이것이 무슨 의미인지 설명해 보겠습니다.
　석가모니는 젊은 왕자 시절에 질병, 고통, 죽음을 목격하고 고통에서 벗어나는 길을 찾기 위해 출가했습니다. 그리고 부처가 되기 전에 여러 해 동안 고행을 하면서, 영적인 규율을 익히고 여러 가지 명상법을 닦았으며, 여러 스승에게서 배웠습니다. 이 모든 것이 석가모니가 영적으로 진보하는 데 도움이 되기는 했으나 궁극적으로 만족을 주지는 못했습니다. 왜냐하면 여전히 인간의 고통을 해소할 방도를 찾지 못했기 때문입니다. 그는 결국 독자적인 길로 나서 6년 동안 고행을 했습니다. 이 극도의 극기克己와 신체적 고통의 기간이 끝난 뒤 그는 몸이 약해지고 기력이 고갈되었지만, 여전히 목표를 이루지는 못하고 있었습니다. 그는 극도의 고행이 괴로움에 괴로움을 더할 뿐이라는 것을 깨달았습니다. 이미 왕자의 삶을 뒤로한 터였고 고행을 통해서도 목표를 이루지 못했기 때문에, 석가모니는 양 극단 사이에서 길을 찾아야겠다고 결심했습니다.

그래서 그는 피로할 때는 쉬고 배고플 때는 먹는 중도中道(Middle Way)를 발견했던 것입니다. 그는 기력을 회복하기 위해 한때 어떤 처녀가 주는 염소젖 공양을 받았습니다. 다시 힘을 얻는 그는 밑에 앉아 좌선하기 좋은 나무 한 그루를 발견했습니다. 그리고 깨달음을 얻기 전에는 일어나지 않겠다고 맹세했습니다. 이전의 모든 체험과 관념을 놓아 버리고 좌선하기를 엿새째 되던 날, 그는 새벽별이 찬란하게 빛나는 것을 보았습니다. 그 순간 그는 홀연히 불지佛地를 깨닫고 부처가 되었습니다. 그가 체험한 것은 우리가 모든 집착을 놓아 버렸을 때만 올 수 있는 돈오頓悟였습니다. 어떤 사람들은 별을 보면서 이렇게 생각합니다. '정말 아름다워! 석가모니가 깨달은 것도 무리가 아니야.' 그러나 죽는 날까지 별을 바라보아도 깨닫지 못할 수 있습니다. 그가 깨달음을 얻은 진정한 원인은 마음속에 있던 일체의 것을 놓아 버릴 수 있었다는 것입니다.

화두 수행을 통해서 의정을 일으킬 수 있으면, 그리고 그것이 여러분의 전 존재를 에워싸는 대의단이 될 수 있으면, 여러분의 머리에 새가 똥을 싸는 것만으로도 깨달음을 얻을 수 있습니다. 그 새똥은 깨달음의 원인이 아니라 여러 인연들 중의 하나—혹은 이런 표현도 무방하다면—깨달음을 일으키는 촉매에 불과합니다. 깨달음이 여러분에게 온다면 그것은 여러분 자신의 마음자리(心地, mind-ground)가 성숙한 데서 오겠지요. 이 마음자리가 인연에 의해 충분히 성숙하면, 어떤 사건도 우리가 허망한 자아라는 껍질을 벗어 버리게 하는 자극제가 될 수 있습니다. 생각하는 마음이 그와 같이 떨어져 나갈 때 돈오를 이룰 수 있습니다.

석가모니 부처님은, 만일 모든 어려움을 견뎌낸 뒤에도 자아감이—특히 깨달음을 얻는 것에 집착하는 자아가—아직 견고하게 남아 있으면 고행이 깨달음을 가져다주지 않는다는 것을 깨달았습니다. 그러나 고행은 최소한 몸, 마음, 말을 제어해 주기 때문에 우리가 부정적인 행위를 하지 않게 됩니다. 만약 부처님이 고행을 포기하고 쾌락을 추구했다면 깨달음은 더욱 멀어졌을 것이고, 오감의 욕망에 탐닉했다면 그것은 수행이라고 할 수도 없었겠지요. 고행자가 되는 것은 최소한 번뇌를 자각하는 데 도움이 될 수 있지만, 쾌락에 빠지면 우리가 번뇌에 에워싸여 있을 때에도 번뇌에 대해 눈이 멀어질 수 있습니다. 석가모니는 그럴 때 고행과 쾌락주의의 양 극단을 피하는 중도를 걷기로 결심한 것입니다.

많은 사람들은 중도가 쾌락주의에 빠지지도 않고 고통을 견디지도 않는 것을 뜻한다고 생각하지만, 만일 그것이 아무것도 하지 않는다는 의미라면 그것은 잘못입니다. 불법에서 말하는 중도는 모든 존재가 인因과 연緣의 역동적인 작용으로 이루어진다는 저변의 진리입니다. 인과 연의 작용은, 우리가 '나'나 '자아'라고 부를 수 있는 내재적이고 독립적인, 스스로 존재하는 실체가 없다는 것을 입증합니다. 인과 연을 통해서 사물들은 유동적이고 역동적인 방식으로 나타나며, 부단히 변하고 있습니다. 그래서 만물은 무상한 가운데 다양한 인과 연의 결집 때문에 함께 모이는데, 이것을 우리는 '연기적 존재(conditioned existence)'라고 부릅니다. 만물이 생성되기 위해서는 다른 일들이 일어나 주어야 합니다. 사물들은 또한 인과 연 때문에 소멸합니다. 이 생성과 소멸의 진리는 모든 것에 적용될 수 있습니다. 만일 현상들을 자성自性이 있는 것으로 규정하기로 한다면, 우리는 그 성품을 '공空'이라고 부르게 될 것입니다. 이 공은 그냥 빈 것이 아닙니다. 오히려 그것의 성품은 그 자체로는 무상하고 공한 연들이 한데 모일 때 갖는 성품입니다. 다른 이름으로 이 공을 '불성'이라고도 합니다. 이 불성에 정면으로 대립되는 것이 자아중심입니다. 우리 내면의 어딘가에 어떤 영구적인 자아, 몸과 말과 생각이 짓는 우리의 모든 행위를 지배하는 어떤 '나'가 있다는 관념 말입니다. 우리가 말하는 이 '나'를 자세히 살펴보면 그 또한 인과 연의 한 집적임을 발견합니다. '자아'는 실은 마음의 오염과 번뇌—생각, 정서, 느낌, 관념, 기억—의 한 결집체로서, 변형되고 늘 변화하며, 유동적이고 활동적입니다. 어떤 사람이 자아라는 현상 안에 지속적 실체가 없다는 것—다시 말해서 자아가 공하다는 것—을 직접 지각할 때, 이것이 불성을 깨닫는 것입니다.

불교의 중도는 양 극단에 집착하지 않고 중간에도 집착하지 않는 것을 뜻합니다. 본질적으로, 중도를 수행한다는 것은 자아감('나')에 집착하지 않고 자아에 속하는 것('내 것')에 집착하지 않는다는 의미입니다. 우리가 화두 수행의 도움을 받아 그렇게 할 수 있다면, 부처님의 중도에 따라 수행하고 있는 것입니다.

화두와 중도 R2

이 불성을 우리가 어떻게 깨닫습니까? 집착을 놓아 버리고, 내적·외적 자아를 놓아 버리면 됩니다. 내적 자아는 '나'를 가리키고, 외적 자아는 우리가 '내 것'이라고 여기는 모든 것을 가리킵니다. 내적 자아와 외적 자아 둘 다를 놓아 버리면 우리는 중도로 깨어납니다. 그러나 화두 수행이 이 중도와 어떻게 관계됩니까? 자아감이란 것은 우리의 생각하는 마음, 우리의 견해, 우리의 생각을 가지고 우리가 창조하는 정체성입니다. 화두는 우리가 그것을 사용하여 자아의 무수한 층을 벗겨낼 수 있는 도구입니다. 그래서 화두를 참구하는 과정에서 자아가 그 화두에 대한 다양한 답변으로서 나타날 것입니다. 자아의 층들을 벗겨낸다는 것은 실은 좌선 중에 일어나는 망념, 미혹, 집착을 제거하는 것입니다. 우리가 마음을 이런 모든 오염에서 벗어나게 할 수 있으면, 그 마음은 이른바 '참된 공[眞空]', 곧 불성의 상태를 체험할 것입니다.

더 미세한 수준에서는 우리가 좌선 속으로 깊이 들어갈수록 내적인 영혼에서 나오는 생각들이 우리가 습득한 지식의 창고에서 나타나거나 일어날 것입니다. 예를 들어, "무엇이 무인가?"를 참구하는 동안 외관상 난데없이 "진여眞如(true suchness)"와 같은 답변이 떠오를 수 있습니다. 그것이 갑작스럽고 돌발적이기 때문에 우리는 그것을 화두의 답으로 여길 수도 있습니다. 그리고 자신이 공을 체험했다고 진지하게 믿을 수도 있습니다. 이런 일이 일어날 때, 그것은 또 하나의 자아, 하나의 미혹된 생각이 발현되는 것이므로 그것을 내려놓아야 합니다.

미혹된 생각을 내려놓는다고 했는데, 그것이 무슨 뜻입니까? 우리는 원래 마음속에 미혹된 생각이란 것이 없다는 것을 깨달아야 합니다. 그래서 망념들 자체가 어떤 고정된 지속적 성품이 없습니다. 이른바 자아는 미혹들이 하나하나 계속 이어지는 것에 지나지 않습니다. 이 연쇄를 우리가 단절할 수 있으면 자아도 사라질 것입니다. 따라서 그 과정은 미혹된 생각의 층들을 벗겨내는 것으로 시작됩니다. 그 방법은 우리가 화두를 일념으로 붙들어 미혹이 일어날 기회를 주지 않는 것입니다. 꾸준히 해 나가면 점차 미혹된 생각이 가라앉을 것입니다. 이것은 그것들이 더 이상 존재하지 않을 것이라는 말이 아니라, 그것들이 그냥 활동하지 않는다는 것입니다. 오랜 시간 동안 이렇게 할 수 있으면 우리는 그것을 '삼매'라고 부릅니다. 즉, 망념들이 일시적으로 침묵하는 것입니다. 그러나 그것으로는 충분치 않습니다. 왜냐하면 망념들이 다시 일어날 수 있고, 자아감이 되돌아 올 것이기 때문입니다.

우리가 화두를 수행할 때는 일념이 되는 것 외에도 의정을 일으켜야 합니다. 의정을 일으키고 나면 우리가 참으로 화두를 참구하게 됩니다. 오롯이 일념으로 노력하면 그 의정이 대의단으로 발전하여 우리의 전 존재를 집어삼키게 될 것입니다. 우리가 절박한 질문을 계속할 때, 망념이 더 이상 떠오르지 않을 때, 어떤 미혹된 생각도 일어나지 않을 때, 그리고 인연이 성숙했을 때, 그 대의단이 궁극적으로 타파되면서 모든 미혹된 생각을 쓸어가고 망념의 연쇄를 단절할 것입니다. 그리고 자아는 망념들의 한 연쇄에 지나지 않기 때문에, 그 순간 자아가 완전히 버려질 것입니다.

근본무명 R3

부처님은 우리가 고苦를 종식시키지 못하는 이유는 근본무명根本無明(근본무지) 때문이라고 말했습니다. 이 근본무명의 집결체에서 나오는 우리의 행위들이 고통을 창조하고 번뇌를 유지하며, 그 모든 것이 업보를 유발합니다. 우리가 원인을 심었으니 불가피한 결과가 따를 것입니다. 그 결과 우리는 생사윤회 속에 머무르게 됩니다. 이 윤회에서 우리 자신을 해방하려면, 우리가 업을 짓게 만드는 근본무명을 뿌리 뽑아야 합니다. 업의 원인이 사라지면 우리는 더 이상 생사의 과보를 받지 않게 됩니다.

간단히 말해서, 근본무명은 우리 자신과 세계에 대해 우리가 가지고 있는 모든 그릇된 견해로 이루어집니다. 불교에서 우리는 그것을 '뒤집한' 혹은 '전도된' 견해라고 합니다. 우리가 이러한 뒤집힌 견해를 가지고 있을 때는 해로운 일들을 하고 궁극적으로 정당한 과보를 고苦로서 받습니다. 이 근본무명의 한 측면은, 세계가 무상한 가운데 일체가 부단히 변천하고 있음에도 불구하고 사람들은 마치 사물들이 항구적인 것처럼 그것을 붙든다는 것입니다. 사람들은 찰나적인 것들 위에 안전하다는 의식을 두지만, 궁극적으로는 아무것도 붙들지 못합니다. 왜냐하면 만물은 부단히 변하며 지속되지 않기 때문입니다. 그래서 사람들이 무상한 것들 위에 안전과 기대를 건립할 때는, 결국 희망을 잃을 것이고 아무것도 얻지 못하게 될 것입니다.

사물들이 변하는 것은 인因이 연緣과 협력하여 현상들의 출현을 가져오고, 한편 다른 인과 연들도 작용하는 까닭에 이 현상들이 시간이 가면서 변하기 때문입니다. 결국 다시 인연으로 인해 그 현상들은 소멸할 것입니다. 바꾸어 말해서, 사물들은 인연으로 인해 존재하고 역시 인연으로 인해 소멸합니다. 그래서 사람들이 세계가 어떻게 움직이는지 이해하지 못할 때는 그들의 희망과 기대를 변화하는 현상들 위에 건립하게 되고, 고통과 괴로움—가족의 죽음, 직업의 변화, 소중한 뭔가를 잃는 것—이 따르게 됩니다. 그들이 그런 일을 경험하는 이유는 애당초 사물들이 부단한 변화의 상태에 있다는 것을 보지 못하기 때문입니다. 실상은, 우리가 부단히 변화의 와중에서 살고 있고, 일어나는 것들은 때가 되면 불가피하게 소멸한다는 것입니다.

제가 아는 한 여사女士는 아들이 일곱 살일 때 이혼을 했습니다. 그때 아들이 엄마에게 말했습니다. "아빠가 엄마를 더 이상 원치 않으면, 내가 엄마를 평생 잘 돌봐 드릴게요." 엄마는 무척 감동을 받았습니다. 10년 뒤 그 소년은 십대가 되었는데, 늘 엄마를 나무라면서 이혼한 사실을 빌미로 엄마에게 상처를 줍니다. 예를 들면 "이혼 당할 만하네요. 아빠가 엄마와 이혼한 건 너무나 당연해요." 하거나, 심지어 그보다 더 심한 말도 합니다. 엄마는 이런 말들에 큰 상처를 받는데, 저에게는 이렇게 말했습니다. "얘가 일곱 살 때는 아주 다정다감하더니, 이제는 제가 죽기를 바랍니다. 제가 무슨 업을 지었기에 이런 일을 당합니까?"

제가 그녀에게 말했습니다. "이것은 당신 삶의 인과 연의 작용이고, 따라서 어떤 일도 일어날 수 있습니다. 더 큰 고통과 괴로움을 피하려면 그저 책임감 있는 어머니 역할을 하는 데 집중하십시오. 최선을 다하되, 그 아이에게서 어떤 기대도 하지 마십시오. 예컨대 아이가 당신에게 친절하고 당신을 보살펴 주기를 바라지 마십시오. 그런 기대를 가지고 있으면 일이 잘 풀리지 않을 때 괴로울 것입니다. 세계의 성품은 그저 많은 인과 연의 작용입니다. 당신이 할 수 있는 것은 자신의 삶을 살아내고, 당신 자신과 당신이 돌봐야 할 사람들을 돌보는 것이 전부입니다."

무상함을 대면하지 못하면 괴로움이 따릅니다. 그러나 우리가 삶 속의 무상함을 완전히 받아들일 수 있으면 그것이 해탈의 시작입니다. 괴로움은 우리가 일시적인 것들에 희망을 걸 때 따라오는데, 그것은 자아에 대한 집착 때문입니다. 우리의 모든 소유물, 우리가 의존하는 것들, 우리의 희망과 기대 등이 한데 모여 우리의 자아감을 수립합니다. 무상함을 대면할 수 있을 때 우리의 자아집착은 줄어듭니다. 왜냐하면 찰나적인 것들을 그다지 강하게 붙들지 않을 것이기 때문입니다. 자아를 자신의 존재성을 확인시켜 주는 실체로 보지 않게 됩니다. 따라서 우리가 모든 상황에서 무상함을 받아들이고 그것을 온전히 이해하면 자아집착이 사라지고 공을 깨닫게 됩니다. 일시적인 것들에 의존하는 데서 오는 번뇌와 집착이 비워집니다. 그렇지 않으면, 해탈을 얻으려고 노력하는 것이 마치 밧줄로 자신을 묶으면서 "내가 매듭에 묶였어!" 하고 불평하는 것과 같습니다.

왜 어떤 사람들은 수행을 시작한 뒤에 번뇌가 더 많습니까? 그 이유는, 그들이 수행을 통해 자신의 괴로움을 없앨 것으로 기대하기 때문입니다. 그래서 수행을 해 나가면서 더 많은 번뇌를 얻습니다. 그들은 이제 영적인 길 위에 있다는 것 말고는 이전과 똑같은 뒤집힌 견해를 가지고 있습니다. 그들은 사기를 올려줄 체험을 바라고, 만일 어떤 '좋은' 결과를 얻으면 상당히 우쭐해져서 그것을 결코 잊어버리지 않습니다. 그들은 진지하고 자신의 수행을 극진히 보살핍니다. 그들은 진보의 견지에서 생각하고, 그들이 사용하는 방법이 자신이 상상하는 어떤 대단한 결과를 가져오도록 하기 위해 대단히 신경을 씁니다. 그것은 이미 매듭에 묶인 사람이 매듭을 더 많이 만드는 것과 같습니다.

선에서는 우리가 온갖 집착을 잘라 버리는 데 쓰는 지혜의 금강검을 이야기합니다. 우리 자신의 내면에 어떤 집착이 있든 이 검을 이용하여 그것을 쓸어 버려야 합니다. 만일 한 순간 어떤 집착에서도 벗어날 수 있으면 그것은 한 순간의 해탈입니다. 온갖 집착에서 벗어나 지속적으로 그렇게 할 수 있으면, 언제나 해탈해 있는 것입니다.

여러분이 수행에서 무집착의 태도를 가지고 있으면, 이익을 얻든 장애를 만나든 걸림이 없고, 자유롭고, 편안할 것입니다. 만일 뭔가 좋은 것을 체험하면, 그것은 찰나적인 것이며 전혀 우쭐해할 것이 아니라고 자신에게 말하십시오. 수행이 순조롭게 진행되지 않고 망념이 있다 해도, 그 역시 무상한 것입니다. 속상해 할 필요가 없습니다. 어떤 경우나 자유롭고 편안할 수 있습니다. 여러분이 깨닫느냐 여부는 전혀 문제가 되지 않습니다. 무집착의 바로 그 순간에 여러분은 해탈합니다. 그러니 이러한 태도로, 무집착의 원리를 사용하면서 수행해야 합니다.

올바른 견해

선을 수행하여 성공하려면 좌선법 하나만 가지고는 안 됩니다. 올바른 마음자세를 가져야 합니다. 즉, 믿음과 확신이 있어야 합니다. 서원을 세워야 합니다. 자비로운 마음을 가져야 합니다. 그리고 출리出離를 닦아야 합니다. 이 네 가지 외에도 보조적인 마음자세들이 있지만, 이것이 근본입니다.

모든 종교는 믿음 위에 수립되는데, 그 중의 어떤 종교들은 신자들에게 어떤 신을 믿도록 권장하거나 요구합니다. 선에서의 믿음은 1차적으로 여러분 자신에 대한 믿음입니다. 자신이 선근을 가지고 있다는 것과, 깨달을 잠재력을 가지고 있다는 것을 믿어야 합니다. 이런 종류의 믿음이 없으면 장애를 만나자마자 쉽게 좌절할 수 있고, 자신은 이런 수행을 하기에 적합하지 않다고 생각하게 됩니다. 따라서 여러분 자신에 대한 믿음을 갖는 것이 더없이 중요합니다.

두 번째로, 법法에 대한 믿음이 있어야 합니다. 법을 닦는 것이 여러분의 마음을 밝히고 여러분으로 하여금 자신의 참된 자성을 체험하게 해 줄 것임을 믿어야 합니다. 이 법이란 수행에 대한 올바른 개념과 방법에 지나지 않습니다. 법에 대한 믿음이 없으면 그것을 받아들이지 못할 것이고, 그것을 닦지 못할 것은 더 말할 나위가 없습니다. 이 법에는 올바른 견해, 개념 그리고 스승이 전수해 주는, 원래는 부처님이 말씀하신 수행법이 포함됩니다. 그래서 법에 대한 믿음을 확립하려면 먼저 스승에 대한 믿음을 가져야 합니다. 여러분의 스승이 법을 이해할 뿐만 아니라 어떤 개인적 깨달음을 얻었다는 것을 믿는 것입니다. 그 스승이 전수해 주는 법이 여러분에게 적합하며, 부처님이 설하신 가르침과도 부합한다는 것을 믿어야 합니다.

진정한 믿음을 확립하기 위해서는 여러분이 이미 법에 대해 가지고 있는 믿음을 이용해야 합니다. 또한 올바른 견해를 가지고 있어야 하고, 자신의 수행법을 믿어야 합니다. 일단 그 방법을 사용하여 어떤 직접 체험을 얻게 되면 더욱 확신을 갖게 될 것이고, 여러분의 삶 속에서 법의 의미를 확인할 수 있게 될 것입니다. 여러분의 체험에 입각하여 법을 증언할 때 그것이 진정한 믿음입니다.

저는 여러분이 일단 자성을 체험하고 나면 수행에서 퇴보하지 않을 것이라고 말한 적이 있습니다. 법을 증언한다는 것은 이런 의미입니다. 즉, 직접 공空을 체험하면 더 이상 여러분 자신에 대한, 법에 대한, 스승에 대한 그리고 부처님에 대한 믿음에서 퇴보하지 않게 된다는 것입니다. 여러분이 두통이 있을 때 아스피린을 복용하면 두통이 사라집니다. 그것은 여러분이 증언할 수 있는 개인적 체험입니다. 그와 마찬가지로 법이라는 약을 복용하면 그것이 여러분의 병을 낫게 하고, 여러분의 믿음은 더욱 확고하게 자리 잡습니다.

그런데 그 약을 복용하기 전에 그것이 여러분에게 효과가 있을 거라는 믿음은 어떻게 갖습니까? 몇 가지 방도가 있습니다. 우선 여러분은 자신이 영적으로 병들어 있고, 약이 필요하다고 인식할 수 있습니다. 이 비유에서 그 처방약은 법이고, 그것은 스승을 통해서 구할 수 있습니다. 그래서 여러분은 그것을 복용해 보는 것이 좋습니다. 둘째로, 여러분의 스승에게는 다른 제자들도 있는데 그들은 스승에게 믿음을 가지고 있는 것처럼 보이고, 그래서 여러분도 추론에 의해 믿음을 확립할 수 있습니다. 다른 제자들이 이익을 얻고 있는 것처럼 보이므로, 아마 여러분도 그럴 수 있겠지요. 그래서 이런 것이 처음에 믿음을 확립하는 방도입니다.

그 다음은 서원을 세우는 것입니다. 선기 중 매일 우리는 사홍서원四弘誓願을 창송합니다. "중생을 다 건지겠습니다. 번뇌를 다 끊겠습니다.

법을 다 배우겠습니다. 불도를 다 이루겠습니다."라고 말입니다. 이 중에서 가장 중요한 것은 불도를 이루는 것입니다. 여러분이 이 서원을 세울 때는 또한 보리심菩提心(bodhi-mind)을 발해야 합니다. 그러나 이 보리심은 중생을 제도하고, 번뇌를 끊고, 법을 배우는 데 기반을 둡니다.

서원을 세우면 우리가 어떤 방향 감각을 얻게 되는데, 그것이 없으면 우리의 길이 아무 목표가 없을 것입니다. 그러나 사홍서원을 세우면 궁극적인 목표를 향한 분명한 지침을 얻게 됩니다. 그 목표란 다름 아닌, 위없는 불지佛地입니다. 여러분은 그것을 다 이룰 수 있겠느냐고 의심하겠지요. 예, 이룰 수 있습니다. 그러나 그것을 한 생이나 여러 생에 이룰 수 있다고 생각해서는 안 됩니다. 부처님은 2천 5백 년 전에 열반에 드셨는데, 아직 누구도 부처님의 경지에 이르지는 못했습니다. 이것은 이루기 어려운 길이지만 불가능한 길은 아닙니다. 왜냐하면 우리는 다른 중생들이—보살들과 해탈한 아라한들이—부처의 바로 다음 지위에 도달했다는 것을 알고 있기 때문입니다. 그래서 추론에 의해 우리는 불지가 성취 가능한 것이라는 것을 믿을 수 있습니다. 다만 유일한 방도는 사홍서원을 발하고 보살도를 닦는 것입니다. 실로 앞의 세 가지 서원을 닦는 사람은, 설사 아직 성불하지 못했다 하더라도 이미 보살입니다.

첫 번째 서원—중생을 다 건지겠다는 서원—은 부처님이 인간으로서 이 지구상에서 사신 마지막 삶에서 모범적으로 구현됩니다. 부처님은 중생들이 생로병사를 거치며 어떻게 고통을 받는지를 보았고, 탐욕, 증오, 삿된 견해가 어떻게 번뇌를 야기하는지도 보았습니다. 따라서 당신은 우리가 괴로움을 극복할 수 있도록 돕겠다는 서원을 세웠습니다. 그래서 왕자의 삶을 버리고 탁발수도자가 되었고, 수행을 했고, 마침내 성불했습니다. 당신의 동기는 자신을 위한 이익을 얻겠다는 것이 아니라 중생들을 이롭게 하겠다는 것이었습니다. 이것이 모든 중생을 건지겠다고 서원하는 정신이며, 이것이 자비입니다.

  사람들은 이렇게 생각할지 모릅니다. '어쩌면 부처님은 당신 자신을 돌본 뒤에 중생들을 이롭게 했을 것이 분명하다. 내가 이런 길을 걷는다면 그것이 더 적절할 것이다.' 이것은 뒤집힌 견해입니다. 왜냐하면 부처님이 중생들을 돕겠다는 서원을 발하지 않았다면 당신이 결코 불지에 이르지 못했을 테니 말입니다. 당신이 성불한 것은 그러한 큰 자비의 서원을 세우고 수행을 시작했기 때문입니다.

보살과 출리出離 R2

  대승 교법의 핵심에는 두 가지 관련되는 관념이 있는데, 그것은 보리심과 출리出離(renunciation)입니다. 범어로 '보리심(*bodhichitta*)'은 '중생들을 위해 보리菩提[깨달음]를 열망하는 마음'으로 옮길 수 있습니다. 그래서 보리심을 일으킨다는 것은 큰 자비심을 일으키는 것을 뜻하기도 합니다. 출리심은 고통과 생사윤회에서 벗어나고자 하는 열망입니다. 보리심과 출리심이 없으면 대승도大乘道를 닦기 어렵습니다. 그 둘은 자전거의 두 바퀴와 같습니다. 어느 바퀴 하나라도 없으면 자전거가 움직일 수 없지만, 두 바퀴가 제대로 놓여 있으면 앞으로 순조롭게 움직일 수 있습니다. 그와 마찬가지로, 자비심과 함께 생사윤회를 끝내고 싶다는 소망을 일으킨 사람에게는 그 두 가지 열망이 자전거의 두 바퀴처럼 함께 작동합니다.

  대비심大悲心, 보리심은 또한 중생들이 고해를 건너도록 돕겠다는 큰 서원으로 이끕니다. 하지만 그런 서원을 갖게 되면 우리는 또한 중생적 삶에 대한 집착을 포기해야 합니다. 그래서 우리는 보리심을 발하는 동시에 출리심을 발합니다. 나고 죽음의 끝없는 흐름 속에서 흘러가면서 괴로움의 소용돌이에 말려드는 대신, 우리는 모든 중생이 그와 같이 하기를 바라면서 부처의 길을 선택합니다. 이것이 출리심입니다.

『대반열반경』과 『화엄경』에서는 성불하기 위한 방편으로 보리심을 발할 필요가 있다고 이야기하지만, 사람들이 번뇌를 안고 있을 때는 그렇게 할 수가 없습니다. 『화엄경』은 또한 보리심을 발하는 사람들은 결국 성불할 것이라고 말합니다. 『원각경』에서는 중생들이 이미 부처의 지위를 부여받고 있다고 말합니다. 만약 그렇다면, 왜 우리는 모두 부처가 아닙니까? 그것은 우리가 무지와 번뇌를 안고 있기 때문입니다. 어째서 『화엄경』에서는 우리가 보리심을 발하고 나면 결국 성불할 거라고 말합니까? 왜냐하면 보리심을 발하는 가운데 우리는 불지를 향한 첫 걸음을 내딛기 때문입니다. 그러나 이러한 의도를 일으키지 않으면 아무리 우리가 열심히 수행한다 해도 깨달음과 불지는 요원할 것입니다.

우리는 이곳에 수행하기 위해 왔으니 이미 어떤 자비심을 가지고 있습니다. 그러나 사람들은 수행하겠다는 마음을 일으킨 뒤에 더러 그릇된 견해에 빠지기도 하고, 그들의 수행이 불안정해지고 일관성이 없어지기도 합니다. 그래서 어떤 날은 우리가 보리심과 출리심을 발하는데, 다음날이 되면 그것을 다 잊어버리고 맙니다. 그릇된 견해를 갖는다는 것은 우리의 마음이 욕심과 추구로 뒤바뀌었다는 것을 뜻할 수 있고, 그릇된 출리심이란 우리가 세간에 대한 혐오 때문에 행동한다는 것을 의미할 수 있습니다. 우리는 불지를 열망할 수 있지만 그 상태를 추구하면서 욕심이 앞설 수도 있고, 그릇된 출리의 경우에는 어쩌면 세간에서 도피하기 위해 그러는 것일 수도 있습니다. 두 가지 태도 모두 잘못된 것입니다.

사홍서원四弘誓願

우리가 매일 창송하는 사홍서원은 이 네 가지입니다. 즉, 무수한 중생을 제도하겠다, 모든 번뇌를 끊겠다, 모든 불법을 배우겠다, 불지를 성취하겠다는 것입니다. 그러나 이것은 단순히 이 서원을 창송하는 것만을 의미하지는 않습니다. 그것은 그 서원들을 우리 삶의 필수요소로 삼는 것을 뜻합니다. 첫 번째 서원—중생을 건지겠다는 서원—에 대해서는 보리심이 있습니다. 두 번째 서원—번뇌를 끊겠다는 서원—에 대해서는 출리심이 있습니다. 중생을 어떻게 건지며, 번뇌를 어떻게 끊습니까? 그것은 세 번째 서원, 즉 모든 법문을 배우겠다는 서원에 의해 성취됩니다. 법을 닦음으로써 우리는 다른 사람들을 이롭게 하면서 번뇌를 끊을 수 있습니다. 이로써 우리는 보리심과 출리심이 이 서원들을 성취하는 것 속에 내재해 있음을 알 수 있습니다. 우리가 앞의 세 가지 서원을 성취할 때는 성불하겠다는 네 번째 서원도 성취하고 있는 것입니다. 사홍서원을 실천하는 것은 어려울 수도 있겠지만, 그것을 성취한다는 것은 가장 구체적으로 보리심을 발현한다는 것입니다.

어떤 때는 우리가 진정으로 그럴 마음 없이 그 서원들을 창송하기도 합니다. 이런 서원을 세울 때는 가슴 깊은 곳에서 우러나 그 서원을 말하면서 실제로 그렇게 하겠다는 마음을 내야 합니다. 어떤 사람들은 서원 세우기를 겁냅니다. 왜냐하면 그 서원들이 자신이 이루기에 너무 높다고 생각하기 때문입니다. 그 서원들은 최소한 우리에게 하나의 방향과 길을 제시한다는 것, 우리는 자신의 능력에 따라 그리고 우리 자신의 진도에 맞게 그것을 이루려고 노력해야 한다는 것을 알아야 합니다.

사람들은 저에게 좀 쉬엄쉬엄 하라고 말합니다. 법문을 하고 강연을 하면서 세계를 돌아다니는 것을 그만두라고, 은퇴하라고 합니다. 그러나 저는 아직 제 빚을 갚지 못했고, 저의 서원도 아직 성취하지 못했습니다. 따라서 저는 이번 생의 한계를 넘어서 성불의 서원을 이룰 때까지 이런 일을 계속할 것입니다. 그 너머에서는 제 몸이 스스로 알아서 하겠지요. 제 마음은 편안합니다. 제 몸이 늙어가고 있다고 하지만 저는 아직 이것을 끌고 다니면서 활용할 수 있습니다. 그러니 여러분도 할 수만 있다면 보리심을 일으켜 남들을 도우십시오. 그리고 진정한 출리심을 일으킬 수 있으면 여러분의 번뇌도 줄어들 것입니다.

한 제자가 저에게 말하기를, 자기는 부처가 될 수 있을 거라고 생각하지 않는다고 했습니다. 그 말을 듣고 저는, 그녀가 자신이 불성을 가지고 있다는 것을 믿지 않는다고 추측했습니다. 그리고 나서 그녀가 말했습니다. "지장보살님은 성불하기 전에 지옥의 모든 중생을 제도하겠다는 서원을 세웠습니다. 그렇다면 제가 어떻게 부처가 될 생각을 할 수 있겠습니까? 도움을 필요로 하는 중생이 너무 많습니다. 저는 그들을 돕고 나서 성불을 생각해 볼 수 있겠습니다." 그때 저는 그녀가 실제로는 보리심을 일으켰다는 것을 깨달았습니다. 그녀는 자신에게만 몰두하는 데서 벗어나 다른 사람들의 행복을 더 걱정하고 있었습니다. 어떤 사람이 참으로 보리심을 발할 수 있으면 그 사람의 인격과 삶이 바뀔 것입니다. 번뇌가 적어질 것이고, 남들에게 더 많은 자비심을 가지게 될 것입니다. 그래서 우리가 보리심을 발할 때는 설사 우리가 깨닫지 못했다 하더라도 불법에 부합하고 있는 것입니다.

10년 넘게 저와 함께 공부한 다른 제자는 선 센터에도 오지 않고 선칠에 침가하는 깃도 그만두었습니다. 그가 다시 나타났을 때 제가 어떻게 된 거냐고 물었습니다. 그는 이렇게 대답했습니다. "아주 솔직히 말씀드리면, 저는 스님께서 저에게 가르쳐 주실 수 있는 것은 다 배웠다고 느낍니다. 그래서 더 이상 오고 싶지 않았습니다." 제가 대답했습니다.

"그래, 내 법은 아주 얕아. 그렇지만 여기 오는 것이 무엇을 배우기 위한 것만은 아니야. 다른 사람들이 자네 도움을 이용할 수도 있지." 이 말을 듣자 그는 자신이 쓸모가 있을 수도 있다는 것을 깨닫고 다시 나오기 시작했습니다. 그래서 어느 경우든, 이 두 사람은 보리심을 일으킴으로써 남들을 이롭게 합니다. 보리심을 가지고 있으면 우리가 다른 존재들과의 친화성을 확립하여 그들을 도울 수 있습니다. 만일 제가 여러분에게 올바른 법을 가르칠 수 없다면 그것은 저로서 부끄러운 일이지만, 그래도 여러분이 보리심을 발하여 남들을 돕는 것은 좋습니다. 자만심이 없는 한에서 말입니다.

그러니 이제부터는 여러분이 앉을 때, 모두가 서원을 세우기 바랍니다. 사홍서원을 세우면서 그것을 자기 자신에게 반복해서 말하면 됩니다.

가없는 중생을 다 건지겠습니다.	衆生無邊誓願度
끝없는 번뇌를 다 끊겠습니다.	煩惱無盡誓願斷
한량없는 법문을 다 배우겠습니다.	法門無量誓願學
위없는 불도를 다 이루겠습니다.	佛道無上誓願成

만일 이 사홍서원이 너무 고원하다 싶으면, 최소한 자신의 방법을 언제나 목전에 유지하여 놓치지 않겠다는 작은 서원은 세울 수 있습니다. 마찬가지로, 활동하는 가운데서는 "걸으면서 내가 번뇌에서 벗어나기를" 또는 "작은 생물들을 볼 때는 내가 자비심을 일으키기를"과 같은 서원을 세울 수도 있습니다. 모든 활동에서 우리는 그 활동을 인도하는 서원을 발할 수 있습니다. 서원을 발하는 것이 보리심이고, 자비심을 발하는 것이 보리심이며, 번뇌에서 벗어나는 것이 보리심입니다. 그것은 또한 출리심이자 지혜이기도 합니다.

선을 수행하는 마음자세   R3

저는 선을 수행하는 데 중요한 세 가지 마음자세에 대해 이야기하고 싶습니다. 그것은 자비, 출리, 무집착입니다.

제가 '소小자비'와 '대大자비'라고 부르는 것이 있는데, 둘 다 동정同情과는 다릅니다. 동정은 다른 사람에게 연민을 느끼면서 자기 자신과 관계를 맺고 있는 것입니다. 예를 들어 여러분이 어떤 사람에게 연민을 느낀다면, 그것은 보통 여러분보다 나쁜 상황에 있는 사람에 대해서입니다. 그래서 여러분은 이렇게 생각하게 됩니다. '내가 지금 이 사람을 도와주면, 언젠가 내가 어려울 때 누군가가 나를 도와줄 것이다.' 이것이 동정입니다. 왜냐하면 그것은 자아중심적이고, 불교적 자비가 아니기 때문입니다.

불교적 자비는 불법의 관점에서 느껴지는 것이라는 점에서 동정과는 다릅니다. 불법의 견지에서 볼 때 이것은, 자비심을 가진 사람이 중생들을 가엾게 보는 까닭은 그들이 곤궁해서가 아니라 그들이 고뇌의 한가운데 있으면서 그것을 자각조차 못하기 때문이라는 뜻입니다. 불법을 이해할 때만 우리가 이런 종류의 자비심을 일으킬 수 있습니다. 그래서 불법의 관점에서 보면 우리가 사람들 내면에서 일어나는 번뇌의 작용을 이해할 수 있고, 그 깨달음으로부터 진정한 연민을 일으킬 수 있습니다.

중생들은 고통 받는 상태에서 그들 자신에게 해를 끼칠 뿐만 아니라 부지중에 직접적으로든 간접적으로든 남들에게도 해를 끼칩니다. 자비보살은 이것을 아주 분명하게 보며, 진정한 연민을 느낍니다. 특히 그들은 중생들이 모름과 무지의 상태에 있다는 것을 깨닫습니다. '모름'은 사람들이 자기가 자기 자신이 안고 있는 번뇌와 문제들의 원인임을 자각하지 못한다는 뜻이고, '무지'는 그들이 고통 받는 상태에 있으면서도 자기 문제를 해결할 지혜를 얻어야 할 필요성을 느끼지 못한다는 뜻입니다.

이 때문에 보살들은 중생들이 자기 고통과 괴로움의 원인들을 경감하는 것을 돕기 위해 무조건적으로 헌신하는 것입니다. 물론 보살들은 그들 자신의 내면에 있는 모름과 무지를 깨닫기 위해 내면을 성찰해야 합니다. 보살들은 중생들의 괴로움을 보면 그들 자신의 마음 속에도 온갖 번뇌와 망념이 있다는 것을 성찰하고 깨달아야 합니다. 어떤 때는 그런 생각들이 선하지도 악하지도 않지만, 어떤 때는 그것이 불건전하다는 것이 아주 분명할 것입니다. 그들이 자신의 상태를 자각하게 되면 그들 자신의 내면에 있는 괴로움의 이런 원인들을 줄일 수 있는 최저 수준까지 줄이려고 노력할 것입니다. 이런 식으로 보살들은 다른 사람들의 괴로움을 봄으로써, 자기 내면의 괴로움의 원인을 성찰하고 볼 수가 있습니다.

대자비는 보살도의 십지十地에 가야 나타나는데, 이 단계는 불지의 바로 아래입니다. 그래서 부처님들과 관자재보살 같은 대보살들만이 대자비를 구현합니다. 이 수준의 보살들은 중생들을 제도하고 싶다는 어떤 생각도 없고, 사실 중생을 제도하는 어떤 주체도, 제도할 어떤 중생도 없습니다. 하지만 보살들은 자발적으로 그리고 자연스럽게 중생들을 제도합니다. 이것이 대자비입니다.

왜 부처님들과 대보살들은 어떤 중생도 제도한다는 생각이 없으면서 중생들을 제도할 수 있는 것입니까? 그것은 절대적 무아의 상태에 있으면 중생을 제도하는 어떤 주체도, 제도할 중생이라고 불리는 어떤 대상도 있을 수 없기 때문입니다. 보통의 수행자들은 이런 대자비의 마음을 발할 수 없지만, 그래도 우리는 무아적 자비심을 닦겠다고 서원하고 그것을 향해 수행해야 합니다.

선을 닦기 위한 또 하나의 전제조건은 출리를 닦는 것입니다. 이것은 우리가 출가하여 승려가 되어야 한다는 뜻은 아닙니다. 출리의 진정한 의미는 집착을 내려놓는 것, 자유롭고 편안한 것입니다. 어떤 집착입니까? 우리는 주로 얻음, 갈망, 증오, 붙들기, 배척하기에 대한 집착을 내려놓습니다. 이것은 부지런한 훈련을 요합니다. 왜냐하면 이러한 태도들 중 하나가 있을 때는 불가피하게 그 반대되는 마음 상태도 있을 것이기 때문입니다. 갈망이 있으면 증오가 있습니다. 얻음을 추구하는 마음이 있으면 상실의 두려움이 있고, 그런 식입니다. 따라서 우리는 집착을 포기함으로써 집착에서 우리 스스로 벗어나고, 그런 다음 그것을 내려놓는 것을 훈련해야 합니다. 이처럼 우리는 집착을 포기함으로써 궁극적으로 집착에서 자유로워지기 시작합니다.

만일 여러분이 수행에서 무집착의 자세를 갖는다면, 이익이나 장애를 경험하든 않든 자유로워지고 편안해질 것입니다. 만일 좋은 것들을 체험하면, 그런 것은 무상한 것이고 자랑할 만한 것이 아니라고 스스로에게 말하십시오. 망념과 장애가 많고 수행이 순조롭지 않다 해도 그 또한 무상하니, 속상해 할 필요가 없습니다. (집착하지 않으면) 자유롭고 편안할 수 있고, 깨달음은 아예 문제가 되지 않습니다. 그래서 여러분은 무집착의 자세를 가지면서 무상을 이해하는 이러한 자세로 수행하면 됩니다. 그리고 완전하고 철저한 무집착의 순간에, 해탈이 가능합니다.

마음을 비우기 R4

스즈키 슌류鈴木俊隆(1904~1971) 선사가 이미 연로했을 때, 어떤 사람이 그에게 왜 아직도 현역에서 불법을 가르치고 있느냐고 물었습니다.

스즈키 선사는 자신은 그냥 몇 마리 고기를 더 잡고 싶은 것뿐이라고 대답했습니다. 이 말은, 수행의 길에 있는 사람들을 몇 명이라도 더 돕고 싶다는 뜻이었습니다. 여기 있는 분들은 64명인데, 여러분 가운데 새로 온 분은 아무도 없다고 저는 믿습니다. 그렇지만 여러분 모두 이전에 저와 함께 수행한 적이 있다면, 제가 여기 왜 있습니까? 여러분은 이미 수행자들이니 제가 새로운 고기를 잡으려고 한다고는 말할 수 없습니다. 그러나 반쯤 익은 밥을 제가 끓이고 있다고 말할 수는 있겠지요. 제 말은, 여러분 모두 전에 수행을 해 보았지만 대다수는 아직 좀 설익어 보인다는 뜻입니다. 그래서 이 밥은 좀 더 끓일 필요가 있습니다. 반쯤 익은 밥을 다시 끓이면 물러져서 밥맛이 그리 좋지 않습니다. 그렇기는 하나 노력은 해봐야 합니다.

여러분이 완전히 익을 수 있느냐는 여러분의 업에도 일부 달려 있습니다. 여러분은 여러 가지 이유로 여기 왔습니다. 번뇌를 줄이기 위해서, 선법을 배우기 위해서, 심지어는 깨달음을 얻기 위해서 온 분도 있겠지요. 그러나 여러분이 이제까지 배운 모든 것을 평소 일상생활에서 활용해 오지 않았다면, 깨닫기는 고사하고 얼마간의 이익을 얻을 가능성도 희박합니다. 여러분이 할 수 있는 것이 고작 마음을 조금 맑히고 두뇌를 쉬게 하는 것이라면, 집에 가면 그냥 여기서 배운 것을 다 잊어버리게 될 것입니다. 그것은 딱한 일이겠지요.

떠나기 전에 최소한 수행의 불길을 다시 점화하고 올바른 자세를 흡수하여, 그것을 일상생활에 적용하십시오. 역사적으로, 선종 사찰에서의 일상생활은 다른 전통과는 뚜렷이 구별되었습니다. 어떤 분들은 독거 수행을 권장했고, 어떤 분들은 묵조를 강조했으며, 또 어떤 분들은 의식을 강조했습니다. 옛날 선사들이 강조한 것은 불법을 일상생활 속으로 가져오는 것이었습니다. 그것이 참된 선의 정신입니다. 그래서 저는 여러분에게 그 불길을 다시 점화하고, 여러분이 어디에 있든 매순간 화두를 어떻게 사용할 것인지에 대한 가르침을 흡수하라고 권하는 것입니다.

대혜종고 선사는 하룻밤 사이에 18명이 깨달음을 얻게 했습니다. 이것은 아주 매혹적인 이야기로 들려 여러분은 이렇게 생각할지 모릅니다. '내가 그날 밤 거기 있었으면 나도 깨달을 수 있었겠다!' 그렇게 생각해서는 절대 안 됩니다. 대혜 선사가 매일 밤 그렇게 할 수 있었던 것은 아닙니다! 그것이 놀라운 성과이기는 하지만, 그 자리에 있었던 얼마나 많은 사람이 깨닫지 못했는지도 생각해 볼 수 있습니다. 그 18명이 자신의 불성을 보았다는 것은 오직 그들 각자의 인연 때문이었습니다.

대혜 선사의 어록에 따르면, 그는 여러 해에 걸쳐 많은 사람들이 자신의 불성을 볼 수 있게 도와줄 수 있었습니다. 깨달음은 얕을 수도 있고 깊을 수도 있지만, 어느 쪽이든 대혜 선사가 깨달음으로 인도할 수 있었던 사람들의 수는 합쳐서 근 2,800명에 이를 것입니다. 대혜 『서장書狀』에서도 그와 편지를 주고받은 사람들 중 많은 이들은 안목을 얻은, 이른바 선에서 말하는 '한 소식 한' 사람들이었다는 것을 보여줍니다.

대혜 선사에게 무슨 비밀스러운 기법이나 비전秘傳의 가르침이 있었던 것이 아닙니다. 그는 단순히 사람들에게 '무無'자 화두를 참구하는 법을 가르쳤습니다. 그 단 한 마디로 그는 사람들을 깨달음의 길 위에 올려놓을 수 있었습니다. 핵심은, 역경계逆境界든 순경계順境界든 모든 상황에서 지속적으로 '무'를 제기해야 한다는 것입니다. 예를 들어 어려운 상황에서는 여러분의 마음이 편안하지 않겠지만, 바로 그럴 때가 여러분이 화두를 들어서 들어갈 수 있는 때입니다. 반면에 수행이 순조로우면 마음이 명료하고 번뇌에서 벗어나게 되는데, 그 열린 경계에서 여러분은 자신이 깨달았다고 확신할지도 모릅니다. 그럴 때에도 '무'를 제기하여 그런 관념에 현혹되지 않도록 해야 합니다. 순경을 만날 때에는 먼저 스스로에게 이것은 '그것'이 아니라고 말하고, 재빨리 화두를 제기해야 합니다. 이런 역경계나 순경계의 모든 상황은 미혹이지 절대로 깨달음이 아닙니다. 그러니 나타나는 모든 상황에서 그저 오롯이 '무'를 드십시오.

스승으로서의 대혜 선사는 '무' 자 외에 다른 어떤 방편도 쓰지 않았다고 말할 수 있습니다. 그는 또한 선중에게 마음을 비우라고 했습니다. 한자어로 '심心'은 가슴의 정서적 측면과 마음의 사고적 측면을 포함합니다. 그래서 우리가 여기서 마음[心]을 이야기할 때는 넓은 의미의 '가슴-마음(heart-mind)'을 뜻합니다. 이것은 여러분이 몸, 마음(mind) 그리고 환경에 대한 모든 근심을 빈 마음(heart)으로, 즉 너르고 경계가 없는 마음으로 끌어안아야 한다는 뜻입니다. 이런 마음자세를 가지고 있으면 그 어떤 것도 여러분을 장애할 수 없습니다. 화두를 들 때는 '무'가 여러분의 빈 마음 안에 살아 있어야 합니다. 때가 되면 여러분의 마음이 불성과 부합해지는 것이 가능합니다.

당나라 때의 유명한 수행자인 방龐 거사(740~808)는, 우리가 마음을 비워 그것이 딱딱해지지 않게 해야 한다고 말했습니다. 빈 마음은, 사람들에게 견고함의 환상을 심어주는 사물들에 집착하지 않습니다. 여러분이 어떤 것에 집착하면 그것이 실재한다고 믿게 되고, 그래서 견고함의 환상이 생생해져서 이것이 장애를 초래합니다. 그래서 질투, 번뇌, 증오, 불만 혹은 욕망을 일으킬 수 있고, 심지어는 깨달음을 얻고 싶어하기도 합니다. 그러니 이와 같은 생각들에 집착하면서 어떻게 마음이 비워질 수 있겠습니까? 빈 마음 없이는 매번 장애를 겪게 됩니다. 만약 마음이 이와 같이 좁은 생각들로 가득 차 있으면 모래 한 알도 장애가 될 것입니다. 그에 비해 마음을 비운 태도는 아무 걱정이 없고 더 확장됩니다.

수행을 통해서 빈 마음을 만들어낼 수는 없습니다. 오히려 그것은 여러분의 수행을 형성하는 하나의 태도입니다. 이 마음의 트임은 한계가 없습니다. 왜냐하면 걱정이 없고 자유롭게 흐르기 때문입니다. 그 자유로운 흐름 속에서 여러분은 어떤 것에도 걸리지 않습니다. 왜냐하면 '무'를 포함한 일체가 이 공空 안에 있기 때문입니다. 넓은 방에는 물건들이 놓여 있어도 우리가 걸림 없이 마음대로 다닐 수 있습니다. 이러한 태도를 가지고 있으면 수행이 순조롭게 될 것이고, 아무것도 여러분을 방해하지 않을 것입니다. 그 어떤 것도 '무'를 가릴 수 없습니다. 여러분의 마음이 어떤 장애에 걸려서 그 장애를 내려놓지 못할 때도 있겠지요. 그런 상황에서는 여러분의 마음이 비어 있다고 말할 수 없고, 그것을 비우기도 쉽지 않을 것입니다. 그래서 마음을 비운다는 이야기를 들을 때 여러분은 이렇게 말하고 싶을지 모릅니다. "이것은 원래 그런 것일 뿐이고, 나는 내 문제를 내려놓지 못하겠다." 그런 경우 여러분의 마음은 이미 견고해진 것입니다. 그 결과 여러분은 장애에 막혀 진보하지 못합니다.

대혜 선사의 제자들 중 한 사람은 관리였는데, 그는 행정 업무의 와중에서 어떻게 수행을 해야 하는지를 물었습니다. 대혜 선사는 그에게, 인연에 따라서 일을 처리하라고 말했습니다. 다시 말해서, 그가 주의를 기울여야 하는 일이면 무엇이든 하되 그와 함께 흐르라는 것이었습니다. 그러나 활동의 와중에서도 그는 열심히 '무'를 들어야 했습니다. 이런 식으로, '무'의 뉘앙스는 '무'가 아무 근심 없는 공空과 함께 반향될 수 있는 어떤 넓은 방에 비유됩니다. 요컨대 대혜 선사는 그 제자에게 인연에 따라 행위하면서 열심히 '무'를 들라는 것이었습니다.

## 공空								R3

불교도들 사이에서도 공空의 의미에 대해 어떤 오해가 있습니다. 왜냐하면 그것이 깨달음과 관계되기 때문입니다. 어쨌든 공은 우리가 부르기에 따라 깨달음의 내용이라고도 할 수 있습니다. 이 공이 무엇입니까? (깨닫는다고 할 때) 우리는 무엇을 깨닫습니까? 어떤 사람들은 자신이 공을 체험했다고 믿고, 어떤 사람들은 그게 뭔지 감을 잡지 못합니다. 불교에는 연기緣起의 가르침이 있는데, 그것은 현상들이 무수한 인연들의 상호작용을 통해서 일어난다는 의미입니다. 그리고 현상들은 인연에서 일어나는 것과 마찬가지로 인연을 통해서 소멸합니다. 왜냐하면 인과 연은 부단히 변하고 있고, 현상들 역시 부단히 변하기 때문입니다. 현상들은 부단히 변천하기 때문에 아무런 지속적인 자아체自我體가 없고, 역시 변천과 변화를 겪는 중생들도 마찬가지입니다. 인간의 수준에서는 우리의 무상한 삶이 도처에 널린 어떤 불안감을 가져오며, 이것을 우리는 고苦라고 부릅니다. 불교에서 소위 말하는 삼법인三法印(세 가지 핵심 진리)—무상無常, 고苦, 공空[무아]은 서로 긴밀히 관계됩니다. 사물들이 무상한 것은 인과 연 때문이고, 그것들이 무상하기 때문에 이것이 고苦를 가져옵니다. 사물들은 연기緣起로 인해 생멸하기 때문에 내재된 자성自性이 없고, 그것을 우리는 공空이라고 부릅니다.

우리는 시간을 통해서 우리 자신의 존재를 경험합니다. 그러면 시간은 어디 있습니까? 만일 공간이 존재하지 않는다면 시간을 경험하거나 가늠할 길이 없겠지요. 공간과 시간은 불가분이므로 그 둘이 함께 물리적 존재를 규정합니다. 설사 시간이 존재한다 하더라도 만일 시간을 경험할 육신이 없다면 시간도 별 의미 없는 것이 될 것입니다. 시간이 의미 있게 되는 것은 우리가 공간 안에 존재하는 육신을 경험할 때뿐입니다. 그래서 우리는 이 육신과 함께 시간이 등장하고, 이 시간을 통해서 우리 자신의 존재를 느낀다고 말할 수 있습니다. 우리가 시공간 안에서 우리 자신의 존재를 의식하기 때문에, 이것이 어떤 자아감, 곧 '나'를 일으키고, 거기에 우리는 실제적 존재성을 부여합니다. 그것이 바로 온갖 문제를 일으키는 이 '나' 입니다.

과거에서 현재, 현재에서 미래로 이어지는 시간은 불교의 가르침에서 원인과 결과의 한 집결체로 표현됩니다. 시간 차원 안에서 하나가 다른 하나로 이어진다는 것입니다. 바꾸어 말해서, '인과'는 존재를 묘사하는 하나의 명칭입니다. 인과 연은 공간 안에 존재하고, 우리는 시간을 이전의 원인에 대한 현재의 결과로 경험합니다. 역으로, 결과는 미래의 결과를 가져올 원인이 되고, 그 순환은 계속됩니다. 공간적으로는, 사건과 사물들의 결과를 이끌 충분조건들이 존재하면 원인이 하나의 결과를 가져올 뿐입니다. 그래서 원인과 결과는 공간 속의 다양한 원인과 결과들에 의해 조건 지워집니다. 이 때문에 이 주된 불교적 가르침이 '인기 因起'(원인에 의한 일어남)가 아니라 '연기 緣起'를 이야기하는 것입니다. 만일 인과관계가 연緣(조건들)에 의해 영향을 받지 않는다면 사물들은 항상성을 가질 것이고, 무상하지 않겠지요. 그러나 사물들은 변화하는 연緣들로 인해 무상하기 때문에, 우리는 그것을 '인기' 라고 부르지 않고 '연기' 라고 부르는 것입니다.

더 간단한 말로 표현하면, 우리가 우리 자신의 존재를 인식하는 것은 우리에게 몸이 있기 때문입니다. 이 육체의식(body-sense)은 가장 거친 수준의 자아 관념입니다. 자아감의 또 한 가지 측면은 우리가 외적 환경을 구체적이고 실체적인 것으로 경험한다는 것입니다. 즉, 우리가 세계에 상대적으로 존재합니다. 그래서 외적 현실이 우리 자신의 존재성을 확인해 줍니다.

만일 우리의 몸이 사라지고 그와 함께 경계境界(외적 환경)도 사라진다면, 그래도 우리에게 하나의 자아감이 있을까요? 있습니다. 그럴 때에도 우리의 몸과 경계를 느끼는 거친 자아와는 다른, 아주 미세한 형태의 어떤 자아 붙들기가 있을 수 있습니다. 예를 들어 우리가 무색계無色界에 들어가는 가장 깊은 선정에서 네 가지 수준을 넘어서고 나면[무색계의 선정에 네 가지 수준이 있다], 몸에 대한 의식도 경계에 대한 의식도 없습니다. 본질적으로는 보통의 의식조차도 없습니다. 몸도 경계도 없는 이 극히 미세한 의식 상태에서 자아감은 어떻게 일어납니까? 선정에 들려면 우리가 어떤 관觀의 대상을 사용합니다. 이 대상은 거칠게 말해서 경계라고 할 수 있습니다. 그래서 처음에는 여러분이 외적인 혹은 내적인 어떤 것을 관합니다. 선정에 깊이 들면 우리에게 경계가 사라집니다. 그러면 이 미세한 의식이 어떤 자아감을 일으키는 데는 어떤 연緣들이 필요합니까? 그 답은, 그 수준에서는 자아감이 자기지속적이라는 것입니다. 그것은 존속하기 위해 그 자신의 연이 됩니다. 그 순간에 자아란 무엇입니까? 그것은 몸도 아니고 경계도 아니고, 선정 상태 그 자체의 내용입니다. 그래서 자아가 그 선정의 내용을 조건 지워 스스로를 존속시킵니다. 그러면 무엇이 그런 상태들의 내용입니까? 더 높은 선정의 수준, 가장 미세한 유형의 의식하는 상태에서는 우리가 광대무변함 외에는 다른 아무것도 체험하지 않습니다. 우리가 선정 속에서의 시간과 공간을 마치 그것들이 무한한 것처럼 이야기하기는 하지만, 그것들은 그 수행자에게 존재합니다. 광대무변함의 이 지속적 체험의 토대 위에서 이것을 체험하는 어떤 자아의 관념이 계속 이어집니다. 그러나 존재에 대한 집착이 있기 때문에 이것은 아직 해탈이 아닙니다. 그 개인은 몸이나 경계의 존재를 느끼지 않는다 해도, 여전히 그 무한함에 대한 집착이 있습니다. 광대함은 실제로 광대함이고, 그래서 이것이 존재를 붙드는 것입니다. 윤회의 견지에서 보자면, 이 붙들기가 마음을 조건화하여 환생이라는 형태로 그것이 존재를 계속하게 만듭니다.

해탈한 아라한의 상태는 제가 방금 묘사한 것을 넘어서 있습니다. 열반에 든 아라한들은 시간도 공간도 경험하지 않습니다. 정말이지 그들이 시간과 공간 내에 있다면, 그들은 조건 지워진 삶을 갖게 될 것이고 환생을 겪게 될 것입니다. 따라서 그들이 열반 속에서 해탈할 때, 이것은 조건 지워지지 않은 공과 완전히 융합된 것이고, 그들에게는 어떤 환생도 없을 것입니다. 아라한도阿羅漢道의 목표는 윤회에서 해탈하는 것이고, 그래서 아라한은 열반을 성취하면 순수한 공空 속에 거주합니다. 아라한이 중생들을 돕기 위해 다시 태어나기로 선택하는 것은 불가능하지는 않아도 극히 어려운 일입니다.

대승 수행자들은 자아 붙들기에서, 즉 자아에 대한 집착에서 벗어날 수 있는 한, 바로 그 순간 그들은 공空 속에 머무르면서 여전히 세간에서 활동할 수 있습니다. 시간·공간과 불가분이고 안팎과도 불가분인 그 공 안에서 우리는 중생들을 도울 수 있습니다. 주안점은 어떤 종류의 집착에서도 벗어나는 것이고, 보살에게는 그것이 공空입니다.

선에서는 우리가 자신의 자성을—다시 말해서, 공의 성품을—지각하는 바로 그 순간 해탈한다고 가르칩니다. 우리가 공을 체험할 때, 그때는 자아가 없고 '나'나 '내 것'이 없습니다. '여러분'에게 속하는 번뇌가 없을 때, 그 상태가 공이자 해탈입니다. 그 상태에서 우리는 번뇌를 일으키는 일이 어리석다는 것도 깨닫지만, 그 이전에는 번뇌에 휩싸여 있었습니다. 그래서 깨달음이란, 이 본래의 고요함이 늘 존재해 왔다는 것을 깨닫는 것입니다. 단지 중생들이 이 본래 마음을 자아집착으로써 오염시키는 것일 뿐입니다. 우리가 깨달음을 체험하기 전에는 이 말이 무엇을 뜻하는지 모를 것입니다. 이것은 어떤 사람이 한번 깨닫고 나면 영원히 해탈한다는 말은 아닙니다. 우리의 습관적 집착은 너무 강해서 최초의 깨달음 체험으로 뿌리 뽑기 어렵습니다. 대부분의 경우 얼마 후에는 깨달음을 체험하는 그 사람이 다시 집착을 일으킬 것이고, 번뇌가 일어날 것입니다. 그래서 수행을 계속할 필요가 있습니다. 그러나 그 체험을 가진 사람은 집착과 번뇌가 일어날 때 그것을 인식할 것입니다. 왜냐하면 그 사람은 이미 자아집착에서 벗어난 상태를 체험해 보았기 때문입니다. 이것은 자아 붙들기에서 한 번도 벗어나 보지 못한 사람과는 판이합니다.

여러분은 지금 무엇을 해야 합니까? 그 개념과 방법들을 공의 성품에 부합하게 사용해야 합니다. 첫째로, 번뇌가 있는 여러분의 상태는 여러분 자신에 의해 야기된다는 것을 깨달으십시오. 여러분이 원인이고, 여러분이 자기 자신의 결과를 받습니다. 여러분 바깥의 그 어떤 것도 여러분이 지금 그 결과를 받고 있는 문제들을 야기한 책임이 없습니다. 이것을 이해했으면 연기緣起의 개념을 적용해야 하고, 무상의 개념을 적용해야 합니다. 부정적인 면들을 경험할 때마다 의식적으로 스스로에게 말하십시오. "이것은 무상하고 궁극적으로 공하다. 만약 내가 이런 식으로 계속하면 나 자신의 괴로움을 초래할 것이다."

수행의 면에서, 우리는 공空의 느낌을 어떻게 얻습니까? 진입점은 무상에 대한 이해를 통해서입니다. 여러분이 내관을 하면서 실제로 자신의 마음 과정을 관찰합니다. 바로 조금 전에는 어떤 번뇌가 없었는데, 지금은 자신이 그것 때문에 괴로워하고 있는 것을 봅니다. 따라서 그것이 무상하며 근본적인 실체가 없다는 것, 바꾸어 말해서 공하다는 것을 인식하십시오. 그러면 얼마 후 혹은 미래에는 그것도 변할 것입니다. 그래서 여러분은 자신의 변해 가는 마음 상태를 관찰함으로써 그 찰나성에 대한 느낌을 얻습니다. 자신의 생각들이 가진 이 공하고 찰나적인 성품을 직접 체험하게 됩니다. 그것이 여러분이 공에 부합하는 방법입니다. 그래서 개념적으로나 실천에 있어서나 공의 의미에 친숙해집니다.

일상생활 속에서도, 환경에 적응하고 번뇌를 조절하는 법을 배우면서 그렇게 할 수 있습니다. 그러나 지금 여러분이 선기에 들어와 있는 동안 그 기술을 연마해야만 성공할 것입니다. 늘 공성을 내관할 필요는 없고, 번뇌를 자각할 때만 하면 됩니다. 그렇지 않으면, 여러분의 화두만 꾸준히 들라고 권하겠습니다.

대만에는 저의 제자인 한 스님이 있었는데 암으로 세상을 떠났습니다. 그녀의 임종이 가까워졌을 무렵에는 진통제도 듣지 않았고, 의사들도 더 이상 그녀를 도울 수 없었습니다. 그 자신만이 자기를 도울 수 있었고, 그래서 그녀는 공空을 관하던 선칠 수행을 떠올렸습니다. 극심한 통증 속에서도 그녀는 공을 내관했고, 자신의 육신과 통증의 실체 없는 성품을 보았습니다. 그것들이 생멸하는 연緣임을 본 것입니다. 이처럼 공에 대한 어떤 느낌을 얻자 통증이 줄어들었고, 그녀의 마음은 아주 평온한 상태가 되었습니다. 그녀는 아주 평화로운, 즐겁기까지 한 죽음을 맞이했습니다. 이 사람은 건강할 때 수행을 했기 때문에, 죽을 때가 되자 어떻게 대처해야 할지를 안 것입니다.

제2부

화두 수행 강해

1. 초심수오법요(初心修悟法要)
— 감산덕청 선사 법어 강해

이 대사인연大事因緣에 관해서 보자면, 이 불성은 본시 모든 사람에게 갖추어져 있습니다. 그것은 각자에게 이미 완전하게 있고, 조금도 모자람이 없습니다. 문제는 무시겁無始劫 이래로 애근愛根의 씨앗인 망상, 감정적 생각[情慮]이라는 뿌리 깊은 습기의 오염[習染]이 이 오묘한 광명[妙明]을 가려 왔다는 것입니다. 그래서 그것을 참으로 깨닫지는 못합니다. 줄곧 자기 몸과 마음, 세계에 대한 망상의 자취 속에서 이것저것 분별사량하기 때문입니다. 그 때문에 생사를 끝없이 유랑해 왔습니다. 부처님과 조사들이 세간에 출현하여 무수한 언어와 갖가지 방편으로 선禪을 설하고 교敎를 설하신 것도 중생들의 근기에 수순隨順하지 않음이 없었습니다. 이는 집착심을 깨트려, 법이나 사람[자아감]에 본시 실체가 없다는 것을 깨닫게 하려는 도구인 것입니다.

이른바 수행이라는 것은, 자기 마음에 수순하면서 망상과 습기의 자취를 깨끗이 씻어 버리는 것에 지나지 않습니다. 여기서 우리가 노력하는 것을 수행이라고 합니다. 만약 일순간에 망상을 단박 쉬어 버리면, 자기 마음이 완전하고 찬란하며 광대하다는 것을 투철하게 봄니다. 본래로 청정하고 한 물건도 없는 이 상태를 깨달음이라고 합니다. 이 마음을 떠나서 달리 수행하거나 깨달을 수 있는 것은 없습니다. 마음의 본체는 거울과 같아서, 망상과 반연攀緣의 자취는 참마음을 오염시키는 티끌이며 때입니다. 그래서 생각의 모든 형상[想相]이 티끌이고, 의식의 정서[識情]가 때라고 하는 것입니다. 만일 망념이 다 녹아 버리면 본체가 저절로 드러날 것입니다. 비유하자면 거울을 닦으면 때가 씻겨지고 밝음이 드러나는 것과 같으니, 이 불법도 마찬가지입니다.

그러나 우리가 다겁에 쌓은 습기의 오염이 견고해서 '나'에 대한 집착의 뿌리를 뽑아내기가 어렵습니다. 이번 생에 다행히, 우리에게 본래 갖추어진 반야般若를 안으로 증장함을 인因으로 삼고, 밖으로 선지식의 인도를 연緣으로 삼아, 본래 가진 것을 스스로 알고, 발심하여 생사에서 완전히 벗어나는 쪽으로 나아갈 수 있습니다. 무량겁 이래로 축적된 생사의 뿌리를 단번에 문득 뽑아버리는 것이 어찌 사소한 일이겠습니까? 만일 큰 역량을 지녀 맨몸으로 그 짐을 지고 단칼에 바로 밀고 들어가는 사람이 아니면, 정말 어렵고도 어려운 일일 것입니다. 고인古人이 말하기를 "이 일은 한 사람이 만 명의 적과 맞서는 것과 같다"고 했으니, 빈말이 아닙니다.

— 감산덕청 선사의 어록에서

若論此段大事因緣, 雖是人人本具, 各各現成, 不欠毫髮。爭奈無始劫來, 愛根種子, 妄想情慮, 習染深厚, 障蔽妙明, 不得眞實受用, 一向只在身心世界妄想影子裏作活計, 所以流浪生死。佛祖出世, 千言萬語, 種種方便, 說禪說敎, 無非隨順機宜, 破執之具, 元無實法與人。

所言修者, 只是隨順自心, 淨除妄想習氣影子。於此用力, 故謂之修。若一念妄想頓歇, 徹見自心, 本來圓滿光明廣大. 淸淨本然, 了無一物, 名之曰悟. 非除此心之外, 別有可修可悟者. 以心體如鏡, 妄想攀緣影子, 乃眞心之塵垢耳. 故曰想相爲塵, 識情爲垢. 若妄念消融, 本體自現, 譬如磨鏡, 垢淨明現, 法爾如此.

但吾人積劫習染堅固, 我愛根深難拔, 今生幸托本具般若, 內薰爲因, 外藉善知識引發爲緣, 自知本有, 發心趣向, 志願了脫生死, 要把無量劫來, 生死根株, 一時頓拔, 豈是細事. 若非大力量人, 赤身擔荷, 單刀直入者, 誠難之難. 古人道, 「如一人與萬人敵」, 非虛語也.*

삶의 취약성

여러분이 지금 이 순간 경험하고 있는 자아는 허망하고 무상한 것이며, 화두 수행의 유일한 목적은 여러분이 참된 자아(true self)**를 발견하는 것을 돕기 위한 것입니다. 참된 자아를 발견하려면 먼저, 그것이 비록 지금은 허망한 자아에 덮여 있기는 하지만 실로 존재한다는 것을 확신해야 합니다. 우리가 좌선을 하면 마음의 허망한 성품을 체험하며, 그것을 통해 어쩌면 우리의 생각과 마찬가지로 자아도 환幻이라는 얼마간의 이해를 얻습니다. 따라서 수행의 견지에서 여러분은 발견을 기다리는 참된 자아가 있다는 것을 믿어야 합니다. 따라서 여러분은 그 참된

---

* (역주) 『감산노인몽유집憨山老人夢遊集』, 卷二에 수록된 '법어法語' 중 '정곤암 중승에게 답함(答鄭崐巖中丞)'이라는 글의 앞부분이다(중승은 관리의 직책 이름). 이 글은 성엄 스님의 저서인 『禪門修證指要』, 173-4쪽에 '初心修悟法要'라는 제목으로 실려 있다.
** (역주) 자신의 본래성품, 곧 불성 또는 공성을 말한다. 이것은 어떤 우주적 '자아' 혹은 대아大我를 말하는 것이 아니라 자아가 완전히 사라진 상태, 즉 무아를 가리키는 다른 이름이다. 오온의 화합인 '거짓 자아'를 넘어서 있기에 '참된 자아'라고 한다.

자아를 직접 체험하기 위해 화두를 하나의 도구로 사용할 수 있습니다.

화두 수행을 잘 하기 위해서는 삶의 취약성을 확신해야 합니다. 만일 여러분이 죽음의 문턱에 서 본 적이 있다면 삶의 취약성을 체험해 보았을지 모릅니다. 또한 가까운 사람의 죽음을 목격했거나 심지어는 모르는 사람의 죽음을 목격했을 수도 있습니다. 이런 사건들은 여러분에게 자신의 삶이 정말 얼마나 취약한지를 깨닫게 해 줍니다. 그리고 여러분은 이 찰나적인 삶 이상의 뭔가가 있을 것이 틀림없다는 것을 이해하게 됩니다. 만일 그런 이해가 여러분을 수행으로 이끌어준다면, 여러분은 자신의 삶에서 의미 있는 것을 발견하는 쪽으로 한 걸음 내디딘 것입니다.

우리는 또한 우리의 마음속을 부단히 지나가는 허망한 생각들의 흐름 속에서 삶의 찰나적인 성품을 관찰할 수 있습니다. 진정한 자아는 이런 생각들의 틈새에 존재합니까? 여러분이 하는 생각의 찰나적 성품을 이해하면 할수록, 그렇게 찰나적이지 않은 어떤 것을 발견해야겠다는 절박함이 더 커질 것입니다. 더 이상의 뭔가가 틀림없이 있다고 자신에게 말하게 되고, 그리하여 수행으로 나아갑니다. 이런 태도를 가지고 있으면 수행을 잘하게 될 것입니다.

자신의 미혹된 생각들이 정말 자기는 아니라는 것을 이미 발견했다면, 어떤 방법을 사용해 왔든—호흡자각, 염불 혹은 어떤 진언이든—여러분이 마음을 고요히 할 수 있는 한 점차 깨달음을 얻어갈 것입니다. 마음이 더 명료해져서 무상에 대한 고요하고 차분한 깨달음이 일어나는 지점에 도달하면, 그것이 이른바 '경안輕安' (가볍고 편안함) 혹은 '유연심柔軟心'이라고 하는 것입니다. 이런 마음은 아주 고요합니다. 그것은 어떤 수준에서 그 자신의 비실체적인 성품을 체험한 것입니다. 이 점진적인 접근 방법은 진흙물이 들어 있는 질그릇에서 진흙이 조금씩 가라앉다가 마침내 물이 깨끗해지고 투명해지는 것에 비유될 수 있습니다.

이런 점진적 접근 방법을 사용하는 것은 좋지만, 화두적 접근 방법은 마음을 점진적으로 가라앉게 하는 것에 그치지 않습니다. (화두법에서는) 오히려 여러분이 마치 질그릇 안의 물을 단단히 작심하고 불어서 더 이상 물이 남지 않고 가라앉을 진흙도 없게 만들 듯이 있는 힘을 다합니다. 더 나은 점은, 화두의 힘을 이용하여 여러분이 그 질그릇을 산산조각 내 버릴 수 있다는 것입니다. 남게 될 것은 밝게 비추는 마음뿐입니다. 기억하십시오. 진흙물이 든 이 질그릇은 여러분이 만드는 것이고, 따라서 여러분 자신의 힘으로 그것을 박살낼 수 있습니다. 진정한 어떤 것, 허망한 찰나적 자아보다 더 근본적인 어떤 것을 발견하겠다는 그런 절박함이 있어야 합니다. 그것을 마음에 품고 있으면 여러분의 화두에 더 힘이 붙을 것입니다.

여러분은 화두에서 자신의 참된 삶, 자신의 불성을 발견할 것이라는 것을 확신해야 합니다. 지금은 그것이 무엇인지 모르지만, 이 모름의 한가운데서도 여러분은 여전히 자신이 불성을 완전히 갖추고 있다는 것을 믿습니다. 모르기 때문에 여러분은 알고 싶어합니다. '무'가 무엇을 뜻하는지 알고 싶은 것입니다. 그러나 '무는 불성이다'라고 생각한다면, 그것은 지적인 사고에 지나지 않습니다. '무'는 '무엇 아님(nothing)'인데 어떻게 그것이 '무엇(thing)'이라고 말할 수 있겠습니까? 여러분이 내놓는 어떤 답변에도 만족하지 말고 더 깊이 참구해야 합니다. 그저 계속 묻고, 그저 계속 물어야 합니다.

어느 시점에서 절박함으로 가득 차게 되면 여러분은 바닥을 쾅 치게 될지도 모릅니다. [바닥을 쾅 쳐 보인다] 이런 절박함은 개를 몰아붙여서 도망갈 데가 없게 만드는 것과 같습니다. 그 개가 벽을 기어오르도록 할 수 있다고 확신할 정도여야 합니다. 여기가 바로 의정을 일으킬 수 있는 곳입니다. 이 지점에서 그만두면 안 되고, "알았다! 그래! 이거야!" 해도 안 됩니다. 이런 답을 배척하고 그대로 밀어붙여야 합니다.

우리의 비유를 사용하면, 그 질그릇을 박살내어 물 한 방울도 남지 않게 해야 합니다. 이것은 여러분의 모든 미혹된 생각을 날려 버려서 어떤 생각에서도 벗어난 상태가 되는 것에 비유할 수 있습니다. 부디 이 또렷한 상태를 그냥 피로로 기진맥진하여 백지상태가 된 마음과 혼동하지 마십시오. 자각하고 있고 망념에서 벗어난 마음이 되는 것이 좋습니다. 여러분은 또렷하고, 이제는 모든 집착을 밀어젖혀 버렸습니다. 그것은 깨달음은 아니지만 좋은 체험입니다.

선중: 답변들이 일어날 때, 스님께서는 그것들을 배척해야 한다고 말씀하십니다. 그것들을 부정해야 할 어떤 이유를 찾아내야 합니까?

성엄: 아닙니다. 그냥 제쳐 버리십시오. 왜 그 답변들을 배척하는지 합리적으로 따질 필요가 없습니다. 그 답변들을 배척하는 이유를 찾자마자 여러분이 축적해 온 모든 힘이 상실되고, 그 꾸준한 노력과 다시 연결되는 데 어려움을 겪을 것입니다. 그러니 그런 답변이 일어나는 즉시 그냥 제쳐 버리십시오.

다시 말하지만, 화두법을 쓰기 위해서는 삶의 취약성에 대한 이 실존적 우려가 있어야 합니다. 이것이 여러분을 계속 몰고 가는 동기입니다. 즉, 삶이란 찰나적이며, 이 환적인 마음 이면에 참된 자아가 있을 것이 틀림없다는 것을 깨닫는 것입니다.

기법의 핵심

기법에 관해서 보자면, 부디 화두 드는 것을 여러분의 호흡과 맞추지 마십시오. 마음속에 절박함을 가지고 그렇게 하면 호흡이 점점 빨라지거나 내쉬고 들이쉬는 것을 너무 깊이 하게 될지도 모릅니다. 이런 것은 모두 호흡상의 문제를 야기할 수 있습니다. 그러니 결코 화두를 하나의 호흡법처럼 닦지 마십시오. 그저 그 물음 자체에 집중하십시오. 또한 생각하는 마음으로 화두의 답을 찾으려 하지 마십시오. 어떤 사람들은 화두를 참구하면서 이렇게 묻습니다. "그 답은 무엇인가? 그 답은 무엇인가?" 그러면 머리가 점점 커지고 가슴이 답답해지는 느낌이 듭니다. 이것은 두뇌를 너무 많이 쓰고 있다는 표시입니다. 어떤 답을 개념적으로 구성하지 마십시오. 화두 자체가 여러분에게 답을 내놓게 하십시오.

화두를 마치 하나의 진언처럼 염하기만 하지 마십시오. 거기에 절박한 물음의 맛을 부여하십시오. [몸짓을 해 보이며] "무엇이 무인가? 무엇이 무인가?" 템포나 속도는 여러분에게 달렸습니다. 그것은 여러분이 자신의 리듬에 맞게 조정하면 됩니다. 주안점은 한 번 묻는 것과 그 다음 묻는 것 사이의 간격에서 생각들이 일어나지 않게 하는 것입니다. 그 간격에서는 궁금해 하는 자세로 그저 물음의 맛을 유지하고, 그저 계속 그렇게만 하십시오. 여러분의 수행은 순조로운 가운데, 생각들이 물음 사이의 공간으로 스며드는 일이 없어야 합니다. 그저 계속 화두를 묻고 또 물으십시오. 이제 물음 사이의 간격들은, 어떤 망념이나 분산 요인이 스며들지 않는다면 1분 이상까지 연장될 수 있습니다. "무엇이 무인가?" 이렇게 묻고 난 다음 한 동안 그 맛을 유지하다가 나중에 다시 물으면 됩니다. "무엇이 무인가?"

초심자들은 산만한 생각들에서 벗어나기 어렵다고 느낄 수도 있겠지만, 그것은 화두를 너무 급한 속도로 묻기 때문일지 모릅니다. [빨리 염하는 흉내를 내며] "무엇이 무인가? 그것이 무엇인가? 무엇이 무인가? 무엇이 무인가?" 만일 자신이 이와 같이 긴장되고 있다면 느끼면, 잠시 그 방법을 밀쳐 두고 이완하여 마음을 즐겁게 한 뒤에 다시 물으면 됩니다.

자신이 피로해지고 있다고 느낀다면 그것은 여러분이 긴장된 상태로 그 물음을 던져 왔다는 징표인데, 그것은 피해야 합니다. 핵심은, 일관되게 계속 물어가되 산만한 생각들에서 벗어나는 것입니다.

알고 싶어하는 그 의도를 유지하십시오. 사실 이 알고 싶어하는 마음이 없다면 차라리 진언을 염하는 것이 낫습니다. 요는 여러분이 그 화두의 답을 알고 싶어한다는 것입니다. 피로해지고 있다고 느끼면 그냥 이완하고 잠시 방법을 밀쳐 두십시오. 휴식하는 동안 마음을 분산 요인에서 벗어나게 하면 충분하고, 조금 회복되면 다시 시작하면 됩니다.

어떤 수단을 동원하든, 의심(의정)이 나타날 수 있는 중요한 지점에 도달하면 그저 그것에 집중하십시오. 그 지점에서는 무엇을 되뇔 필요가 없습니다. 그렇게 할 수 있으면, 그저 그 맛 자체를 유지하는 것으로 족합니다. 그러나 가끔 한 번씩 화두 문구 전체를 되뇌라고 권하고 싶습니다. 그래야 어떤 삼매 같은 상태에 빠지지 않습니다. 이것은 의정을 새롭게 하는 데도 도움이 됩니다. 요컨대 지속적으로 물어가는 마음을 유지하는 것이 중요합니다.

금강검으로 망상을 죽이기

선에서 말하기를, 화두로 수행하는 것은 미혹과 집착을 끊어 버리는 금강검을 쓰는 것과 같다고 합니다. 자아에 대한 집착이 깨달음을 방해할 때, 우리는 금강검으로 그 집착을 베어 버릴 수 있습니다. 불법이 그 금강검에 맞서면 그 검은 불법도 베어 버릴 수 있습니다. 경전에는 부처님이 설법을 하고 계실 때 문수보살이 금강검을 가지고 나타나 부처님을 쫓아버렸다는 이야기가 있습니다. 이것은 가능한 이야기입니다. 왜냐하면 금강검은 극히 예리하고 극히 단단하여, 불법에 집착하는 것조차 끊어 버리기 때문입니다. 실로 금강검은 그 앞에 나타나는 어떤 것도 쓸어버릴 수 있는 지혜의 검입니다.

화두를 수행하는 것이 금강검을 가지고 있는 것과 같기는 하지만, 그래도 그 방법에 대해 믿음과 확신을 가지고 있어야 합니다. 여러분은 화두 선칠에 들어왔으니 이 방법에 대해 얼마간의 믿음을 이미 가지고 있을 것이 분명합니다. 그리고 이 방법에 믿음을 가지고 있다면, 어떤 이유를 가지고 그것을 정당화할 필요는 없습니다. 왜냐하면 금강검이 잘라내는 것이 바로 이처럼 이치로 따지는 습이기 때문입니다. 예를 들어 어떤 수행 방식에서는 여러분이 번뇌를 인식하면 "이러이러한 것이 번뇌다. 그러니 그것을 놓아 버리겠다."고 말할 수 있습니다. 그런 다음 다른 번뇌가 일어나면 "그래, 나는 상관하지 않겠다. 그것은 하나의 번뇌니까." 하고 말합니다. 번뇌들이 일어나는 것은 그것이 마음속에 깊이 자리 잡고 있기 때문입니다. 이런 번뇌는 꽤 아름답고 즐거운 것일 수도 있고, 미세한 집착으로서 존재하는 것들이기 때문에 거듭거듭 일어날 수도 있습니다. 그래서 화두법에서는 우리가 금강왕 보검을 사용하여, 뭐든 일어나는 것은 다 잘라 버립니다. 즐거운 것이든 아니든, 사랑스러운 것이든 아니든, 그냥 그것을 금강검으로 끊어 버립니다. 이것이 직접적인 접근 방법입니다.

유명한 선 일화에서 향엄香嚴 선사(~898)는 한 스님이 깎아지른 절벽에 매달린 나뭇가지를 이빨로 문 채 매달려 있는 상황을 이야기합니다. 그 스님이 그곳에 매달려 있는 동안 어떤 사람이 그에게 묻습니다. "불법이 서쪽에서 온 뜻이 무엇입니까?" 만일 대답을 못하면 그는 중생을 도와주지 못하는 것이 되고, 대답을 하면 떨어져 죽습니다. 그 스님은 어떻게 해야 합니까?

우리는 말하기를 두려워하는 그 스님과 비슷한 데가 있습니다. 만일 수행에 매진하지 않으면 우리는 선 수행자라고 할 수 없습니다. 소참小參(개인 면담)에서 여러분 가운데 어떤 분들은 화두 수행에 대한 다소의 두려움을 토로했습니다. "계속 이렇게 화두를 들면 저에게 어떤 일이 일어날지 두렵습니다." 아무튼 겁을 내면 안 됩니다. 최소한 절벽에 매달린 나뭇가지는 없습니다. 여러분도 보다시피 우리는 평지 위에 있습니다. 그래서 설사 놓아버린다 해도 여러분이 떨어질 절벽은 없습니다.

여러분이 저에게 하는 질문들 중 어떤 것은, 화두법을 완전히 이해하지 못하고 있거나 그 목적을 충분히 확신하지 못하고 있다는 것을 말해 줍니다. 화두법의 목적은 여러분의 집착, 여러분의 매달림, 여러분의 번뇌, 그리고 무엇보다 중요하지만 여러분의 허망한 마음을 끊는 것을 도와주는 것입니다. 이제 여러분은 이렇게 말할지 모릅니다. "제가 원하는 것은 약간의 희열이 전부입니다. 저는 그냥 좌선을 해서 행복해지고 싶은 것뿐입니다. 저는 이 화두법에 제 목숨을 바치러 여기 온 것은 아닙니다."라고 말입니다. 여러분이 이런 자세를 가지고 있다 해도 그것은 이해가 됩니다. 그러나 저는 거기에 대해서—바로 여러분이 행복하기를 원하고, 죽음을 맞이했을 때 평온하기를 원하기 때문에—여러분이 화두를 수행해야 한다고 대답하겠습니다.

의정을 일으키기

이 수행에 대해 어느 정도의 확신과 믿음을 얻었으면 큰 의심을 일으키도록 열심히 노력해야 합니다. 이 의심은 믿음의 반대인 의구심이 아닙니다. 이것은 선에서 말하는 '의정疑情'입니다. 큰 믿음을 갖는다는 것은 여러분이 불성을 온전히 갖추고 있다는 것과, 여러분이 깨달을 수 있다는 것을 믿는다는 뜻입니다. 어쨌든 이러한 신념은 부처님이 친히 말씀하셨고 역대 조사들이 증명한 것입니다. 그리고 여기서 저는 여러분을 격려하면서 그것이 참이라고 말하고 있습니다. 저는 여러분의 갈증을 덜어줄 물을 드리고 있지만, 그것을 마시는 것은 여러분에게 달렸습니다. 그 물이 정말 갈증을 덜어줄 것인지 의심한다면 그것은 의구심이지 선禪 의심이 아닙니다. 그래서 여러분이 '그래, 물은 내 갈증을 덜어줄 수 있다. 나는 이것을 마시겠다.' 하면, 이것이 믿음입니다. 이 믿음에 따라 화두를 지속적으로 물어 가면 그 답을 알고 싶다는 강한 느낌을 일으키게 될 것입니다. 지금은 그 답이 뭔지 모르지만, 화두가 여러분에게 어떤 답을 줄 수 있다는 것을 잘 알게 될 것입니다. 그래서 화두에 어떤 답이 있다고 믿으면, 이 물음의 느낌이 의정입니다.

한번은 어떤 사람이 저에게 물었습니다. "불성이 있습니까? 깨달음은 얻을 수 있는 것입니까?" 제가 대답했습니다. "사람들이 깨닫지 못하는 이유는 불성의 존재를 믿지 않기 때문입니다." 저는 그녀에게 확신과 믿음을 가져 보라고 권했습니다. 왜냐하면 그런 믿음을 가진 사람은 최소한 깨달을 기회를 얻기 때문입니다. 믿음이 없다면 기회가 거의 없습니다. 따라서 여러분이 불성의 존재를 믿으면 믿지 않을 때보다 깨달을 가능성이 훨씬 높습니다. 그러니 먼저 믿음을 확립하십시오.

의정에 관해서 보자면, 세 단계가 있습니다. 첫째 단계에서는 믿음과 확신의 기초 위에서 "무엇이 무인가?" 하고 열심히 묻습니다. 여러분은 그 답을 아주 간절히 알고 싶어하지만, 이 단계에서는 화두가 그 답을 드러내게 하기보다는 여러분의 생각하는 마음을 사용하고 있습니다. 여러분이 내놓는 어떤 답도 맞지 않을 것입니다. 왜냐하면 그것들은 바로 사고에 기초하고 있기 때문입니다. 그러나 이 첫째 단계에서 여러분은 최소한 그 답을 알고 싶은 진지한 욕망을 갖습니다.

의정의 두 번째 단계에서는 화두에 대해 강한 이끌림을 느낍니다. 마치 그것이 자석처럼 여러분을 끌어당겨, 그 물음을 묻지 않을 수 없게 하듯이 말입니다. 거듭거듭 여러분은 그 물음을 지속적으로 묻지만, 그것은 의도적으로 묻고 싶어서가 아니라 화두에의 강한 이끌림, 강한 맛이 있기 때문입니다. 그와 마찬가지로, 여러분과 화두의 관계는 이와 같습니다. 즉, 여러분이 그것에 큰 관심을 갖게 되고 그것에 의해 끌어당겨집니다. 그래서 화두를 거듭거듭, 지속적으로, 틈새 없이 묻게 됩니다. 첫째 단계에서는 여러분이 더러 화두를 놓쳤다가 다시 들 수도 있습니다. 그러나 두 번째 단계에서는 그 알고 싶음이 지속적이며, 화두를 놓치게 되는 경우는 집중을 유지하기에 너무 지쳤을 때뿐입니다.

의정의 세 번째 단계에서는 여러분이 그 의심—알고 싶다고 깊이 원하는 느낌—안에 완전히 집어삼켜져, 더 이상 화두를 염하지 않을 정도에 이릅니다. 오히려 여러분은 이 '대의단大疑團' 안에 완전히 흡수됩니다. 여러분은 그것이 마치 바깥에 있는 것처럼 묻지 않습니다. 오히려 여러분이 바로 이 대의단이며, 그 답을 아주 간절히 알고 싶어합니다. 이 상태는 짧게는 몇 분에서 길게는 하루, 며칠, 몇 주, 몇 달을 갈 수 있습니다. 이 상태에서도 여러분은 먹고, 걷고, 자는 것과 같은 일상적 기능을 수행할 수 있습니다. 그러나 이런 기능들은 이 대의단 안에서 이루어지며, 화두에 대한 그 말없는 물음 외에는 다른 어떤 생각도 없습니다. 이 상태를 겁내지 마십시오. 왜냐하면 첫째로, 대부분의 사람들은 그 상태에 도달하지 못하기 때문입니다. 그러나 만일 그렇게 된다면 이곳에 머물러 있으면 됩니다. 그러면 우리가 보살펴 드리겠습니다. 여러분이 이 대의단 속에 있는 동안은 차를 운전하는 것과 같은 복잡한 일은 할 수 없습니다. 만일 사고가 나면 여러분이 상대방에게 맨 처음 묻는 말이 "무엇이 무입니까?"일지도 모르니 말입니다. [웃음] 그 가엾은 상대방은 아주 어안이 벙벙하겠지요.

대만에서 한 고등학교 교사가 화두 선칠에 와서 처음부터 끝까지 수행을 꽤 잘했습니다. 집으로 돌아간 그는 고작 하루를 쉬고 나서 학교로 돌아갔습니다. 그는 칠판에 무슨 방정식을 쓰다 말고 갑자기 돌아서서 큰 소리로 물었습니다. "나는 누구인가?" [웃음] 그러나 이 세 번째 단계는 도달하기 어려우니 그 점은 걱정하지 마십시오. 그냥 여러분의 수행이나 하십시오!

화두법을 잘 하려면 의정을 일으켜야 합니다. 왜냐하면 그것이 전체의 핵심이기 때문입니다. 물론 의단을 일으킴이 없이 화두를 염하기만 해도 마음을 가라앉히는 데는 유용할 것입니다. 그러면 잘해야 어떤 일념삼매에 들어갈 수 있을지 모릅니다. 물론 삼매 그 자체는 깨달음을 가져다주지 않지만, 의단을 일으켜서 그것을 해결하면 깨닫게 됩니다. 임제종臨濟宗에는 이런 말이 있습니다. "큰 의심이 있으면 큰 깨달음, 작은 의심이 있으면 작은 깨달음을 얻고, 의심이 없으면 깨닫지 못한다(大疑大悟, 小疑小悟, 不疑不悟)."

어떤 사람들은 많이 긴장한 상태로 화두를 하다가 결국 피로해지고 맙니다. 사실 수행의 문제에서는 힘을 지혜롭게 쓰면 힘을 얻습니다. 화두는 실제로 쉬운 수행입니다. 예를 들어 여러분이 대화를 할 때는 자기가 말하려는 것에 대해 생각을 해야 합니다. 화두 수행에서는 그 물음을 던지는 것 외에는 생각해야 할 것이 없습니다. 여러분에게 다른 부담이나 고려할 사항이 없습니다. 계속 화두를 물어 가면 그것이 여러분에게 답을 줄 것입니다. 그래서 화두는 이완된 방식으로 해 나가야 합니다.

어떤 선중은 화두를 마치 물리쳐야 할 무슨 적敵같이 수행합니다. 여러분을 부처로 만들어 주려고 하는 것을 왜 그렇게 대해야 합니까? 아니지요, 화두를 가장 친한 친구로, 여러분을 불지佛地로 데려다 주려고 하는 가장 믿을 수 있고 가장 신뢰할 수 있는 친구로 대해야 합니다. 그러니 자기 화두를 소중한 친구처럼 아주 친절하게 그리고 아주 진지하게 생각하고, 그 관계를 잘 보살피십시오.

한번은 한 제자가 화두를 아주 치열하게, 아주 고통스럽게 참구하고 있었습니다. 그는 저를 만나자 저를 붙잡고 흔들면서 소리를 질렀습니다. "스님! 답을 말씀해 주십시오!" 마치 저를 무슨 적 대하듯이 했습니다. 제가 물었습니다. "자네는 화두를 참구하나, 나를 참구하나?" [웃음]

그는 절망적으로 말했습니다. "스님께서 이 화두를 주시고 저에게 너무 많은 고통과 불행을 안겨주셨다고요. 도무지 그 답을 모르겠습니다!"

저는 그에게 말했습니다. 화두를 수행하는 것은 씨앗을 하나 심는 것과 같은데, 그 씨앗은 결국 싹이 트고 자라서 한 그루 나무가 될 것이고, 잎이 나고, 꽃이 피고, 결국에는 열매를 맺을 것이라고 말입니다. 마지막에는 여러분이 그 열매를 수확해서 먹습니다. 그래서 많은 인因과 연緣이 작용하고, 많은 요인들이 여기에 가세합니다. 저는 그저 여러분에게, 나무로 자라나서 열매를 맺을 수 있는 완전한 잠재력을 가진 씨앗을 주는 사람일 뿐입니다.

제가 말했습니다. "나는 자네에게 이 씨앗을 주는데, 자네는 벌써 나에게 열매를 달라고 하는군. 그건 사리에 맞지 않지."

그가 말했습니다. "스님, 참선은 단박에 깨닫는 문제라고 말씀하시지 않았습니까? 인이니 연이니 하는 게 다 무엇입니까?"

여러분 모두 그런 의문을 가지고 있습니까? 이곳에 존재해야 하는 세 가지 태도가 있습니다. 인내심이 있어야 하고, 부지런해야 하고, 확신을 가져야 한다는 것입니다. 확신을 가지면 화두를 부지런히 참구하면서 인내심을 유지하게 됩니다. 저는 여러분 가운데 누구도 저의 어깨를 붙

잡고 자기 화두의 답을 요구하지 않기를 바랍니다. [웃음]

한자어로 화두話頭는 '말의 머리' 라는 의미를 갖는 하나의 복합어입니다. 물론 어떤 화두 속의 말들은 그냥 말일 뿐입니다. 그것이 여러분에게 답을 줄 수는 없습니다. 그렇기는 하나, 여러분은 자신의 물음 속에서 어떤 답을 찾아내야 하고, 어떤 답이 있다는 믿음을 가져야 합니다. 큰 의심을 일으키게 되면 그런 말들 이면의 근원이 결국 어떤 답을 드러낼 것이고, 그 발견은 지혜가 될 것입니다.

여기 이 점을 설명해 줄 수 있는 이야기가 하나 있습니다. 낚싯대를 들고 고기를 낚으러 다니던 강태공이라는 지혜로운 노인이 있었는데, 그의 낚싯줄에는 미끼도 없고 낚싯바늘도 없었습니다. 하지만 그는 하루 종일 나가서 낚시질을 했습니다. 하루는 황제가 강태공에 대한 이야기를 듣고 신하를 보내어 이 현인을 찾아보게 했습니다. 신하가 오는 것을 보자 강태공이 말했습니다. "큰 고기가 오지 않고 작은 고기를 대신 보냈군!" 신하는 황제에게 돌아가서 이 말을 전했고, 아니나 다를까 하루는 황제가 직접 나타났습니다. 강태공이 황제에게 말했습니다. "아하! 드디어 큰 고기가 오셨군!" 그와 마찬가지로, 화두법도 낚싯바늘 없이 낚시질을 하는 것과 같습니다. 그냥 아주 큰 고기를 낚기 위한 방편일 뿐이라는 것입니다. 그래서 제가 보니 여기 고기들이 많군요. 잡히기를 기다리는 많은 대어들 말입니다. [웃음]

초심初心

이제 감산덕청憨山德淸(1546~1623) 선사의 법어집에 나오는 '초심수오법요初心修悟法要' 텍스트를 다루겠습니다. 감산 선사가 이 텍스트에서 다루는 주제는 초심자의 마음입니다. 한자어로 이것을 초심初心이라고 하며, 여기에는 두 가지 의미가 있습니다. 첫 번째 의미는 아주 분명한 것으로, 수행을 막 시작한 사람의 마음을 가리킵니다. 두 번째는 더 심오한 의미입니다. 그것은 여러분이 수행을 아무리 오래 했다 하더라도 순간순간 새로운 마음을 늘 유지해야 한다는 것입니다. 어떤 것에 직면하든, 수행을 십 년, 이십 년, 오십 년, 백 년을 했든 관계없이 말입니다. 여러분 중에는 백 년간 수행한 사람이 아무도 없지만, 설사 그렇다 하더라도 마치 수행을 새로 막 시작한 것처럼 여겨야 합니다. 그래서 경전에서, 보살이 처음 발한 보리심이 서원과 함께 부단히 갱신되는 것을 크게 강조하는 것입니다.

수행에서 가장 딱한 일은 아주 조금 얻은 것에 스스로 만족하고 대견해 하는 것입니다. 그래서 '초심'이라고 하는 이 두 글자는 겸손의 의미도 내포합니다. 예를 들어, 어떤 사람이 아주 오랫동안 수행을 했는데도 여전히 겸손하고, 여전히 자신은 새로 시작하고 있을 뿐이라고 생각한다면 그 사람은 참으로 보살이라고 할 수 있습니다.

한번은 제가 교육을 잘 받은 대만의 한 정치인을 저의 법 스승이신 영원 선사靈源禪師(1902~1988)께 데려가서 스님을 뵙게 했습니다. 친견 도중 이 정치인이 스승님께 말했습니다. "연세가 어떻게 되시는지요?"

영원 선사가 대답했습니다. "부끄럽군요. 저는 벌써 일흔입니다."

객이 스승님께 물었습니다. "수행은 얼마나 오랫동안 하셨습니까?"

선사가 대답했습니다. "제가 하는 것을 저는 수행으로 보지 않습니다. 제가 하는 것을 가지고 참으로 수행에 대해 이야기하기는 어렵습니다."

그래서 그 국회의원은 계속 뭔가 가르침을 청했습니다. 그가 말했습니다. "스님, 저는 멀리서 여기까지 왔습니다. 뭔가 가르침을 받아, 제가 떠날 때는 스님의 법法을 가지고 가서 활용할 수 있게 되면 좋겠습니다."

영원 선사가 대답했습니다. "법이라고요? 저를 보세요. 제가 불법을 아는 사람처럼 보입니까? 게다가 당신은 외국에서 고등교육을 받았습니다. 제가 당신에게 법을 좀 가르쳐 달라고 해야겠지요."

그런 다음 영원 선사가 말했습니다. "저는 지금 피곤합니다. 그럼 살펴 가십시오!" 그러고는 그냥 당신 방으로 가서 쉬셨습니다.

그러자 국회의원이 저에게 말했습니다. "오늘은 많은 것을 배웠군요." 제가 궁금해서 물었습니다. "무엇을 배웠습니까?"

그가 말했습니다. "저는 스님의 스승께서 법을 설해 주시는 것을 들으러 왔지만, 저 스님께서 너무 겸손하시네요. 당신의 법으로 저에게 좋은 인상을 주려고 하지 않으셨거든요. 그것이 실로 본받아야 할 점입니다. 저는 '언어 문자를 넘어선다'고 하는 선 격언을 본 적이 있는데, 오늘 정말 아주 도가 높은 스님을 뵈었습니다."

나중에 제가 영원 스님께 여쭈었습니다. "제가 그 국회의원을 데려와서 스님을 뵙게 했을 때, 왜 법을 좀 말씀해 주시지 않았습니까?"

스님이 말했습니다. "내가 무슨 말할 하기를 바랐나? 자네 알다시피 이 교육 받은 사람들은 내가 무슨 말을 해도 그것을 반박할 것이고, 그래서 내가 입을 다물었지." [웃음]

저는 영원 선사와는 달리, 선중이 찾아와서 질문을 하면 직접 대답해 주려고 노력하고, 그래서 일부 선중들에게서 시비를 당합니다. [웃음]

그러면 '초심수오법요' 텍스트로 가 봅시다.

이 대사인연大事因緣에 관해서 보자면, 이 불성은 본시 모든 사람에게 갖추어져 있습니다. 그것은 각자에게 이미 완전하게 있고, 조금도 모자람이 없습니다. 문제는 무시겁無始劫 이래로 애근愛根(집착)의 씨앗인 망상, 감정적 생각[情慮]이라는 뿌리 깊은 습기의 오염[習染]이 이 오묘한 광명[妙明]을 가려 왔다는 것입니다. 그래서 그것을 참으로 깨닫지는 못합니다. 줄곧 자기 몸과 마음, 세계에 대한 망상의 자취 속에서 이것저것 분별사량하기 때문입니다. 그 때문에 생사를 끝없이 유랑해 왔습니다. 부처님과 조사들이 세간에 출현하여 무수한 언어와 갖가지 방편으로 선禪을 설하고 교敎를 설하신 것도 중생들의 근기에 수순隨順하지 않음이 없었습니다. 이는 집착심을 깨트려, 법이나 사람[자아감]에 본시 실체가 없다는 것을 깨닫게 하려는 도구인 것입니다.

若論此段大事因緣, 雖是人人本具, 各各現成, 不欠毫髮. 爭柰無始劫來, 愛根種子, 妄想情慮, 習染深厚, 障蔽妙明, 不得眞實受用, 一向只在身心世界妄想影子裏作活計, 所以流浪生死. 佛祖出世, 千言萬語, 種種方便, 說禪說敎, 無非隨順機宜, 破執之具, 元無實法與人.

감산 선사의 이 글에서는, 우리가 부처로서의 본래성품 안에 믿음을 온전히 갖추고 있지만 그 믿음이 무지와 욕념에 의해 가려진다고 말합니다. 감산 선사는, 부처님들이 세간에 출현한 것은 우리 스스로 "집착심을 깨트려" 본래성품을 깨닫는 데 도움이 될 "방편"을 우리에게 주기 위해서라는 것을 확인해 줍니다. 어떤 사람이 불교 수행을 하든 않든, 모든 사람은 이 본래적 믿음을 가지고 있습니다. 그렇기는 하나, 다생에 걸쳐 축적된 욕념의 습이 우리의 불성 안에 있는 이 본래적 믿음을 완전히 가려 버렸고, 그래서 진지한 수행자도 이 본래적 믿음을 깨닫기가 어렵습니다. 그 어려움은 시작 없는 옛적부터 우리가 과거로부터의 자취인 몸, 마음 그리고 세계에 매몰되어 온갖 거짓된 관념과 집착을 일으키기 때문입니다. 그래서 우리가 끝없는 생사윤회를 해 온 것입니다.

석가모니 부처님 이래로 역대 조사·선사들이 세간에 출현하여 사람들의 근기에 따라 법을 설함으로써, 중생들이 그런 남은 자취들에 대한 집착을 끊을 수 있도록 했습니다. 우리는 (누구에게) 줄 고정된 법이 없다는 것을 이해해야 합니다. 오히려 사람들의 잠재적인 업과 수행 수준에 따라 고인들은 서로 다른 방법으로 법을 가르쳤습니다. 따라서 본질적으로 어떤 고정된 법도 없습니다. 갖가지 법의 말씀들은 방편일 뿐입니다.

이제 저의 다른 법 스승인 동초 선사東初禪師(1908~1977)에 대한 이야기를 들려드리겠습니다. 스님은 1976년에 미국으로 저를 찾아왔습니다. 당시 한 거사가 우리를 자신의 집으로 초청하여 아주 융숭하게 대접해 주었습니다. 그날 그가 동초 선사에게 말했습니다. "오늘밤 저는 법의 가르침을 좀 들을 수 있었으면 합니다." 제가 두 사람 사이에 있었는데, 이런 생각을 했습니다. '그러면 오늘밤은 일대 사건이 되겠군. 한편으로는 내 스승이신 동초 스님이 계시고, 다른 한편으로는 불교에 해박한 유명한 거사가 있으니. 이분들이 무슨 이야기를 할지 자못 궁금하군.'

그러고 나서 우리 셋이 모두 앉아 있는데 그 때가 왔습니다. 우리의 주인장이 동초 선사에게 말했습니다. "스님, 부디 가르침을 좀 주십시오." 그러자 동초 스님이 말했습니다. "그럼, 먼저 우리를 초청해 주신 데 대해 감사드리고, 저의 제자가 미국으로 올 수 있게 도와주신 데 대해 대단히 감사드립니다. 그리고 서양에 불법을 전파하는 것을 도와서 많은 사람들이 이익을 얻을 수 있게 해 주신 데 대해 대단히 감사드립니다."

우리의 주인장이 아주 공손하게 말했습니다. "아이, 그런 것에 대해서는 저를 치하하지 마십시오. 그것은 제가 해야 할 일일 뿐인데요."

그런 다음 두 분은 몇 가지 사소한 일들에 대해 잡담을 나누기 시작했습니다. 저는 거기서 두 분이 잡담을 나누는 것을 지켜보고 있었는데,

한 시간가량 지난 뒤 동초 스님이 하품을 하기 시작했습니다. 우리의 주인장이 말했습니다. "스님, 비행기를 타고 오셨으니 아직 피로하시겠군요. 쉬셔야겠습니다."

그러자 동초 스님이 말했습니다. "고맙습니다, 고맙습니다. 예, 실은 좀 쉬어야겠네요." 그걸로 끝이었습니다.

그래서 제가 스님을 따라 당신의 방까지 갔습니다. 제가 스님에게 말했습니다. "저 거사님에게 어떤 법도 말씀하시지 않으시더군요. 별 의미 없는 것들에 대해서만 이야기하셨습니다."

동초 스님이 돌아서서 저를 바라보았습니다. "자네는 아직 젊어. 자네가 뭘 알겠나?!" [웃음] 그리고 이렇게 말했습니다. "법에 대해 논하면 할수록 더 많은 오해를 만들어내지. 그러니 차라리 의미 없는 것을 이야기하는 게 나아."

선종의 어른들은 종종 이런 식입니다. 그러니 다음번에 여러분이 법을 좀 듣고 싶은 때는, 가령 내일 아침 같은 때는 제가 잡담만 하겠습니다. [웃음] 선은 실로 이런 식입니다. 세간적인 삶과 별개가 아니지요. 잡담은 법의 큰 이치들에 대해 이야기하는 것과 많이 다르지 않습니다. 여러분이 법을 논할 때는 어떤 말을 해도 과녁을 빗나가기 쉽습니다. 그러니 여러분은 아주 박식하고 영리한 사람들을 만나면 불법을 논하지 않는 것이 좋을 것입니다. 만일 여러분이 선에 대해 어떤 특별한 토론 기술을 가지고 있다면 쉽게 사람들에게 그것을 과시하고 좋은 인상을 줄 수 있겠지만, 말이나 문자 없이 직접 보여줄 수 있는 게 없다면 그냥 여러분의 지식을 감추는 것이 상책입니다.

뉴욕 퀸스 지역의 예전 선 센터에 있을 때 몇 명의 중국인이 저를 찾아왔습니다. 그 중의 한 사람이 대뜸 말했습니다. "성엄 스님, 『오등회원五燈會元』이라는 이 아주 유명한 책을 읽어 보셨습니까?"

이것은 아주 유명한 책인데, '오등五燈'은 선종의 다섯 종파를 말합니다. 그래서 제가 말했습니다. "많이 들어 봤지만 제가 잘 안다고 할 수는 없습니다."

이 사람은 아주 퉁명스럽게 말했습니다. "스님은 여기서 선을 가르칩니까? 스님은 깨달았습니까?"

제가 말했습니다. "저는 제가 깨달았는지 어떤지 모릅니다."

그러자 그가 말했습니다. "그럼 이 책에 '새벽부터 해질녘까지 간다'는 구절이 있는데, 이 구절의 의미가 무엇입니까?"

그러자 저는 머리를 긁으며 그 구절을 되풀이했습니다. "'새벽부터 해질녘까지 간다…… 새벽부터 해질녘까지'라. 미안합니다. 무슨 의미인지 모르겠군요."

"그럼 스님은 깨닫지 못했군요?"

그래서 제가 대답했습니다. "저를 일깨워 주셔서 고맙군요."

그들은 아주 실망해서 떠났습니다. 원래 그들이 온 것은 아마 질문을 잔뜩 하기 위해서였겠지요. 그런데 그들이 제가 깨닫지 못했다는 것을 아는 바람에, 실제로 저는 많은 질문을 놓고 토론해야 하는 부담에서 벗어났습니다! [웃음]

이제 텍스트로 돌아가, 보살들과 역대 조사·선사들이 세간에 출현하여 무수한 방법을 써서 이치를 설하고, 온갖 방편을 쓴다고 하는 대목을 봅시다. 역대 조사·선사들이 말하는 것은 실은 법이 아닙니다. 왜냐하면 법 자체는 말로 표현할 수 없기 때문입니다. 그것은 사람들을 돕기 위한 방편에 지나지 않습니다. 그래서 우리가 이런 어려운 가르침을 만났을 때 어느 것이 진짜냐, 어느 것이 옳으냐를 따져 봐야 아무 소용없습니다. 그 특정 개인에게 유용할 때 그것이 옳은 것이고 진짜입니다.

그 다음은 이렇게 계속됩니다.

이른바 수행이라는 것은, 자기 마음에 수순하면서 망상과 습기의 자취를 깨끗이 씻어 버리는 것에 지나지 않습니다. 여기서 우리가 노력하는 것을 수행이라고 합니다. 만약 일순간에 망상을 단박 쉬어 버리면, 자기 마음이 완전하고 찬란하며 광대하다는 것을 투철하게 봅니다. 본래로 청정하고 한 물건도 없는 이 상태를 깨달음이라고 합니다. 이 마음을 떠나서 달리 수행하거나 깨달을 수 있는 것은 없습니다. 마음의 본체는 거울과 같아서, 망상과 반연攀緣의 자취는 참마음을 오염시키는 티끌이며 때입니다. 그래서 생각의 모든 형상[想相]이 티끌이고, 의식의 정서[識情]가 때라고 하는 것입니다. 만일 망념이 다 녹아 버리면 본체가 저절로 드러날 것입니다. 비유하자면 거울을 닦으면 때가 씻겨지고 밝음이 드러나는 것과 같으니, 이 불법도 마찬가지입니다.

所言修者, 只是隨順自心, 淨除妄想習氣影子。於此用力, 故謂之修。若一念妄想頓歇, 徹見自心, 本來圓滿光明廣大。清淨本然, 了無一物, 名之曰悟。非除此心之外, 別有可修可悟者。以心體如鏡, 妄想攀緣影子, 乃眞心之塵垢耳。故曰想相爲塵, 識情爲垢。若妄念消融, 本體自現, 譬如磨鏡, 垢淨明現, 法爾如此。

이 문단은 세 가지 주안점을 이야기합니다. 첫째, 수행한다는 것은 우리의 망상은 물론 우리가 생사윤회를 계속하게 만드는 습들을 포기한다는 것을 뜻합니다. 우리로 하여금 일정한 방식으로 행위하게 만드는 이러한 유형이나 성향에서 우리가 벗어날 수 있다면, 달리 수행이라고 할 만한 것도 없습니다. 두 번째 주안점은 깨달음 같은 것은 없다는 것입니다. 여러분이 갑자기 어떤 대단하고 놀라운 것이나 진리를 깨닫게 되지는 않을 것입니다. 깨달음은 망상과 집착이 없는 상태에 지나지 않습니다. 그러나 일단 이런 것들이 포기되면 그것이 이미 깨달음입니다. 여러분이 깨닫는 것은 어떤 사물이나 대상이 아닙니다. 세 번째 주안점으로 감산 선사는 거울의 비유를 사용합니다. 수행이란—이것은 나쁜 습, 업습業習, 망상의 포기를 뜻하지만—마음의 누적된 오염, 곧 선에서 말하는 "티끌(塵)"이 깨끗이 없어진 거울을 유지하는 것과 같습니다. 본질적으로 수행은 이러한 거울-마음을 닦는 지속적인 과정을 수반합니다.

　이것을 화두 수행과 결부시켜 보면, 많은 사람들은 방법을 잘못 쓰고 있습니다. 첫 번째 유형은 화두를 극복해야 할 하나의 적으로 봅니다. 그들의 성공은, 그들이 이기고 화두가 지는 것입니다. 이것은 화두를 잘못 사용하는 것인데, 왜냐하면 이런 태도를 가지고 있으면 부단히 화두와 대립하기 때문입니다. 이런 태도로는 깨달음을 얻기가 불가능합니다.

　너무 욕심이 많아 화두를 잘못 사용하는 부류의 수행자들도 있습니다. 그들은 화두를 염하고 물으면서 그것을 마치 친구처럼 대합니다. 그러나 그들은 이 화두와 모종의 거래를 하려고 듭니다. 그래서 최선의 노력은 아껴둔 채 노력의 대가로 고작 약간의 깨달음, 어쩌면 깨달음의 맛만 바랍니다. "조금만 갖게 해 다오. 나는 그 맛이 어떤지만 알고 싶다."는 것입니다. '무'는 '아무것도 아님'을 뜻하는데, 어떻게 "무엇이 무인가?"가 깨달음을 가져다줄 수 있겠습니까? 사실 깨달음을 추구하는 사람은 어떤 방법을 사용한다 해도 깨달음을 얻기가 아주 어렵습니다. 화두를 사용하는 참된 방식은, 마음이 미혹된 생각의 자취에서 벗어나게 하는 하나의 도구로 그것을 사용하는 것입니다. 더 많이 포기할수록 좋습니다. 그러다 보면 자아 붙들기와 자아집착이 사라집니다.

　화두를 잘못 사용하는 세 번째 유형은 그것을 겁내는 것입니다. 어떤 사람들은 이렇게 걱정합니다. "계속 화두를 물어 가면 어떤 일이 일어날까?" 그들은 자신이 그 물음을 계속하면 어떤 일이 일어날지 모르고,

그것이 두려운 것입니다. 대단히 아름다웠지만 태어나면서부터 장님이었기 때문에 그것을 몰랐던 어떤 여인의 이야기가 있습니다. 반대로 그녀의 남편은 아주 못생겼습니다. 그는 아내를 극진히 그리고 많은 사랑으로 보살폈습니다. 하루는 그가, 어떤 의사가 그녀의 눈을 고쳐줄 수 있다는 것을 알았습니다. 처음에 그는 이렇게 생각했습니다. '만일 눈이 나으면 아내는 내가 못생겼다는 것을 알고 더 이상 나를 사랑하지 않을 것이다.' 그러나 내면에서 두 번째 생각이 말했습니다. '너는 아내를 사랑하니까 그녀가 앞을 보도록 돕는 것이 네 의무다.' 그래서 그가 말했습니다. "좋다, 그거다. 나는 그녀를 사랑하고 그녀가 앞을 보기를 원한다. 그러니 그녀가 어떻게 나오든 상관하지 않는다."

그래서 화두 수행도 이와 같습니다. 바로 지금 이 못생긴 사나이처럼, 여러분 가운데 어떤 분들은 화두 수행에 전념할 때 어떤 일이 일어날지를 두려워합니다. 그러나 여러분이 자신의 불성을 발견하면 그냥 정확히 있는 그대로의 자신을 보게 될 것입니다. 다만 한 가지 예외는, 그 비유와는 달리 여러분의 추함이 사라져 버렸을 거라는 것입니다. 그러니 자신의 본래면목을 처음으로 보는 것을 겁내지 마십시오.

영하 27도에서 '무'를 닦기

아마 제가 나이를 먹은 탓이겠지만 오늘밤은 여기가 아주 춥게 느껴지는군요. 제 기억으로, 제가 젊을 때 일본에서 '섭심攝心(sesshin)' [선기 수행]을 할 때는 영하 27도일 때도 있었지만 그것을 견뎌낼 수 있었습니다. 그런데 지금은[뉴욕 주 파인부시, 12월 하순] 바깥이 영하 10도밖에 안 되는데 벌써 추위를 탑니다. 여기는 바닥 난방에 창문도 방한 시설이 되어 있지만, 거기서는 벽이라고는 장지 두 겹이 고작이었습니다. 안쪽 장지는 아주 얇았고, 바깥쪽 장지는 약간 두껍고 방수가 되었습니다. 난방은 없었고 밖에는 창문까지 눈이 쌓였습니다. 아니, 그건 약간 과장입니다. 안에서 보면 눈이 창문 꼭대기까지 올라온 것처럼 보였지만, 아마 눈은 창문 바닥 정도였겠지요. 바람에 날린 눈이 창문을 덮고 있었던 것입니다. 그러니 바깥을 보면 모두 눈인 것처럼 느껴진 거지요.

선당禪堂(zendo)은 두 겹의 장지 사이에 복도가 있게 만들어져 있었습니다. 더 두껍고 방수가 되는 바깥쪽 장지는 우리가 마주 보고 앉아 있는 안쪽 장지에서 약 너덧 자(1.2~1.5미터)쯤 떨어져 있었고, 그런 구조가 추위를 다소 막아주었습니다. 그래도 역시 아주 추웠습니다. 선당에서는 스님들이 모두 화두(wato)를 수행하면서 큰 소리로 "무(Mu)!" 하고 외치곤 했습니다. 가끔 저는, 여기서 '무' 하고 저기서 '무' 하는 소 떼 사이에 앉아 있는 것 같은 느낌이 들었습니다. [웃음]

제가 처음 갔을 때는 이 소리를 듣고 이렇게 생각했습니다. '이 스님들은 깨닫기 위해 정말 전력을 다하고 있구나.' 섭심이 끝난 뒤에 제가 그 중의 한 사람에게 말했습니다. "당신들은 무를 부단히 그렇게 열심히 닦고 있으니 모두 깨닫겠습니다." 그가 말했습니다. "전혀 아닙니다. 그냥 추워서 그런 겁니다." [웃음]

우리는 다다미 위에서 잤는데, 물론 온기는 없었습니다. 그 찬 다다미를 덮는 깔개는 없었지만 담요는 한 장씩 지급되었습니다. 이 담요가 재미있는 것이, 그것을 가슴까지 덮으면 발이 나오고 발을 덮으면 가슴이 드러난다는 것이었습니다. [웃음] 이것은 편안하게 덮고 있지 못하도록 특별히 만든 것임이 분명했습니다. 그래야 밤새 깨어 있으면서 '무'를 할 수 밖에 없을 테니 말입니다. [웃음] 그래서 아침에 목판을 치면 다들 금방 일어났습니다. 담요 밑에 누워 있으려는 사람은 아무도 없었지요.

여기 있는 분들 중 이런 섭심을 경험해 본 사람 있습니까?

선중: 없습니다. 하지만 저는 밤에 밖에서 자 볼까 생각합니다. [웃음]

성엄: 그런 추위 속에서 수행하는 것도 나름대로 쓸모가 있습니다. 무엇보다 큰 의지력을 기를 수 있고, 둘째로 잠이 들지 않습니다. (그런 추위에서는) 잠이 들 수가 없겠지만, 대다수 사람들은 아마 하루도 가지 못할 것입니다. 여기 우리들 중 많은 사람들은 털모자를 쓰고 있습니다. 그러나 그 일본인들은 삭발한 맨머리에 아무 모자도 쓰지 않았습니다. 그들은 얼음 같은 물에 재빨리 세수를 하고 나서 이와 같이 [가쁜 숨소리를 크게 세 번씩 두 번 냄] 숨을 할딱이곤 했습니다. [영어로] 통역할 필요 없습니다. [중국어로] 젖은 타월로 얼굴을 닦고 나면 그들의 얼굴에서 김이 모락모락 났습니다. 재미있는 것은 아무도 감기에 걸리지 않았다는 것입니다. 감기에 걸리기에는 너무 추웠던 것입니다.

이와 같은 선기에 참가한다는 것은 대다수 사람들은 생각도 할 수 없는 일입니다. 깨달음은 얻지는 못했다 해도 나중에는 진짜 선기를 해 본 것 같은 느낌이 듭니다. [웃음] 여기 젊은 분들은 이런 선기를 한 번 경험해 보는 것도 좋을 것입니다.

만 명의 적과 싸우기

이제 재미있는 이야기는 끝났고, 깨닫기 위해서는 어떻게 수행해야 하는지 감산 선사의 가르침을 계속 살펴봅시다. 법어는 이렇게 계속됩니다.

그러나 우리가 다겁에 쌓은 습기의 오염이 견고해서 '나'에 대한 집착의 뿌리를 뽑아내기가 어렵습니다. 이번 생에 다행히, 우리에게 본래 갖추어진 반야般若를 안으로 증장함을 인因으로 삼고, 밖으로 선지식의 인도를 연緣으로 삼아, 본래 가진 것을 스스로 알고, 발심하여 생사에서 완전히 벗어나는 쪽으로 나아갈 수 있습니다. 무량겁 이래로 축적된 생사의 뿌리를 단번에 문득 뽑아버리는 것이 어찌 사소한 일이겠습니까? 만일 큰 역량을 지녀 맨몸으로 그 짐을 지고 단칼에 바로 밀고 들어가는 사람이 아니면 정말 어렵고도 어려운 일일 것입니다. 고인古人이 말하기를 "이 일은 한 사람이 만 명의 적과 맞서는 것과 같다"고 했으니, 빈말이 아닙니다.

但吾人積劫習染堅固, 我愛根深難拔, 今生幸托本具般若, 內薰爲因, 外藉善知識引發爲緣, 自知本有, 發心趣向, 志願了脫生死, 要把無量劫來, 生死根株, 一時頓拔, 豈是細事。若非大力量人, 赤身擔荷, 單刀直入者, 誠難之難。古人道, 「如一人與萬人敵」, 非虛語也。

이 문단에서 감산 선사는 두 가지를 이야기합니다. 첫째, 다겁을 통해 우리는 너무나 많은 뿌리 깊은 망상과 악습을 축적하여 그것들이 우리의 본래적 지혜를 완전히 가려 버렸다는 것입니다. 그런데 이러한 망상과 집착들이 너무 오랫동안 존재해 왔기 때문에 그것을 단번에 뿌리뽑기는 아주 어렵습니다. 그러나 여러분은 선칠에 들어올 만큼 복이 있는 것은 물론이고, 여러분에게 내재한 지혜가 선근善根에 의해 움직여져 여러분을 불법의 수행으로 나아가게 하고 있습니다. 여러분의 내재적 반야가 선업에 의해 작동하기 시작했을 뿐 아니라 '선지식', 곧 깨달음으로 이르는 길을 가리켜 주는 스승들을 만날 수 있었습니다.

감산 선사는 이어서 우리에게 성불에 이르는 길은 가기가 상당히 어려운 길이라고 말합니다. 만일 여러분에게 완전한 확신과 큰 결심이 없으면 꾸준히 해내지 못할 것이라고 합니다. 그리고 만 명의 적군과 홀로 맞서기 위해 앞으로 달려 나가는 사람의 비유를 듭니다. 만일 수행자에게 수행을 시작할 이러한 큰 결심과 큰 의지력이 없으면 그 길을 끝까지 가지 못할 것입니다. 그래서 참된 수행자는 용감하고 단호하며, 번뇌와 고뇌를 다 끊어 버릴 정도로 강한 사람입니다. 마치 만 명의 적과 맞서는 한 명의 전사처럼 말입니다.

적들에 대한 이 구절을 더 자세히 옮겨 보면 이렇게 될 것입니다. "이 일은 맨몸의 한 사람이 만 명의 적과 맞서는 것과 같다." 여기서 '맨몸'은 이 용감한 사람이 몸을 보호하는 갑옷도 없이 싸우러 나선다는 뜻입니다. 따라서 이것이 바로 선禪의 달인이 가져야 할 자세입니다. 즉, 큰 결심, 큰 의지력 그리고 큰 힘입니다.

이 이야기를 하다 보니 일본에서 섭심에 참여한 경험들이 생각납니다. 중국선의 전통에서 수행은 불리한 외부 조건들을 극복하는 것이기보다는 마음자세, 수행 정신과 더 관계되는 문제입니다. 제가 보기에 일본선의 전통은 이 정신을 취하여 그것을 외부화했고, 그래서 겨울과 같은 아주 혹독한 조건에 대처하는 것이 "한 사람이 만 명의 적과 맞서는 것"과 같습니다. 이것이 유용하기는 합니까? 수행자들은 그런 환경에서 아마 깨닫지는 못하겠지만, 그래도 엄청난 의지력, 결의 그리고 인내력을 기르게 될 것입니다. 그들은 너무나 큰 역경을 겪어낸 것이어서 마치 사무라이가 된 것과 비슷합니다. 그 수행자들이 섭심에서 나오면 하나같이 마치 후지 산에서 나온 것같이 엄격하고 전투 준비가 되어 있습니다.

제가 일본에서 대만으로 돌아가자 사람들이 말했습니다. "스님은 일본인처럼 보입니다." 사실 저도 일본인처럼 느껴졌습니다. 어쨌든 저는 6년이 조금 넘는 기간을 일본에서 보냈고, 그 사람들과 함께 살면서 그들과 섭심도 했으니 말입니다. 그래서 제가 대만으로 돌아오자 사람들은 저에게서 일본적인 분위기가 풍긴다고 느낀 것입니다. 그러나 이제는 더 이상 그런 말들을 하지 않습니다.

지금은 사람들이 저를 만나면 이렇게 말할지 모릅니다. "정말 선사이신 거 맞습니까? 선사이시기에는 몸이 너무 약해 보입니다." 그들은 선사들이 아주 힘이 좋고 아주 엄격해야 한다고 생각하는 것입니다. 선사처럼 보이는 것과는 정말 거리가 멀었던 분은 저의 임제종 스승이신 영원 선사입니다. 여러분이 처음 만나보면, 자신을 드러내지 않는 이 양반이 선사이리라고는 전혀 짐작하지 못할 것입니다. 그분과 비교하면 저는 최소한 선사처럼 보이려고 가끔은 노력을 합니다. [웃음]

법어의 이 대목은 아주 중요합니다. 왜냐하면 우리가 수행이란 짐을 바로 짊어져야 하며, 무엇과 맞닥뜨려도 그것과 완전히 대면해야 한다고 말하기 때문입니다. 설사 우리가 실수를 해도 전혀 후회가 없습니다. 우리는 또한 그 책임을 완전히 감당합니다. 여러분이 이 방법을 받아들이면, 그것을 직접 적용하며 후회 없이 앞으로 나아가십시오. 그렇지 않고 약간의 의심, 약간의 의구심이라도 있으면 만 명의 적군이 여러분을 패배시킬 것입니다. "이 방법이 저에게 맞습니까? 벌써 반나절이나 해 봤는데도 아무 일도 일어나지 않고 있습니다. 뭔가 다른 것을 해 봐야 할 것 같아요." 여러분은 손에 검을 쥐고 적과 맞서기 위해 앞으로 달려 나가지 않고, 그렇게 하지 말아야 한 이런저런 이유를 궁리하기 시작합니다. 이런 딴 생각이 있으면 바로 그 자리에서 패배하고 맙니다.

그러니 수행의 문제에서는 그 방법이 여러분에게 맞든 안 맞든 의심하지 마십시오. 반야라는 무기를 집어 들고 전진하십시오. 더욱이 여러분이 수행을 할 때는 그 만 명의 적이 여러분의 마음 바깥에 있지 않다는 것을 기억하십시오. 그들은 여러분 자신의 망상이고, 여러분의 분별이고, 여러분의 자기비하, 여러분의 망념, 여러분의 집착, 여러분의 질투 등등입니다. 무엇을 여러분의 고뇌로 인식하든, 그러한 정서와 생각들이 문 앞에 있는 만 명의 적입니다. 그러나 "만 명"은 하나의 비유일 뿐입니다. 사실 우리의 부정적인 정서, 고뇌, 번뇌는 무수합니다.

다행히도 여러분이 손에 쥔 검, 여러분의 화두는 보통의 검이 아닙니다. 그것은 지혜의 금강검, 금강왕(Vajradeva)의 검으로, 단번에 망상을 끊어 버릴 수 있는 것입니다. 여러분 마음속의 만 명의 적과 맞서는 가장 안전한 방도는 그 검을 집어 들어 눈 하나 깜짝하지 않고 베고 나가는 것입니다. 그냥 그것들을 베어 버리십시오. 그러면 안전해질 것입니다. 그러지 않고 "정말 이 망상을 죽여야 하나?" 하고 머뭇거리면 여러분은 패배할 것입니다. 그러면 이 망상이 무엇입니까? 그것은 여러분의 화두가 아닌 모든 생각입니다.

화두 수행을 묘사하기 위해 가끔 사용되는 비유는 이와 같은 것입니다. "그 무수한 생각은 하늘에서 떨어져 내리는 눈송이들이다. 그것들이 용암으로 들끓는 화산 속으로 떨어진다." 그러면 이 눈송이들이 살아남을 가능성이 있습니까? 수행의 견지에서 말하면, 우리가 아무리 많은 망념과 망상을 가지고 있다 해도 그것들은 화두의 거센 불길에 증발되고 말 것입니다. 엄청난 에너지를 모아둔 그 들끓는 용암은 망념이나 망상을 겁내지 않습니다. 그 위로 무엇이 떨어지든 다 녹아버립니다.

예전에 중국에서 하던 선칠은 여기서 하는 것보다 훨씬 힘들었습니다. 여기서는 우리가 새벽 네 시에 일어나고 밤 열 시에 잠자리에 듭니다. 6시간 휴식하는 것입니다. 예전에는 정진 시간이 더 길었고, 그 수행을 유지하기가 훨씬 더 어려웠습니다. 아마 네 시간 잤을 것입니다. 하루 종일 힘들게 좌선과 울력을 하고 나서 밤 아홉시가 되면 사람들이 이미 지쳐 있었지요. 그 당시에는 방장 스님이나 주칠자主七者가 수행자들을 꾸짖는 게 아니었습니다. 보통 선당의 최상석에 앉는 고참 스님, 여기 앉아 있는 궈위앤果元 스님 같은 사람이 그렇게 했습니다. 그는 "염라대왕이 앞에 있어요! 여러분은 곧 죽습니다!" 같은 말로 고함을 질러댔습니다. 이런 경책警策이 한 시간을 갈 수도 있었는데, 수행자들에 대한 이 질책과 고함이 진행되는 동안에는 선당 전체에 그 소리가 울려 퍼지곤 했습니다. 졸던 사람도 금방 깨어났습니다. 그 효과는 사람들의 어깨 위에 향판을 두드려 깨우는 것보다 나았습니다.

[고함을 침] "죽음은 아무도 기다려 주지 않습니다! 언제라도 일어날 수 있어요! 선당에서 또 잠을 잡니까?"

[보통 음성으로] 보통의 수행자들은 이런 소리를 들으면 큰 힘을 내어 수행을 계속하곤 했습니다. 재미있는 것은 그들이 보통 목소리가 아주 크고, 아주 좋고, 또랑또랑한 사람을 위해 최상석을 비워 놓곤 했다는 것입니다. 여기 있는 궈위앤 스님은 목소리가 아주 좋습니다. 여러분이 아직 그가 고함치는 소리를 들어보지 못했을 뿐이지요.

궈위앤 스님: [영어로] 서양에서는 그게 더 어렵습니다. 두 가지 언어로 고함을 쳐야 하는데, 그러면 통역 과정에서 뭔가 상실되곤 합니다. [웃음]

성엄: [영어로] 걱정 말고 그냥 영어로 하세요. [웃음] 사실 수행자들이 그 수좌首座(최상석에 앉은 사람)가 하는 말을 이해할 필요는 없었습니다. 그냥 고함만 치면 됐으니까요.

궈구果谷(통역자): [영어로] 내일은 제가 여러분에게 고함칠 차례입니다.

성엄: 너무 겁주지 마세요. 그러면 다음 선칠에 안 옵니다. [웃음]

여러분은 오늘밤의 가르침에서 핵심이 뭐였다고 생각합니까? 우리의 수행에서는 어떤 마음을 내야 합니까?

선중: 견뎌내기입니다.

성엄: 견뎌내기라. 그밖에 다른 것은?

선중: 화두와 묵조 수행을 어떻게 비교하시겠습니까?

성엄: 화두를 수행하는 정신은 묵조의 그것과 아주 다릅니다. 묵조는 아주 어려운 방법입니다. 화두에서는 여러분이 지혜의 금강검을 집어 들고 망상을 잘라버리면 됩니다. 뭐가 나타나든 그것을 죽여 버립니다. 그렇게 쉽습니다. 화두를 수행하는 데는 아무 기술이 없습니다. [웃음]

좋습니다, 오늘밤은 이만하지요. 내일은 마지막 날이니 열심히 수행하십시오.

2. 『선관책진禪關策進』 중에서
― 황룡오신 선사 법어 강해

여러 상좌上座들이여, 사람 몸은 얻기 어렵고 불법은 듣기 어렵다. 이 몸을 금생에 제도하지 못하면 다시 어느 생에 이 몸을 제도하겠는가? 여러분은 참선을 하고 싶은가? 그렇다면 놓아 버려야 한다. 무엇을 놓아 버리는가? 사대四大와 오온五蘊을 놓아 버리는 것이다. 무량겁無量劫에 걸쳐 축적된 모든 업식業識들을 놓아 버려야 한다. 그런 다음 바로 자기의 발밑에 무엇이 있는지를 철저히 규명하라. '이것은 무슨 도리인가?' 하면서 계속 밀고 나가다 보면, 홀연히 마음 꽃이 찬연한 빛을 발하며 시방세계를 비추게 될 것이다. 그럴 때 여러분의 마음이 무엇을 원하든 여러분의 손이 그것을 얻을 수 있을 것이다. 대지大地를 황금으로 변하게 할 수도 있고, 장강長江을 저어서 소락酥酪을 만들 수 있게 될 것이다. 이 어찌 여러분의 삶에서 유쾌한 일이 아니겠는가?

책에서 글귀를 읽고 선禪의 길을 논하지 말라. 선의 길은 책 속에 있지 않다. 설사 일대장교一大藏敎와 제자백가諸子百家를 다 읽어 낸다 하더라도, 그것은 모두 한가한 말일 뿐이며 죽음이 닥치면 아무 도움도 되지 않는다.

―『선관책진』, '황룡오신 선사 소참小參'에서

諸上座, 人身難得, 佛法難聞. 此身不向今生度, 更向何生度此身. 你諸人要參禪麼? 須是放下著. 放下箇甚麼? 放下箇四大五蘊, 放下無量劫來許多業識, 向自己脚跟下推窮, 看是甚麼道理? 推來推去, 忽然心華發明, 照十方刹. 可謂得之於心, 應之於手, 便能變大地作黃金, 攪長河爲酥酪, 豈不暢快平生.

莫只管册子上念言念語, 討禪討道. 禪道不在册子上, 縱饒念得一大藏敎, 諸子百家, 只是閒言語, 臨死之時, 總用不著.*

선업의 잠재력

오늘 아침 제가 선당에 들어오니 다람쥐 한 마리가 여기 있었습니다. 그 놈은 저를 보자 이리저리 쫓아다녔고, 저를 쳐다보더니 뱅뱅 원을 돌았습니다. 나갈 수 있게 문을 열어주자 저를 쳐다본 다음 열린 문이 있는 데서 더 멀리 달아났습니다. 그러나 문을 닫자 문을 향해 달려왔습니다. 이것은 이곳에 있는 착한 여러분과 같습니다. 여러분은 어떻게 들어왔는지를 잊어 버렸는데, 문이 활짝 열려 있어도 나가는 법을 모릅니다. [웃음] 이 다람쥐처럼 되지 마십시오. 만일 방법을 놓쳤거나 방법에서 벗어났으면 그것을 깨닫자마자 그냥 다시 들고 계속하십시오. 저 다람쥐

---

* (역주)『선관책진禪關策進』은 명대明代의 운서주굉雲棲袾宏(1535~1615) 스님이 편집한 조사·선사들의 어록이다. 황룡오신 선사의 이 법어는 성엄 스님의『禪門修證指要』, 153쪽에도 실려 있다.

처럼 뱅뱅 돌다가 어디로 가도 막다른 곳에 직면하지 마십시오.

이 선십의 목적은 화두법에 친숙해지고, 그것을 사용하는 법을 이해하고, 그런 다음 그것을 적용하는 것입니다. 저는 우리가 취해야 할 마음자세와 접근방법에 대해 이미 이야기했고, 여러분에게 몇 가지 기본적인 기법을 알려드렸습니다. 우리는 선기禪期 도량이라는 단순화된 공간에 있기 때문에 이런 방법을 쓰기가 쉽습니다. 여러분은 잘 듣고, 이해하고, 그것을 적용하기만 하면 됩니다. 마음을 분산시키는 요인들이 많은 일상생활과는 달리 선기 수행은 단순해야 하니, 부디 이런 방법들을 잘 파악해서 사용하도록 하십시오.

여러분이 깨달음에 도달할 것이냐 여부는 여러분의 선업에 달려 있지만, 지금은 여러분의 목적이 불법을 듣고, 그 과정에 친밀해지고, 다른 모든 것을 놓아 버리는 것입니다. "그 과정에 친숙해진다"는 것은 무아의 상태에 점점 더 가까이 간다는 뜻입니다. "놓아 버린다"는 것은 번뇌를 뒤로 한다는 뜻입니다. 무아에 어떻게 친숙해지고, 번뇌를 어떻게 놓아 버립니까? 여러분은 불법이라는 도구와 탈것을 사용합니다. 그러나 그 도구와 탈것들 자체가 목표라고 생각하는 것은 실수입니다. 일상생활에서는 여러분이 어떤 임무를 완수합니다. 불법과 수행도 같은 방식으로 보아야 합니다. 이런 도구와 탈것들에 대한 올바른 이해와 올바른 적용이 여러분을 목표에 데려다 줄 것입니다.

제가 말하는 여러분의 선업 잠재력이란 것은 설명하기 어렵습니다. 사실 그것은 설명을 넘어서 있습니다. 그러나 본질적으로, 만일 여러분이 모든 자아집착을 놓아 버리면 그 결과로 나타나는 마음의 상태는 여러분의 선업 잠재력이 성숙하는 것입니다. 제가 방금 여러분에게 제시한 것은 선기 수행의 목적이 도달하는 극점입니다. 즉, 깨달음의 과정에 점점 더 친밀해지는 것입니다. 그것은 여러분 자신과 타인들을 위해 번뇌와 괴로움을 동시에 놓아 버리는 것입니다. 이 깨달음이란 목표를 어떻게 성취합니까? 올바른 견해를 사용하고 올바른 방법을 사용하십시오. 그 견해가 여러분에게 방향 감각을 줄 것이고, 여러분을 깨달음 쪽으로 인도할 것입니다. 그러나 그것은 도구일 뿐입니다. 마찬가지로, 마음을 안정시키고 고요히 하기 위해 여러분이 사용하는 방법들도 도구입니다. 그 도구들 역시 목표는 아닙니다. 목표에 도달하기 위해 사용되는 거지요. 일단 목표에 도달하면 여러분의 업의 잠재력이 성숙되어 있을 것입니다.

사람 몸 받기의 어려움

이제 『선관책진』에 나오는 황룡오신黃龍悟新 선사[일명 사심오신死心悟新 선사]의 법어에 대해 이야기하겠습니다. 여기서는 우리가 어떻게 수행해야 깨달음에 이를 수 있는지를 설명합니다. 그러니 이 텍스트의 첫 구절을 봅시다.

여러 상좌들이여, 사람 몸은 얻기 어렵고 불법은 듣기 어렵다.
諸上座, 人身難得, 佛法難聞。

'상좌上座'란 선당에서 '상판' 즉 상석에 앉는 사람들입니다. 이 용어는 구족계具足戒를 받고 적어도 10년이 지난 스님들에 대한 하나의 경칭입니다. 이 구절에서 핵심적인 것은 청중이 구참 승려들이냐 아니냐가 아니라, 사람 몸 받은 것의 소중함과 불법 만나기 어려움에 대한 불교적 관념입니다. 사람 몸을 받기 어렵다는 것은 중생들이 윤회하는 여섯 세계[六道]의 맥락에서 가장 잘 이해할 수 있습니다. 그 여섯 세계 중의 하나가 인간계입니다. 불교적 관점에서는 인간들에게만 불도를 수행하여 깨달음을 얻을 기회가 있습니다.

이 인간계에 어떻게 다시 태어납니까? 우선 선함을 닦는 것이 필수적입니다. 그러나 복을 짓기 위해 선함을 닦으면 인간계가 아닌 천인들의 세계에 태어날 수도 있습니다. 문제는, 천인들은 깨달음을 얻어 윤회에서 해탈하지 못한다는 것입니다. 부정적인 행위를 일삼는 사람들은 더 낮은 세계—축생, 아귀 혹은 지옥계—로 갈 수도 있습니다. 여섯 번째 세계는 아수라, 곧 질투심이 많은 천신들의 세계입니다. 인간의 관점에서 볼 때, 이 여섯 세계에는 인구가 고르게 배분되어 있지 않습니다. 불교적 믿음에 따르면 인간계에 존재하는 중생들의 수는 다른 세계에 비해 아주 적습니다.

천상계에 태어나는 중생들은 쾌락과 희열에 완전히 몰두해 있고, 따라서 불법을 닦을 열망을 가지고 있지 않습니다. 천상계에서 그들이 누리는 수명이 대단히 길기는 하지만 궁극적으로는 그것도 끝이 납니다. 그들은 마지막 순간이 실제로 닥쳐오기 전까지는 그에 대해 아무런 의식이 없습니다. 그 마지막 순간이 오면 그들은 아무도 알아차리지 못하는 가운데 혼자서 가야 합니다. 왜입니까? 다른 모든 천인들은 그들 자신의 쾌락에 워낙 몰두해 있기 때문에, 누군가가 없어져도 알아차리지 못하기 때문입니다. 그래서 천인이 다른 데서 다시 태어나면 그의 괴로움은 계속됩니다. 왜냐하면 그들의 업이 다 소진되지 않았기 때문입니다.

행복만을 경험하는 천인들과는 달리 인간은 괴로움과 즐거움을 다 경험합니다. 어쩌면 그래서 사람들은 고뇌에서 벗어나 지속적인 행복을 얻기를 열망하는지도 모릅니다. 불교적 관점에서는, 사람이 불법을 닦을 마음이 나는 것은 괴로움이 삶의 근본적 사실이라는 것을 이해할 때입니다. 이 이해가 깊으면 깊을수록 해탈을 얻고 싶은 그들의 열망도 더 큽니다. 부처님은 "태어남을 포기하고 죽음을 뒤로 하라"고 말씀하셨습니다. 바꾸어 말해서, 우리가 괴로움을 끝내려면 생사윤회를 초월해야 합니다. 이 열망을 가지고 있으면 그 사람은 출리의 길을 걷기 시작했다고 말해집니다. 만일 우리가 여기 있던 그 다람쥐 같은 동물들을 선기에 들어오게 하면 어떨까요? 그들이 수행을 할 수 있겠습니까? 여기 있는 우리는 모두 사람 몸을 받았고 수행을 해 왔습니다. 그래서 우리는 이것을 아주 희유하고 아주 소중하게 보아야 합니다.

동양에서는 환생의 관념을 받아들이기 때문에 예를 들어 중국에는 이런 속담이 있습니다. "나는 죽어도 좋다. 18년 뒤에는 다른 사람으로 태어날 테니까." 영어로는 별 재미가 없는 말이지만, 자기가 이미 가지고 있는 것을 그리 귀하게 여기지 않는 이런 태도는 동양에서 흔합니다. 아마 현대인들은 그 반대의 생각을 할지도 모릅니다. 오늘날은 너무나 많은 사람들이 살고 있으니 말입니다. 어쩌면 사람이 되는 것이 그리 어렵지 않은 것이 되도록 불교 우주론을 바꾸어야 할지도 모르겠습니다. 그러나 이것은 불법의 관점에서는 그릇된 것입니다. 오늘날 인구가 많아졌다고 해서 사람 몸을 받는 것이 쉽다고 보면 안 됩니다. 예컨대 동물과 같은 다른 생명 형태들이 그 몸으로 소진해야 할 그들의 업을 다했는데, 선업을 지은 것이 있어 인간으로 환생했을지도 모릅니다. 또 한 가지 가능성은, 의식을 가진 존재들이 이 지구에만 국한되지 않을 거라는 것입니다. 다른 은하들도 있고, 우리가 알 수 없는 다른 차원들, 다른 윤회 체계들도 존재할 수 있으며, 의식을 가진 어떤 존재들이 이곳에 와서 다시 태어날 수도 있습니다.

"불법은 듣기 어렵다"는 말의 의미는 무엇입니까? 불법에 대해 전혀 들어본 적이 없는 사람들도 있고, 들어보기는 했지만 받아들일 수 없는 사람들도 있습니다. 또한 들어본 적이 있고 불법을 받아들이지만 그것을 잘 실천하지 못하는 사람들도 있습니다. 예를 들어 어떤 사람은 관심 분야의 하나로서 불법에 관계할 수도 있습니다. 그런 사람들은 불법을 연구하고, 가르치고, 심지어는 책을 쓰기도 하지만, 그것을 이용하여 자신의 삶을 변혁하지는 않습니다. 그래서 이 구절은 그 가르침을 실제로 들었고, 받아들이고, 적용하고, 그 가르침에서 이익을 얻는 사람들은 아주 드물다는 것을 말하고 있습니다. 이러한 의미에서 불법은 듣기가 어려운 것입니다.

하지만 그 가르침을 들었고, 그것을 받아들여 실천하지만 그것을 자기 나름대로 해석하는 사람들도 있습니다. 그들은 경전을 연구하여 그 가르침을 자기 나름의 지식을 통해 걸러낸 다음 그 가르침을 자신들을 위해 변형시킵니다. 그들은 그 가르침을 흡수한 다음 강설을 할 수도 있고, 그들이 이해한 바를 남들에게 전해줄 수도 있습니다. 그러나 그들이 전하는 것은 참된 불법과는 사뭇 다를 수 있습니다.

그래서 이것이 "불법은 듣기 어렵다"는 말의 다른 의미입니다. 때로 우리는 어떤 말을 들어도 그것을 참으로 이해하지는 못하는데, 그럴 때는 우리 자신의 이해를 통해 그것을 걸러냅니다. 선기에 들어오는 목적은 불법을 실제로 듣고, 이해하고, 그것을 사용하기 위해서입니다.

이 몸을 금생에 제도하지 못하면 다시 어느 생에 이 몸을 제도하겠는가?
此身不向今生度, 更向何生度此身。

불법에서 진정한 이익을 얻으려면 진지하지만 어려운 수행이 수반되어야 합니다. 우리가 수행자가 되면 장애들을 만납니다. 예를 들어 이 선십을 하고 있는 어떤 분은 스님이 되고 싶다고 합니다. 그의 어머니는 "내가 여든 살이 되면 네가 스님이 되어도 좋다"고 말합니다. 최소한 그녀는 "너는 스님이 되어도 좋다"고 말합니다. 단지 자신이 여든이 될 때까지 아들이 기다려 주기를 바랄 뿐입니다. 그런데 아주 영리한 사람들이 있습니다. 어쩌면 부처님들보다 더 영리할 것이고 저보다는 확실히 영리한 사람들인데, 그들은 이렇게 말합니다. "저는 부처님들의 자비를 믿습니다. 그래서 저는 수행할 필요가 없습니다. 제가 임종할 때 만일 그분들이 저를 구제하러 오시지 않는다면 그것이 부처님들이 자비심이 없다는 것이 되겠지요." 어떤 사람들은 지옥의 모든 중생을 제도하기 전에는 성불하지 않겠다는 서원을 세운 지장보살을 이야기합니다. 그래서 그들은 이렇게 생각합니다. '나는 내 하고 싶은 것을 해도 된다. 만일 지옥에 태어나면 그곳에 계신 지장보살님이 나를 구해주실 것이다.' 이런 사람들은 정말 영리해서, 자기들은 수행하지 않고 살아도 구제받을 수 있다고 생각합니다.

그래서 석가모니는 무수한 생을 통해 다양하게 몸을 바꿔 가며 불법을 수행한 끝에 부처가 된 것입니다. 그렇기는 하나, 수행에 대한 그분의 서원은 인간으로서 자신의 방향을 성불의 길로 향하게 했을 때 가장 효과를 발휘했습니다. 인간계가 아닌 세계의 존재들은 수행할 기회도 없고 능력도 없습니다. 예외도 있지요. 극히 소수의 천인들은 어떤 수행을 할 수 있습니다. 그러나 그것을 아주 오래 유지하지는 못합니다. 천인이 되면 워낙 많은 쾌락을 경험하기 때문에 수행이 너무 어려울 것입니다. 만일 우리가 아귀餓鬼(배고픈 귀신)들을 선기에 참여시킨다면 어떨까요? 그들은 불법을 경청할 것이고, 신체적 장애에서 벗어나 있으므로 금방 여기서 사라져 버릴 것입니다. 왜 그렇습니까? 그들의 모습은 그들이 마음으로 생각하는 것에 따르기 때문입니다. 마음이 움직이기만

하면 그들은 자기가 생각한 곳에 나타날 것입니다. 우리는 이것을 하나의 축복으로 볼 수도 있고 저주로 볼 수도 있습니다. 여러분의 경우, 마음은 여러분이 가고 싶은 곳이면 세계 어디로도 갈 수 있지만 몸은 싫든 좋든 여전히 여기 있습니다. 어떤 분들은 이렇게 생각할지 모릅니다. '나는 이 선기에서 나가고 싶다.' 그들이 아귀였다면 즉시 가 버렸겠지만, 인간인 이상 눈을 떠 보면 여전히 여기 있습니다. [웃음]

말과 언어를 넘어서

참선의 과정은 설명하기 어렵습니다. 왜냐하면 그것은 말에 대한 것도 아니고 개념에 대한 것도 아니며, 확실히 지식에 대한 것도 아니기 때문입니다. 이런 마음의 과정에서 벗어나 있다면, 참선을 한다는 것은 어떤 의미입니까? 굳이 표현한다면, 여러분 자신이 어떤 궁금함, 모름의 상태에 있으면서 절박하게 알고자 하는 것입니다. 그것이 무엇인지는 아무도 말해줄 수 없습니다. '그것'의 비밀은 누구도 여러분에게 제시할 수 없습니다. 부처님들도 그에 대해서는 하실 말씀이 없습니다.

참구한다는 것은 무슨 뜻입니까? 이것은 직접적인 체험을 통해서만 알 수 있습니다. 왜냐하면 그것은 단순히 묻기만 하는 문제가 아니기 때문입니다. 그것은 이 알고 싶어함, 이 궁금함을 오롯이 체험하면서 화두 속으로 들어가는 과정입니다. 의정이 일어나 대의단으로 커진 다음 완전히 타파될 때, 그때에야 어떤 독자적 사물도 없고 만물이 그냥 진여眞如임을 여러분 스스로 알게 될 것입니다.

일부 수행자들이 범하는 한 가지 실수는 만물을 완벽하게 현출하는 진여의 관념에 매혹되는 것입니다. 이것은 "그래, 정말 사물들은 이미 있는 그대로 완벽해. 수행할 필요가 어디 있고 궁리할 필요가 어디 있나?" 하는 태도를 가진, 일종의 나태함을 가져올 수 있습니다. 그리고 "그게 뭐냐?"고 물으면 그들은 "그게 그냥 그거지 뭐"라고 대답합니다. 더 추궁하여 물으면 그들은 이렇게 대답할지 모릅니다. "나에게서 뭘 원해? 사물은 그냥 있는 그대로잖아. 내 말을 못 믿겠다면, 자, 내 옷을 벗어서 보여줄게." [웃음] 나태한 수행자들에게는 이런 일이 일어날 수 있습니다.

그리고 책을 많이 읽어서 역대 선사들에 대해 어느 정도 알고 있고, 무집착의 핵심 가르침을 파악한 사람들이 있습니다. 그들에게는, 자신이 읽은 모든 문자가 가리키는 것이 무엇에도 집착하지 말라는 것입니다. 그래서 만약 "당신의 수행은 어떻습니까?" 하고 물으면 그들은 이렇게 대답할지 모릅니다. "언제 제가 수행하지 않는 때가 있습니까?" 그들에게 다시 "어떤 지견知見을 얻었습니까?" 하고 물으면, 그들은 이렇게 말할지 모릅니다. "부처를 만나면 부처를 죽일 것이고, 염라대왕을 만나면 염라대왕을 죽일 것입니다. 달리 어떤 지견을 원합니까?" 이것은 무집착이 무엇을 뜻하는지를 잘못 이해한 그릇된 견해의 한 사례입니다.

선종의 4조 도신道信 선사(580~651)에 대한 한 이야기는 더 미세한 집착의 형태를 잘 보여줍니다. 도신 선사가 어느 산중 절을 찾아가서 우두법융牛頭法融(594~657) 스님을 만났던 적이 있습니다. 한번은 이 젊은 스님이 어느 바위 위에서 좌선하기를 좋아한다는 것을 알고 그 바위 위에 부처 '佛' 자를 써 놓았습니다. 법융은 바위 위에 '佛' 자가 쓰여져 있는 것을 보자 그 위에 앉기를 주저했습니다. 그것을 보고 도신 선사가 법융 스님에게 말했습니다. "그래, 스님은 아직도 그것이 남아 있는 거요?" 그 말을 듣자 법융 스님은 마음자리가 홀연히 열리면서 깨쳤습니다.

이와 같은 선의 일화들은 수행자들, 특히 영리한 사람들이 수행의 길에서 벗어나는 데 일조했습니다. "오! 그러니까 그 이야기의 핵심은 부처님이 우리 모두의 내면에 계시다는 것이 분명하군. 우리가 수행을 할 필요는 없고, 그냥 어떤 것에도 집착하지 말라는 뜻이지. '부처'라는 말에도 집착할 필요가 없어." 그래서 잘못 생각한 사람들은 그런 이해에 기초하여 그들의 혜명慧命(깨달음을 얻어 지혜를 발현할 수 있는 잠재력)을 손상합니다. 사실 그들은 자신의 혜명을 죽여 버렸다고 말할 수 있고, 따라서 그들은 진보하지 못합니다. 마찬가지로, 여러분도 모두 서로에게 이렇게 말할 수 있습니다. "선기에 들어가세요?" 우리가 하는 일의 대부분은 좌선이고, 그래서 여러분은 서로 이렇게 말할 수 있습니다. "오, 우리에게 아직 이것이 남았군요." 그러나 사실, 방법이 없다면 우리가 어떻게 수행합니까? 그래서 그들은 그런 무집착의 관념에 집착하여 자신의 잠재력을 죽입니다. 선에서는 이것을 "말의 문턱에서 죽는다(死在句下)"고 합니다. "말"은 공안을 가리키고, "말의 문턱에서 죽는다"는 것은 그런 말과 이야기에 걸리는 것입니다.

자, 이 두 가지 유형의 사람들은 참선의 의미를 모르고, 실제로 참선을 하지 않는 것은 말할 것도 없습니다. 그럼 첫 번째 유형은 무엇입니까?

선중: 게으른 것입니다.

성엄: 두 번째 유형은 무엇입니까?

선중: 영리한 것입니다.

성엄: 그러면 참으로 참선을 하는 사람들은 누구입니까? 우리가 알게 되겠지요. 그들은 게으르지도 않고 영리하지도 않은 게 낫습니다. [웃음]

여러분은 참선을 하고 싶은가? 그렇다면 놓아 버려야 한다.
你諸人要參禪麼? 須是放下著.

이 구절에서 지적하듯이, 참된 선禪의 달인은 자아에 대한 집착을 놓아 버립니다. 만일 어떤 사람이 "천하에 내가 제일 중요한 사람이다"라고 생각한다면, 여러분은 이 사람이 과대망상과 자만에 빠져 있다고 말하겠지요. 그런 사람은 자아중심을 놓아 버리기 힘들지 모릅니다. 자, 제가 묻겠습니다. 자기평가가 낮고, 자신에 대해 연민을 느끼며, 믿음이 없는 사람들은 어떻습니까? "나는 비참한 사람이고, 수행을 할 수 없다." 그런 사람에게 에고가 있다고 생각합니까? 자신은 업장이 무거워서 불법을 닦을 수 없다고 생각하는 사람들을 우리는 에고가 없다고 볼지도 모릅니다. 사실 이런 부정적 자기평가는 자부심이 강하고 오만한 사람과 비슷합니다. 이 두 유형은 강한 자아집착이 있음을 보여줍니다.

유명한 사람들이 오만하고 자부심이 있다는 것은 자연스러운 일이지만, 낮은 자기평가를 통해 자신의 경험을 부단히 걸러내는 사람들도 겉으로는 겸손하게 보이지만 강한 자아집착을 가지고 있습니다. 더욱이 그들이 가진 집착의 껍질은 그들과 정반대편에 있는 오만한 사람들의 껍질만큼이나 견고합니다. 양극단에 있는 이 두 부류의 사람들은 에고의식이 가장 강하고, 그들은 선을 닦기가 아주 어렵습니다. 자신을 중요하게 여기지도 않고 한심하게 여기지도 않는 사람들, 사물을 정상적인 관점에서 보는 사람들이 선을 가장 잘 닦을 수 있습니다. "예, 저도 번뇌가 있습니다. 그러나 저는 선을 닦을 줄도 압니다."라는 부류입니다. 저는 여러분이 모두 이 마지막 범주에 들기를 바랍니다. 이와 같은 사람들은 자신들을 다른 사람이나 사물들과 올바른 관계 속에서 보고, 따라서 자신들이 부지런히 수행할 필요가 있다는 것을 인정합니다. 무엇을 수행합니까? 번뇌를 놓아 버리고, 자아중심을 내려놓는 것입니다.

그런데 겉치레만 하는 수행자들도 있습니다. 그들은 겉으로는 겸손하지만 내면적으로는 그렇게 느끼지 않습니다. 그들은 강한 자아집착을 가진 내향적인 사람들입니다. 그런 사람들은 또한 남들과의 관계를 함양하지 않고, 무엇을 감추려는 경향이 있으며, 마치 자신의 비밀을 말하고 싶지 않은 것처럼 닫힌 마음을 가지고 있습니다. 그들은 안전감을 상실하거나 체면을 잃는 것이 두려워, 자기 뼈가 재로 변할 때까지도 영원히 자신의 비밀을 간직할 것입니다. 또 한 가지 유형의 수행자는 자아중심이 그에 못지않게 강하지만, 또한 아주 외향적인 사람입니다. 그들은 감추는 대신 자기 자신을 누구에게나 늘 공개하고 싶어합니다. 그들은 다른 사람들에게 자신의 견해를 전달하지만, 남들이 귀담아 듣는지에 대해서는 신경 쓰지 않습니다. "있잖아요, 저는 이런 문제가 있고, 또 이러저러한 것과 저러저러한 것이 있습니다." 그들은 꼭 그래야 하는 상황이 아닌데도 그렇게 합니다. 그래서 여기에도 강한 자아감이 있습니다. 선 수행자들은 열린 마음을 가지고 있지만 그들은 남들과 적절히 관계를 맺으며, 누구에게나 자기 이야기를 할 필요를 느끼지는 않습니다.

마음과 몸: 자아의 두 측면

황룡 스님의 법어는 이렇게 이어집니다.

무엇을 놓아 버리는가? 사대四大와 오온五蘊을 놓아 버리는 것이다. 무량겁에 걸쳐 축적된 모든 업식業識들을 놓아 버려야 한다.
放下箇甚麼? 放下箇四大五蘊, 放下無量劫來許多業識。

우리가 사대와 오온 그리고 업식을 놓아 버릴 수 있으면 그것이 바로 자아를 놓아 버리는 것입니다. 사대, 곧 지地·수水·화火·풍風은 우리의 육신을 구성하는데, 그것을 우리는 자아의 일부로 여깁니다. 오온은 인간으로서의 우리를 구성하는 요소들이며, 그것은 색色·수受·상想·행行·식識입니다. 색은 물리적 온蘊으로 사대를 포함합니다. 나머지 4가지 온蘊은 성품상 심적인 것이며 함께 마음의 작용을 지배하는데, 우리의 자아감의 두 번째 측면입니다. 마음이 하는 몸과의 동일시와 환경과의 상호작용이 우리의 자아감을 낳습니다. 마음 그 자체는 감각하기[受], 인식하기[想], 인식에 기초하여 행위하기[行-의지적 요인]의 과정이며, 이것이 자각 혹은 의식[識]으로 이어집니다. 이 네 가지 심적인 과정은 육신이 그것의 모든 감각 기능과 함께 현상들과 접촉하는 상호작용의 결과입니다. 이런 식으로 우리의 마음은 생겨나고, 현상들을 경험하고, 하나의 자아감으로서 그 경험들에 집착합니다.

『원각경』에 이런 구절이 있습니다. "망상 속에서 사대를 자기 몸으로 여기고, 여섯 감각 기능의 인상들을 자기 마음으로 여긴다(妄認四大爲自身相, 六塵緣影爲自心相)." 여섯 가지 감각 기능뿐만 아니라 감각 기관들의 인상—그림자라고 할 수 있겠지만—까지도 우리는 마음으로 여깁니다. 황룡 선사가 지적하듯이, 자아감은 본질적으로 몸과 마음이라는 두 측면에서 나옵니다. 마음 작용의 네 가지 국면—수·상·행·식—에 대해서는 자세히 다루지 않겠습니다. 지금 우리는, 우리가 이 네 가지 온蘊을 색온色蘊인 몸과 함께 우리의 자아로 인식한다는 것만 알면 됩니다.

대다수 사람들에게 사대와 오온은 추상적 관념에 지나지 않습니다. 누가 물으면 그것을 쉽게 읊을 수 있지만, 그런 관념들은 그들의 실제 존재와 아무 관계가 없습니다. 그들은 심지어 "오, 사대와 오온 말입니까? 그것들은 공하지요."라고 말할 수도 있습니다. 그러나 그들 자신의 몸을 공하게 보지는 않습니다. 만일 여러분이 선을 닦고 싶다면, 자신의 몸을 '나'나 '내 것'으로 보지 말라고 저는 조언하겠습니다. 오히려 몸을 수행의 한 도구로 보십시오. 여러분의 몸을 '내 몸'으로 보면 그것을 너무 소중히 여기고 싶을지 모릅니다. 또 하나의 극단은 몸을 아주 심하게 대하는 것입니다. 이 둘 다 잘못된 태도입니다. 그냥 단순하게, 여러분의 몸을 불법을 닦는 도구로 보십시오.

그러면 오온의 의미는 무엇입니까? 그 또한 우리가 사용하는 도구입니다. 그럼 그것들은 누구의 것입니까? 내 것이 아닙니다. 오온은 오온의 것입니다. 그것들은 그냥 오온이고, 우리는 그것을 사용하여 수행을 합니다. 이렇게 할 수 있으면 오온이 더 이상 견고하지 않을 것이고, 우리의 자아중심은 줄어들 것입니다. 우리는 결국 다겁을 통해 축적된 업식을 놓아버릴 수 있습니다.

업식業識

'업식'은 특히 인도의 마명존자馬鳴尊者가 지은 『대승기신론』이라는 논서에 나오는 전문 불교용어입니다. 이 용어는 우리의 윤회전생輪廻轉生은 물론 정서적 번뇌의 근원이기도 한 것을 지칭하며, 특히 우리가 생에서 생으로 이동하며 가져가는 업의 잠재력, 혹은 '종자'의 저장소를 가리킵니다. 이것에 대한 전문용어는 아뢰야식(alayavijnana), 곧 '장식藏識'입니다. 지금 여러분은 업식이 우리의 윤회전생의 근원이고 번뇌의 근원이라는 것만 알면 됩니다. 적극적인 측면에서는 바로 이 업식이, 지혜와 자비가 여래장如來藏(tathagatagarbha)—우리 모두가 가지고 있는 맹아적 불성佛性—의 한 측면으로서 자유롭게 기능하게 될 씨앗 혹은 잠재력을 내포하고 있습니다. 부처님들의 모든 서원과 행위는 잠재력으로서 여래장 안에 들어 있습니다. 차이가 있다면, 부처님들은 업의 인상에서 자유롭지만 그럼에도 이 식識을 현상의 수준에서 사용하여 중생들에게 반응할 수 있다는 것입니다. 그래서 (우리 모두에게는) 아뢰야식을 변화시켜 지혜와 자비의 자유로운 작용, 서원의 성취 그리고 순수한 행위로 만들 수 있는 잠재력이 있습니다. 우리가 그것을 아뢰야식이라고 부르든 여래장이라고 부르든, 둘 다 이 업식을 지칭합니다.

부처님들이 윤회계 속에 몸을 나툴 때는 이 식識을 사용하면서도 집착과 번뇌에서 자유로운 상태로 머무릅니다. 그래서 한편으로는, 계속 이어지는 생사윤회의 근원인 업식을 가진 중생들이 있습니다. 다른 한편으로는 이 식識의 성질을 이용하여 중생들에게 반응하는 부처님들이 있습니다. 우리가 식識의 환적인 성품을 아뢰야식이라고 부르든 여래장이라고 부르든, 그것이 진여(tathata)를 지칭하지는 않습니다. 이 진여는 하나의 기능이 아닙니다. 진여는 움직임이 없어 늘 부동입니다. 다만 현상계 속에서는 부처님들이 중생들을 제도하기 위해 환적인 변화신으로서 출현하지만, 범부중생들의 미혹에서는 벗어나 있습니다.

이런 모든 관념은 선과 어떻게 관련됩니까? 황룡 선사는 우리의 모든 업식들을 놓아 버리라고 말합니다. 여기서 사용된 복수형은 업식은 물론 여래장도 지칭합니다. 업식은 부단히 번뇌를 일으키는 측면이고, 그래서 우리는 그것을 확실히 놓아 버려야 합니다. 불법을 추구하는 사람들이 열망하는 지혜와 자비의 자유로운 기능은 어떻습니까? 그런 마음 상태도 놓아 버려야 합니다. 그래서 선 수행자들은 업식과 함께, 여래장이니 지혜의 작용이니 하는 관념에도 집착하면 안 됩니다.

만일 우리가 몸과 마음을 놓아 버리지 못한다면, 최소한 이완하여 우리가 하는 일들을 이완된 방식으로 하려고 노력해야 합니다. 어떤 수행자들은 마음이 아주 산만하고 분산된 사고를 많이 합니다. 그래서 그들은 이렇게 말할지 모릅니다. "내가 얼마나 산만한지 보여주기는 창피하지만, 최소한 나는 아주 조용히 앉아 있으려고 노력한다." 이런 식으로 그들은 잘 앉아 있도록 자신을 강제하는 내적인 갈등을 시작합니다. 이것은 겉으로는 오만해 보이지만 내면은 불안정한 장군將軍과 같습니다. 그리고 관광객 심리를 가진 수행자들이 있습니다. 그들은 수행하기 위해서라기보다는 남들이 수행하는 것을 구경하려고 여기 옵니다. 그들은 선기가 아주 힘들 수 있지만 아주 경이로울 수도 있다는 이야기를 들었고, 그래서 자신이 확인해 보고 싶은 것입니다. 실은 그들 자신의 체험을 위해서가 아니라 선기가 어떻게 진행되는지 보기 위해서 옵니다. "사람들이 어떻게 하고 있나?" 하고, 그들은 수행에 매진하지 않으려고 하며, 그 속으로 뛰어 들려고는 더더욱 하지 않습니다. 이것이 또 하나의 잘못입니다. 그들을 제외한 나머지 우리는 우리 자신과 투쟁하지 않으면서, 관광객의 관광심리 없이 내실 있게 수행하되, 정말 진지하게 우리의 최선을 다해 방법을 사용할 필요가 있습니다. 이렇게 할 수 있을 때, 우리는 이 번뇌심을 조복調伏 받고 불법을 우리의 존재 속에 통합할 수 있습니다.

대의단의 타파

우리는 수행자들이 사대와 오온은 물론 업식까지 놓아 버려야 할 필요가 있다고 이야기했습니다. 사대와 오온이 몸과 마음을 구성합니다. 우리가 '업식'이라고 할 때 그 말은 번뇌심은 물론 궁극적인 부처의 마음까지도 의미합니다. 번뇌를 피하고 싶은 마음은 물론 공덕을 추구하는 마음도 놓아 버려야 합니다. 왜냐하면 번뇌를 없애려고 하면 할수록 번뇌는 더 치성熾盛하고, 공덕을 추구하면 할수록 보리菩提는 뒤로 물러날 것이기 때문입니다. 따라서 우리는 일체를 놓아 버려야 합니다.

불법은 실로 경이롭지만 이해하기는 아주 어렵습니다. 이것은, 불법의 관점에서 볼 때 대다수 사람들의 세계관이 전도되어 있기 때문입니다. 거꾸로 뒤집힌 사고와 성찰, 말하기의 습관을 가지고 있는데, 어떻게 번뇌의 마음이 올바른 불법을 알 수 있겠습니까? 그런 사람이 어떻게 참선을 할 수 있겠습니까? 불법의 관점에서 보면 우리가 얻은 모든 세속적 지식은 『반야심경』에서 말하듯이 전도망상입니다. 이런 뒤집힌 마음 구조를 가지고 우리의 습관적 사고방식을 통해 불법을 걸러 내려고 하는 것은 아주 어렵습니다. 그래서 황룡 선사가 "불법은 듣기 어렵다"고 하는 것입니다. 그러나 사람들이 자신의 견해가 실제로 뒤집혀 있다는 것을 인식하면, 선을 닦고 불법을 이해할 기회를 가지게 될지도 모릅니다. 그렇지 않고 자신의 방식을 고수하면서 세속적 지식과 뒤집힌 실재관을 얻는다면, 불법은 멀리 있을 것입니다.

대다수 사람들의 사고가 전도되어 있다는 것을 믿기 어려운 이유는 그것이 워낙 널리 퍼져 있기 때문입니다. 만일 여러분이 어떤 사람에게, 불법의 관점에서 볼 때 그들의 사고가 올바르지 않다고 지적하면 그들은 이렇게 말할지도 모릅니다. "누구나 저와 같이 생각합니다. 그러니 어떻게 제가 전도될 수 있겠습니까?" 그들은 그것을 인정할 수 없고, 부처님의 관념을 받아들일 수 없습니다. 박쥐들은 먹이를 사냥하러 나가 있을 때 외에는 말 그대로 거꾸로 매달려 평생을 보냅니다. 만일 모두가 거꾸로 되어 있으면 그 상태가 정상으로 보이겠지요. 그들은 그것을 인식할 수 없고, 그래서 부처님이 하신 말씀을 의심할 것입니다. 그래서 많은 사람들은 박쥐처럼 거꾸로 된 세계관을 가지고 살아가고 있습니다.

그래서 오늘 저는, 우리가 뒤집히고 거꾸로 된 소견도 놓아 버려야 한다고 말씀드리는 것입니다. 전도된 소견에는 어떤 것이 있습니까? 업식에 집착하기, 부단히 자아에 집착하기, 사물을 원하기, 불법을 얻고 싶어하기, 그리고 깨달음을 갈망하기입니다. 그러나 여러분은 불법과 깨달음을 얻기 위해 여기 와 있지 않습니까? 자신이 삶 속에서 괴로움을 가지고 있다는 것을 깨닫고 번뇌를 놓아 버리기 위해 오지 않았습니까? 여러분은 이렇게 생각할지 모릅니다. '그렇지, 나는 괴로움이 많다. 나에게 번뇌가 있다. 나는 번뇌를 없애고 싶다. 나는 깨달음에 이르고 싶다. 나는 부처가 되고 싶다. 나는 정토에 태어나고 싶다.' 모든 것이 '나', '나', '나에게', '나를' 입니다. 이런 것은 모두 전도된 소견이며, 이런 관점을 가지고 있으면 우리가 더 많은 괴로움을 창조합니다. 우리는 이것을 '첫 번째 궁극적 진리'라고 하는데, 이는 그런 모든 마음 구조가 더 많은 업과 더 많은 괴로움을 창조한다는 것입니다. 그리고 이것이 황룡 선사가 '업식'이라고 하는 것의 의미이기도 합니다.

만일 여러분이 "그렇다, 내 소견은 미혹되어 있다. 내가 생각하는 방식, 내가 얻은 지식은 전도되어 있다."고 인정할 수 있다면 불법을 받아들이고 실천할 수 있습니다. 그렇기는 하나, 어떤 분들은 곧 의심이 들 수도 있습니다. 첫째 날 그들은 법문을 경청하고 나서 '그래, 맞는 말이다' 라고 생각할지 모르지만, 다음날은 이렇게 말할 것입니다. "그걸 저에게 증명해 보십시오. 왜 불법에서는 그렇게 말합니까? 불법에서는 이런 이야기나 저런 이야기는 하지 않습니까?" 이런 습관 역시 업식의 한 발현입니다. 그래서 이런 의심도 놓아 버려야 합니다. 일반적으로 말해서, 무엇을 없애고 싶은 마음과 무엇을 얻고 싶은 마음을 놓아 버려야 합니다. 괴로움을 없애고 싶은 것과 깨닫고 싶은 것 둘 다를 잊어 버려야 합니다. 배척하지도 추구하지도 말고, 그저 여러분의 화두를 소중히 붙드십시오. 거기에 착 달라붙어 계속 물으십시오.

마조도일馬祖道一(709~788) 선사는 깨닫기 전에 아주 부지런한 수행자여서, 밤낮을 가리지 않고 좌선을 했습니다. 하루는 깊이 좌선에 들어 있을 때 남악회양南嶽懷讓(677~744) 선사가 마조에게 다가가 왜 그렇게 부지런히 좌선을 하느냐고 물었습니다. 마조가 부처가 되기 위해 좌선한다고 대답하자, 회양 선사는 벽돌을 하나 집어 들고 마조 옆에 앉아 벽돌을 갈기 시작했습니다. 이 행동에 의아해진 마조가 왜 벽돌을 가시느냐고 물었습니다. 회양 선사는 거울을 만들고 있다고 대답했습니다. 마조가 말했습니다. "하지만 스님, 벽돌을 갈아서 거울을 만들 수는 없습니다!" 회양 선사가 대답했습니다. "그러는 자네도 좌선을 해서 부처가 되지는 못하지." 마조가 물었습니다. "그러면 올바른 방법은 무엇입니까?" 회양 선사가 대답했습니다. "수레가 나가지 않으면 수레에게 매질을 해야 하나, 황소에게 매질을 해야 하나?"

이것은 좌선이 쓸모가 없다는 말이 아닙니다. 핵심은, 좌선을 통해 깨달으려고 애쓰는 것은 바로 추구하는 마음의 업식이라는 것입니다. 우리가 추구할 때는 배척함도 있는데, 추구하고 배척할 때 우리는 번뇌를 일으킵니다. 바로 그 추구하는 마음—부처가 되기 위해 좌선하는 것—이 마조의 깨달음을 막는 장애였던 것입니다. 그러나 자신이 성불의 관념에 집착하는 것이 장애임을 알았을 때, 마조는 깨달음을 얻었습니다.

그런 다음 바로 자기의 발밑에 무엇이 있는지를 철저히 규명하라.
向自己脚跟下推窮。

"철저히 규명하라"는 여러분의 화두를 참구하고, 그 방법을 적용하여 바로 자기의 발밑에 무엇이 있는지를 발견하라는 뜻입니다. 바로 자기의 발밑에 있는 무엇'은 여러분의 존재의 뿌리 자체를 가리키는 하나의 선적 표현입니다. 여러분은 자신의 전 존재를 화두 속으로 던져야 합니다. 끝장을 볼 때까지 그 물음을 계속해 가야 합니다. 그럴 때에만 자기 존재의 뿌리를 드러내게 되는데, 그것은 다름 아닌 여러분의 번뇌, 여러분의 집착, 그리고 깊이 자리 잡고 있는 여러분의 자아감입니다. 참으로 참선을 하려면, 마음 속에 단단히 심어진 이 굵고 큰 나무의 뿌리를 화두를 사용해 뽑아 버려야 합니다. 이 업식이라는 나무의 뿌리를 뽑으려면 그 뿌리를 파내야 합니다. 뿌리가 아무리 깊이 뻗어 있어도 그 깊이까지 내려가야 합니다. 이 나무의 뿌리를 뽑고 나면, 그것을 광대한 빈 공간 속으로 집어던져 그것이 해체되게 할 수 있습니다.

사람들은 자기 번뇌의 뿌리, 자신의 자아집착의 근원을 인식하지 못합니다. 그들이 아는 거라고는 "나는 이것이 좋다. 저것은 싫다. 나는 이것을 원한다. 저것은 원치 않는다."가 전부입니다. 그래서 그들은 하루 종일 이러한 마음 상태에 있습니다. 만일 그들에게 "그러한 번뇌들의 뿌리, 바로 그 근원은 무엇입니까?"라고 물으면, 그들은 무슨 말인지 모릅니다. "자아집착의 근원은 무엇입니까?" "모릅니다." 정말 모르느냐고 추궁하면 그들은 이렇게 말할지 모릅니다. "부모님이 저의 뿌리입니다." 한 번 생각해 보십시오. 아버지와 어머니는 여러분의 육체적 존재의 뿌리일 뿐입니다. 여러분의 번뇌와 자아집착의 뿌리로 말하자면, 그것은 신체적인 것을 넘어서 있습니다.

만일 우리가 자기 번뇌의 뿌리를 모른다면, 그것이 얼마나 깊은지 어떻게 알겠습니까? 통상, 우리는 모릅니다. 우리가 아는 거라고는 외부 환경 속에서 우리가 마주치는 것이 전부입니다. 우리의 마음은 외부를 향해 맞추어져 있습니다. "나는 이것이 싫다. 저것이 싫다." 예를 들어, 여러분이 7일 동안 고립되기 위해 자발적으로 선칠에 들어옵니다. 그런

데 그게 전부가 아닙니다. 7일 동안 여러분의 다리는 일정한 자세로 포개져 있어야 하는데, 그것이 신체적 불편, 통증, 괴로움, 심지어 고뇌를 야기합니다. 더욱이 자신에게 그런 게 있으리라고 생각지도 못한 번뇌들이 치성熾盛합니다. 그러나 그것은 다 잘 되기 위한 것입니다. 대다수 사람들은 자신의 번뇌에 대해 남을 탓할 것입니다. "저는 결국 제 번뇌의 근원을 발견했습니다. 그것은 그 사람입니다." '그 사람'이 누구입니까? 그것은 이 선기 도량을 만든 저 늙은 중입니다. "사람들을 묵언 속에 고립시켜 놓고 밤새도록 남의 코고는 소리를 듣게 해 놓은 이곳은 도대체 무슨 지옥이냐! [웃음] 그리고 낮에 친구들 간에 잡담 좀 하는 게 뭐가 문제지? 드디어 나는 내 번뇌의 근원을 발견했다. 그것은 저 늙은 중이다." 그러나 실은 번뇌들의 근원은 바깥의 어떤 것에서 오지 않습니다. 여러분이 번뇌를 가져왔지만, 이 선기에만 가져온 게 아닙니다. 여러분은 과거의 무수한 생으로부터 번뇌들을 가져왔습니다. 여러분은 많은 괴로움의 씨앗을 축적했고, 지금 이 생의 인과 연으로 인해 그것들이 여러분 앞에 나타나고 있습니다. 그리고 여러분은 미혹에 싸여 이것을 보지 못합니다. 우리가 보는 것은 우리에게 괴로움, 걱정, 문제를 야기하는 남들입니다.

따라서 여러분이 해야 할 일은 번뇌의 뿌리를 파내어 그것을 조사하는 것입니다. 그렇지만 영리하고 똑똑한 이들은 이와 같은 질문을 자기 자신에게 할 것입니다. "화두 자체의 뿌리에는 뭐가 있나?" 그래서 그들은 의심을 갖기 시작합니다. 선의 진정한 의심이 아니라 회의적인 의심이며, 제가 하는 말을 의심하고 불법을 의심하는 것입니다. 이것은 선을 닦는 데 하나의 장애입니다. 그래서 영리한 사람들은 선을 닦기가 아주 어렵습니다. 그러나 한결 단순한 사람들은 이렇게 생각할 것입니다. '나는 스님의 말씀을 명심하고 이 화두를 열심히 참구해야 한다. 그래서 묻겠다. "무엇이 무인가?" 단순한 사람들은 선을 직접 닦는 법을 알지만, 영리한 사람들은 머리를 써서 뭔가를 알아냅니다. 결과적으로 그들은 자신의 참된 존재에 접근하지 못합니다. 저는 어릴 때부터 무척 아둔했는데, 선이 무엇인지 조금이나마 이해하게 된 것도 그 때문입니다.

'이것은 무슨 도리인가?' 하면서 계속 밀고 나가다 보면, 홀연히 마음 꽃이 찬연한 빛을 발하며 시방세계를 비추게 될 것이다.
看是甚麼道理? 推來推去, 忽然心華發明, 照十方刹。

"이것이 무슨 도리인가?"는 질문하는 마음의 상태를 묘사합니다. "뭔가? 뭔가? 내 존재의 뿌리는 뭔가? 번뇌의 뿌리, 자아집착의 뿌리는 뭔가?" 그 도리를 알고자 깊이 원하는 것—이것이 우리가 참선을 할 때 일어나는 의정입니다. 진짜 의정이 일어나면 그 도리를 알고자 깊이 원하는 느낌이 있습니다. 화두를 계속 밀고 나가면 그 의정이 대의단으로 발전할 수 있습니다. 이 대의단이 여러분을 집어삼키면 여러분은 그 의심과 하나가 될 것입니다. 여러분의 전 존재와 전 세계를 집어삼키는 이 대의단에 여러분 자신을 끌어넣은 것입니다.

이 구절들은 실제로 세 단계를 묘사합니다. "이것이 무슨 도리인가?"는 그 수행자의 마음속에서 일어나는 의정을 묘사합니다. 계속 밀고 나가면 결국 이른바 대의단을 일으키게 됩니다. 그런 뒤에 인연이 성숙되면 어떤 촉매적 사건이나 자극이 있을 때 그 대의단이 타파 혹은 해소될 수 있습니다. 의심의 힘에 따라서 자아중심이 버려지고, 우리는 깨달음을 체험할 수 있습니다.

의심의 3단계

요약하면, 선 의심의 발전과 해소에는 세 단계가 있습니다. 첫째, 의정을 일으키기. 둘째, 대의단을 일으키기. 셋째, 대의단을 타파하기입니다. 의심을 일으키기 위해서는 믿음을 갖는 것이 필수적입니다. 여러분 자신의 불성을 확고히 믿고, 그 화두가 여러분을 불성의 깨달음으로 데려다 줄 것임을 확고히 믿는 것입니다. 이 믿음을 확립하고 나면 의심이 일어날 수 있습니다. 그것이 어떻게 일어납니까? 화두를 끊임없이 물어 가면 일어납니다. 예를 들어 여러분이 화두를 계속 묻고, 묻고, 또 물을 수 있습니다. 그러는 동안 마음의 이면에서는 알고 싶다는 의도, 그 화두가 분명히 드러내 줄 거라고 생각되는 그 해답을 발견하고 싶다는 충동, 갈증이 있습니다. 그래서 물음과 함께 여러분은 계속 알고 싶어하고, 그 의도를 키워갑니다. 그리고 그 의도가 진정으로, 자연발생적으로 저절로 일어날 때, 답을 알고 싶어하는 이 갈증이 곧 의정입니다.

화두를 계속 밀고 나가는데 의정이 일어나지 않는다면, 그것을 '염하기'라고 합니다. 그것은 여러분이 화두를 계속 묻기는 하지만, 그 물음이 화두법과 참으로 부합하지는 않기 때문입니다. 그런 의미에서 그 물음은 염불이나 진언과 더 비슷합니다. 이것은 마음을 가라앉히는 데 유용할 수도 있지만, 이 염하기 수행은 화두법의 참된 기능이 아닙니다. 믿음과 확신으로 화두를 물을 수 있을 때, 의정이 일어날 것입니다.

화두를 계속 밀고 나가서 의정이 강해지면 그 의정이 대의단으로 발전할 수 있습니다. 이 대의단은 여러분의 화두에 대한 답을 알고 싶다는 강한 느낌이 지속되는 것이지만, 차이가 있다면 이제는 그것이 여러분의 온 마음을 집어삼킨다는 것입니다. 그럴 때에는 화두의 언구가 여러분의 마음속에서 지속되지 않을 수도 있습니다. "무엇이 무인가?" 하는 말이 사라지면서 이 갈증, 이 알고 싶음만이 남을 수 있습니다. 그럴 때 이 알고 싶음, 알고 싶음—"그게 뭐지? 그게 뭐지?"—의 순전한 힘이 여러분의 전 존재를 집어삼킵니다. 여러분은 이제 화두 속에 있습니다.

화두 속에 있는 느낌은 어떨까요? 한편으로 그것은 끝없는 궁금증, 알고 싶음의 느낌입니다. 다른 한편으로 그것은 여러분을, 여러분의 전 세계를, 여러분의 전 존재를 집어삼키기 때문에 숨이 막히는 느낌입니다. 여러분의 마음이 번뇌를 일으키는 것은 아닙니다. 오히려 이 물음, 이 강한 충동은 마음을 누르는 어떤 묵직한 것입니다. 더욱이 이 강한 충동은 멈출 수가 없고 제 스스로 지속됩니다. 그런 의미에서 그것은 여러분의 위에 떠 있는 일종의 숨 막히는 듯한 느낌으로, 여러분을 억누르지만 여러분이 뚫고 나오지 못하는 그런 것입니다. 대의단의 느낌은, 껍질을 깨고 나오려는 병아리가 아직은 나오지 못한 채 어둠 속에 있으면서 빛을 보지 못하고 있는 것에 비유할 수 있습니다. 이 대의단은 여러분의 위에 떠 있으면서 어떤 부담감, 누르는 느낌을 가져다줍니다. 계속 밀고 나가면, 그 의심이 마침내 타파되면서 여러분은 통찰로 깨어나고, "홀연히 마음 꽃이 찬연한 빛을 발하며 시방세계를 비추게 됩니다."

어떤 때는 의심이 구축되지 않아 타파 지점까지 이르지 못하고, 오히려 축적된 에너지가 흩어져 버리기도 합니다. 마치 의심의 공[球]에 구멍이 뚫린 것처럼 에너지가 새 버리는 것입니다. 그 원인은 둘 중의 하나입니다. 첫째, 여러분의 몸이 충분히 강건하지 않아서 이 의단을 해결해 내지 못하고 피로해져 버리는 것입니다. 둘째로, 더 중요한 것이지만 방법이나 자기 자신 혹은 그 둘 다에 대한 믿음이 부족하여 의단이 성장하지 못하는 것입니다. 이 의심에 집어삼켜져 있는 동안에도 여러분이 갈팡질팡할 수 있습니다. '이게 그건가? 계속 나아가야 하나?' 그런 생각이 일어나자마자 그 에너지의 '누출'이 일어날 수 있고, 대의단은 힘을 잃기 시작할 것입니다. 사태가 그렇게 되면 화두를 해결하지 못합니다.

일상생활 속에서의 대의단

그에 비해 화두를 일상생활 속에서 닦을 때는 이 대의단이 더 미세하지만 안정된 방식으로 드러납니다. 그것은 선기를 할 때와 같이 여러 날 동안 화두에 전념할 때만큼은 강렬하지 않습니다. 일상생활 속에서의 대의단은 뭔가가 목에 걸려서 삼킬 수도 없고 뱉을 수도 없는 상태와 같습니다. 이런 종류의 의정은 격렬하거나 힘차지는 않습니다. 오히려 그것은 꾸준히 진행되며, 일상 활동의 저변을 이룹니다. 여러분은 여전히 상황에 대처하고 일을 처리하며 책임을 감당할 수 있지만, 이 단 한 가지 물음이 늘 마음 이면에 자리해 있으면서 인내심 있게 움직여 갑니다.

그것은 일상생활 속에서 일어나기는 하지만, 인연이 맞으면 그 의단이 타파되면서 깨달음에 이를 수 있습니다. 길을 걷다가 새똥이 머리에 떨어질 때 의단이 타파될 수도 있습니다. 그러면 여러분은 기쁨에 가득 찹니다. "드디어 '무'를 알았다!" '무'를 발견한 것이 새똥과 무슨 관계가 있습니까? 아무 관계도 없습니다. 요는 여러분이 대의단의 한가운데 있고 마음이 성숙했을 때는, 어떤 사건도 번뇌를 일소하고 지혜로 마음을 비추는 촉매가 될 수 있다는 것입니다. 이것이 일상생활 속의 의단과 그 타파 과정입니다. 대의단이 여러분을 압도하고 집어삼키는 경우는, 선기와 같이 장시간에 걸쳐 수행에 전념하는 상황에서 주로 일어납니다.

이제 여러분은 대의단이 타파되면 어떻게 자아가 떨어져 나가는지를 알았으니, 그에 대해 뭔가를 안다고 생각하면서 집으로 돌아갈지 모릅니다. 그러나 대의단의 타파를 직접 체험하지 못하면, 들어서 안 것은 지적인 지식에 지나지 않습니다. 그것도 여러분 자신의 수행에는 유용하지만, 대의단을 직접 체험해 보기 전에 그런 관념을 진짜 자기 것처럼 이야기하는 것은 번뇌입니다.

지옥의 문턱에서

선기가 거의 끝나 가는데, 여러분 중 얼마나 많은 사람이 떠날 생각을 하고 있습니까? 아무도 없나요? 지난 일주일이 눈 깜짝할 사이에 지나갔다고 생각하는 사람은 몇 분이나 됩니까? 아! 고맙습니다. 아마 여러분 가운데 누구도 지옥에 가 보지 않았겠지만, 이 선기에서 지옥의 문턱까지 가 보았다고 느끼는 사람은 몇 분이나 됩니까? [웃음] 한 사람뿐인가요? [응답자를 두고] 당신은 선기를 세 번 했으니 지옥에 세 번 갔다 왔습니까? [웃음] 경전에 따르면 지장보살은 이렇게 말했습니다. "지옥 중생들을 도우러 내가 지옥에 가지 않으면 누가 가겠는가?" 그러니 지장보살처럼 당신도 이렇게 말할 수 있겠지요. "내가 지옥에 가지 않으면 누가 가겠는가?" [웃음] 중국 속담에 이런 말이 있습니다. "천당 가는 길은 많은데 가는 사람이 없다(天上有路无人走)." 반면에 지옥은 들어가는 문이 없는데, 누구나 얼른 들어가려고 합니다. 천당의 시간은 아주 빨리 가지만 지옥의 시간은 아주 깁니다.

그럴 때 여러분의 마음이 무엇을 원하든 여러분의 손이 그것을 얻을 수 있을 것이다. 대지를 황금으로 변하게 할 수도 있고, 장강長江(양츠강)을 저어서 소락酥酪(우유를 정제하고 정제한 것)을 만들 수 있게 될 것이다. 이 어찌 여러분의 삶에서 유쾌한 일이 아니겠는가?

可謂得之於心, 應之於手, 便能變大地作黃金, 攪長河爲酥酪, 豈不暢快平生。

대지를 황금으로 바꾸고 장강을 소락으로 바꾸는 것은 실은 지혜를 깨달았을 때 우리가 체험하는 마음의 자유로움에 대한 하나의 비유입니다. 황룡 선사는, 깨달은 뒤의 마음 상태는 통달한 상태이고 마침내 편안해진 상태이며, 비유하자면 세계를 마음대로 바꿀 수 있는 그런 힘을 갖는다고 말하고 있습니다. 여러분이 사람 몸을 얻고 불법을 들었을 뿐 아니라 이 귀중한 인간으로서의 삶을 최대한 활용한 것입니다. 여러분의 삶이 더없이 의미 있었고 허비되지 않았으니, 깨닫는다는 것은 멋진 일 아닙니까?

이것은 깨달음에 대한 아주 매혹적이고 솔깃한 묘사입니다. 그렇지 않습니까? 오늘 제가 차를 타고 시내에 나갔는데, 거기서 궈구果谷가 식품점에 들어가 채식 수프를 찾았으나 파는 것이 없었습니다. 우리가 점심으로 먹을 게 없었지요. 이것은 우리가 깨닫지 못했기 때문입니까? [웃음] 시내에 나갈 때는 차창을 열고 갔기 때문에 괜찮았는데, 돌아오는 것은 찜통 안에 있는 것 같았습니다. 그래서 궈구에게 에어컨을 틀어 달라고 했습니다. "고장 났습니다." 그가 말했습니다. 그래서 궈구는 결국 자기 두루마기를 벗었고, 또 하나 벗으려다 말고 망설였습니다. 그때 제가 두루마기를 벗었습니다. 그리고 이렇게 말했지요. "내가 신통력이 있다면 에어컨이 돌아가게 할 텐데 말이야." [웃음]

선은 현실적이고 인간적인 접근 방법이어서 인간인 우리의 현실에 초점을 맞추며, 신통력이나 초상적超常的인 지각 따위를 대단치 않게 봅니다. 선사들은 신통력을 쓰지 않을 뿐 아니라 그런 것을 쓰는 사람들을 나무랍니다. 선에서 초점은 마음을 장애에서 벗어나게 하는 것이고, 집착과 붙들기를 놓아 버리는 것이며, 깨달은 지혜의 자유로운 흐름을 실현하는 것입니다. 신통력은 한계가 있고 믿을 수 없습니다. 그것은 한정된 사람들을 도와줄 수 있을 뿐 모든 사람을 돕지는 못합니다. 더 중요한 점은, 신통력을 써도 과거의 업을 되돌릴 수 없다는 것입니다. 만일 신통력을 쓰는 것이 우리의 업과 충돌하면, 그것은 미래에 닥쳐올 과보를 더 키울 수 있습니다. 신통력을 써서 과보에서 비켜나거나 과보를 늦출 수 있을지는 모르지만, 조만간 과보가 돌아올 것이고 아마도 이자를 붙여서 올 것입니다. 그와 현격히 대비되지만, 지혜를 쓰면 효과적으로 그리고 철저히 업보를 해소하는 데 도움을 줄 수 있습니다. 이 때문에 선에서는 초능력을 낮게 봅니다.

대지를 황금으로 바꾸고 장강을 소락으로 바꾼다는 황룡 선사의 묘사는, 정말 형언 불가능한 어떤 것에 대한 그 자신의 체험을 표현하는 것입니다. 깨달은 사람, 마음에 걸림이 없고 자유로운 사람은 산과 강들로 이루어진 보통의 세계를 중생들을 위한 영양소로 볼 것입니다. 중생들은 물 없이는 살 수 없고, 지구 없이는 생명체들이 존재할 수 없겠지요. 그런 변화가 실제로 일어났느냐는 중요한 문제가 아닙니다.

선종사에는 괴짜 스님이자 시인인 한산寒山(730경~850경) 스님이란 분이 있는데, 그 이름은 그가 한산寒山에 살았기 때문에 붙여진 것입니다. 그가 지은 어느 시에서는 구름을 이불로, 바위를 베개로, 산을 침상으로, 강을 자신의 목간통으로 묘사하고 있습니다. 그가 살던 산은 춥고 황량한데다 숲이 그리 많지 않았습니다. 그는 너무 가난해서 옷도 제대로 없었습니다. 바지도 없이 숲 속을 뛰어 다니던 그는 비웃음을 샀지만, 그는 웃으면서 이렇게 말했습니다. "가난한 것은 당신이고, 나 한산으로 말하면 온 세상이 내 것이라오."

사실 한산 스님은 늘 한산에 머물러 있지만은 않았습니다. 그는 여러 곳에 체류했고, 단 하나의 물건도 소유하지 않았습니다. 실제로 온 대지가 그의 침상이었습니다. 그는 어디를 가도 아주 자연스럽고 편안하게 느꼈지만 아무도 그를 알아보지 못했습니다. 부처님 당시에는 탁발하는 스님들이 승복과 발우만 소유하고도 만족과 편안함을 느꼈습니다. "발우 하나면 온 집들의 음식을 먹으며 세상 어디든지 혼자 다닐 수 있다(一鉢千家飯 孤身萬里遊)"는 말이 있습니다. 이런 탁발승에게는 음식이나 주거에 대해 아무 걱정이 없었습니다. 나무 밑에 앉으면 그 순간은 그곳이 그의 집이었습니다. 당시 인도의 그 지역은 울창한 숲이 비바람을 피할 수 있는 피난처가 되어 주었습니다. 그래서 그들은 마음대로 숲 속에 머무를 수 있었고, 비가 지나가고 나면 다시 움직일 수 있었습니다. 그들은 아무것도 소유하지 않았으나, 깊은 안전감으로 편안함과 만족을 느꼈습니다. 불교는 사람들에게 마음의 자유를 제공합니다. 자기 내면의 자유는 물론 남들을 위한 자유이기도 합니다. 마음이 자유로우면 온 세상이 변합니다. 정토와 같은 다른 곳으로 갈 필요가 없습니다.

한번은 부처님이 탁발을 나갔을 때 한 농부를 만났는데, 농부는 어떤 음식도 선뜻 내놓지 않았습니다. 부처님이 그저 또 한 명의 사문沙門에 지나지 않을 거라고 생각한 농부는 이렇게 말했습니다. "당신은 일도 하지 않고 아는 거라고는 음식을 비는 것뿐이지만, 저는 아주 부지런히 일합니다. 저는 밭을 갈고 곡식을 기릅니다. 만일 음식을 원하신다면 이 밭들을 직접 갈아 보시지요." 이 말을 듣고 부처님이 말했습니다. "예, 당신은 정말 열심히 밭을 가는군요. 저도 밭을 갑니다." 농부가 물었습니다. "당신은 어떤 밭을 가십니까?" 부처님이 대답했습니다. "저는 흙으로 된 밭을 가는 것이 아니라 마음의 밭을 갑니다. 제 마음뿐 아니라 모든 중생의 마음 밭을 갑니다. 저는 방편을 이용하여 씨앗을 뿌리고,

중생들의 마음 땅을 갑니다. 결국 그 밭들은 만개하고 소출을 냅니다."
이 가르침을 듣자 농부는 큰 신심이 가득 차올라 부처님께 정성껏 음식을 올렸습니다. 이 이야기의 핵심은, 사람들에게 마음의 자유를 함양하도록 권장하는 것이 불법의 역할이라는 것입니다. 예를 들어 사문, 즉 오늘날의 비구나 비구니는 음식에 대해 걱정하면 안 됩니다. 사실은 의복, 주거 등에 대해서도 걱정하면 안 됩니다. 그들이 정말 집중해야 할 것은 자신의 마음이 불법에 부합하는지, 자신이 보리심을 발했는지, 그리고 자신에게 출리심이 있는지 여부입니다. 재가 수행자들로 말하면, 그들도 생계를 유지하면서 보리심을 발하고 출리를 닦아야 합니다.

보리심은 자비심, 곧 남들의 이익을 위해 자신을 내주는 마음가짐이고, 출리심은 번뇌를 통찰하고 괴로움을 버리는 지혜입니다. 우리가 한편으로 자비를 갖고 다른 한편으로 지혜를 가질 때, 우리를 아는 사람은 우리를 소중한 친구로 여길 것입니다. 우리는 충족된 삶의 방식을 영위할 수 있게 될 것입니다. 그래서 보리심과 출리심을 갖추면 우리는 도道의 길에 있는 마음가짐을 가진 셈입니다. 이 말을 하고 보니 일본 릿쇼대학立正大學의 제 박사논문 지도교수님이 생각납니다. 한번은 제가 상당히 궁핍해서 공부를 계속할 돈이 없었는데, 그분이 저에게 해 준 말이 오래오래 기억에 남았습니다. 그분이 말했습니다. "마음이 먹고 입는 데 가 있으면 도를 닦을 마음이 없지요. 그러나 마음이 도에 가 있으면 옷과 음식이 충분할 겁니다." 당시 이 말이 저에게 영감을 주었고, 저는 이 견해가 진리라는 것을 개인적으로 증언합니다.

그래서 여러분 가운데 혹시 황금과 소락을 기대하고 여기 오신 분이 있습니까? 베를린에서 제가 주재한 선칠이 끝났을 때 제가 그들에게 말했습니다. 각자에게 제가 10톤씩의 황금을 주었으니 천천히 소화하라고 말입니다. 그들은 그 말에 아주 즐거워했습니다. [웃음] 그러나 한 사람이 말했습니다. "그렇게 많은 황금을요! 그걸 제가 어떻게 합니까?" 사실 그렇게 많은 황금은 문제일 수 있습니다. 만일 온 대지가 황금으로 변한다면 여러분은 어떻게 하겠습니까? 여러분은 추리적인 마음으로 이렇게 생각할지 모릅니다. '그건 큰 문제다. 먹을 게 하나도 없을 테니.' 다행히도 황룡 스님은 우리가 소락을 먹게 될 거라고 이야기합니다. [웃음]

본문으로 돌아가서, 우리는 어떻게 우리 자신과 세상을 변화시킬 수 있습니까? 먼저 자아중심, 짜증, 질투, 오만을 놓아 버려야 합니다. 모든 자아집착을 놓아 버릴 때 세계, 곧 (그 마음에) 상응하는 세계도 변할 것입니다. 대지가 황금으로 변할 것이고 장강이 소락으로 변할 것입니다. 이것은 어떤 것에도 걸림이 없는 자유의 상태를 묘사합니다.

황룡 선사의 다음 구절은 이렇게 계속됩니다.

책에서 글귀를 읽고 선禪의 길을 논하지 말라. 선의 길은 책 속에 있지 않다. 설사 일대장교一大藏敎(불교의 모든 경전)와 제자백가諸子百家를 다 읽어 낸다 하더라도, 그것은 모두 한가한 말일 뿐이며 죽음이 닥치면 아무 도움도 되지 않는다.

莫只管册子上念言念語, 討禪討道。禪道不在册子上, 縱饒念得一大藏敎, 諸子百家, 只是閒言語, 臨死之時, 總用不著。

황룡 선사는 말과 책을 통해서는 선을 닦을 수 없다고 분명히 말합니다. 설사 일대장교와 제자백가를 읽는다 해도, 죽음의 문턱에서는 그것이 여러분에게 아무 쓸모가 없을 것입니다. "죽음이 닥치면"은 이 죽음 이후의 미래도 가리킵니다. 우리는 어디서 다시 태어납니까? 우리는 자신의 운명을 압니까? 오해하지 마십시오. 이 구절은 경전, 논서, 어록들이 쓸모없다는 의미는 아닙니다. 핵심은, 말에 의지하는 것은 잘못된 수행 방식이라는 것입니다. 마치 남들이 먹고 간 식탁 위의 빵 부스러기를 먹는 것과 같이 말입니다. 그것이 얼마나 영양가가 있겠습니까?

제가 하던 선칠에 참가한 한 거사가 있었는데, 제가 법문을 할 때마다 그가 저의 강해에 몇 마디씩 덧붙이곤 했습니다. 나중에 제가 물었습니다. "당신은 불법을 얼마나 알고 있습니까?" 그는 아주 자유자재하게 몇 마디 깨친 듯한 말을 했습니다. 제가 말했습니다. "저런, 책을 많이 보셨군요." 그가 대답했습니다. "예, 사실 『오등회원』, 『전등록傳燈錄』 같은 유명한 선서禪書들은 폭 넓게 다 봤습니다. 스님께서는 아마 이런 책들에 저만큼 익숙하지는 않으실 겁니다." 그리고 저에게 미소를 지으면서 (여러분이 앉아 있는) 그곳에 서 있었습니다. 그래서 제가 말했습니다. "예, 당신은 이런 책들에 아주 익숙하시군요. 그러나 앵무새도 말을 따라할 줄은 압니다." 제가 그렇게 말한 이유는, 이 사람의 이해가 지적인 것이고 실제 깨달음에 기초한 것이 아니었기 때문입니다.

부처님 경전과 조사祖師 어록은 그 문헌들이 확언하는 어떤 실재를 가리켜 보입니다. 그리고 우리에게 그 가르침들을 직접 체험해 보도록 고무하는데, 그것이 핵심적 진리입니다. 일전에 저도 여러분 모두에게, 제가 말한 것을 직접 체험해 볼 것이지 선기가 끝난 뒤에 불법을 팔고 다니지 말라고 했습니다. 더 중요한 것은 우리가 이 가르침을 우리의 삶 속에서 사용하여 실제로 그것을 체험하는 것입니다.

저는 여러분에게, 마음을 분산시키는 생각들과 정서적 기복을 포기하도록 진지하게 조언합니다. 사소한 일에 개입하지 마십시오. 나머지 시간 동안은 부디 서원을 발하여, 스스로 방향을 잡고 자신을 다그쳐 나가십시오. 수행을 위한 동기 부여로서 대자비심을 발하십시오. 1분 1분, 순간순간 여러분의 방법에 들러붙으십시오. 마음을 방법상에 얹어

두고, 헤매지 않겠다고 서원하십시오. 마음속의 잡담에서 벗어나십시오. 이 단순화된 선기 공간에서는 방법과 친구가 되고, 올바른 마음자세들을 배우고, 수행에 접근할 수 있습니다. 서원을 세워야만 여러분이 배운 것들을 복잡한 일상생활 상황에서 활용할 수 있을 것입니다. 그럴 때에만 번뇌가 일어나는 것을 인식할 수 있습니다. 일상생활의 한가운데서는 미세한 번뇌를 알아차리지 못할 수도 있지만, 거친 기복과 이기적인 집착은 즉시 분명히 인식할 것입니다. 여러분이 그럴 능력이 있느냐는 이 수행방법에 얼마나 친숙해지는가에 달렸습니다. 그렇지 않으면 알아차리지도 못한 채 계속 업을 짓게 됩니다. 그러니 서원을 세우고, 방법을 고수하십시오. 이 두 가지 원칙을 소중히 붙들고 그것을 여러분의 존재 속에 통합하십시오.

지혜의 검

문수보살文殊菩薩을 묘사한 내용들을 보면 그는 오른손에 지혜의 양날 검을 들고 있는 모습으로 종종 나타납니다. 문수보살은 불교적 지혜의 화신으로서, 이 검으로 무지와 집착을 잘라 버린다고 합니다. 그와 마찬가지로 화두 수행은 흔히 지혜의 금강검을 휘두르는 것으로 묘사됩니다. 이 수행에 숙달되지 못한 사람들은 화두를 이러니, 저러니, 어떠니 말하겠지만, 진정한 달인들은 이 방법으로 안팎과 그 중간에 있는 망상들을 잘라 버립니다. 저의 한 제자가 화두를 수행하고 있었는데, 제가 벤치 하나를 가리키면서 물었습니다. "저게 무엇인가?" 그가 대답했습니다. "무." 이것은 일체를 하나로 체험하는 것을 목표로 하는 비불교적 관점을 나타냅니다. 이런 종류의 단일성을 체험하는 사람은 일체를 어떤 신, 창조주 혹은 대★설계자(grand designer)의 나툼(현현)으로 보는 경향이 있습니다. 그래서 일체가 신, 곧 전지전능한 창조주를 가리키는 이 '그것'을 가지고 있습니다. 이런 견해에서는 만물이 이 대설계자의 나툼입니다.

따라서 단일성을 깨닫기 위해 화두를 닦는 것은, 만일 그것이 '무'에 집착하는 것을 의미한다면 하나의 실수입니다. 진정한 수행은 화두를 하나의 검으로 삼아 여러분 앞에 나타나는 모든 것을 잘라서 옆으로 치워 버리는 것을 의미합니다. 온갖 집착을 놓아 버릴 때, 그것이 화두를 사용하는 올바른 방식입니다. 무집착 그 자체가 올바른 수행 방식입니다. 만일 어떤 사람이 화두를 사용하는 데 어려움이 있다면, 그것은 이 방법에 대한 믿음이 부족하거나 기력이 달리기 때문일 경우가 많습니다. 방법에 확신을 가지고 있으나 몸이 힘든 것을 감당해 낼 수 없으면, 그 사람은 효과적으로 수행하지 못할 것입니다. 예를 들어, 여러분 가운데 한 분은 법문을 다 듣고 모두가 화두를 한다는 것을 알고 나서 그 방법을 정말 해 보고 싶어했습니다. 저는 차마 그에게 "당신은 이 수행을 하기에는 너무 늦었습니다"라고 말하지 못했습니다. 그는 호흡 따르기를 해도 잠이 오고, 호흡 세기를 해도 마음속에 잡담이 너무 많습니다. 화두법에 믿음을 가지고 있기는 하지만, 그것을 잘 해내기에는 신체적·정신적 기력이 부족합니다. 결국 그는 자원봉사 일을 많이 하고 있는데, 그가 화두를 닦게 되면 기진맥진할 위험이 있습니다. 저는 그가 그 때문에 수행을 포기하지 않기를 바랍니다.

그러나 기력이 부족한 사람도 일상생활에서 이따금 화두법을 사용해 볼 수는 있습니다. 여러분에게 어떤 문제가 있을 때나 남들이 여러분의 번뇌를 볼 때, 그럴 때는 화두를 들어서 "무엇이 무인가?" 하고 물을 수 있습니다. 어려움이나 번뇌에 직면할 때마다 이렇게 할 수 있고, 그러면 아마 그 번뇌의 방향을 돌려서 점차 안정될 수 있을 것입니다. 여러분이 지쳤으나 마음이 들끓어 잠이 오지 않을 때도 화두를 들 수 있습니다. 잠자리에 누워서 "무엇이 무인가?" 해 보십시오. 다음날 아침 깨어나면 이렇게 말할지 모릅니다. "무를 참구하고 있었어야 하지 않나? 어떻게 된 거지?" 그리고 다시 화두를 들면 됩니다. 몸이 충분히 강건하지 않거나 마음이 너무 산란하다고 해서 낙심하지 마십시오. 그래도 일상생활에서 이 방법을 쓸 수 있습니다. 이따금 화두를 들고 그 물음을 던지십시오. 어쩌면 어느 날 나이 팔십에 깨쳐서 "아하!" 할지 모르니 말입니다. [웃음] 어쩌면 그리 오래 걸리지 않을지도 모릅니다. 핵심은, 되는 대로 '무'를 들면 일상생활에서 별 효과가 없을 거라는 것입니다. 번뇌와 마주칠 때 이 방법을 꾸준히 사용할 때만 효과가 있을 것입니다. 그 수행이 결국은 성숙할 것이고, 여러분의 부인도 여러분의 '무'가 잘 되고 있다는 것을 증언할 수 있을 것입니다. 어느 날 그녀가 이렇게 말할 테니 말입니다. "당신이 하는 '무', 그거 효과 있네요. 당신이 달라졌어요." [웃음]

여러분이 묵조를 하는데 그것을 잘 하고 있거나 아니면 수식관 기타 방법을 쓰고 있다 해도, 가끔 이 화두를 들어 여러분의 생활 속에서 사용해 볼 수 있습니다. 그러나 기억하십시오. 일상생활 속에서 가끔씩 화두를 하는 것은 일정 기간 동안 집중적으로 수행하는 것과는 아주 다릅니다. 일상생활의 화두 수행은—여러분도 기억하겠지만—그렇게 맹렬하지 않고, 그것을 이따금씩만 들게 됩니다. 일상생활 속에서 화두를 치열하게 수행하려고 하면 도움이 되기보다는 마음이 더 분산될 것입니다. 다른 사람들과의 관계에도 장애가 생길 것입니다. 여러분이 보여주는 마음 상태를 그들이 신경과민이나 정신이상으로 볼지도 모르니 말입니다.

이제 제가 한 말들을 요약해 보고 싶습니다. 첫째, 우리는 개념과 방법에 동등한 무게를 두어야 합니다. 둘째, 우리는 방법에 대한 믿음과 우리의 수행 능력에 대한 확신을 가져야 합니다. 셋째, 우리는 보리심과 출리심을 발할 필요가 있습니다. 구체적인 견해의 면에서 저는 무상無常에 대해 반복해서 이야기했습니다. 그리고 무아와 관련하여 무상을 이야기했습니다. 무아와 관련하여 중도도 언급했는데, 그것은 연기緣起로 인해 현상들의 자성이 공하다고 하는 것입니다. 방법의 면에서는 화두의 가르침, 그것을 사용하는 법에 집중했습니다. 여기에는 화두법의 단계들과 직접 관법도 포함되었습니다. 직접 관법을 선당에서 사용하면 안 됩니다. 그것은 옥외에서 여러분의 주된 방법을 보조하고 뒷받침하는 행법이라고 봐야 합니다.

정진

저는 겸손, 참회, 정진精進의 중요성에 대해 이미 이야기했습니다. 지금은 정진에 대해 더 자세히 말씀드리고 싶습니다. 정진이 없으면 우리는 수행을 몽땅 잃어버리거나, 산발적으로 수행하고 말 수가 있습니다. 일부러 게을러지고 싶은 사람은 없습니다. 그러나 사람들은 희망이 없다는 느낌이 들거나, 정진할 힘을 낼 수 없는 상황을 만납니다. 몇 가지 예를 들면, 우리가 원하는 것을 얻지 못할 때, 소중히 여기는 것을 포기해야 할 때, 남들과 경쟁하는 상황에서 뒤처질 때 등입니다. 이런 것들은 사람들이 경험하는 서로 다른 종류의 괴로움이지만, 삶에 수반되는 의무들을 받아들이지 않으면 우리가 수행을 잘 하지 못할 것입니다. 괴로움을 겪지 않으면 사람들이 수행할 동기가 생기지 않겠지요. 삶의 고뇌를 경험하게 되면 더 정진해야겠다는 마음이 일어나야지, 그보다 못하면 안 됩니다. 그러나 자기 삶에 대해 스스로 책임을 지고 정진하면 우리의 마음이 밝아지고 힘이 생기며, 자신감이 자연히 일어날 것입니다.

우리에게 정진이 부족한 또 하나의 이유는 생사에 대한 우리의 이해가 얕기 때문입니다. 이것은 우리 자신이 결국은 죽는다는 문제인데도 말입니다. 우리에게 죽음에 대한 아주 직접적인 체험이 없으면 진정한 정진력을 발휘하기 어렵습니다. 만일 우리가 죽음의 문턱까지 갔다가 살아났다면, 그런 체험을 통해 우리가 더 큰 의미를 가지고 삶을 살아야겠다고 분발하게 되겠지요. 그와 마찬가지로, 가까운 누군가의 죽음을 목격해도 (수행과 깨달음을 통해) 남들을 돕는 기술을 습득하는 일을 미루지 않겠다고 분발할 수 있습니다.

어느 경전에서 부처님은, 물건과 목숨을 빼앗으려는 네 명의 산적에게 쫓기는 한 사람의 이야기를 들려줍니다. 그는 달아나다가 우물을 발견하고 그곳이 숨기 좋은 곳일 거라고 생각했습니다. 우물 위에 마른 덩굴들이 매달려 있는 것을 보고 그는 덩굴 하나를 잡고 우물 속으로 내려갔습니다. 산적들이 그를 보지 못하고 우물을 지나가자 그는 이제 안전하다고 생각했습니다. 그러나 밑을 내려다보다가 독사 여섯 마리가 바닥에서 꿈틀거리는 것을 보고 우물을 나가야겠다고 마음먹었습니다. 그런데 우물 위에서는 큰 쥐 다섯 마리가 그 끊어지기 쉬운 덩굴을 갉아대고 있었습니다. 쥐들이 덩굴을 갉아 버리면 뱀들이 있는 바닥으로 떨어질 판이었습니다. 그래서 그는 얼른 올라가야겠다고 생각했지만, 막 기어오르는 순간 산적들이 돌아오는 소리가 들렸습니다. 어떡합니까? 우물 밖으로 기어 나오지도 못하고, 도로 내려갈 수도 없었습니다.

부처님은 이 사람의 상황을 아직 깨닫지 못한 중생들에 비유했습니다. 네 명의 산적은 지·수·화·풍의 사대를 상징합니다. 다섯 마리의 쥐는 오온이고 뱀들은 윤회계의 육도六道(여섯 세계)입니다. 밖으로 나갈 수 있는 길마다 닥쳐오는 위협이었습니다. 그리고 그것은 현상들—사대, 오온, 육도—이 닥쳐오고 있는 우리 모두의 상황과 비슷합니다. 이 이야기에서 그 사람이 밖으로 나갈 수 있는 유일한 길은 사라지는 것입니다. 그럴 때 사대, 오온, 육도는 그에게 해를 끼칠 수 없습니다. 그 사람이 사라진다는 것은 공성을 깨닫는 것에 대한 하나의 비유입니다. 만일 어떤 사람이 공성을 깨달으면 그 순간 그는 모든 현상적 위협에서 벗어납니다. 이 이야기는, 우리가 때로는 죽을 고비를 겪어 보아야 부지런히 수행할 필요성을 절감하게 된다는 것을 잘 보여줍니다.

3. 부처는 중생들을 위한 약이다
— 대혜종고 선사 법어 강해

부처는 중생들을 위한 약입니다. 중생들의 병이 없어지면 더 이상 약은 필요치 않습니다. 하지만 병이 사라져도 약을 더 가지고 있어야 하는 경우가 있습니다. 이것은 우리가 부처의 경계에 들어갈 수는 있어도 마왕(Mara)의 경계에는 들어가지 못할 때입니다. 그 병은 중생들이 아직 없애지 못한 모든 병과 함께 갑니다. 그 병과 약 둘 다를 없애 버리고 부처와 마왕을 쓸어 버렸을 때, 비로소 이 대사인연大事因緣에 조금 상응할 것입니다.

만일 무수한 것들을 비워 버리고 싶다면, 먼저 자기 마음을 청정하게 해야 합니다. 자기 마음이 청정해지면 다양한 연緣들이 사라질 것입니다. 연들이 사라지면 마음의 체體와 용用이 여여해지니, 체體는 자기 마음의 청정한 근원이요, 용用은 변화하는 마음의 오묘한 작용입니다. 그럴 때는 청정한 경계나 오염된 경계에 들어가도 물들지 않을 것입니다. 이것은 바다에 바람이 없는 것과 같고 하늘에 구름이 없는 것과 같으며, 이와 같은 경지에 이르러야 비로소 '부처를 배우는 사람'이라 할 수 있습니다. 이 상태에 이르지 못했다면, 부디 속히 열의를 내야 합니다.

─『대혜보각선사어록』에서

佛是衆生藥, 衆生病除, 藥亦無用. 或病去藥存. 入佛境界, 而不能入魔境界, 其病與衆生未除之病等. 病瘥藥除, 佛魔俱掃, 始於此段大事因緣, 有少分相應耳.

欲空萬法, 先淨自心, 自心淸淨, 諸緣息矣. 諸緣旣息, 體用皆如, 體卽自心淸淨之本源, 用卽自心變化之妙用. 入淨入穢, 無所染著. 若大海之無風, 如太虛之雲散, 得到如是田地, 方可謂之學佛人. 未得如是, 請快著精彩.*

자아를 긍정하기

수행의 목적은 궁극적으로 자아감을 놓아 버리기 위한 것이지만, 처음에는 수행의 도구로서 자아를 긍정할 필요가 있습니다. 이것이 바로 우리가 몸과 마음을 이완하고 수행을 시작할 때 하는 것입니다. 그런 다음 우리는 콧구멍으로 호흡이 들고 나는 것을 관하여 마음을 가라앉힙니다. 이런 것을 할 때 우리는 누가 이완하며, 누가 호흡하는지를 자각합니다. 그 목적은 그런 것을 경험하는 우리 자신에게로 이 자각을 되돌려서 성찰하는 것입니다. 즉, 그러한 산란한 생각들을 우리 마음의 한 초점으로 모아 되돌아가게 하는 것입니다.

---

* (역주)『대혜보각선사어록』, 卷十九, '청정거사에게 보임(示淸淨居士(李堤擧獻臣))' 중에 있는 대목.『禪門修證指要』, 138–9쪽에 '대혜선사어록 15칙則' 중 제1, 2칙으로 나온다.

자아감을 긍정하려면 여러분의 전 존재에 대한 자각을 하나의 준거점으로 삼아서 통증, 졸음, 망념이 찾아올 때 여러분 자신의 실체에게로 돌아가십시오. 산란심을 이 순간으로 되돌려 놓는 것 이상으로 더 나아갈 필요는 없습니다. 일단 마음이 집중되면 진정한 화두 수행을 시작할 수 있습니다. 마음이 더 이상 환경에 끄달리지 않으면, 강한 자아감을 가지고 "무엇이 무인가?"를 잡을 기초를 마련합니다. 그래서 이 자아감을 강화시키는 것을 통해 집중을 확립하십시오. 그 지점에서 여러분은 수행 속으로 들어가는 하나의 진입점으로서 "무엇이 무인가?"를 사용하기 시작합니다. 그러나 강하고 집중된 자아감을 확립하지 못하면, 마치 둥둥 떠다니는 것처럼 수행이 아무 기초가 없게 됩니다.

개념적으로 '무無'는 '비었다', '없다', '아니다'를 뜻합니다. 이것이 자아감과 어떻게 관련됩니까? 여러분은 삶 속에서 여러 가지 역할을 하는데, 그 역할들은 순간순간 변합니다. 어느 것이 진짜 자기입니까? 그것은 '무', 무아無我일 수밖에 없습니다. 왜냐하면 여러분이 하는 어떤 역할에도 고정불변의 항상적인 '나'는 없기 때문입니다. 매 순간 여러분은 부단히 변하고 있고, 호흡하고 있습니다. 누가 변하며 호흡하고 있습니까? 여러분은 통증을 경험하고 있습니다. 누가 통증을 느낍니까? 보통은 "무엇이 무인가?"에 집중하기가 매우 어렵습니다. 왜냐하면 마음이 망념, 통증, 졸음 등에 끄달리기 때문입니다. 여러분은 이런 온갖 연들에 의해 밀고 당겨집니다. 그래서 자기에게 어떤 일이 일어나고 있는지를 식별하여 자신의 혼란한 마음을 또렷하게 하십시오. 그러기 위해 자기 자신을 떠날 필요는 전혀 없습니다. 그저 그런 경험들을 그곳에 있는 자신의 실체에게로 돌려놓으십시오. 일단 몸이 이완되고 마음이 집중되면 스스로에게 이렇게 물으십시오. "이것을 경험하는 것은 누구인가?" 여러분의 '나'가 무수한 역할을 하면서 부단히 변천하고 있다는 것을 인식하십시오. 그것이 '무'이고, 그것이 무아입니다. 그러면 무아는 무엇입니까? 공空을 체험적으로 알고 싶은 이러한 욕망을 가지고 이 마음을 운용하여 "무엇이 무인가?" 하고 물으십시오. 그렇게 해서 마음과 몸이 통일되었을 때 여러분이 해야 할 단 하나의 과제는 "무엇이 무인가?"에 집중하는 것입니다. '무'는 여러분을 깨침, 깨달음에 이르게 하는 탈것이 됩니다.

지혜를 발현하기

수행에서 우리가 늘 순수한 마음, 순수한 몸, 순수한 말을 유지할 수 있다면, 틀림없이 번뇌를 끊고 해탈을 향해 진보하게 될 것입니다. 일상생활에서는 순수한 것과 순수하지 않은 것의 차이를 알고 있다 해도 우리 자신을 제어하지 못하고 순수하지 않게 행위할 때가 있습니다. 따라서 순수한 마음, 몸, 말을 유지하기 위해 우리는 좌선을 닦습니다. 좌선을 통해서 우리는 자신의 마음이 차분한지 혼란되어 있는지 즉시 감지할 수 있습니다. 근본불교에서 좌선의 주안점은 마음을 망념에서 벗어나게 하여 그것이 선정에 들 수 있게 하는 것입니다. 그러나 선에서는 이런 말이 있습니다. "망념이 일어나는 것을 걱정하지 말고, 그것을 알아차리지 못하는 것을 걱정하라(不怕念起 唯恐覺遲)." 선은 망념이 없으면 지혜가 발현될 길이 없다는 것을 믿습니다. 바꾸어 말해서, 우리가 망념을 알아차릴 때는 그 순간 지혜를 끌어낼 수 있다는 것입니다. 선은 선정 그 자체를 해탈로 간주하지 않습니다. 왜냐하면 선정에서 나오고 나면 여전히 번뇌가 있기 때문입니다. 오히려 선에서는 일상생활 속에서 지혜를 계발할 것을 강조합니다. 선의 지혜(Chan wisdom)는 어떤 지성이나 특별한 지식이 아닙니다. 그것은 활동의 한가운데서도 번뇌를 일으키지 않는 마음 상태입니다. 마음은 여전히 움직이지만 순수한 상태를 유지합니다. 그것이 바로 대승의 가르침을 완전하게 표현하는 선의 지혜입니다.

언젠가 저의 법 스승이신 영원靈源 스님이 당신의 사조師祖이신 허운虛雲 선사께, 선정 중에도 마음 속에서 생각이 일어나는지를 여쭈었습니다. 허운 스님은 대답하기를, 만일 생각이 일어난다면 그것은 선정에 든 것이 아니고, 선정 속에서 생각이 없다면 그것은 목상木像 같은 상태일 것이라고 했습니다. 허운 스님의 말씀은, 선정이 아무리 깊다 해도 여전히 집착이 있다는 것입니다. 일반적으로 사람들은 마음속에서 아주 거칠거나 분명한 생각들이 일어나는 것만 감지할 수 있습니다. 선정에 든 사람은 분명 그런 거친 망념들은 일으키지 않겠지만 아주 미세한 자아 집착이 여전히 존재하는데, 이것은 참된 지혜가 아닙니다.

임제종에 따르면, 화두를 참구하는 목적은 망념을 제거하여 선정을 체험하기 위한 것이 아니라, 지혜를 발현하기 위한 것입니다. 실로 그 방법 자체가 하나의 망념입니다. 왜냐하면 우리가 "무엇이 무인가?" 하고 계속 물어가기 때문입니다. '무', 즉 공空의 어떤 답을 찾기 위해 화두 물음을 던진다는 것은 모순적으로 보일지도 모릅니다. 사실 아무 답이 없습니다. 핵심은 여러분의 마음을 변환시키고, 모든 망념을 수습하여 단 하나의 망념—즉, 화두에 집중하는 것입니다. 지속적으로 화두를 물을 수 있는 지점에서 여러분은 점차 의단을 형성하게 될 것입니다. 이 의단도 실은 또 하나의 망념입니다. 그것은 하나의 망념일 뿐 아니라 하나의 번뇌이기도 합니다. 왜냐하면 어떤 답을 알고 싶은 강한 욕망을 갖기 때문입니다. 어떤 답을 구하는 그것이 번뇌지만, 이것은 보통의 번뇌가 아닙니다. 그것은 실제로 바른 견해의 또 한 가지 형태입니다.

화두 수행에 들어가는 법을 되풀이하여 설명하겠습니다. 첫째, 여러분의 몸과 마음을 이완하십시오. 둘째, 앉고, 먹고, 걷고, 일하고, 법문을 듣고, 번뇌를 일으키고, 졸 때 그것을 경험하는 것이 누구인지를 자각하십시오. 이런 자각이 있으면 자아와 친밀한 연관을 확립하게 됩니다. 그리고 계속 물으십시오. "이것을 경험하는 것은 누구인가?" 만일 선정에 들게 되면 이렇게 자문하십시오. "선정에 든 것은 누구인가?" 이것을 묻는 까닭은, 선정 속에서도 집착이 있고, 그 '나'는 참된 자아가 아니기 때문입니다. 사람들은 스승의 도움 없이도 선정에 들 수 있지만, 이 단계에서는 여전히 "선정에 든 것은 누구인가?" 하고 물을 필요가 있습니다.

모든 활동에 대해서도 똑같이 하십시오. 바닥을 쓸 때는 "바닥을 쓸고 있는 것은 누구인가?" 하고 물으십시오. 물론 이런 물음이 마음속에 있으면 선정에는 들 수 없겠지요. 실제로 그 물음 자체는 하나의 망념입니다. 그러나 제가 그것을 권하는 이유는, 자아감을 확립하는 데 그것이 도움이 되기 때문입니다. 그러나 하나의 화두로서의 "나는 누구인가?"는 여러분을 깨닫게 할 만큼의 힘을 산출할 수 없습니다. 십중팔구 여러분은 지루해지고 말 것입니다. 따라서 여러분의 마음이 안정되어 화두를 닦을 준비가 되었을 때는 "무엇이 무인가?" 화두를 제가 권합니다.

'무'는 번뇌가 없는 무아의 상태입니다. 이 상태에서 참된 지혜가 일어날 수 있습니다. 우리 모두 개념적으로는 '무'를 이해하지만, 불행히도 우리는 여전히 자아존재에 집착하고 있습니다. 이 수행에서 우리가 "무엇이 무인가?" 하고 계속 물어 가면 궁극적으로—왜냐하면 '무'를 정말 이해하고 싶기 때문에—이 무아 이면의 참된 지혜를 발견합니다. 그래서 대승의 길에서 수행의 초점은 망념을 회피하는 것이 아니라 그것을 지혜로 변환시키는 것입니다. 망념들 속에서 번뇌를 발견할 수 있다면 보리심 자체도 발견할 수 있습니다. 여러분은 번뇌가 곧 지혜이고 지혜가 곧 번뇌임을 알게 될 것입니다. 그래서 우리 모두 "옳거니! 나는 번뇌가 많으니 지혜도 많겠어!" 하고 말할 수 있습니까? 아닙니다. 제가 실제로 말하는 것은, 우리의 번뇌를 이용하여 지혜를 열어야 한다는 것입니다. 그러니 망념과 번뇌가 많다고 속상해하지 마십시오. 왜냐하면 번뇌 속에서 망념을 포착할 수 있으면 실제로 지혜를 발견할 수 있기 때문입니다.

여러분 가운데 제가 이제까지 말한 방법들을 사용해 본 분이 있습니까? 그 방법들을 수행에 적용해 보았습니까? 저의 조언이 유용합니까? 만약 아니라면, 손을 들어 보겠습니까?

[한 선중이 손을 듦]

성엄: 왜 그 방법이 당신에게 효과가 없지요? 성과가 없다면 그것은 어쩌면 당신이 깨달음을 너무 세게 추구하기 때문인지 모릅니다. 이것은 흔히 있는 상황입니다. 통증과 불편함이 있어도, 새 신발을 길들이듯이 시간 여유를 좀 두어야 합니다. 하루 만에 깨닫기를 기대할 수는 없지요.

선중: 모든 현상이 공한데, 왜 저희는 여기 앉아 있습니까? 이것은 고생을 자초하는 것 아닙니까?

성엄: 정말 맞는 말입니다. 화두를 닦는 것은 내면에서 고생을 자초하는 것입니다. 여러분은 화두로써 산란한 생각들을 수습하여, 자신이 답을 모르는 이 하나의 물음으로 만듭니다. 그 결과는 여러분에게 출구가 없다는 것입니다. 그것을 주변에 분산시키거나 한눈을 팔 수 없는데, 여전히 화두의 답을 알고 싶다는 그 절박한 욕망이 있습니다.

선중: 영어를 쓰는 사람들에게는 왜 "무엇이 무인가?" 대신 "무엇이 공인가?"를 묻게 하지 않으십니까?

성엄: "무엇이 공인가?" 하고 물으면 개념적 이해만 얻게 될 것이고, 그 역시 틀린 것이기 때문입니다. 왜냐하면 공을 그냥 하나의 빈 공백이라고 생각할 테니 말입니다. 그렇게 되면 실망만 느낄 것입니다.

선중: 들 수 있는 화두가 많은데, 왜 개인적 화두를 들면 안 됩니까? 그러면 저희가 모두 똑같은 화두를 들지 않아도 되는데요. 어떤 화두는 어느 사람에게는 와 닿아도 다른 사람에게는 그렇지 않을지 모릅니다.

성엄: 이 가게에서는 '무' 하나밖에 팔지 않습니다. 피자점에서는 피자만 팝니다. [웃음]

선중: 그러나 피자점에는 많은 종류의 피자가 있습니다.

성엄: 그래도 역시 피자지요. [웃음] 오케이, 감사합니다. 이제 화두를 닦읍시다.

무無와 불성

오늘밤부터 대혜종고 선사의 『어록』에서 뽑은 텍스트에 대해 이야기하겠습니다. 대혜 선사는 화두법, 특히 "무엇이 무인가?"를 크게 주창한 분이었습니다. 이 화두는 당나라 때 조주 선사가 한 스님에게서 "개에게도 불성이 있습니까?"라는 질문을 받은 데서 유래합니다. 이 질문에 대해 조주 선사는 "무無"라고 대답했는데, 그것은 본질적으로 "없다!"는 뜻입니다. 그 스님은 이 답변에 어안이 벙벙했습니다. 왜냐하면 불교는 개를 포함한 모든 중생이 불성을 가지고 있다고 가르치기 때문입니다. 그러면 조주 선사가 말하고자 한 뜻은 무엇입니까?

물론 조주 선사는 모든 중생이 불성을 가지고 있다는 가르침을 몰랐던 것이 아닙니다. 그러나 그 질문에 대해 "무"라고 대답함으로써 질문한 스님의 망념의 흐름을 끊어 버렸습니다. 만일 "유有"라고 대답했으면 그 다음 질문은 "왜 개 부처님은 없습니까?"였을 것이고, 거기에 대해 더 많은 질문이 따라 나왔을 것입니다. 이런 모든 질문은 그 스님 자신의 수행과는 상관이 없을 것입니다. 그런 사소한 잡담을 끊어 버리기 위해 조주 스님은 아니라고 직접적으로 대답한 것입니다.

조주 스님과 그 스님의 이 문답 기록은 하나의 공안으로 불리는데, 제가 앞에서 설명했듯이 그것은 문자상으로 '공적 사건'을 뜻합니다. 이 공안을 여러분 자신의 수행과 관련 지워 보면, 이 화두는 '무無'라는 단 한 마디 속을 들여다봄으로써 망상을 끊게 해 줍니다. 어쨌든 이 무 뒤에는 아무것도 없습니다. 흥정할 여지도 없고, 개념적으로 따질 여지도 없습니다. 그래서 이 "무엇이 무인가?" 화두를 닦을 때 첫째 단계는 망념의 연쇄를 끊는 것입니다. 두 번째 단계는 이 화두를 기반으로 의정을 일으키는 것입니다. 그러면 아마 여러분도 깨달음을 얻게 될 것입니다.

이 '무'의 상태는 무집착의 진리와 밀접히 연관됩니다. 망념과 집착이 끊어지면 무無가 현전하기 때문입니다. 이 상태는 자아중심에서 벗어나 있습니다. 왜냐하면 망상과 집착이 곧 자아이기 때문입니다. 이 상태가 무아이며, 선에서는 이를 무상無相, 무념無念이라고도 합니다.

대혜 선사의 이 글은 한 재가 제자에게 보낸 편지에서 뽑은 것입니다.

부처는 중생들을 위한 약입니다. 중생들의 병이 없어지면 더 이상 약은 필요치 않습니다. 하지만 병이 사라져도 약을 더 가지고 있어야 하는 경우가 있습니다. 이것은 우리가 부처의 경계에 들어갈 수는 있어도 마왕(Mara)의 경계에는 들어가지 못할 때입니다. 그 병은 중생들이 아직 없애지 못한 모든 병과 함께 갑니다. 그 병과 약 둘 다를 없애 버리고 부처와 마왕을 쓸어 버렸을 때, 비로소 이 대사인연大事因緣에 조금 상응할 것입니다.

佛是衆生藥, 衆生病除, 藥亦無用。或病去藥存。入佛境界, 而不能入魔境界, 其病與衆生未除之病等。病瘥藥除, 佛魔俱掃, 始於此段大事因緣, 有少分相應耳。

우리가 부처님을 하나의 약으로 받아들이면 우리의 병이 치유되고, 그 약은 더 이상 필요치 않습니다. 그러나 병이 낫고 난 뒤에도 어떤 사람들은 약을 보관해 둡니다. 어떤 수행자가 참으로 해탈했다면 더 이상 약이 필요하지 않겠지요. 그가 아직도 약을 붙들고 있다면 그 사람에게는 그 병이 정말 치유된 것이 아닙니다. 이 글에서 말하듯이, 그것은 부처의 경계에는 들어갈 수 있으나 마왕의 경계에는 들어갈 수 없는 사람과 같습니다. 불교에서 "마왕(魔)"은 다른 의미도 있지만 무엇보다도 염라대왕을 뜻합니다. 이 사람이 마왕의 경계에 들어가지 못하는 이유는, 부처와 마왕을 여전히 별개로 보기 때문입니다. 청정한 부처가 있고, 청정하지 못한 마왕이 있는 것입니다. 그래서 병이 나은 뒤에도 약을 지니고 있는 것은 또 하나의 병입니다. 왜냐하면 그 병이 정말 나았다면 부처도 마왕도 쓸어버릴 수 있기 때문입니다. 만일 우리가 이에 상응할 수 있다면, 석가모니 부처님이 출현한 이유—부처와 마왕들로부터 중생들을 해방하기 위함인 것—에 다소나마 상응한다고 말할 수 있습니다.

부처는 완전히 깨달은 자이며, 동시에 다른 사람들이 깨닫도록 도울 수 있는 자입니다. 완전히 깨닫는다는 것은 번뇌가 완전히 치유되는 것을 뜻합니다. 완전히 치유되었기 때문에 부처는 남들에게 적합한 약을 베풀 수 있는 의사이기도 합니다. 그래서 대혜 선사는 "부처는 중생들을 위한 약"이라고 하여, 부처님의 가르침은 번뇌, 곧 탐·진·치 삼독에 시달리는 우리의 존재에 의해 야기되는 괴로움의 치유책이라고 말합니다.

대다수 사람들은 몸이 병들면 마음도 힘들어합니다. 그래서 번뇌가 일어나는데, 이것을 괴로움이라고 합니다. 하지만 원칙적으로 몸은 통증을 경험할 수 있으나 마음은 고통을 받을 필요가 없습니다. 우리의 삶의 경험들은 그 자체로는 괴로움이 아닐 수도 있지만, 괴로움으로 경험되는 정서들을 일으킵니다. 그래서 부처님이 생로병사의 괴로움 대해 말씀하실 때, 그것은 끝없는 생사윤회를 두고 하신 말씀이었습니다.

구체적으로 말하면, 중생들은 세 가지 번뇌를 가지고 있습니다. 개념적 번뇌, 정서적 번뇌, 근본적 번뇌가 그것입니다. 개념적 번뇌는 사물에 대한 소견과 관련되는 장애나 번뇌이고, 정서적 번뇌는 자기 자신의 존재를 어떻게 느끼는가에 관련되는 것으로 개념적 소견과는 다를 수 있는 것이며, 근본적 번뇌는 가장 미세한 것으로서 무지 혹은 무명無明(avidya)이라고 하는 것입니다. 어떤 사람이 처음 깨달았을 때, 그 사람을 두고 존재의 성품에 대한 올바른 견해를 얻었다고 말합니다. 그러나 아직은 정서적 번뇌를 결코 다 소멸한 것이 아닙니다. 그가 불지佛地에 도달할 때만 모든 정서적 번뇌가 종식될 것입니다. 그리고 세 번째 부류인 근본무명은 정서적 번뇌의 범주 하에 실제로 포섭되지만, 다만 그것은 가장 미세하고 가장 근본적인 뿌리 깊은 번뇌입니다. 물론 그것은 우리가 불지에 도달할 때에만 소멸됩니다.

이런 모든 이야기는 너무 전문적인 사항처럼 들려, 여러분은 이런 의문을 가질지 모릅니다. '이런 게 나와 무슨 관계 있나?' 사실 여러분은 제가 방금 말한 어떤 것도 기억할 필요가 없으나, 여러분의 실제 수행은 자신이 많은 번뇌를 가지고 있다는 것을 깨달을 때 비로소 시작됩니다. 그리고 여러분이 깨달으면 그릇된 견해들은 종식되지만 그래도 번뇌가 있을 것입니다. 그러나 진정한 공을 체험했기 때문에 더 큰 확신과 믿음을 갖게 됩니다. 여러분의 수행이 때로 흔들릴 수도 있겠지만 믿음과 확신은 그대로일 것이고, 필시 다시 수행을 하게 될 것입니다.

화두 수행의 3단계는 이미 이야기했습니다. 첫 번째는 염하기, 두 번째는 묻기, 세 번째는 참구하기입니다. 실은 깨달음 이후에 일어나는 네 번째 단계가 있습니다. 그것을 '화두 지켜보기[看話頭]'라고 합니다. 왜 화두를 지켜보아야 합니까? 번뇌가 아직 남아 있기 때문에, 화두를 계속 지켜보아 그 번뇌들이 내면에서 어떻게 움직이는지를 보고 그것들을 점차 뒤로하기 위해서입니다.

중생들의 병이 없어지면 더 이상 약은 필요치 않습니다.
佛是衆生藥, 衆生病除, 藥亦無用.

중생들은 자신의 영적인 병을 어떻게 없앱니까? 선에는 돈법頓法과 점법漸法이 있습니다. '돈頓'은 그릇된 견해를 일순간에 종식하는 것을 가리키고, '점漸'은 번뇌들을 점차 소진시키는 느린 과정을 가리킵니다. 사실 대혜 선사의 말은 두 측면을 다 포함합니다. 돈오가 일어날 때는 그릇된 견해를 지닌 우리의 병의 일부가 경감됩니다. 이런 말을 들으면 여러분은 기대에 부풀지 모릅니다. 그리고 실제로 어디선가 선칠에 참여하여 법문을 듣고 좌선을 하여, 보란 듯이 깨닫는 사람이 있을지도 모릅니다! 반면에 어떤 사람들은 선근善根의 깊이에 따라 시간이 더 오래 걸릴 수 있습니다. 그 선근이 준비되어 있으면 싹이 틉니다. 그래서 어떤 사람의 선근이 깊으면, 불법을 만나기만 해도 선근의 불꽃이 일어나 깨달음을 얻을 수 있습니다. 그러나 중생들의 선업의 뿌리는 각기 다릅니다. 불교 논서인 『대승기신론』에 따르면, 우리의 신심이 더 이상 퇴전退轉하지 않는 상태—본질상 깨달음을 체험하는 상태—에 도달하는

데 걸리는 시간은 만 겁이라고 합니다. 하지만 여러분이 깨달음을 체험하는 데 만 겁이 걸릴 거라고 제가 말하면, 이 선당이 텅 비어 버리겠지요. 그러나 여러분은 자신을 과소평가하면 안 됩니다. 왜냐하면 여러분이 여기 있다는 사실 자체가 여러분은 아주 좋은 선근을 가지고 있다는 것을 보여주기 때문입니다.

『대승기신론』에서 깨달음을 얻는 데 만 겁이 걸린다고 한 이야기를 문자 그대로 받아들이면 안 됩니다. 왜냐하면 그것은 계속 퇴전하는 사람을 두고 하는 말이기 때문입니다. 사실 자신의 불성을 보고 나면 퇴전하지 않겠지요. 이것을 우리 자신의 수행과 연관지어 보면, 이 논서가 어떻게 이런 말을 하게 되는지 이해할 수 있습니다. 왜냐하면 우리 자신의 믿음이 흔들리기 때문입니다. 하루는 우리가 불법에 대해 완전한 믿음을 갖는데, 어떤 날은 그 믿음이 퇴전합니다. 그와 같이 나아갔다 물러났다 하면서 어떤 때는 의심을 일으키고 어떤 때는 믿음을 냅니다. 그래서 만일 우리가 아주 열심히, 있는 힘을 다해서 수행하면 만겁도 그리 오랜 시간으로 보이지 않을지 모릅니다.

대혜 선사는 만일 그 병이 사라지면 약은 더 이상 필요 없다고 말합니다. 제가 앞에서 말했듯이, 이 병은 단박에 또는 점진적으로 없어질 수 있습니다. 이 글에서 "병이 없어진다"고 할 때, 그것은 완전히 사라진다는 뜻이라고 받아들여도 됩니다. 그래서 우리가 병이 나으면 여러분은 약이 더 이상 필요 없을 거라고 생각합니까? 아닙니다. 그와 마찬가지로, 어떤 사람이 불지에 도달하면 그는 그 약을 간직하고 있다가 부처님의 가르침을 확산시킬 것입니다. 그러나 어떤 부처가 경전들을 가지고 다니면서, "이것은 불경입니다. 당신에게 아주 좋은 것이니 받으십시오." 하겠습니까? [웃음] 절대로 아니지요. 우리가 이미 불지를 얻었다면 우리의 입에서 나오는 말이 곧 경經일 것입니다. 그것을 아주 분명히 이해해야 합니다.

제가 여러분에게 드리는 질문은, 자신에게 선근이 있다는 것을 믿느냐는 것입니다. 여러분은 자신의 자성을 보는 데 만 겁이 걸릴 거라고 믿습니까? 불교는 중생들을 위한 약입니다. 병이 없어지면 더 이상 약이 필요 없습니다. 성탄절 연휴 기간에 여러분이 여기 왔다는 것은 선근을 가지고 있다는 증거이니, 자신이 첫 겁부터 시작한다고 생각할 필요가 없습니다. 어쩌면 여러분은 이미 9,999겁을 마쳤는지도 모릅니다. [웃음] 한 겁이 아주 빨리 갈 수도 있습니다. 여러분이 정진하기에 달렸습니다.

부처와 마왕

오늘밤은 대혜 선사가 제자에게 보낸 편지 글을 계속 보겠습니다.

하지만 병이 사라져도 약을 더 가지고 있어야 하는 경우가 있습니다. 이것은 우리가 부처의 경계에 들어갈 수는 있어도 마왕의 경계에는 들어가지 못할 때입니다.
或病去藥存。入佛境界, 而不能入魔境界。

이원적인 마음은 분별심인데, 선하고 청정한 부처와 악하고 불청정한 마왕이 대립한다는 관념에 집착하는 것입니다. 그래서 우리가 스스로 불법의 병에서 벗어났다고 생각하면서도 부처의 경계에 있다는 관념에 집착할 때는, 그 병이 실제로 다 나은 것이 아닙니다. 두통이 있는 사람은 약을 먹는데, 두통이 사라지고 나면 약병에 든 나머지 약은 어떻게 해야 합니까? 약함에 도로 넣어 두겠지요. 다시 두통이 올 가능성이 있으니 말입니다. 다른 사람들이 두통이 있는 것을 보면 그는 자비심을 가지고 이렇게 말할 것입니다. "자, 이 약을 드세요." 제가 로마에서 대사_{大使}를 찾아갔을 때 두통이 있었는데, 대사 부인이 알약을 좀 주었습니다. 제가 말했습니다. "두통이 있는 사람들을 돕기 위해 늘 이 약을 가지고 다니십니까?" 그녀가 말했습니다. "실은 제가 두통이 자주 있어서요." 그래서 이것은 불법이라는 약을 다른 사람들과 함께 나누는 자비 보살의 경우와 같습니다.

보살이 되기를 열망하는 사람이 번뇌에서 벗어날 수가 있는데, 그러면 그들은 이미 해탈한 것처럼 보일지 모릅니다. 그러나 미래의 번뇌가 아직 존재할 가능성이 있습니다. 따라서 그들에게는 여전히 불법이 필요합니다. 여전히 부처님들이 필요합니다. 그리고 여전히 도와주어야 할 중생들이 있습니다. 병이 완전히 사라진 해탈의 마지막 단계에서는 보살에게 부처와 마왕에 대한 관념이 없을 것입니다. 이런 보살에게는 부처님과 마왕이 중생에 지나지 않습니다. 석가모니 부처님은 완전한 깨달음을 얻었을 때, 중생들이 여래, 즉 '부처님들'의 지혜와 덕상_{德相}을 가지고 있다고 선언했습니다. 이것은 마왕조차도 불성을 갖추고 있다는 것을 뜻합니다. 완전히 해탈한 사람은 부처의 경계와 마왕의 경계에 자유롭게 들어갈 수 있습니다. 그러나 아직 깨닫지 못한 수행자가 부처님과 마왕을 똑같이 본다면, 그 사람은 마왕의 제자가 되어 삿된 견해를 지니고 있는 것입니다.

대혜 선사가 "우리가 부처의 경계에 들어갈 수는 있어도 마왕의 경계에는 들어가지 못한다"고 할 때, 그 말은 부처의 경계에 들어갈 수 있는 사람은 마왕의 경계에도 들어갈 수 있다는 뜻입니다. 역으로, 만일 어떤 사람이 부처의 경계에 들어갈 수 없다면 마왕의 경계에도 들어가지 못합니다. 왜냐하면 그들은 이미 그곳에 들어가 있기 때문입니다. 죄수는 감옥에 사는 것 말고는 달리 방도가 없습니다. 그와 마찬가지로, 깨닫지 못한 사람은 망상의 경계에서 사는 것 말고는 달리 방도가 없습니다. 반면에 부처의 경계에 들어간 사람에게는 부처와 마왕이 동일합니다. 자아 관념과 이원적 소견이 없기 때문에, 해탈한 중생은 부처나 마왕의 경계를 마음대로 소요할 수 있습니다. 그런 사람에게는 마왕들이 그저 마왕의 역을 하고 있을 따름인지도 모릅니다. 어쩌면 이 마왕은 중생들을 돕기 위해 악마로 변장하고 있는 대보살일 수도 있습니다.

그 병과 약 둘 다를 없애 버리고 부처와 마왕을 쓸어 버렸을 때, 비로소 이 대사인연大事因緣에 조금 상응할 것입니다.
病瘥藥除, 佛魔俱掃, 始於此段大事因緣, 有少分相應.

여러분이 완전히 깨달으면 더 이상 약이 필요 없고, 이 병에서 확실히 벗어나 있을 것입니다. 그럴 때는 부처니 마왕이니 하는 관념이 아예 존재하지 않습니다. 이것을 문자 그대로, 여러분이 빗자루로 부처와 마왕들을 쓸어버려야 한다는 의미로 받아들이지는 마십시오. 그런 관념이 조금이라도 있다면 아직은 제거해야 할 뭔가가 있다는 이원적 견해가 있는 것입니다. 따라서 "부처와 마왕들을 쓸어버린다"는 것은 마음속에 부처나 마왕에 대한 집착이 없다는 의미일 뿐입니다. 그러나 여러분은 화두법을 쓰는 선 수행자이니, 직접 부처의 마음자세를 취하여 자신의 번뇌를 처리해야 합니다. 이것이 돈오 수행의 진정한 의미입니다. 즉, 여러분이 자신의 번뇌를 직접 처리한다는 것입니다. 따라서 부처님을 본받아, 여러분의 마음 속에서 어떤 분별적 생각이 일어나든 보검을 집어 들어 그 생각들을 잘라 버리십시오. 이 보검이 무엇입니까? 사실 여러분은 이미 그것을 가지고 있습니다. 이 보검은 다름 아닌 여러분의 화두입니다. 어떤 집착이 일어나든 그 검으로 그것을 잘라 버리십시오. 그러면 이 검은 금강왕이 사용하는 보검인 금강검이 될 것입니다.

화두를 닦는 올바른 방식은 그것을 금강검으로 사용하여 여러분 앞에 나타나는 모든 것을 베어 버리는 것입니다. 망념—잘라 버리십시오. 혼침昏沈—잘라 버리십시오. 여러분의 화두에 대해 만 가지 답이 나타나도 화두를 이용하여 다 잘라 버리고 그저 물음을 계속해 가십시오. 그렇지 않으면 쉽게 굴복하여 싸움에서 지고 말 것입니다. 여러분이 사용하는 이 검 같은 화두는 놀라운 것입니다. 그것은 적이 없습니다. 왜냐하면 나타나는 어떤 적도 베어질 것이기 때문입니다. 만 명의 적이 나타난다 해도 그냥 검을 보이기만 하면 물리치게 될 것입니다. 그것이 그 검의 위력이며, 여러분은 그 점에 대해 믿음을 가져야 합니다.

부처님의 제자들이 모여 있는 곳에 부처님이 다가갔을 때, 모두가 기뻐하고 찬탄하며 당신을 맞이하고 설법을 듣고 싶어했습니다. 그러나 문수보살만은 검을 뽑아서 부처님을 쫓아내 버렸습니다. 여러분은 생각하겠지요. '어떻게 문수보살이 감히 그렇게 무례하게 부처님을 쫓아낼 수 있나?' 그러나 그 검의 의미를 이해하는 사람은 압니다. 문수보살의 의도는 부처님에게 무례를 범하려는 것이 아니라, 해탈한 사람은 부처라는 관념에 대한 집착조차도 금강검으로 끊어 버린다는 것을 다른 사람들에게 보여주기 위한 것이라는 것을 말입니다.

중국 불자들 사이에서는, 다급하면 부처님의 발을 끌어안는다는 속담이 있습니다. 그러나 자기 바깥의 어떤 것에 대한 이런 의존은 영적으로 미성숙한 것입니다. 그래서 내일 밤 제가 여기 오면 여러분 중의 어떤 분이 향판을 들고 저를 쫓아낼지 보겠습니다. 그러나 저를 속이지는 마십시오. 왜냐하면 저는 여러분이 그냥 시늉으로 그러는지 아니면 어

떤 이해를 정말 드러내는 것인지 간파할 수 있을 테니 말입니다. [웃음]

수행을 해 나가다 보면 두 가지 적을 만나게 될 것입니다. 첫 번째는 여러분이 이미 알고 있습니다. 늘 만나는 것이니까요—즉, 망념과 통증입니다. 역시 계속 화두를 사용하여 이런 적들을 극복하십시오. 그러나 다른 적을 알아차리십시오. 보통 그것들은 아주 아름답거나 즐거운 것입니다. 예를 들어, 좌선할 때 완전한 평안을 체험하는 것입니다. 마음이 고요하고 집중되어 있으며, 자기 몸의 부담을 놓아 버린 듯한 느낌이 듭니다. 그런 와중에 한 생각을 일으킵니다. '이건 정말 즐겁구나.' 그래서 다음 좌선 시간에도 같은 것을 기대하고, 그 다음 시간도 마찬가지입니다. 그러면 분명 마왕의 경계에 들어간 것입니다. 검을 집어 그 생각을 산산조각 내야 합니다. 부정적인 체험들에 집착하지 않는 것과 마찬가지로 즐거운 상태도 기대하지 마십시오. 둘 다 여러분의 적입니다. 만일 조금이라도 집착이 있으면 마왕의 함정에 떨어진 것입니다.

어떤 사람들은 그런 희열을 체험하고 나면 그것을 다시 갖고 싶어하지만, 그것은 하나의 집착일 뿐입니다. 그 상태를 다시 체험할 수 있는 어떤 방식을 알았다 하더라도, 그것은 여전히 그 즐거움에 집착하는 것이고 여러분은 적을 극복하지 못한 것입니다. 즐겁거나 즐겁지 않은 상태들은 서로 평등합니다. 둘 다에 대한 집착을 없애야 합니다.

수행이 잘 되지 않고 장애가 있을 때는 그 역시 화두에 의지해야 할 때입니다. 이완된 몸과 마음을 유지해야 한다는 것을 기억하십시오. 왜냐하면 그럴 때 그 둘을 놓아 버릴 기회를 얻기 때문입니다. 몸과 마음조차도 이완하지 못하면 장차 더 많은 문제를 자초하게 될 것입니다. 그래서 중단 없이 꾸준하게 화두를 사용하고, 반드시 심신을 이완하십시오. 이것이 "부처와 마왕을 쓸어버린다"는 말의 의미입니다.

여러분 가운데 어떤 분들은 망설이면서 화두에 대해 의구심을 가지고 있습니다. 이러한 우유부단함 자체가 여러분에게 문제를 야기합니다. 여러분은 이미 이곳에 와 있으니 미래에 대해서는 염려하지 마십시오. 화두를 들고, 그냥 간명직절하게 그것을 사용하십시오. 이완하고, 자신의 물음에 어떤 방해 요인도 없게 하십시오. 화두를 사용하여 즐거움과 불편함 둘 다에 대한 집착을 베어 버리십시오. 그에 상응하게 수행하면 대혜 선사의 가르침이 갖는 의미에 상응하게 될 것입니다.

무수한 것들을 비우기

대혜 종고 선사의 글에 대한 강해를 계속하겠습니다.

만일 무수한 것들을 비워 버리고 싶다면, 먼저 자기 마음을 청정하게 해야 합니다. 자기 마음이 청정해지면 다양한 연緣들이 사라질 것입니다. 연들이 사라지면 마음의 체體와 용用이 여여해지니, 체體는 자기 마음의 청정한 근원이요, 용用은 변화하는 마음의 오묘한 작용입니다. 그럴 때는 청정한 경계나 오염된 경계에 들어가도 물들지 않을 것입니다. 이것은 바다에 바람이 없는 것과 같고 하늘에 구름이 없는 것과 같으며, 이와 같은 경지에 이르러야 비로소 '부처를 배우는 사람'이라고 할 수 있습니다. 이 상태에 이르지 못했다면, 부디 속히 열의를 내야 합니다.

欲空萬法, 先淨自心, 自心淸淨, 諸緣息矣. 諸緣旣息, 體用皆如, 體卽自心淸淨之本源, 用卽自心變化之妙用. 入淨入穢, 無所染著. 若大海之無風, 如太虛之雲散, 得到如是田地, 方可謂之學佛人. 未得如是, 請快著精彩.

만일 "무수한 것들"—우리의 번뇌와 괴로움—을 비워 버리고 싶다면, 먼저 여러분의 마음을 정화하십시오. 일단 마음이 청정하면 무수한 부정적 상태들은 자연히 사라집니다. 그럴 때 마음의 본체[體]로서의 진여[眞如]가 드러납니다. 업에서 벗어난 몸, 말, 마음의 행위들은 그것의 작용[用]입니다. 진여인 여러분의 본래성품이 청정한 마음으로서 드러날 것이고, 여러분은 청정과 오염을 구분하지 않게 될 것입니다. 따라서 청정한 경계와 오염된 경계 둘 다에 들어가면서도 오염되지 않을 수 있습니다. 대혜 선사는 번뇌에서 벗어난 마음을 완전히 고요한 바다에 비유하는데, 그 마음의 광대무변함은 구름 없는 하늘과 같습니다.

여러분의 마음을 비운다는 것은 마음 속의 일체를 파괴한다는 뜻이 아니라, 마음을 모든 번뇌와 집착에서 벗어나게 한다는 뜻입니다. 그렇게 할 수 있으면 여러분은 "부처를 배우는 사람"입니다. 이 관념을 여러분의 삶에 관련시키면, 그렇게 하기가 아주 어렵다는 것을 알 것입니다. 아마 가장 구체적인 예는 죽음에 대한 두려움일 텐데, 그것은 궁극적으로 여러분의 자아감을 잃는 것을 의미합니다.

때로는 가장 큰 열망을 가진 그런 사람들이 이렇게 말합니다. "저요? 저는 어떤 갈망도 없습니다." 그러나 더러 그것은 그들이 욕망에 굴복할 기회가 없었기 때문일 뿐입니다.

마음을 정화하라는 이런 조언은 예리한 선근을 가진 수행자들을 겨냥한 것입니다. 왜냐하면 평범한 사람들은 자기 마음보다 행[行]을 정화하는 것이 더 쉽다고 느끼기 때문입니다. 청정한 행 없이 어떻게 마음이 청정해질 수 있겠습니까? 따라서 최소한 계율을 지킬 수 있으면, 여러분의 마음이 청정해질 조건을 만들어 내게 될 것입니다. 중국 속담에 "자기 몸은 보배처럼 지켜야 한다"는 말이 있습니다. 그래서 계율을 지키면 여러분의 마음도 점차 변화될 것입니다. 만일 "마음이 더 중요하니 내 마음부터 정화해야겠다"고 한다면, 이것은 초심자들의 중대한 실수입니다. 행이 나태하고 부적절하면서 어떻게 마음이 청정할 수 있겠습니까?

청정한 마음은 우리가 획득하는 것이 아닙니다. 즉, 얼마 동안 수행하고 나서 얻는 것이 아닙니다. 사실 청정한 마음은 우리의 근본 성품의 일부로서 늘 존재해 왔습니다. 그러나 이 청정한 마음과 더불어 번뇌와 근본무명이 있습니다. 수행의 목적은 진여의 이 청정한 마음이 스스로 드러날 수 있게 하려는 것입니다. 그래서 수행은 이 청정한 마음의 광명을 되찾아 그것이 빛을 발하게 하는 것에 비유됩니다. 그러나 청정한 마음이 우리에게 내재해 있다 하더라도, 그것이 근본무명, 망상, 번뇌에 가려져 있기 때문에 우리는 수행을 해야 합니다. 그래서 어떤 방법의 목적은 더 낫다고 하는 어떤 상태를 정말 얻는 것이 아니라, 번뇌와 무지를 떨쳐 버리는 것입니다. 무지와 번뇌의 껍질이 일단 떨쳐지면 진여가 자연히 현전합니다. 밖에서 눈을 맞고 있는 개를 생각해 보십시오. 눈이 개를 덮어 가면 나중에는 그것이 개인지 분간할 수 없습니다. 그냥 눈짐승일 뿐입니다. 그러다가 그것이 나무 밑으로 가서 몸을 털어 눈이 떨어져 나가면 그 밑에 있던 개가 드러납니다.

이것은 화두법을 사용하는 것과 같습니다. 화두를 참구하다 보면 대의단을 형성하게 됩니다. 그 의심이 타파되면 최소한 일시적으로라도 번뇌, 무지, 망상이 떠나고 여러분에게는 본래성품인 청정한 마음이 남습니다. 그래서 개가 눈을 터는 것을 보는 것은 여러분의 자성을 보는 것에 비유됩니다. 그러나 개가 다시 밖으로 나가면 눈이 다시 쌓일 수 있고, 그래서 개는 거듭거듭 눈을 털어야 합니다. 그것은 끝이 없는 과정인데, 결국에는 개마저 사라집니다. 눈이 여전히 내리고 있어도 눈이 내려앉을 개가 없습니다. 그것은 완전한 깨달음 상태의 청정한 마음과 같습니다.

선에서는 이 청정한 마음을 다른 말로 '무심'이라고 합니다. 이것은 번뇌에 제약될 마음이 없다는 뜻입니다. 외부 환경에 영향 받을 수 있는 마음이 없습니다. 그래서 무심은 무아와 같은 의미이고, 무아는 완전한 깨달음이기도 합니다.

"다양한 연緣들"은 번뇌와 망상이 일어날 수 있는 기회들, 곧 모든 부정적인 상황을 가리킵니다. 그래서 여러분이 무심[무아]의 상태에 도달할 때는, 한편으로는 부정적인 것에 대한 자아집착이 없고, 다른 한편으로는 번뇌가 내려앉을 곳이 없습니다. 한편으로는 그 수행자가 문제에서 벗어나고, 다른 한편으로는 문제가 그 수행자를 찾을 수 없습니다. 즉, 번뇌가 아예 일어나지 않습니다.

『대승기신론』에서는 이렇게 말합니다. "마음이 일어나면 온갖 법[현상들]이 일어나고, 마음이 사라지면 온갖 법이 사라진다(心生種種法生 心滅種種法滅)." 여기서 '마음'은 번뇌심을 가리킵니다. 그래서 번뇌가 진여에서 생겨날 때는 여러분에게 닥쳐오는 모든 것이 번뇌라는 것을 확인할 수 있습니다. 그와 마찬가지로, 번뇌가 진여의 마음에서 분리될 때는(이 둘은 공존하지만) 현상과 상황들이 더 이상 번뇌가 아닐 것입니다. 이 말은 청정심, 번뇌심 그리고 '무수한 것들' 사이의 관계를 분명하게 묘사해 줍니다.

여기 우리가 성찰해 보아야 할 일화가 있습니다. 어떤 사람이 암으로 임종을 앞둔 상태에서 극심한 고통을 겪고 있었습니다. 그의 마음은 번뇌, 두려움, 분노, 저항감으로 가득 차 있었는데, 바로 '무수한 것들'입니다. 그때 그는 공空을 관하는 방법을 사용했습니다. 그 무수한 것들이 사라지기 시작할 때 그는 고통 속에서 공空을 보았고, 몸 또한 공하다는 것을 보았습니다. 이것은 마음에서 무수한 연들을 비워낸 한 예입니다.

이 사람의 이야기는 마음이 공을 관하면 번뇌, 심지어는 외부적 사건들도 더 나은 쪽으로 바뀐다는 것을 보여줍니다.

청정심을 깨닫기 전에는 어떻게 해야 합니까? 여러분의 화두를 금강검처럼 사용하여 집착들을 잘라 버리십시오. 어떤 망념이나 망상, 어떤 집착이 일어나도 잘라 내십시오. 안에서 뜨거운 용암이 부글거리는 화산처럼 되십시오. 그러면 망념과 번뇌들은 하늘에서 떨어지는 눈송이입니다. 그 눈송이들이 화산 속으로 떨어지면 그냥 녹아 버립니다. 그것이 화두의 힘입니다. 번뇌를 녹이는 거지요. 여러분의 화두의 힘을 믿으십시오. 번뇌가 생기자마자 이 화두를 들고 그 물음을 던지십시오. 여러분의 번뇌가 뜨거운 용암 속으로 떨어지는 눈송이들처럼 녹아버릴 것입니다.

그래서 만일 오늘밤 어떤 유령이 여러분 앞에 나타나면 여러분은 어떻게 하겠습니까? 그냥 이렇게 물으십시오. "무엇이 무인가?" 그러면 그것이 대답을 못하거나, 아니면 "나는 무를 모르오." 하고는 사라질 것입니다.

선중: 그 유령이 깨닫겠습니다. [웃음]

성암: 그건 좋지요. 여러분 자신이 깨닫기 전에 유령이 깨닫도록 도와주는 것입니다. [웃음] 그건 아주 좋습니다. 최소한 한 중생을 제도한 것이 되니 말입니다. [웃음] 그러면 그 깨달은 유령이 돌아와서 여러분을 가르치기 시작하겠지요. "뭐 하는 거요! 깨닫지 못했잖소! 유령은 당신이오!" 여기서 그칩시다. 화두를 활화산처럼 사용하는 것을 잊지 마십시오. 그것은 사화산이 아니라 활화산 같아야 합니다.

진여

대혜 선사의 글에 대한 강해를 계속합시다.

연들이 사라지면 마음의 체體와 용用이 여여해지니, 체體는 자기 마음의 청정한 근원이요, 용用은 변화하는 마음의 오묘한 작용입니다. 그럴 때는 청정한 경계나 오염된 경계에 들어가도 물들지 않을 것입니다. 이것은 바다에 바람이 없는 것과 같고 하늘에 구름이 없는 것과 같으며, 이와 같은 경지에 이르러야 비로소 '부처를 배우는 사람'이라고 할 수 있습니다. 이 상태에 이르지 못했다면, 부디 속히 열의를 내야 합니다.

諸緣旣息, 體用皆如, 體卽自心淸淨之本源, 用卽自心變化之妙用。入淨入穢, 無所染著。若大海之無風, 如太虛之雲散, 得到如是田地, 方可謂之學佛人。未得如是, 請快著精彩。

여기서 "연緣들"은 우리의 다섯 감각 기관은 물론 마음 기능, 소위 '제6근'이라고 할 수 있는 것의 장場 내에 있는 모든 것을 가리킵니다. 공간적 차원에서 연들은 다섯 감각 기관에 상응하는 모든 것, 곧 보고, 듣고, 접촉하고, 냄새 맡고, 맛보는 모든 것입니다. 시간적 차원에서 그것은 우리가 마음속에서 창조하는 상징, 언어, 말, 관념들 전부입니다. 이 모든 것은 우리의 기억 속에 존재하고, 또한 우리가 (그것들을) 미래로 투사하기 때문에 존재하기도 합니다. 바꾸어 말해서, 그것은 우리의 사고 흐름 속에 있는 모든 것입니다. 사실 이 심적 연속체는 그냥 상징들의 한 집결체입니다. 즉, 말과 언어인데, 이것들은 모두 서로 관련되고 또한 자아감과도 관련됩니다. 그래서 공간적으로는 우리가 다섯 가지 감각 기관 혹은 기능들의 감각 대상들을 갖고, 시간적으로는 여섯 번째 감각 기능인 마음의 대상들을 갖습니다.

[박수를 친다] 이것은 여러분에게 하나의 연緣입니까? 조건 지워지는 마음에는 두 측면이 있습니다. 한편으로 그것은 부단히 오관의 대상들 및 마음의 활동에 집착하고 있습니다. 다른 한편 그 감각 대상들은 외부 환경에 의해 조건 지워지고 있습니다. 우리가 공을 관하기와 직접 관법을 닦을 때, 저는 여러분의 마음이 여러분이 경험하는 것에 사로잡히지 않게 하라고 말했습니다. 관하는 대상들이 마음의 내용을 점거하지 못하게 하라고 했습니다. 여러분이 보거나 듣고 있는 것에 이름을 붙이거나, 그것을 묘사하거나, 그것들을 비교하지 마십시오. 그런 것 중의 어느 것을 하면 그것이 곧 조건 지워지는 마음입니다. 또 한편으로는 마음이 그러한 형상이나 소리에 집착하고 있고, 다른 한편으로 그러한 형상과 소리가 마음을 조건 지우고 있습니다. 그것들이 마음의 내용을 점거한 것이고, 그것을 기초로 마음은 더 많은 개념적 관념과 망상을 일으킵니다. 그래서 제가 박수를 치면 그 자체가 반드시 여러분의 마음을 조건 지우지는 않는다 해도, 만일 여러분이 제가 박수를 친다고 생각하고 거기에 어떤 이름을 부여하면 그것은 조건 지우는 것입니다.

그것을 기초로 여러분은 더 많은 생각을 일으킵니다. '왜 스님은 박수를 칠까?' 그러나 그 소리를 그냥 하나의 순수한 현상으로 듣고 지각할 뿐 거기에 무엇을 덧붙이거나 거기서 무엇을 바라지 않는다면, 여러분의 마음은 조건 지워지는 것이 아닙니다. 그래서 원래 여러분의 마음은 자유롭게 흐르면서 연들에서 벗어나 있었지만, 집착하는 습 때문에 경험에 고착되는 것입니다. 마음이 뭔가를 만나면 거기에 고착되고, 더 많은 생각과 설명을 일으킵니다. 그러나 무심의 상태, 완전한 무집착의 상태에서는 마음이 집착에 걸리지 않고 일체를 지각합니다. 모종의 집착을 일으키기만 하면 그 순간 무심은 조건 지워진 마음으로 변해 버립니다.

제가 말하고 싶은 한 가지는, 중생들은 조건 지워진 방식으로 살 수밖에 없다는 것입니다. 그것은 마음을 조건 지우는 기본 요인인 자아 붙들기가 아직 존재하고 있기 때문입니다. 그래서 이 글에서 말하는 "연들이 사라질" 때—즉, 이 붙들기가 사라질 때—우리의 마음은 더 이상 조건 지워지지 않을 것입니다.

"체體"와 "용用"의 의미에 대해서는 몇 마디 설명이 필요합니다. 우리는 체가 참마음[眞心], 곧 본래의 조건 지워지지 않은 마음이라고 이해할 수 있습니다. 불교에는 이것을 가리키는 많은 단어가 있습니다. 조건 지워지지 않은 마음, 진심眞心, 청정심, 진여가 그것입니다. 자아 붙들기에서 일단 벗어나면 그 오묘한 마음은 자연히 본래적 상태로 돌아가서 두 종류의 지혜를 나툽니다. 그 첫째는 번뇌를 끊는 근본지根本智로, 이런 지혜가 나타나면 번뇌가 없습니다. 두 번째 유형의 지혜는 후득지後得智이며, 이것은 외부 세계에 반응합니다. 자아 붙들기와 집착에서 벗어났을 때 후득지를 가진 사람이 할 수 있는 유일한 반응은 중생들을 자비롭게 제도하는 것입니다. 남들과 관계할 때는 그들이 필요로 하는 것을 기초로 합니다. 이 두 가지 유형의 지혜가 있는 사람을 두고 진여에 안주해 있다고 말하는데, 그 상태의 특징은 세 가지 자질로 나타납니다. 꾸밈없이 자연스러운 것, 편안한 것, 그리고 어떤 제약이나 속박에서도 벗어난 것이 그것입니다.

체體는 자기 마음의 청정한 근원이요
體卽自心淸淨之本源

청정심의 관점에서 보면 오염된 마음 같은 것은 없습니다. 청정심은 그냥 항상 존재해 왔던 근본적이고 본래적인 존재의 상태일 뿐입니다. 더욱이 그것은 얼마간의 수행을 한 뒤에 얻어지는 것이 아닙니다. 그것은 늘 존재해 온 것입니다. 단지 근본무명과 번뇌도 함께 존재해 온 것뿐입니다. 따라서 수행의 핵심은 이 청정심을 획득하거나 깨달음을 얻는 것이 아닙니다. 오히려 그것은 마음의 본래적인 청정의 상태를 회복하는 것과 같습니다. 어떻게 해야 그렇게 됩니까? 그냥 그 청정함을 가리고 있는 모든 것을 없애면 됩니다. 그러면 그런 것들이 무엇입니까? 다름 아닌 우리의 번뇌와 집착들입니다. 이런 것들이 제거되고 나면 마음이 자신의 본래적인 청정의 상태를 깨닫습니다. 그래서 대혜 선사가 청정심의 근원을 이야기하기는 하나, 그것은 관습적인 용어일 뿐입니다. 진여의 관점에서 보자면 청정심에는 근원이 없습니다.

용用은 변화하는 마음의 오묘한 작용입니다.
用卽自心變化之妙用。

"용用"(활용)은 대보살과 부처님들의 완전한 깨달음 안에서 나타나는 진여를 가리킵니다. 마음이 이 본래적인 존재의 상태를 회복하면 그것은 자유롭고 걸림이 없으며, 중생들을 도울 수 있습니다. 그러나 그냥 우리가 중생들을 도울 수 있다고 말하면 그것을 한정하고 맙니다. 왜냐하면 그럴 때 마음의 이 활용은 무한하기 때문입니다. 무엇보다도 우리는 그것을 중생들과의 일대일 관계로만 생각하면 안 됩니다. 오히려 진여의 마음은 동시에 많은 곳에서 많은 중생들에게 반응할 수 있습니다. 이것은 보통의 깨달음이 아니라 위없는 불보살님들의 깨달음입니다. 그래서 진여의 마음은 정적이거나 비활동적인 것이 아니고, 실로 그것은

"변화하는 마음의 오묘한 작용" 때문에 더 활발히 반응합니다.

관세음보살의 중국식 이름은 관음觀音인데, 이것은 '관자재觀自在'로도 번역될 수 있습니다. 이 '자재'는 몸의 자재함과 마음의 자재함으로 이해할 수 있습니다. 이것은 최고의 보살들만이 성취할 수 있습니다. '몸의 자재함'은 대보살들이 일시에 여러 존재계에 몸을 나투어 무수한 중생들을 동시에 제도할 수 있다는 것을 뜻합니다. 보살도의 단계 면에서 보자면, 이 무한한 자재함은 불지佛地의 앞 단계에서 성취됩니다.

그럴 때는 청정한 경계나 오염된 경계에 들어가도 물들지 않을 것입니다.

入淨入穢, 無所染著。

우리는 이것을 어떻게 이해해야 합니까? 어떤 사람이 진여의 청정심을 완전히 깨달았을 때는 더 이상 연緣에 집착하지 않게 됩니다. 이것은 어떠한 마음의 번뇌에 대해서도 면역성을 가진 것에 비유할 수 있습니다. 이 때문에 그들은 어디든지 자유롭게 들어갈 수 있습니다. 그들은 괴로움의 세계인 윤회계에 들어갈 때도 그에 의해 조건 지워지지 않을 것입니다. 화신불化身佛들은 여느 중생처럼 병이 들 수도 있지만, 그들의 마음은 영향을 받지 않습니다. 그와 마찬가지로, 그들은 부처의 경계나 다른 세계를 자유롭게 다닐 수 있습니다. 어느 경우나 그 마음은 자유롭고 편안합니다.

대혜 선사는 이 청정심을 바람 없는 바다와 구름 없는 하늘에 비유합니다. 이것은 바람이 없는 바다, 따라서 파도가 없고 완전히 고요한 바다와 같이 어떤 것에도 반연하지 않는 '조건 지워지지 않는 마음'의 관념입니다. 구름 없는 하늘에서는 어떤 것도 광명을 장애하지 않습니다.

그래서 이 마음은 안정되고 평화로울 뿐만 아니라 완전히 명료하고 밝습니다. 대혜 선사의 바다는 무심에 대한 하나의 비유이지만, 우리는 이 비유를 너무 멀리 밀고 나가면 안 됩니다. 왜냐하면 바다와 구름은 여전히 현상인 반면, 무심은 형상이나 장애에서 완전히 벗어나 있기 때문입니다.

이것은 바다에 바람이 없는 것과 같고 하늘에 구름이 없는 것과 같으며, 이와 같은 경지에 이르러야 비로소 '부처를 배우는 사람'이라고 할 수 있습니다.
若大海之無風, 如太虛之雲散, 得到如是田地, 方可謂之學佛人。

실은 이것은 대혜 선사가 턱없이 높은 기준을 설정하고 있다는 의미는 아닙니다. 오히려 대혜 선사는 청정심을 깨닫는 과업을 완수한 사람을 "부처를 배우는 사람"으로 이야기합니다. 최소한 우리의 자성이 공하다는 것을 실제로 깨달았다면 우리는 부처님에게서 배운 사람인 것입니다. 그런 사람은 적어도 장애 없는 마음을 약간은 가지고 있을 것입니다. 여기까지 우리가 말한 모든 것은 깨달은 상태를 가리킵니다. 우리들 중 깨닫지 못한 사람들은 어떻게 됩니까? 뭐, 우리는 그냥 계속 화두를 부지런히 참구해야겠지요.

왜 우리는 아직 근처에도 가 있지 못하면서 이 '높은' 깨달음의 경지를 이해해야 합니까? 최고의 초콜릿은 스위스에서 만들어진다는 이야기를 들어 본 적이 있습니까? 깨달음에 대해 이야기하는 것은, 한 번도 맛보지 못한 스위스 초콜릿에 대한 이야기를 듣는 것과 조금 비슷합니다. 그 이야기를 듣는 사람은 심지어 군침을 흘릴 수도 있습니다. 한번은 제가 이탈리아에 가려고 할 때 어떤 사람이 말했습니다. "거기 가시면 그들의 아이스크림을 드셔 봐야 합니다. 그게 최고거든요." 그래서 이탈리아에서 우리는 아이스크림을 좀 먹었습니다. 저 자신은 아이스크림을 못 먹는데, 그것이 제 위장에 너무 차갑기 때문입니다. 그래서 제자들과 다른 사람들이 먹는 것을 지켜보았습니다. 제가 그들에게 물었습니다. "어때?" 그들이 이구동성으로 말했습니다. "아주 맛있습니다." 그런데 제가 할 수 있는 일은 지켜보면서 군침을 흘리는 것뿐이었습니다. [웃음] 제가 여기서 하고 있는 일이 그렇습니다. 여러분을 꾀기 위해 깨달음에 대해 이야기하는 것입니다. 선사들의 모든 이야기와 어록은 실은 아직 깨닫지 못한 수행자들을 격려하기 위한 것입니다. 하지만 바람 없는 바다와 구름 없는 하늘에 대한 이야기를 들으면 사람들이 깨달음을 향해 분발하게 될지도 모르지요. [웃음]

깨달음 도상의 단계들

선禪에는 단계가 없습니다. 그러나 논의의 목적상, 우리는 깨달음에 이르는 선의 길이 네 단계를 통과한다고 말할 수 있습니다. 그러나 우리가 단계를 이야기할 때 그것은 어떤 절대적인 것을 이야기하거나, 우리가 그 모든 수준들을 통과해야 한다는 것은 아닙니다. 각자의 체험은 독특합니다. 다만 선의 깨달음에 이르는 도상에는 다소 뚜렷한 네 가지 체험의 수준이 있다는 것입니다. 처음 세 수준은 진짜 깨달음으로 착각하기 쉬운 것이지만, 선에 따르면 그것이 아닙니다.

첫 번째 단계는 선정에서 일어나며 희열로 체험되는데, 무한한 빛의 공간과 아름다운 소리로 체험될 경우도 종종 있습니다. 이 체험은 아주 강력할 수 있기 때문에 우리는 자신이 해탈했다고 느낍니다. 그러나 선정에서 나와 일상생활로 돌아가면 다시 번뇌를 겪습니다. 그것은 좋은 체험이기는 하지만 깨달음은 아닙니다.

두 번째 단계는 마치 우리가 시공을 초월해 버린 듯한 지극한 평안과 청정의 느낌입니다. 이 상태는 첫 번째 수준보다 더 깊은 선정에서 일어나며, 우리는 역시 그것을 깨달음으로 착각하기 쉽습니다. 차이가 있다면, 이 상태에서 나오면 우리가 오랜 시간 동안 번뇌에서 벗어난 상태가 유지된다는 것입니다. 첫 번째 수준과 마찬가지로 그것은 좋은 체험 단계이지만 역시 깨달음은 아닙니다. 왜냐하면 여전히 그 체험에 대한 집착이 있기 때문입니다.

사람들은 깨달음이라는 관념에 대한 집착 때문에 이런 체험들을 붙듭니다. 그것은 실은 그들의 선근이 발현한 것인데, 그것을 (깨달음으로) 잘못 해석하는 것입니다. 최악의 경우는 사람들이 체험을 너무 갈망한 나머지 외부의 영靈들에 씌는 것입니다. 이 영들은 그들 자신의 목적을 위한 도구로 그들을 이용합니다. 이 모든 것은 바른 견해가 없고 스승의 적절한 지도를 받지 못하기 때문입니다. 따라서 불법의 수행에서 1차적으로 중요한 것이 바른 견해이며, 궁극적으로 그 바른 견해란 공空의 성품에 대한 견해입니다.

세 번째 단계는 실은 첫 번째 수준의 체험이지만 우리가 공을 진짜로 언뜻 볼 때입니다. 이 단계에 있는 사람은 세계를 보통 사람들과 같이 보지 않습니다. 이것은 우리가 깨침을 체험한 것이지만, 만일 깨달음을 얻었다는 생각이 있다면 그들은 이 공의 체험 안에 거주하고 있는 것이고, 그 역시 하나의 집착입니다. 우리는 이것을 '견성見性[자신의 불성을 보는 것]'이라고 할 수 있는데, 그것은 얕은 깨달음이라고 볼 수 있습니다. 그러나 궁극적인 깨달음은 아닙니다.

공을 넘어 참된 깨달음을 얻으려면 공 자체에 대한 집착을 해소해야 합니다. 그럴 때 우리는 만물이 아무 장애 없이 현전하고 존재한다고 느낍니다. 그래서 우리가 큰 깨침을 얻으려면 공 자체를 넘어서야 합니다. 하지만 이 단계에 도달했어도 퇴보하지 않으려면 여전히 수행을 해야 합니다. 이 네 번째 단계는 제가 참된 깨달음이라고 확인해 줄 것입니다.

큰 깨달음의 체험이 어떤 것인지를 여러분이 헤아릴 수 있도록 하기 위한 연구가 두 개 있습니다. 그 첫째는, "전 세계가 무너져 가라앉았다(大地落沉)"는 것입니다. 물질적 존재가 사라져 버린 것인데, 그것이 어디로 가라앉았는지는 부디 묻지 마십시오. 두 번째 연구는 "허공이 부서졌다(虛空粉碎)"는 것입니다. 깨달음은 그런 것입니다. 구체적인 사물 일체가 무너지고 사라집니다. 우리가 자아감을 확인하는 데 사용할 만한 어떤 것도 없습니다. 깨달음을 단순히 물질계를 초월하는 것으로 보는 것은 잘못입니다. 오히려 여러분은 실체적인 것과 비실체적인 것 둘 다 타파되는 것을 체험합니다. 그러면 여러분이 동일시할 수 있는 것이 아무것도 없고, 집착할 어떤 것도 없으며, 서 있을 어떤 곳도 없습니다. 이러한 공의 체험은 형언할 수 없지만, 이런 연구들이 여러분에게 어떤 감은 줄 것입니다.

그러나 여러분이 소참에 들어와서 "스님, 저는 세계가 무너지고 허공이 부서지는 것을 체험했습니다"라고 말하면, 그것은 받아들여지지 않을 것입니다. 분명히 여러분이 서 있는 곳이 그대로 있고, 여러분 주위의 공간이 그대로 있습니다. 일체가 그대로 있습니다.

이것이 실로 대혜 선사가 "다양한 연들이 사라질 것"이라고 말한 의미입니다. 그러나 일체가 사라지면 무엇이 남습니까? '나는 무엇에 의지할 수 있는가? 나는 어디에 발을 디딜 수 있는가?' 만일 여러분이 여전히 그런 생각을 한다면 그것은 깨달은 것이 아닙니다. 만일 깨달음의 의미를, 여러분이 모종의 외로운 영혼이 되어 아무것도 의지할 것이 없이 둥둥 떠다니는 것이라고 생각한다면, 그것은 절대로 깨달은 것이 아닙니다. 왜냐? 바로 이러한 자아에 대한 집착이 깨달음을 가로막기 때문입니다. 여러분이 자아 붙들기에서 완전히 벗어날 때, 그것이 깨달음입니다. 붙들기, 집착하기, 조건 지우기, 그리고 궁극적으로 사물에 대한 어떤 의존이 없어지고 나면 바로 그 순간 여러분은 깨닫습니다.

이런 모든 이야기를 듣고 나면 여러분은 깨달음이 너무 멀리 있고 너무 어렵다고 느낄지 모릅니다. 그 대신 선정을 닦는 점진적인 길을 따라야겠다고 생각하겠지만, 점진적인 길도 어렵기는 마찬가지입니다. 하지만 여러분이 할 수 있는 것도 있습니다. 만일 일상생활 속에서 모든 자아 붙들기와 자아집착을 놓아 버릴 수 있으면, 그 순간 공의 맛을 체험할 수도 있습니다. 이것이 대승도大乘道, 곧 깨달음에 이르는 직접적인 길의 선정입니다. 일상생활 속에서 그것을 어떻게 합니까? 그 답은, 늘 여러분의 화두를 드는 것입니다. 기회가 날 때 화두를 들고 참구하십시오. 그것을 이용하여 무상無常, 연기緣起에 대한, 그리고 아울러 공空에 대한 바른 견해를 얻으십시오.

여기 여러분이 할 수 있는 다른 것도 있습니다. 번뇌에 에워싸일 때는 공을 관하십시오. 그것을 어떻게 합니까? 기본적으로, 일체가 무상하며 지속적인 자기동일성이 없다고 스스로에게 말하십시오. 이것이 번뇌를 줄이는 데 도움이 된다면 그걸로 좋습니다. 실제로 참된 공을 체험하지 못했다 하더라도, 자신을 속이는 것도 때로는 도움이 됩니다. [웃음] 자기 자신에게 이렇게 말하십시오. "내가 경험하는 일체가 공하다." 그러면 번뇌를 놓아 버리는 데 도움이 될 것이고, 동시에 공과 무상에 더 친숙해질 것입니다. 그것은 아주 좋은 수행입니다. 그래서 공을 관하기 가장 좋은 때는 번뇌가 일어날 때입니다. 이 간명직절한 방법은 저

인기 있는 '천치들'을 위한 책들*과 같습니다. 이 책은 "천치들을 위한 선 수행"이라고 합니다. [웃음]

그러나 부디 공의 가르침을 잘못 사용하지는 마십시오. 집에 가서 부인에게 "당신은 공하다"고 말하면 안 됩니다. [웃음] 그리고 여러분이 감당하는 책임에 대하여 "너도 공하다"고 하면서 그것을 회피하면 안 됩니다. [웃음] 그것은 잘못입니다. 저는 이 선십 법문을 마무리했지만, 마지막 조언이 하나 있습니다. 만일 여러분이 선정을 닦는 점진적인 길을 수행하고 싶다면 그건 좋습니다. 그러나 화두를 닦아서 깨달음으로 직접 들어가고 싶다면 그 역시 환영합니다.

---

* (역주) 미국에는 『완전 천치의 불교 안내서(The Complete Idiot's Guide to Buddhism)』, 『멍청이들을 위한 불교(Buddhism for Dummies)』와 같은 초보자용 시리즈들이 있다.

4. 생사대사(生死大事)
– 대혜종고 선사 법어 강해

자신이 어디서 태어났는지 그리고 죽은 뒤에는 어디로 가게 될지 모른다는 두 가지 일을 늘 코끝에 고정하고, 차를 마시든 밥을 먹든, 조용한 곳이든 시끄러운 곳이든, 생각생각 열심히 노력하되 마치 남에게 만 냥의 돈을 빚졌는데 갚을 길이 막막한 듯이 하십시오. 가슴은 답답하고 피할 길이 없어, 살려고 해도 살 수 없고 죽으려 해도 죽을 수 없이 말입니다. 이럴 때 선악의 길이 모두 끊어집니다. 바로 그렇게 느낄 때가 공부에서 힘을 얻는 때입니다. (…) 예전의 덕 높은 분이 말하기를, 부처님이 말씀하신 일체법은 온갖 근기의 중생들을 제도하기 위해서라고 한 것을 들어 보지 못했습니까? 마음이 없으면 일체법이 무슨 쓸모가 있겠습니까?

　이 길을 배우는 사대부들 중 많은 사람은 빠른 성과를 얻으려고 합니다. 그들은 스승이 입을 열기도 전에 이미 심의식心意識으로 개념적 이해를 형성해 버립니다. 그러나 막상 실제 상황에 부닥치면 끓는 물에 집어넣은 게처럼 버둥거리며 아무 두서가 없습니다. 그들은 실제로 자신들의 개념적 이해로 인해 염라대왕에게 끌려가 철봉으로 맞고 뜨거운 쇠공을 삼키게 될 거라는 것을 모릅니다. 빠른 성과를 얻으려고 하는 사람은 바로 이런 사람들이니, 이른바 얻고자 하는 사람은 오히려 잃고, 세밀하게 하려는 사람이 오히려 더 성글어진다고 하는 것이 그런 경우입니다. 여래는 그런 사람들을 가엾게 여깁니다.

근자에 많은 사대부들이 이 길을 배우고자 하나, 그들의 마음바탕이 순수하지 않습니다. 그들의 병은 그 독이 심장에 들어간 데서 옵니다. 독이 심장에 들어가면 만나는 모든 것에 얽매이게 됩니다. 만나는 모든 것에 얽매이게 되면 아견我見에 대한 집착이 커지고, 아견에 대한 집착이 커지면 보고 듣는 일체가 남들의 결점일 것입니다. 그러면 한 걸음 물러서서 잠시나마 '매일 아침 침상에서 일어난 뒤에 나 자신과 남들에게 무슨 이로움을 주었나?' 하고 스스로 점검하지 못합니다. 이처럼 스스로 점검할 수 있는 사람을 지혜로운 사람이라고 합니다. 조주 선사가 말했습니다. "이 노승은 하루 중 밥 먹는 두 때를 제외하고는 잡되게 마음을 쓰지 않는다." 이 노인이 말하려는 뜻이 무엇인지 궁금할지 모릅니다. 만일 그의 본래면목을 알아차린다면 "걷는 것도 선이요 앉는 것도 선이네. 어묵동정語默動靜에 일체가 편안하네."와 같은 말을 할 수 있겠지요. 만약 이와 같이 하지 못한다면 언제나 한 걸음 뒤로 물러나 자기 발밑을 세심히 살피는 것이 좋을 것입니다. 우리가 다른 사람의 강점과 약점을 참으로 알거나, 그가 범부인지 성인인지, 사물이 참으로 존재하는지 공한지 알 수 있을까요? 모든 상황에서 이러한 자기탐색을 궁구하여 이 물음을 더 밀고 나갈 데가 없는 곳에 이르러, 마치 쥐가 쇠뿔 안에 갇힌 것같이 되었을 때, 문득 이 간사한 마음을 끊어 버려야 합니다. 이것이 만물이 견고해지는 상태이며, 우리가 집으로 돌아가 마침내 평안 속에 확고히 앉는 곳입니다.

—「대혜보각선사어록」에서

常以生不知來處, 死不知去處二事, 貼在鼻孔尖上. 茶裏飯裏靜處鬧處,
念念孜孜常似欠卻人, 萬百貫錢債無所從出. 心胸煩悶回避無門, 求生不
得求死不得. 當恁麼時, 善惡路頭相次絕也, 覺得如此時, 正好著力. (…)
不見古德有言, 佛說一切法, 爲度一切心, 我無一切心, 何用一切法.*

士大夫學此道, 多求速效. 宗師未開口時, 早將心意識領解了也. 及乎緩
緩地根著, 一似落湯蚍蟹, 手忙脚亂無討頭處. 殊不知閻家老子面前, 受
鐵棒, 吞熱鐵圓者, 便是這領解. 求速效者更不是別人. 所謂希得返失,
務精益蠢, 如來說爲可憐愍者.**

近世士大夫多欲學此道, 而心不純一者, 病在雜毒入心. 雜毒其入其心,
則觸途成滯, 觸途成滯, 則我見增長, 我見增長, 則滿眼滿耳只見他人過
失. 殊不能退步略自檢察看, 逐日下得床來, 有甚利他利己之事? 能如是
檢察者, 謂之有智慧人. 趙州云:「老僧逐日除二時粥飯是雜用心, 餘外更
無雜用心處」. 且道, 這老漢在甚處著到? 若於這裏識得他面目, 始可說:
「行亦禪, 坐亦線, 語默動靜體安然」. 未能如是, 當時時退步向自己脚跟
下仔細推窮, 我能知他人好惡長短底, 是凡是聖? 是有是無? 推追來推追
去, 到無可推窮處, 如老鼠入牛角, 驀地偸心絕, 則便是當人四楞塌地, 歸
家穩坐處.***

---

* (역주)「대혜보각선사어록」, 卷二十一, '려기의에게 보임(示呂機宜)' 중에 나오는 대목.
『禪門修證指要』, 145쪽에 '대혜선사어록 15칙則' 중 제15칙으로 나온다.

** (역주)「대혜보각선사어록」, 卷二十一, '악수옹사부에게 보임(示鄂守熊祠部(叔雅))' 중의
한 대목.『禪門修證指要』, '대혜선사어록 15칙' 중 제10칙.

*** (역주) 위 같은 글에서 조금 더 앞에 나오는 대목. '대혜선사어록 15칙' 중 제9칙.

생사대사

가끔 우리가 달을 볼 때, 구름이 지나가면서 한동안 달이 흐릿하게 보입니다. 그러나 그것을 또렷이 보든 흐릿하게 보든, 우리는 달이 거기에 있다는 것을 압니다. 수행도 이와 비슷합니다. 우리의 마음은 때때로 흐릿해지지만, 만일 우리가 주의하면 그때도 방법을 얼핏 보게 됩니다. 마음이 흐릿해질 때는 방법을 놓치지 않고 계속 보기만 하면 됩니다.

대혜종고 선사는 행주좌와行住坐臥의 사위의四威儀 가운데서 화두를 고스란히 들고 있으라고 말합니다. 사람들을 만나고 일을 처리할 때에도 화두와 떨어지지 않도록 하십시오. 화장실에 갈 때도 화두를 가지고 가십시오. 열심히 한다 해도 망념 때문에 화두를 놓치게 되고, 그래서 망념이 더 많이 일어날 때가 있을지 모릅니다. 그것을 알아차리게 되면 자신을 벌하지 마십시오. 그냥 화두로 돌아가십시오. 진짜 위험은 망념을 너무 늦게 알아차리는 것입니다. 망념들이 여러분의 마음을 점거하여 마음속에 망념 외에 아무것도 남지 않는 지경이 되게 하지 마십시오.

망념들이 일어날 거라는 것을 인식하더라도, 여러분의 마음을 화두 안에서 걸어 잠그고 열쇠를 던져 버리십시오. 여러분의 유일한 관심은 화두여야 합니다. 수박을 먹을 때 달려드는 파리들을 계속 쫓고 있으면 수박을 즐기지 못합니다. 그와 마찬가지로 망념들이 마음속을 들락거릴 때는 그냥 무시하고 계속 화두만 드십시오.

이제 대혜종고 선사의 법어에 대한 강해를 시작해 보겠습니다.

자신이 어디서 태어났는지 그리고 죽은 뒤에는 어디로 가게 될지 모른다는 두 가지 일을 늘 코끝에 고정하고, 차를 마시든 밥을 먹든, 조용한 곳이든 시끄러운 곳이든, 생각생각 열심히 노력하되 마치 남에게 만 냥의 돈을 빚졌는데 갚을 길이 막막한 듯이 하십시오. 가슴은 답답하고 피할 길이 없어, 살려고 해도 살 수 없고 죽으려 해도 죽을 수 없이 말입니다. 이럴 때 선악의 길이 모두 끊어집니다. 바로 그렇게 느낄 때가 공부에서 힘을 얻는 때입니다.

常以生不知來處, 死不知去處二事, 貼在鼻孔尖上。茶裏飯裏靜處鬧處, 念念孜孜常似欠卻人, 萬百貫錢債無所從出。心胸煩悶回避無門, 求生不得求死不得。當恁麽時, 善惡路頭相次絕也, 覺得如此時, 正好著力。

수행자의 유일한 관심은 생사대사生死大事여야 합니다. 즉, '세상에 태어나는 목적은 무엇인가? 죽음에는 어떻게 대처하는가?' 입니다. 사람들은 삶을 갈망하고 죽음을 피하려고 합니다. 어떤 사람들은 삶이 무엇을 의미하는지 별로 생각해 보지 않고 평생을 살아갑니다. 그러나 선 수행자라면 생사를 심각하게 성찰하는 것이 기본입니다. 우리는 이것을 '의정 일으키기'라고 합니다. 이것은 무엇을 미심쩍어 하는 보통의 의구심이 아니라 깊은 관심에서 솟아나는 의심이며, 생사 문제가 무엇인지 궁금하고 그것을 해결하고 싶다는 그런 의심입니다. 역으로, 이 문제를 도외시하면 의정을 일으키기가 아주 어려워집니다. 종교들은 계시 받은 가르침을 통해 생사 문제를 해결합니다. 반면에 선은 여러분에게 자기 바깥의 어떤 것을 믿으라고 요구하지 않습니다. 선은 이 문제를 여러분 자신의 노력으로 해결할 기회를 줍니다.

임제 선사의 전통에서는 생사 문제를 해결하는 길이 화두를 참구하는 것입니다. 우리는 내일도 우리가 살아 있을 것처럼 하고 살지만, 오늘을 살아낼지도 확실치 않습니다. 그래서 대혜 선사는 제자들에게, 매일을 이 생의 마지막 날로 생각하라고 조언합니다. 생의 마지막에 여러분은 무엇을 이루어 낸 상태일까요? 죽은 뒤에는 어디로 가겠습니까?

이런 질문들을 던져 보면, 수행을 잘 해야겠다는 절박감이 듭니다. 화두 수행은 마음을 가라앉히는 데도 도움이 될 수 있지만, 더 중요한 수준에서는 진정한 깨침과 생사 문제 해결을 위한 조건들을 창출하는 데 도움이 될 수 있습니다. 그래서 대혜 선사는 우리에게, 도저히 갚을 길이 없는 빚을 진 사람과 같은 마음자세를 지니라고 말합니다.

우리가 내면에서나 남들과의 사이에서 혼란 속에 살게 되면 가볍고 편안함[輕安]을 즐기지 못합니다. 대혜 선사는 이것을, 살 수도 없고 죽을 수도 없고, 나아갈 수도 없고 물러설 수도 없는 상태로 묘사합니다. 이와 같이 이러지도 저러지도 못할 때가 바로 화두에서 이익을 얻을 수 있는 때입니다. 선당에서건 일상생활 속에서건, 이 방법은 우리에게 또렷하고 동요 없는 마음으로 행위할 수 있게 해 줍니다. 대혜 선사는 수행자들이 자기 몸과 마음을 조절하는 법을 당연히 알아서, 힘겨운 상황에서도 절박하게 수행할 수 있는 수준이 되어야 한다고 봅니다. 우리가 수행에서 참으로 힘을 얻는 것은 바로 역경 속에서입니다. 대혜 선사가 우리에게 이렇게 말한다고 생각해 보십시오. "여러분의 몸과 마음을 조절하고 아울러 식사, 취침 여건과 환경 등 모든 면에서 아무 문제가 없게 한 다음, 수행을 시작하면 된다." 수행을 시작하기 전에 그런 것을 다 챙길 수 있다고 하면, 수행은 시작도 해 보지 못할 것입니다. 그래서 그의 접근방식은 언제 어떤 상황에서도 화두법을 곧바로 사용하는 것입니다.

대혜 선사는 우리가 역경에서 힘을 얻으려면 '무'를 참구해야 한다고 말합니다. 머리로 헤아릴 필요가 없고, 설명할 필요가 없고, 추구할 지식도 없고, 이해할 가르침도 없으며, 닦아야 할 적정寂靜도 없습니다. 깨달음을 기다릴 필요도 없고, 게으름 속에서 뒹굴 필요도 없습니다. 그는 우리에게 추론의 낡은 습관과, 불성에 신경 쓰고 높은 경지의 체험을 추구하는 것에서 초연해지라고 말합니다. 마음이 또렷해지면 우리가 무엇을 깨달았다 싶을 때도 있겠지만 그것도 그릇된 것입니다. 그런 낡은 습관들을 부정해야만 우리가 참으로 화두법을 사용할 수 있습니다. 그냥 더없이 단순한 형태로 그 물음을 던지십시오.

"무?"는 철학으로 대답할 수 있는 물음이 아니고, 깨달음으로 가는 표지판도 아닙니다. 그러면 무엇입니까? 그 답은, 화두에는 아무 의미가 없다는 것입니다. 그러나 그것은 우리를 망상에서 벗어나게 해 줄 수 있습니다. 화두 자체가 그런 능력이 있는 것이 아니라, 오히려 그 과정이 우리를 망상에서 벗어나게 해 줍니다.

저는 여러분에게 망념에 상관하지 말라고 했습니다. 이제는 무수한 것들을 놓아 버리라고 말하겠습니다. 첫 번째 수준에서는, 망념을 자각할 때 그냥 화두를 드십시오. 계속 그렇게 해 나가면 결국 그 망념들은 가라앉고 방법만 남을 것입니다. 두 번째 수준에서는, 여러분이 진보하면서 여러 가지 '좋은' 체험과 '나쁜' 체험—무수한 것들—이 일어날 것입니다. 그런 것이 나타날 때는 그냥 자신을 화두에 붙들어 매어, 여러분이 그것이 되고 그것이 여러분이 되게 하십시오. 때가 되면 그 무수한 것들도 사라질 것입니다.

좌선할 때는 물론 화두를 사용하고, 절을 하거나 경행을 할 때에도 여전히 화두를 사용하십시오. 어떤 상황에서든 늘 화두를 목전에 두되, 그것을 늘 느긋하게 사용하십시오.

선불장選佛場

스포츠에서 참으로 두각을 나타내려면, 엄격하고 때로는 가혹한 훈련을 견뎌내야 합니다. 코치가 세게 밀어붙이지 않고 봐주는 선수들은 뛰어난 성적을 거두지 못합니다. 무술인 이연걸이 저에게 말하기를, 자기가 어릴 때 가르치던 사범들은 인정사정이 없었다고 했습니다. 그는 자기 몸과 손뿐만 아니라 온갖 무기를 가지고 하루 종일 수련했습니다. 온종일 수련하고 나면 멍이 들거나 피가 나는 경우도 많았습니다. 그만 둘까 하는 생각도 자주 했지만, 비무대회比武大會 우승이라는 목표가 그를 붙들어 두었습니다. 결국 그는 우승자가 되었고 영화계 스타도 되었습니다. 그래서 자기 분야에서 두각을 나타내려면 역경과 규율을 견뎌내야 할 경우가 많습니다.

좌선당은 좀 다른 경기장입니다. 선에서는 이곳을 '선불장選佛場'(부처들을 뽑는 곳)이라고 부릅니다. 저는 이 선당 뒤쪽에 붙어 있는 '選佛場'이라는 붓글씨를 두고 하는 말입니다. 자기 내면에서 부처를 만들어 내려면 얼마나 많은 노력과 결의가 필요하겠는지 생각해 보십시오! 비무대회 우승자가 되는 것에 비하면, 부처가 되기 위해 우리가 견뎌내야 할 규율, 결의, 역경은 훨씬 더 큽니다.

며칠이 지났으니 여러분이 몸과 마음을 조절하여 비교적 편안하게 좌선할 수 있는 상태에 이르렀기를 바랍니다. 그러나 거기에 함정이 있습니다. 화두를 목전에 유지하는 정진력이 어떤 때는 있지만 어떤 때는 없습니다. 아니면 별 생각 없이 화두를 마치 하나의 진언처럼 "무, 무, 무" 하고 염하기만 할 수도 있습니다. 이렇게 하면 백 년을 좌선해도 들어가지 못합니다. 정진력이 쳐질 때, 바로 그 지점이 절박한 마음을 내야 할 곳입니다. 이 절박함이 어디서 와야 합니까? 자신이 아직도 이 생사대사를 해결하지 못했다는 인식에서 와야 합니다. 여러분은 태어나기 전의 자기 본래면목을 모르고, 죽은 뒤에 어디로 갈지도 모릅니다. 사실 이 절박함은 자기가 오늘밤, 오늘 오후, 혹은 바로 다음 순간 죽을 수도 있다는 느낌에서 와야 합니다. 죽음이 임박해 있다는 것을 알면 화두를 간절히 참구하게 될 것입니다. 그것이 여러분을 집어삼키게 해야 합니다. 왜냐하면 여러분은 자신이 공空에서 일어났고, 인연이 흩어져 여러분이 죽으면 그 또한 공이라는 알기 때문입니다.

여러분은 이렇게 물을지 모릅니다. "공空과 무無가 저와 무슨 관계 있습니까?" 만일 자신의 타고난 불성에 관심이 없으면 의정을 일으키기 어려울 것이고, 의정이 없으면 깨달음을 얻기가 아주 어렵습니다. 따라서 자신이 온 곳과 갈 곳을 알지 못한다면 온 마음으로 '무' 속으로 뛰어들어 의정을 일으키십시오. 이 의심은 일종의 궁금증입니다. 그것은 여러분에게 들러붙는 미해결의 문제입니다. 그것은 무엇의 진실성에 대한 의구심이나 회의나 물음이 아닙니다. 오히려 그것은 큰 절박함으로 여러분의 가슴을 가득 채우는 어떤 '모름'이고, 여러분은 그것을 해결해야 할 간절한 필요성을 느낍니다. 그 의문을 해결하지 못하고 있을 때에도 그것은 자랍니다. 이 모르기는 하지만 간절히 그것을 해결하고 싶어하는 상태를 '대의단'이라고 합니다. 이 대의단을 타파하면 깨달음이 옵니다.

따라서 화두를 수행한다는 것은, 그 의정을 일으킬 수 있도록 절박함과 간절함으로 그 물음을 던지는 것을 의미합니다. 간절함으로 수행하지 않으면 '무'가 그냥 망념들에 얽혀들게 될 것이고, 여러분의 마음은 망상 속에서 뒹굴게 됩니다. 참으로 선을 참구하려면 단순히 화두를 염하는 것을 넘어서야 합니다. 절박하고 간절한 마음을 내야 합니다.

그렇기는 하나, 긴장된 방식으로 수행해서도 안 됩니다. 몸과 마음이 모두 이완되어 있어야 합니다. 그리고 거기에 진정한 수행자의 솜씨가 있습니다. 긴장 없이, 그러면서도 이음매 없이 수행하는 것입니다. 저절로 끊임없이 흐르는 물처럼, 화두를 여러분의 목전에 유지하는 데 있어서 틈새가 없어야 합니다. 가진 힘과 스태미나에 따라, 여러분은 작은 물줄기일 수도 있고 큰 강줄기일 수도 있습니다. 어느 쪽이든, 핵심은 이완하는 동시에 큰 절박함을 갖는 것입니다. 그리고 생사문제에 관한 간절함이 있어야 합니다. 이것이 참선을 하는 법입니다.

자신에게 해를 끼칠 정도로 스스로를 압박하지 마십시오. 여기서 법사(스님)들이 하는 일은 선당의 톤을 적절히 설정하는 것입니다. 여러분은 여러분의 역할을 하고, 그들은 그들의 역할을 할 것입니다. 지금까지는 그들이 상당히 친절했습니다. 다소 느슨한 사람들에게도 관대했습니다. 몽롱한 혼침昏沈에서 여러분을 깨워야 하기는 했지만 말입니다. 오늘부터는 그들이 더 엄격해질 것입니다. 몽롱하거나 조는 사람, 머리 속에서 영화를 보고 있는 사람들에게는 법사들이 다가가서 정신이 번쩍 들도록 도와드릴 것입니다.

더 강력한 방법은 경행 때 상당히 효과적일 수 있습니다. 감향監香(선당에서 대중을 이끄는 소임자)이 갑자기 여러분을 마주하고 소리칠지 모릅니다. "무는 어디 있습니까? 입 안에 있습니까? 발에 있습니까? 가슴 속에 있습니까?"라고 말입니다. 실은 여러분의 전 존재가 '무'가 되어야 합니다. 그러나 감향은 여러분에게 '무'가 어디 있는지 말하라고 다그칠 것입니다. 감향이 여러분을 다그쳐 '무'를 받아내려고 할 때 준비되어 있으려면 끊임없이 참구해야 합니다. "무가 어디 있습니까?" 하고 물을 때 대답할 필요가 있다고 느낀다면 그것은 망상일 것입니다. 반대로 여러분의 참구는 아무 대답도 할 필요가 없다는 느낌을 일으켜야 합니다. 만일 일체가 그냥 '무'라는 것을 지각하면 거기서 멈추지 마십시오. 왜냐하면 여러분은 아직 '무' 자체가 무엇인지 모르기 때문입니다. "무엇이 무인가?" 거기에 대답할 수 없기 때문에, 의심이 일어날 것입니다. 그래서 '무'에 대해 묻는 것은 여러분을 다그쳐 어떤 답변을 끌어내려는 것이 아니라 여러분 안에서 의심을 일으키기 위해서입니다.

귀쥔果峻 스님[선칠 법사의 한 사람]이 저에게 말하기를, 자신은 아직 누구에게도 소리를 지른 적이 없다고 했습니다. 만일 그가 소리를 지른다면, 개인감정이 있다고 여기지 마십시오. 그는 그냥 여러분이 수행을 더 열심히 하도록 분발시킬 뿐입니다. 반대로, 그가 소리쳐 주기를 기다리지 마십시오. 그러면 그의 말이 힘이 빠질 테니까 말입니다. 여러분이 해야 할 일은 지속적으로 '무'를 참구하면서 의정을 일으키는 것입니다.

오늘 저녁을 끝내면서 대혜 선사의 법어 몇 구절을 더 살펴봅시다.

예전의 덕 높은 분이 말하기를, 부처님이 말씀하신 일체법은 온갖 근기의 중생들을 제도하기 위해서라고 한 것을 들어 보지 못했습니까? 마음이 없으면 일체법이 무슨 쓸모가 있겠습니까?

不見古德有言, 佛說一切法, 爲度一切心, 我無一切心, 何用 切法。

대혜 선사는 법을 가르치기 위한 모든 장치는 실은 중생들의 망상에 대한 해독제라고 말하고 있습니다. 여러분은 불법을 어떻게 사용하여 망상을 끊습니까? 저는 소위 망상을 끊는다는 것은 방편적 가르침에 지나지 않는다고 이미 말했습니다. 왜냐하면 망상은 끊을 필요가 없기 때문입니다. 망념들이 여러분을 포획하지 않는 한, 여러분이 그에 끄달리지 않는 한, 여러분은 이미 그것들을 반야般若로 탈바꿈시킨 것입니다. 만일 마음의 작용이 여러분에게 아무 흔적도 남기지 않는다면, 여러분은 그것을 자유롭게 사용하여 지혜에 이바지하게 할 수 있습니다. 망념들에 영향을 받지 않으면 그것들이 여러분을 위해 일할 수 있고, 이것이 바로 망상을 끊는 법입니다.

모든 상황에서 진입하라

대혜 선사의 법어 강해를 계속합시다.

이 길을 배우는 사대부들 중 많은 사람은 빠른 성과를 얻으려고 합니다. 그들은 스승이 입을 열기도 전에 이미 심의식心意識으로 개념적 이해를 형성해 버립니다. 그러나 막상 실제 상황에 부닥치면 끓는 물에 집어넣은 게처럼 버둥거리며 아무 두서가 없습니다. 그들은 실제로 자신들의 개념적 이해로 인해 염라대왕에게 끌려가 철봉으로 맞고 뜨거운 쇠공을 삼키게 될 거라는 것을 모릅니다. 빠른 성과를 얻으려고 하는 사람은 바로 이런 사람들이니, 이른바 얻고자 하는 사람은 오히려 잃고, 세밀하게 하려는 사람이 오히려 더 성글어진다고 하는 것이 그런 경우입니다. 여래는 그런 사람들을 가엾게 여깁니다.

士大夫學此道, 多求速效。宗師未開口時, 早將心意識領解了也。及乎緩緩地根著, 一似落湯蚍蟹, 手忙腳亂無討頭處。殊不知閻家老子面前, 受鐵棒, 吞熱鐵圓者, 便是這領解。求速效者更不是別人。所謂希得返失, 務精益麤, 如來說為可憐愍者。

이 글에서는, 지식인들 가운데 어떤 사람들은 성과를 얻고 싶어서 깨달음에 이르는 지름길을 찾는 경향이 있다는 것을 지적합니다. 이런 지식인들은 재치 있는 답변에 기민하고, 자기가 듣거나 읽는 것을 해석하고 분석하여 숨은 의미를 곧잘 찾아냅니다. 그러나 그들은 불법의 취지가 중생들의 필요에 반응하여 해독제를 처방하는 것임을 망각합니다. 그런데 많은 사람들은 그 약을 그냥 먹는 대신 그것을 분석하기를 좋아합니다. 불교에 대해 토론하기 좋아하는 지식인들을 더러 만나 보았지만, 제가 그들의 수행에 도움이 될 선기 수행을 권유하면 그들은 이런 식으로 말하는 경우가 많았습니다. "스님, 스님의 책들을 읽어 보았는데, 선기에 참여하면 그런 말씀들을 다시 듣는 것에 지나지 않을 겁니다." 그런 사람들에게는 선이 주로 어떤 관념들에 관한 것으로 보이겠지만, 선의 전체 핵심은 개념에서 벗어나는 것입니다. 실제 수행을 하지 않으면 삶의 핵심에 접촉하기가 매우 어렵습니다. 그것은 단순히 말로써 할 수 없는 것입니다. 생사 문제를 해결하기 위해서는 그 본질적 성품을 직접 지각해야 합니다. 말에서 얻은 이해는 어느 정도까지는 유용하지만, 실제 상황의 문제들은 수행을 통해서만 해결할 수 있습니다.

선사들의 모든 말은 수행의 한 가지 실체를 가리켜 보입니다. 화두를 하는 것은 일상생활 속에서 '무'를 제기하고, 자아집착, 사변, 분석에서 초연해지는 것입니다. 이것은 불법에 대한 개념적 이해를 얻는 것과는 사뭇 다릅니다. 선사가 사물들을 반드시 분명하게 설명하지는 않겠지만, 그의 모든 말은 어떤 선의 방법을 사용하라는 지침입니다. 대혜 선사에게 그 방법은, '무'를 사용하여 우리의 본질적 성품에 대한 지각을 가로막는 장애물을 분쇄하는 것입니다. 선서禪書를 읽는 것이 유용하다는 것은 부정할 수 없습니다. 그것은 우리가 비교적 행복하고 평화로운 삶을 사는 데 도움이 될 수 있습니다. 그러나 수행 속으로 참으로 진입하는 것이 책을 읽어서만 되는 경우는 드뭅니다. 개념적 이해만으로는 자기 존재의 핵심으로 뚫고 들어가지 못합니다. 어떤 수행법을 사용하여 그 장벽을 타파하고 자기 존재의 원천을 직접 지각해야 합니다. 그렇지 않고 분석과 추론에 의존하면, 여러분이 염라대왕을 만났을 때 마음이 혼란에 빠질 것입니다.

언젠가 한 지식인이 제가 책을 많이 쓰고 강의를 많이 했다고 저를 칭찬했습니다. 그는 제가 아주 지성적이었기 때문에 그렇게 할 수 있었다고 하면서, 제가 재기才氣가 있기 때문에 저에게 맞는 길을 선택한 거라고 덧붙였습니다. 책을 아무리 많이 읽고 공안을 아무리 연구해도 여전히 갈피를 잡지 못하는 다른 사람들과는 다르다는 것이었습니다. 바꾸어 말해서, 이 신사는 저를 재기 있는 영리한 사람으로 낮추어 본 것입니다. 그는 또한 영리한 사람들만이 선을 공부해서 뭔가를 얻어낼 수 있다는 것을 암시했습니다. 제가 보건대 이 사람은 그런 소견을 피력하면서, 그 자신이 그런 지식인의 한 사람임을 드러내고 있었습니다.

제가 그에게 말했습니다. "저는 당신이 생각하는 그런 사람이 아닙니다. 사실 저는 제가 아둔하다고 생각합니다. 공안들이 그냥 제 마음에서 흘러나오는 것 같지는 않습니다. 아직 제가 모르는 공안도 많습니다. 그래서 저는 아주 열심히 수행해야 합니다." 재기 넘치는 사람들에게 한 가지 문제를 던지면 그들은 그것을 백 배로 늘릴 것입니다. 대혜 선사는 특히, 뭘 하나 읽고 나서 불법을 이해했다고 생각하여 자신들의 근본적인 참된 성품, 본래면목에 대해 자신을 속이는 엘리트들을 비판했습니다. 그들은 선의 특이한 연구들을 참된 선으로 착각했습니다. 그런 빛의 번뜩임과 소리들을 선 그 자체로 오인한 것입니다. 사실 그런 것들은 선문禪門 밖의 변용된 상태인데, 가볍고 편안한 느낌이라든가 모종의 통찰력 같은 체험이 그것입니다. 이러한 상황들은 보통 예리한 재기를 가진 사람들이 아주 접근하기 쉽습니다. 그들은 불법에 대해 좀 읽고 나면 즉시 얼마간의 통찰력을 얻고, 자신이 선문의 문고리를 잡았다고 생각합니다. 실은 아직 문 밖에서 맴돌면서 그런 소위 체험들에 매달려 있는데도 말입니다. 그들이 선문을 실제로 뚫고 들어갈 수 있는 유일한 길은 '무'를 드는 것이겠지요. 그래서 대혜 선사는 종종 이런 사람들에게, 바로 그들의 오만한 지식 때문에 '무'를 닦아야 한다고 말했습니다.

간밤에 궈쿽 스님이 저에게 말하기를, 여러분 가운데 한 사람이 통일심의 상태에 도달했다고 했습니다. 여러분이 기억할지 모르지만, 저는 화두 수행의 3단계를 집중심의 상태, 통일심의 상태, 무심의 상태로 이야기했습니다. 집중심의 상태에서는 망념과 화두가 한데 섞입니다. 산만한 생각이 일어나고 가라앉지만, 화두가 그대로 있어 들 수 있습니다. 화두가 여전히 활발히 작용하는 것입니다. 그러한 의미에서, 집중심의 상태에서는 망념과 화두가 동시에 존재합니다.

통일심의 상태에서는 몸, 마음, 환경 및 그것들에 수반되는 모든 부담들이 사라지고 화두만 남습니다. 방법은 여전히 존재하지만, 더 이상 어떤 부담도 느끼지 않습니다. 이 상태에는 체험의 깊이와 범위에 있어서 다양한 층이 있다는 것을 부디 유념하십시오. 그러나 의정이 없다면 통일심의 상태만으로는 충분치 않습니다. 따라서 여전히 의심을 일으켜야 합니다. 의정이 일어나면 큰 절박함으로 그것을 밀어붙여서 그 의정이 대의단이 되게 해야 합니다. 이 대의단이 타파될 때에만 세 번째 단계인 무심에 도달합니다.

오늘 저는 궈쥔 스님에게 사람들을 더 세게 밀어붙이라고 권했습니다. 어쩌면 여러분 가운데 한 분은 그가 "무엇이 무입니까?" 하고 소리치는 것을 들으면 갑자기 대의단이 타파될지도 모릅니다. 이 타파가 작은가 큰가에 따라서 여러분은 지혜를 체험할 수도 있고 체험하지 못할 수도 있지만, 지혜를 얼핏 보기만 하는 것도 일종의 깨달음이라고 볼 수 있습니다. 여러분의 상태가 무엇이든, 만일 수행이 '무' 안에 자리 잡고 있다면 늘 '무'로 돌아가는 길을 발견할 것입니다. '무' 안에 자리 잡고 있으면 여러분이 어디에 있든 진입할 수 있습니다. 모든 상태가 수행의 기회입니다. 수행의 이익이 깨침을 얻는 것뿐이라고 생각하지 마십시오. 모든 상황을 수행의 진입점으로 사용할 수 있을 때, 일상생활에서 사용할 수 있는 (수행상의) 부富를 얻게 될 것입니다. 그러나 자기가 갑자기 풀려난 것 같고 더 이상 아무것도 할 필요가 없다고 느껴지는 일종의 가짜 깨달음을 부디 조심하십시오. 그것이 바로 여러분이 화두를 들어야 할 지점입니다. 그러니 부디 수행에 온 힘을 쏟으십시오.

집을 본래 자리로 돌려놓기

오늘밤은 대혜 선사의 법어에 대한 강해를 마무리 짓겠습니다.

근자에 많은 사대부들이 이 길을 배우고자 하나, 그들의 마음바탕이 순수하지 않습니다. 그들의 병은 그 독이 심장에 들어간 데서 옵니다. 독이 심장에 들어가면 만나는 모든 것에 얽매이게 됩니다. 만나는 모든 것에 얽매이게 되면 아견我見에 대한 집착이 커지고, 아견에 대한 집착이 커지면 보고 듣는 일체가 남들의 결점일 것입니다. 그러면 한 걸음 물러서서 잠시나마 '매일 아침 침상에서 일어난 뒤에 나 자신과 남들에게 무슨 이로움을 주었나?' 하고 스스로 점검하지 못합니다. 이처럼 스스로 점검할 수 있는 사람을 지혜로운 사람이라고 합니다.

近世士大夫多欲學此道, 而心不純一者, 病在雜毒入心. 雜毒其入其心, 則觸途成滯, 觸途成滯, 則我見增長, 我見增長, 則滿眼滿耳只見他人過失. 殊不能退步略自檢察看, 逐日下得床來, 有甚利他利己之事? 能如是檢察者, 謂之有智慧人.

이 글에서는 상황을 재빨리 파악할 수 있는 예리한 재지才智를 가진 수행자들에 대해 이야기합니다. 만약 그들이 망념을 버리고 오롯한 일념으로 화두를 제기할 수 없다면 이러한 재지는 하나의 문제일 수 있습니다. 오히려 그들은 독毒을—비판, 비교, 질투 등을—제기합니다. 이런 사람들에 대해 대혜 선사는 "독이 심장에 들어갔다"고 말합니다. 순수하지 않은 마음을 지닌 사람들은 남들에게서 결점, 문제, 약점을 보면서 자기 자신은 점검하지 않습니다. 대혜 선사의 표현으로, 그들은 '매일 아침 침상에서 일어난 뒤에 나 자신과 남들에게 무슨 이로움을 주었나?' 하고 물어야 합니다. 그렇게 할 수 있으면 참으로 이 길에 들어설 기회를 갖겠지만, 비판적인 사고에 빠져 있는 것은 수행이라고 할 수 없습니다.

대혜 선사의 견해는 6조 혜능의 견해와 부합합니다. 6조는 이 길에 들어선 사람은 남들의 결점을 보지 않는다고 했습니다. 이것은 우리가 잘못된 일들에 반응하지 말아야 한다는 뜻입니까? 사람들이 늘 똑같은 방식으로 사물을 인식하지는 않기 때문에, 우리는 자신이 어떻게 반응하는지 주의할 필요가 있습니다. 사람들에게 그들의 과오를 인식시키는 데는 기술이 필요합니다. 어떤 때는 그 문제를 직설적으로 제기할 수 있지만, 어떤 때는 신중해야 합니다. 그러나 우리가 대결적이지 않으면서 사람들에게 자신의 오류를 인식하게 할 수 있다면, 그것은 솜씨가 좋은 것임은 물론 자비롭기도 한 것입니다.

저의 한 제자는 치즈를 좋아했는데, 아침 식사 때 늘 치즈 용기를 자기 앞에 놓아두곤 했습니다. 어떤 사람이 저에게 그것을 불평하기에 제가 말했습니다. "글쎄, 그는 자신이 이기적이라고 생각하지 않을 수 있어. 그냥 치즈를 좋아하는 거겠지. 비판하기보다는 좀 더 남과 함께 나누는 것이 좋다는 것을 상기시켜 주는 게 그에게 도움이 될 거야." 불평하던 제자에게는 그것이 아주 신경 쓰이는 일이었고, 그래서 남의 등 뒤에서 비판을 한 것입니다. 이 경우 그 비판자가 자신의 심장에 독을 가지고 있었습니다. 그래서 남들의 잘못을 보는 성향을 갖는 것은 여러분의 심장에 독이 될 수 있습니다. 특히 그것을 계속 품고 있다면 말입니다. 오롯한 마음으로 화두를 들어 자기점검을 하는 것이 낫습니다.

대혜 선사의 법어에 대한 강해를 마무리하고 싶군요.

조주 선사가 말했습니다. "이 노승은 하루 중 밥 먹는 두 때를 제외하고는 복잡하게 마음을 쓰지 않는다." 이 노인이 말하려는 뜻이 무엇인지 궁금할지 모릅니다. 만일 그의 본래면목을 알아차린다면 "걷는 것도 선이요 앉는 것도 선이네. 어묵동정語默動靜에 일체가 편안하네."와 같은 말을 할 수 있겠지요. 만약 이와 같이 하지 못한다면 언제나 한 걸음 뒤로 물러나 자기 발밑을 세심히 살피는 것이 좋을 것입니다. 우리가 다른 사람의 강점과 약점을 참으로 알거나, 그가 범부인지 성인인지, 사물이 참으로 존재하는지 공한지 알 수 있을까요? 모든 상황에서 이러한 자기탐색을 궁구하여 이 물음을 더 밀고 나갈 데가 없는 곳에 이르러, 마치 쥐가 쇠뿔 안에 갇힌 것같이 되었을 때, 문득 이 간사한 마음을 끊어 버려야 합니다. 이것이 만물이 견고해지는 상태이며, 우리가 집으로 돌아가 마침내 평안 속에 확고히 앉는 곳입니다.

趙州云:「老僧逐日除二時粥飯是雜用心, 餘外更無雜用心處」。且道, 這老漢在甚處著到? 若於這裏識得他面目, 始可說:「行亦禪, 坐亦線, 語默動靜體安然」。未能如是, 當時時退步向自己脚跟下仔細推窮, 我能知他人好惡長短底, 是凡是聖? 是有是無? 推追來推追去, 到無可推窮處, 如老鼠入牛角, 驀地偸心絕, 則便是當人四楞塌地, 歸家穩坐處。

대혜 선사는 조주 선사가 하루에 두 번 식사 때를 제외하고는 마음을 복잡하게 쓸 필요가 없다고 한 말을 인용합니다. 우리는 조주 스님이 식사할 때 마음을 챙기지 못했다고 생각하면 안 됩니다. 여기서는 그런 의미가 아니고, 독이 사람의 심장에 들어가는 것과는 분명히 다릅니다. 그것은 그냥 그가 식사할 때는 자신이 무엇을 먹고 있는지 자각하고 있고, 그것을 잘 챙기고 있다는 것입니다. 이것은 '하루 종일 오롯한 마음일 수 있다면, 왜 식사할 때는 복잡한 거지?' 하는 일반적 사고에 반합니다. 그러나 우리는 조주 선사에게 속으면 안 됩니다. 그가 개에게 불성이 없다고 말한 경우와 같이 말입니다. 그래서 저처럼 여러분이 그것을 이해하지 못한다면, 그냥 그것을 공안으로 삼아 참구해 보면 됩니다.

대혜 선사는 "이 노인이 말하려는 뜻이 무엇인지 궁금할지 모른다"고 하면서, 만일 누군가가 조주 스님과 맞대면하여 이 선사가 본래면목을 깨달았음을 증언할 수 있다면, 그런 사람은 "먹는 것도 선, 걷는 것도 선, 서 있는 것도 선, 눕는 것도 선"이라고 말할 수 있다고까지 합니다. 자신의 본래면목에서 벗어나지 않고 방법을 붙들 수 있는 상태는 분명 도달하기 어려운 수준입니다. 그런 사람은 깨달아 있을 것이고, 깨달은 마음에 부합하겠지요. 만일 그와 같이 될 수 없다면, 여러분이 자신을 하루 종일 어떻게 끌고 다니는지 반성해 봐야 합니다. 자기 자신이나 남들에게 도움이 되는 무슨 일을 했습니까? 그런 게 아무것도 없다면 참선을 하는 것이 낫습니다. 우리가 남들이 어떤 사람인지 어떻게 알며, 우리가 남들의 강점과 약점을 어떻게 평가할 수 있겠습니까? 우리가 누구기에 남들을 성자다, 성인이다, 혹은 범부에 지나지 않는다고 하거나, 그들이 "그것을 얻었다"고 말할 수 있겠습니까? 그래서 이와 같은 자기반성을 하는 것이 수행자들이 해야 할 일입니다.

그러나 만일 여러분이 다른 사람들에 대해 아주 비판적이거나 그들의 좋고 나쁜 점을 평가 판단하여 독이 가슴 속에 들어가게 하면, 그것은 여러분 자신을 '쇠뿔 안에 몰아넣는 것'과 같습니다. 이 선 격언은 출구가 없다는 뜻입니다. 자신을 이와 같이 몰아넣는 것은 분명 수행이 아닙니다. 그래서 그 독이 자기 가슴에 들어온 것을 발견하면 즉시 이 간사한 마음, 이 도둑 마음을 끊어 버려야 합니다. 이 간사한 마음을 참으로 끊어 버릴 수 있을 때, 그것은 자신의 원래 집으로 돌아가는 것과 같을 것입니다. 거기서 여러분은 평안 속에 확고히 쉴 수 있습니다.

제2권

무방법의 방법

묵조선의 요체

편자 서문

이 책에 나오는 법문과 강해는 성엄 스님이 1998년 11월과 1999년 6월 뉴욕 주 파인부시의 상강도량象岡道場에서 진행된 두 번의 선칠禪七 중에 하신 것이다. 이 두 번의 선칠 때 성엄 스님은 묵조默照(*mozhao*, silent illumination)의 이론과 행법에 관해 자세한 가르침을 주셨다. 스님은 중국어로 말씀하셨고, 이것을 영어로 동시통역하고 녹음한 다음 이것을 옮겨 쓰고 편집한 것이 이 책이다.

선칠이란 무엇인가? 선의 전통에서 섭심攝心(*shexin*, 일본어의 *sesshin*)이라 함은 '마음을 수습' 하기 위하여—즉, 망념과 집착에서 벗어난 마음을 하나의 중심 초점에 모으기 위하여—일정 기간 동안 집중적으로 좌선하는 경우이다. 선칠을 이끄는 스승의 임무는 적절한 수단을 사용하여 수행자들이 이러한 수행을 할 수 있게 돕는 것인데, 구두 가르침[開示]을 주는 것도 그 한 방법이다. 구두 가르침에는 어떤 특정한 방법을 가르치는 것, 불법佛法과 조사들의 가르침을 해설하는 것, 수련생들이 열심히 수행하도록 책려策勵하는 것이 포함될 수 있다. 다음에 나오는 장들에는 이 세 가지 요소가 모두 들어 있다.

이들 선칠 기간 중 낮에는 성엄 선사가 묵조를 수행하는 법에 관해 가르침을 주었고, 저녁에는 묵조선의 창시자로 유명한 굉지정각宏智正覺 (1091~1157) 선사의 법어에서 뽑은 내용에 관해 강해하셨다. 낮 법문과 저녁 강해 사이에 어떤 구분을 짓기로 한다면, 전자는 묵조를 수행하는 방법과 접근 방식에 관한 것이고, 후자는 우리가 취해야 할 정신과 태도에 관한 것이라고 할 수 있을 것이다. 그러나 이런 구분은 단순화된 것이다. 왜냐하면 실제 수행에서는 이 두 측면이 이음매 없이 합쳐지기 때문이다. 묵조의 기법은 그 저변의 원리들에 대한 분명한 이해 없이는 완전한 깨달음을 가져다 줄 수 없지만, 그 원리를 알기만 하고 올바른 수행을 하지 않으면 아무 효과가 없고, 잘못되면 엉뚱한 길로 가게 된다. 낮의 수행 법문과 저녁의 강해 둘 다 법法(Dharma)이다. 즉, 불교적 믿음과 수행의 의미를 밝혀주는 말씀들이다. 따라서 모두 같은 바탕으로 되어 있고, 그 정신을 받아들이면 실천과 이론 사이에 아무 구분이 없음을 알게 된다.

그러나 두 유형의 가르침이 연속성을 갖도록 하기 위해, 우리는 낮 법문과 저녁 강해를 별개의 파트로 나누어 수록한다. 바꾸어 말해서, 그 자료를 실제로 진행된 날짜별로 제시하지 않고 수행 주제에 관한 법문을 강해와 분리하였다. 한편 우리는 두 번째 선칠에서 스님이 하신 낮 법문은 생략했다. 왜냐하면 그 말씀의 대부분은 첫 번째 선칠의 낮 법문을 반복하는 것이기 때문이다.

그래서 이 책은 세 부분으로 편성되었다. 제1부는 1998년 11월 선칠에서 하신 묵조 수행에 관한 낮 법문으로 구성된다. 제2부는 1998년 11월 선칠에서 하신 공식적인 저녁 강해로 구성된다. 제3부는 1999년 6월 선칠에서 하신 공식적인 저녁 강해로 이루어져 있다.

이 세 부는 공히 이 수승한 선법禪法에 대한 상세하고 철저한 탐색을 보여주는데, 이 선법은 상좌부(Theravada) 전통의 사마타와 위빠사나, 그리고 일본 조동선曹洞禪의 지관타좌只管打坐와도 비슷한 점이 있다.

이 책의 그에 못지않게 중요한 또 한 가지 측면은 이 가르침이 실제 선칠의 맥락 속에서 제시된다는 것이다. 바꾸어 말해서, 이 법문과 강해는 단순한 이론적 설명이 아니라 선칠 중의 살아 있는 가르침과 일상생활이라는 맥락에서 나왔다는 것이다. 우리는 이것이 일일 기록의 형식이 되지 않도록 하면서 선칠의 분위기와 맛을 보존하려고 노력했다. 그러다 보니 어쩔 수 없이, 선칠에서 매일 매일, 실로 순간순간 벌어지는 개인이나 대중의 극적인 면모, 집중 그리고 열기는 담아내지 못했다. 그것을 경험하는 유일한 방도는 실제로 그런 선칠에 참여하는 것이다.

2008년 뉴욕에서
어니스트 호

수고한 분들

스승: 성엄 선사

통역: 궈구果谷(지미 위)

옮겨 쓰기: 창지常濟 스님, 마거릿 래피, 브루스 리컨바허

편집: 어니스트 호

편집 보조: 창지 스님, 스티브 캐니, 마거릿 래피, 해리 밀러, 스테이시 폴래코

교열: 궈구(지미 위)

출판: 아이리스 왕

영역자 머리말

『무방법의 방법』은 성엄 선사가 묵조默照의 수행과 깨달음에 관해 설명하신 결정적인 저작이다. 묵조는 흔히 '무방법의 방법[無法之法]'으로 불리기도 하는데, 선종과 대승불교의 역사에서 발전되어 나온 가장 미묘하고 심오한 수행법의 하나이다. 그 역사는 유구하고 복잡하여, 인도불교에서 사마타와 위빠사나, 곧 지止와 관觀을 동시에 닦던 전통에까지 소급한다. 티베트 불교의 쪽첸(dzogchen)과 마하무드라(mahamudra) 행법* 과도 비슷한 점이 있다. 중국에서는 이 행법이 선불교의 조동종을 통해 구전된 것으로 보이지만, 12세기에 와서야 굉지정각 선사의 시게詩偈들을 통해 널리 알려지게 되었다. 그러나 굉지 선사 이후에는 묵조 수행법이 다시 희미하게 묻혀졌다. 이 책에서 성엄 스님은 이 고대의 수행법을 설명하면서, 그와 관련되는 관점, 방법 및 체험적 상태를 밝힌다. 그래서 이 책은 성엄 스님과 굉지 선사의 '마음과 마음이 서로 만난' 경우이다.

성엄 스님은 나에게, 이 책에 짤막한 머리말을 써서 굉지 선사에 대

---

* (역주) 쪽첸('대원만大圓滿')은 우리의 순수하고 원초적인 본래적 자각을 닦는 것과 그 가르침을 말하며, 닝마파의 주된 수행법이다. 마하무드라('대수인大手印')는 까규파, 겔룩파, 사꺄파 등의 주된 수행법으로서 다양한 행법을 포괄하지만, 그 좌선 수행은 어떤 대상이나 공성을 관하여 마음을 고요히 하는 사마타와, 마음의 성품을 관하거나 그 성품의 실체를 참구하는 비파시니의 두 기지로 나뉜다.

한 관련 정보를 제공하는 한편 이 고대의 선사가 당신 자신의 가르침에서 얼마나 중요한 역할을 했는지를 보여 달라고 부탁하셨는데, 이는 중국에서 오래 전에 실전失傳된 묵조의 전통이 평가를 받아 되살아나기를 바라셨기 때문이다. 선종의 현존하는 두 종파(임제종과 조동종)의 법맥을 모두 이으신 성엄 스님은 화두나 공안도 가르치지만, 지난 17년간 묵조도 지칠 줄 모르고 가르치셨다. 무수한 사람들이 이미 이 방법에서 이익을 얻었고, 많은 사람들은 자기 마음의 참된 성품을 깨쳤다. 나는 이 책이 이 방법을 보존하는 데 도움이 되기를 바란다. 다음 몇 절에서는 굉지 선사의 생애와 가르침을 간략히 살펴보고, 이어서 성엄 선사 자신이 묵조 수행의 발전에 기여한 바를 논의한다.

굉지정각 선사와 그의 가르침

굉지 선사는 오늘날의 중국 산시성山西省에서 태어났다. 신동이었던 그는 일곱 살 때 매일 수천 마디를 욀 수 있었고, 식자들이 반드시 배워야 했던 유가 경전인 오경五經에도 정통했다. 이러한 재능은 특히 묵조에 관한 그의 저작들에서 드러난다. 11세 때는 부친의 스승인 불타덕손佛陀德遜(생몰연대 미상) 선사의 권유로 삭발 출가했다.* 불타덕손은 임제종 황룡혜남黃龍慧南(1002~1069) 선사 계보의 저명한 선사이기는 했으나, 굉지 선사는 그의 밑에서 스님이 되지는 않았다. 사실 그가 받은 대부분의 훈련은 조동종 선사들 밑에서 이루어졌다. 예를 들어 첫 깨달음은 조동종 고목법성枯木法成(1071~1128) 선사의 지도 아래서 얻었고, 철

---

* 『속전등록續傳燈錄』, T. no, 2077, vol.51: 576a10-b13.

저한 깨달음(23세 때)은 조동종 단하자순丹霞子淳(1064~1117) 선사의 지도 아래서 얻었다.

굉지 선사는 36세에 처음 태평흥국사太平興國寺 주지(방장)를 맡았고, 나중에는 다른 세 군데 절의 주지도 맡아 보았다. 그러나 불과 3년 뒤인 1128년에 모든 공적 소임에서 물러나 운거산雲居山으로 들어가 유명한 임제종 선사인 원오극근圓悟克勤(1063~1135) 선사 밑에서 공부했다. 원오 선사는 화두선을 주창한 것으로 유명한 대혜종고大慧宗杲(1089~1163) 선사의 스승이기도 했다. 1년 후 굉지 선사는 천동산天童山 경덕사景德寺의 주지가 되었고, 이곳에서 생애의 마지막 30년간을 머물렀다.*

대혜 선사와 굉지 선사가 운거산에서 원오 선사 밑에서 공부할 때 서로 만났는지는 확실치 않다. 그러나 후년에 그들이 좋은 도반 사이였다는 것은 분명하다. 대혜 선사는 가만히 앉아 고요함에 빠지는 좌선을 매섭게 비판한 것으로 알려졌다. 그는 심지어 그런 형태의 좌선을 '삿된 묵조선[默照邪禪]'이라고 부르기도 했다.** 그래서 오늘날의 학자들은 통상 이 비판을 굉지 선사의 가르침에 대한 하나의 반응으로 판단한다.*** 그러나 더 깊이 살펴보면 당시에는 고요함에 빠지는 삿된 선을 가르치는 자칭 선사들이 많았다는 것과, 굉지 선사와 대혜 선사 간에 돈독한 우정이 있었음을 발견하게 된다. 서로 상대방을 초청하여 자기 절의 대중들에게 법문을 하게 하기도 했고,**** 굉지 선사가 입적하려고

---

* 1138년 굉지 선사는 황제의 칙령으로 남송의 수도인 항주의 영은사靈隱寺 주지로 옮겨간 적이 있는데, 이 자리는 매우 추앙받는 직위였다. 그러나 불과 두어 달 재임한 뒤에 천동산의 이전 직위로 돌아갔다.
** 예를 들어 『대혜보각선사어록大慧普覺禪師語錄』, T. no. 1998a, vol. 47: 884c26.
*** (역주) 이 비판은 굉지 선사의 법형제인 진헐청료 선사의 가르침을 겨냥한 것이며, 진헐 선사는 나중에 이 비판을 받아들여 자신의 가르침을 수정한 것으로 알려져 있다.
**** 예를 들어 『대혜보각선사어록』, T. no. 1998a, vol. 47: 829b13; 830b17을 보라.

할 때는 대혜 선사에게 서신을 보내어 자기 절 대중을 보살펴 주고 자신의 다비식을 주관해 달라고 청하기도 했다.* 대혜 선사의 어록을 보면 그가 친한 법우[法侶]였던 굉지 선사를 기리는 글이 있어, 그들이 서로를 존경했다는 것을 알 수 있다. 대혜 선사는, 이제 그가 가고 없으니 "나의 지음知音으로 누가 있으리오?(妙喜知音更有誰)"라고 탄식한다.**

근년에는 학자들도 굉지 선사가 공안집—옛 조사들의 깨달음 체험에 관한 기록—에 관심이 있었다는 것을 인정하고 있다. 지금의 선 수행자들은 이것을 이상하게 생각할지 모른다. 왜냐하면 보통 공안을 임제종의 수행법으로 연상하기 때문이다. 송나라 때(960~1127)는 그런 종파적 연상이 없었다. 대부분의 유명한 선사들은 공안에 관한 주석을 남겼고, 가르침의 한 수단인 공안에 통달해 있었다. 굉지 선사도 예외가 아니었다. 사실 공안에 관한 그의 평들은 만송행수萬松行秀(1166~1246) 선사의 『종용록從容錄』이라는 책에 보존되어 있다.***

종파를 가리지 않는 이러한 가르침 스타일은 선 수행에 관해 우리가 지금까지 가지고 있는 편견들을 바로잡을 수 있는 많은 시사점을 던져 준다. 사람들은 보통 '지관타좌只管打坐'—'그저 좌선하기(just sitting)'의 수행법—를 조동종과 연관시키고 '공안 수행'을 임제종과 연관시키는데, 이것은 예전의 중국선에 대해 나중에 일본의 종파주의적 관점이 투영된 것이다. 이러한 견해는 서양에도 도입되었다. 묵조를 조동종 수행자들이 닦은 유일한 수행법으로 여기는 것은 중국 역사상 전혀 그렇지

---

* 『굉지선사광록宏智禪師廣錄』, T. no. 2001, vol. 48: 120c7.
** 『대혜보각선사어록』, T. no. 1998a, vol. 47: 860b17.
*** 이 책에 대해서는 두 가지 영역본이 있다. Thomas Cleary 역의 『The Book of Serenity: One Hundred Zen Dialogues』(Boston, Shambhala Publications, 1998)과 Gerry Shishin Wick 역의 『The Book of Equanimity: Illuminating Classic Zen Koans』 (Boston, Wisdom Publications, 2005)가 그것이다.

않았던 상황을 투영하는 것이다. 실은 송나라 때의 조동종 수행자들은 공안을 참구하는 한편 전통적인 좌선 방식과 의식儀式 수행도 병행했다. 우리가 굉지 선사의 저작집을 검토해 본다면, 그가 공안 참구와 오래 깊이 들어가는 좌선을 똑같이 중시했다는 것을 발견하게 된다. 그의 선중禪衆이 좌선 수행을 할 때 여러 가지 공안을 참구했는지 여부는 전혀 알 수 없다. 그들이 좌선 수행을 실제로 어떻게 했는지 분명히 묘사하는 문헌이 없고, 굉지 선사의 묵조에 관한 시게詩偈들은 좌선 수행을 실제적으로 지도하는 가르침이라기보다는 무아적 지혜의 깨달음을 노래한 것에 더 가깝다.

성엄 선사의 가르침

성엄 선사는 임제종과 조동종 법맥을 모두 이은 분이다. 당신은 또한 중국불교사에서 독특한 지위를 점하고 있다. 중국불교를 진흥하고 부흥시킨 중요한 인물로 알려져 있을 뿐 아니라, 현대에 들어와 불교문학박사 학위를 받은 최초의 불교 승려이고, 대만에서 정부가 인가한 불교연구학원을 창립하기도 했다. 당신이 현대의 학위 공부를 한 것은 중국불교 승려들의 교육 수준을 높이고 그들의 보잘것없는 이미지를 제고하겠다는 당신의 서원에서 비롯된 일이었다. 당신은 또한 세계 평화를 증진하고 유지하는 데 지대한 관심을 가지고 있다. 그러나 이러한 노력 가운데서도, 무엇보다도 선승으로서의 당신의 뿌리를 결코 잊지 않으셨다. 그래서 당신의 가르침은 체계적이고 실용적이며 극히 명료한데, 특히 당대의 수행자들에게 더욱 그러하다.

성엄 선사는 임제종과 조동종의 행법을 다 가르치기 때문에, 당신의 스타일은 현대의 일본 선사들보다 고대 중국 선사들의 스타일과 더 비슷하다. 당신은 여러 해 동안 서양 제자들에게 화두話頭라고 하는 더 맹렬한 방법을 가르치면서 이것을 선 수행의 탐색 대상으로 삼게 했다(화두 수행법은 일본의 공안 수행법과 비슷하다). 그러나 그 과정에서 스님은 많은 현대인들이 안정된 마음과 조화로운 자아감 없이는 이 수행에서 부작용을 경험한다는 것을 발견했다. 그래서 당신은 1990년대 초에 굉지 선사의 가르침 중 일부를 체계화하여, 선을 닦는 사람들이 쉽게 접근할 수 있게 만들었다. 이 가르침들은 주로 굉지 선사가 묵조의 깨달음에 관해 지은 시게에서 가져온 것이다.

그러나 이 작품들은 아름답고 시적이기는 하나 묵조의 실제 수행을 묘사하는 것이 아니라, 내재하는 무아적無我的 지혜의 본질이 작위적 노력과 의도성에서 벗어나 있다는 것을 묘사한다. 굉지 선사 자신의 말로는,

그것은 닦을 수도 없고 깨칠 수도 없으니, 왜냐하면 그것은 본래 완전하게 갖추어진 것이기 때문이네. 그 어떤 것도 그것을 오염시킬 수 없고, 그것은 깊은 곳까지 철저히 순수하다네. (…) 본래적 지혜는 연緣들에 상응하니, 고요하나 밝게 빛난다네. (…) 원래 그것은 털끝만큼도 바깥 사물을 필요로 하지 않으니, 분명 이것은 자기 집 안에서 찾아야 할 일이네.
渠非修證, 本來具足, 他不汚染, 徹底乾淨 (…) 本智應緣, 雖寂而耀。(…) 元不借他一毫外法, 的的是自家屋裡事。*

---

* 『대혜보각선사어록』, T. no. 2001, vol. 48: 74a14-21.

여기에 구체적인 지침은 거의 없다. 그러나 굉지 선사의 방대한 저작 안에는 우리가 묵조선을 할 때 어떻게 해야 하는지를 엿볼 수 있는 다른 구절들이 있다. 예를 들어 굉지 선사는 이렇게 말한다.

올바른 행법은 오직 고요히 앉아 묵묵히 탐구하는 것이다. 내면 깊이 도달하는 상태에서는, 밖으로 인연에 끄달려 휘둘리는 일이 없다. 그 마음은 텅 비었으되 일체를 용납하고, 그 비춤은 오묘하되 적절하고 평등하다. 안으로는 반연하는 생각이 없고, 텅 비어 홀로 여실히 존재하며 혼미하지 않다. 신령스럽고 의존과 대립이 끊어졌으되, 스스로 갖추고 있다.
眞實做處, 唯靜坐默究, 深有所諳, 外不被因緣流轉, 其心虛則容, 其照妙則準。內無攀緣之思, 廓然獨存而不昏, 靈然絶待而自得。*

표면적으로 보면 굉지 선사는 '정좌靜坐'를 권장하는 것처럼 보인다. 그러나 그가 권하는 "묵묵히 탐구함(默究)"의 정확한 의미는 어디에서도 설명되지 않는다. 그 실제적인 행법은 어떤 것인가? 우리의 주의를 어디에 두어야 하는가?

이런 구절들은 무집착과 또렷한 광명에 대한 일반적인 의미밖에 암시하지 않는다. 굉지 선사가 입적한 뒤에 이 파악하기 어려운 가르침이 점차 희미해진 것도 별로 이상한 일이 아니다. 그래서 성엄 스님은 묵조 수행의 체험을 몇 가지 단계로 구분지어 이 수행법에 틀을 부여했는데, 이는 당신이 제자들의 수행에 반응하는 과정에서 이루어진 일이다.

1980년대에 성엄 스님은 한결 '형식이 없는' 묵조의 방법을 가르쳐

---

* 『굉지선사광록』, T. no. 2001, vol. 48: 73c12-24.

보려고 실제로 시도했다. 그 방법은 마음이 어떤 것에도 들러붙지 않고 완전한 또렷함을 유지하게 하는 것이었다. 그것은 또한 단계가 없었다. 당신은 그저 우리에게, 앉아서 일체를 놓아 버리고 마음이 어디에도 '머무르지' 않게 하라고 했다. 눈에 보이는 것이든, 소리든, 냄새든, 맛이든, 촉감이든, 생각이든 어디에도 말이다. 마음이 뭔가에 걸렸다는 것을 발견하는 순간, 그것을 놓아 버리고 자연스러운 자각의 명료함 그 자체로 돌아가라고 했다. 이 방법은 당신의 6년 폐관과 당신이 굉지 선사의 가르침을 처음 만난 것으로부터 유래한다. 성엄 스님은 언젠가 나에게 말씀하시기를, 폐관 때 당신은 그저 "어떤 자아감이나 시간의식 없이 자연스러운 명료함으로 앉았다"고 했다. 그것은 당신에게 가장 자연스러운 "수행"이었으며, 당신이 깨달은 마음의 성품과 『육조단경』에서 가르치는 '무주無住'와 '무상無相'의 진리에 부합하는 것이었다. 굉지 선사의 가르침을 읽었던 폐관 후반기에 당신은 묵조에 대해 자연스럽게 깊이 상응했다. 한번은 스님이 나에게 이렇게 말했다. "이 가르침은 정말 오묘하지. 더 많은 사람들이 알아야 해." 훗날 당신이 일본으로 건너갔을 때, 하라다 소가쿠原田祖岳 선사(1871~1961)의 법제자인 반데츠규伴鐵牛 선사(1910~1996)가 그 비슷한 수행법을 가르친다는 것을 발견했다.

성엄 스님의 초기 제자들은 이 방법을 쓸 수 있었다. 왜냐하면 집중적인 선칠 중에는 당신이 선당에 늘 함께 하면서 모든 사람의 마음 상태를 관찰하고, 방편을 써서 참가자들의 수행을 쉽게 조정해 주었기 때문이다. 스님의 엄청난 에너지와 당신이 같이 계셔 주는 것만으로도 수행자들이 그 방법을 유지하는 힘을 얻기에 충분할 때가 많았다. 후년에는 스님의 건강이 좋지 않았고 당신이 해야 할 다른 일들도 있어, 저녁 법문 때 말고는 선당에 몸소 함께 하시지는 않았다. 그래서 스님은 1990

년대 중반에 묵조를 가르치기 위한 더 체계화된 지도 방편을 수립하기 시작했다. 이는 당신이 선당에 함께 있지 않아도 제자들이 그 방법으로 공부할 수 있게 하기 위해서였다.

스님은 묵조를 세 단계로 나누었다. 첫째 단계는 좌선 중에 몸과 마음이 하나가 됨을 체험하는 것이다. 둘째 단계는 자아와 환경이 하나가 되는 것이다. 셋째 단계는 안팎으로 어떤 장애의 느낌에도 걸리지 않는 광대무변을 체험하면서도, 마음이 모든 것의 세세한 부분까지 또렷이 자각하는 것이다. 또한 수행자가 항시 이완되고 차분한 상태에 있으면서 좌선하는 몸의 전체성에 집중하려고 노력하는 예비 단계가 있다. 이 모든 단계는 이 책에서 자세히 이야기되며, 수행 과정에서 그것을 체험할 수 있다. 그러나 이러한 가르침들은 묵조의 '수행'에 속하지 '깨달음'에 속하지는 않는다. 사람들은 이런 단계에 집착하여 그것을 마치 영적인 진보의 징표인 양 여길지 모르나, 실은 굉지 선사의 묵조는 이런 단계로 구분되지 않는다. 성엄 스님이 방편으로 이 단계들을 고안한 것일 뿐이다.

이 전략 덕분에 스님은 묵조의 서로 다른 '단계들'을 선정 수행의 단계들에 관한 당신의 기본적 가르침—산란심에서 집중심으로, 다시 통일심으로 나아간다는 것—에 접목시킬 수 있었다. 당신은 또한 고요함에만 치우쳐 집중하는 오류를 피하도록 하기 위해 몸, 마음, 환경에 대한 적극적인 자각[覺知]을 닦도록 강조함으로써, 선정 수행의 이 세 단계가 반야(prajna) 수행과 균형을 이루게 했다. 바꾸어 말해서, 당신은 지止(shamata)와 관觀(vipashyana)의 수행, 또는 정定(samadhi)과 혜慧(prajna)의 수행을 동시에 결합할 수 있었다. 성엄 스님이 묵조 수행을 설명하기 위해 종종 인용하는 경전 구절은 『육조단경』에 나오는 다음 대목이다.

도를 배우는 사람들은 선정이 먼저 있고 지혜가 나온다거나, 지혜가 먼저 있고 선정이 나온다고 말하면 안 된다. (…) 선정과 지혜는 무엇과 비슷한가? 등불과 그 빛과 비슷하다. 등불이 있으면 빛이 있고, 등불이 없으면 어둠이 있다. 등불은 빛의 체體요, 빛은 등불의 용用이다. 이름은 둘이지만 본체는 같은 것이다.

諸學道人, 莫言先定發慧, 先慧發定 (…) 定慧猶如何等? 猶如燈光。有燈卽光, 無燈卽暗; 燈是光之體, 光是燈之用。名雖有二 體本同一。*

성엄 스님은 또한 당신의 묵조에 관한 가르침 중에서 조동종 전통의 원리들에 특별한 주의를 기울인다. 그것은 상징적인 언어와 비유를 통해 상대적인 것들의 상호의존 또는 불가분리不可分離를 강조하는 것으로, 어둠 속의 밝음, 고요함 속의 움직임, 비춤 속의 묵연함, 움직임 속의 고요함, 잡된 것 중의 순수함, 묵연하되 비추어짐 등이다. 그런 설법은 굉지 선사 자신의 전형적인 가르침이며, 지止와 관觀을 동시에 닦는 것을 묘사하는 중국적 방식을 보여준다.

나는 굉지 선사의 가르침을 성엄 선사처럼 명료하게 설명하는 다른 스님이 있는지 알지 못한다. 굉지 선사의 직제자들 가운데서도 우리는 묵조 수행을 분명하게 식별해 낼 수가 없다. 하지만 성엄 선사는 이러한 가르침들은 종이에 쓰인 말일 뿐이며, 이 수행에 대해 당신이 자세히 설명하기는 했으나 하나의 수행으로서의 묵조가 깨달음에 '이르게 해 주지'는 않는다고 말할 것이다. 왜냐하면 그것은 본시 무방법의 방법으로서, 우리 모두의 내면에 있는 본래적이고도 분명한 지혜를 가리켜 보이는 것이기 때문이다. 나는 이 책의 가르침이 독자들의 자기수행

---

* (역주) 『육조단경』(덕이본), '정혜품定慧品'에 있는 구절.

을 고무하여, 남들의 이익을 위한 무아적 지혜를 발할 수 있게 되기를 바란다.

2007년 11월
뉴저지 주 프린스턴에서
궈구果谷

묵조 수행

선칠을 시작하기 전에

저녁 법문: 묵조의 방법

묵조는 지관止觀(shamata-vipashyana), 즉 마음을 고요히 하여 그것의 본래성품을 관하는 좌선 수행법의 다른 이름입니다. 이 수행은 석가모니 부처님 당시의 인도불교에서 유래합니다. 전통적으로 지관 수행은 순차적으로 닦는 것이어서, 수행자는 지止[마음을 고요히 하기]에서 관觀[비추어 관하기]으로 나아갔습니다. 첫째 단계는 지止를 닦아서 선정에 도달하는 것이고, 그런 다음 관觀을 닦아서 여러 수준의 관조觀照에 도달하는 것입니다. 그에 비해 선불교에서는 돈오頓悟의 법문을 강조하고, 지와 관을 동시에 닦습니다.

마음과 몸을 이완하기

이 수행에 들어가려면 두 가지만 하면 됩니다. 몸을 이완하고 마음을 이완하십시오. 첫째, 몸의 각 부위가 완전히 이완되고 편안해지도록 하십시오. 그 다음은 여러분의 태도와 기분을 이완하십시오. 마음가짐, 방법의 조절 정도, 그리고 기분도 편안해야 합니다. 이러한 이완이 묵조 수행에서 성공하기 위한 기초입니다. 이제 여러분 모두 시험적으로 몸과 마음을 이완해 보기 바랍니다. 여러분이 함께 신체 각 부위를 이완하는 것을 제가 이끌어 드리겠습니다.

먼저 편안한 좌선 자세를 취하십시오. 여러분의 머리부터 시작합시다. 머리의 각 부위가 이완되게 하십시오. 얼굴을 이완하십시오. 이제 눈을 이완하십시오. 이완되었습니까? 밑으로 내려가서 뺨을 이완하고, 더 내려가서 목과 어깨를 이완하십시오. 이완되었습니까? 계속 두 팔로 내려가 이완하고, 그 다음 두 손을 이완하십시오. 팔과 손이 확실히 이완되게 하십시오. 이어서 가슴, 그리고 등입니다. 등은 곧게 펴되 이완해야 합니다. 부디 복부 근육이 확실히 이완되게 하십시오. 이것이 아주 중요합니다.

이 연습이 끝나면 세 점이 좌복과 매트에 닿고 있어야 합니다.* 여러분의 엉덩이와 두 무릎입니다. 머리부터 발가락까지 전신을 이완할 때, 이 세 점만이 무게를 느끼면서 마치 여러분을 땅바닥에 붙박은 듯이 만들어야 합니다. 몸의 나머지 부위들도 완전히 이완해야 합니다.

이런 연습을 한 뒤에도 아직 충분히 이완되지 않았다고 느끼면, 혼자서 다시 해 보십시오. 머리서부터 한 부위씩 이완하여 발까지 쭉 내려가십시오. 마음속으로 몸을 한 부위씩 쓸어 내려간다고 상상하면서 각 부위를 이완하십시오. 이완할 필요가 있다고 느낄 때마다 이렇게 하십시오.

---

* (역주) 이 선당에서 좌복은 작고 둥근 것이고, 그 밑에 사각형 매트가 깔려 있다. 엉덩이는 좌복에, 두 무릎은 매트에 닿는다.

묵조 수행에 들어가기

일단 몸을 이완했으면 자신의 체중이 밑으로 가라앉았는지 살펴보십시오. 이어서 자신이 그곳에 앉아 있는 것을 단순히 자각하고, 전체적인 자각을 그곳에 앉아 있는 자기 몸에다 두십시오. 만일 여러분이 이완되어 있고 자각이 그곳에 그냥 앉아 있는 자신에게 집중되어 있다면, 이미 묵조 수행에 들어간 것입니다! 그러나 이것은 시작일 뿐입니다.

눈을 약간 뜬 상태로 유지하면서 이완할 수 없으면, 눈을 감아도 됩니다. 눈을 뜨고 있다면 무엇을 보지 마십시오. 그냥 약간 뜬 채 약 45도 각도로 지그시 아래쪽을 보십시오. 눈이 긴장되면 머리 부위도 긴장될 것입니다. 눈을 이완해 주면 머리 부위도 이완된다는 것을 알 것입니다.

망념이나 산만한 생각들이 있으면 눈을 약간 떠도 됩니다. 졸음이 온다면 그것은 이완되지 않았다는 표시입니다. 여러분이 완전히 이완되고 자신의 몸이 그곳에 그저 앉아 있음을 자각한다면 졸리지 않을 것입니다. 졸음이 오는 것은 여러분이 방법을 제대로 사용하지 않고 있을 때입니다. 즉, 이완되지 않았거나 아니면 마음을 그저 앉기(just sitting), 곧 지관타좌只管打坐에 두지 못했기 때문입니다. 그것은 방법을 이미 놓아버린 것일지도 모릅니다. 아니면 앉아는 있지만 수행을 하지 않고 그냥 쉬고 있는 것일 수도 있지요. 좌선할 때 이런 식으로 휴식하는 것은 나태함이나 게으름을 가져올 수 있습니다.

지관타좌

자신이 이완되어 있거나 이완하려고 자신을 촉구하고 있다는 것을 분명히 안다면, 그 자체가 하나의 방법입니다. 이 과정은 여러분이 그곳에 그저 앉아 있다는 것을 또렷하게 자각하는 것으로 확장될 것입니다. 이것은 몸의 각 부위를 점검하는 것일 뿐만 아니라, 그곳에 앉아 있는 여러분의 몸의 존재를 느끼는 것을 통해 생겨나는 자각이기도 합니다. 이것이 '지관타좌只管打坐'의 의미입니다. 지관타좌를 할 때는 여러분의 몸이 그곳에 앉아 있다는 전체적 감각 위에 자신의 자각을 유지하십시오. 그 자각의 전체성을 고수하고, 어떤 특정한 것에도 사로잡히지 마십시오. 몸의 특정한 것을 자각하는 것은 알아차림(正念, mindfulness)의 수행이지만, 우리는 알아차림을 닦는 것이 아니라 묵조를 닦고 있습니다. 또한 여러분이 호흡관법을 닦는 것도 아니라는 것을 기억하십시오. 호흡은 분명히 하나의 감각이지만, 그것은 전체적인 신체감각(전신감각)의 일부분에 지나지 않습니다. 여러분은 온 몸이 그곳에서 그저 좌선하고 있다는 자각을 닦고 있는데, 이때 여러 감각들은 모두 하나의 전체를 이루어야 합니다. 그런 다양한 감각들에 사로잡히지 말고, 그저 좌선하고 있는 몸의 전체적인 감각을 유지하기만 하십시오. 그곳에서 좌선하는 몸의 모든 부위를 자각하기란 불가능합니다. 감각 기관에 와 닿는 부위들만 자각하십시오. 여러분이 감각할 수 없는 신체 부위, 예컨대 오장육부를 자각할 필요는 없습니다. 신체 부위들을 그냥 하나의 전체로 받아들이십시오. 핵심은 몸의 전체성에 대한 이러한 앎과 자각을 부단히 유지하는 것입니다.

 선칠의 처음 이틀간은 신체적 자각의 대부분이 불편하게 느껴진다 해도 그것은 자연스러운 것입니다. 다만 그 위에다 어떤 생각, 느낌, 태도를 덧붙이지 마십시오. 몸의 특정 부위가 통증이나 심지어는 상쾌함을 경험할지도 모르지만, 그 부위에 마음을 두거나 집중하지 마십시오. 그런 부위들을 그곳에서 좌선하는 전체 몸의 맥락 안에 두십시오. 이 순간 통증이나 편안함이 있다는 것만 인식하고, 그에 대한 단순한 앎과 인식을 여러분의 전신감각全身感覺 안에서 유지하십시오.

몸의 어떤 부위가 긴장되면 몸 전체가 불안해지거나 초조해지는 원인이 될 수 있습니다. 그럴 경우에는 부디 이완법으로 돌아가십시오. 그냥 마음속으로 몸을 한 부위씩 쓸어 가서 자신이 이완되고, 편안해지고, 안정되게 하십시오. 그렇게 하고 나면 자각 속에서 그저 앉으십시오.

수행을 생활 습관으로 연장하기

여러분은 또한 이런 원칙들을 자신의 모든 활동에 적용할 수 있습니다. 예컨대 좌선을 할 때는 좌선만 하고, 잠을 잘 때는 자신의 전 존재가 잠이 든다는 것을 자각하십시오. 걸을 때는 걷기만 하십시오. 식사할 때는 바로 그곳에서 식사만 합니다. 여러분의 삶 전체를 바로 그 순간 자신이 하고 있는 일에 투입하고, 그렇게 살아가십시오. 그러니까 우리는 자신의 전 존재를 자기가 하고 있는 일에 투입하는 훈련을 하는 것입니다. 좌선을 하든 식사를 하든, 산만한 생각이나 망념에 빠지지 않습니다. 여러분의 모든 것—환경, 몸, 마음—이 바로 그곳에 있습니다. 무슨 일을 하든, 당면 과제가 무엇이든, 여러분의 삶 전체가 그 순간 그곳에 있습니다.

어떤 사람들은 삶 전체를 수행이나 당면 과제에 투입하는 것은 아주 긴장된 방법이라고 해석할지 모릅니다. 그런 견해는 옳지 않습니다. 어떤 일을 하고 있든 거기에 자신의 전 존재를 투입하는 것은, 그 순간 다른 일을 하는 데서 벗어나는 것이기도 합니다. 따라서 그 한 가지 일을 하고 있을 때는 그것이 바로 여러분이 처리해야 할 일의 전부이며, 여러분은 그것을 아주 이완된 방식과 태도로 하면 됩니다. 이렇게 보면, 자신의 전 존재를 현재의 일에 투입한다는 의미를 더 잘 이해하게 될 것입니다. 이것이 수행을 하는 이완되고 느긋한 자세입니다.

첫째 날

아침 법문: 무상無常

　무상無常은 불교의 근본 가르침인데 이것을 이용하여 여러분의 마음을 조정하고 가다듬을 수 있습니다. 무상은 세 가지 측면에서 이해할 수 있습니다. 환경의 무상, 몸의 무상, 마음의 무상이 그것입니다. 상당한 수행이 없이는 마음의 일시적이고 무상한 성품을 직접 체험하기가 어렵습니다. 환경 속의 무상을 이해하는 것부터 시작하면 이해하기가 훨씬 쉽고, 점차 단계적으로 환경, 몸, 마음의 무상한 성품을 이해하게 됩니다. 환경은 부단히 변하고 있고, 여러분의 몸도 그와 함께 변합니다. 환경이 움직이고 변하면 여러분의 몸도 움직이고 변합니다. 외부 환경에는 고정불변의 실체가 없으므로, 그 환경의 일부인 여러분의 몸도 고정불변이 아닙니다. 몸이 환경 속을 움직일 때는 환경에 대한 여러분의 지각도 변할 것입니다.

　몸은 부단히 변화를 겪고 있고, 그래서 여러분이 신체적 불편이나 쾌적함을 경험할 때도 그 느낌에는 고정된 성품이 없습니다. 얼마 후에는 그것이 사라집니다. 육신은 배고픔, 갈증 기타 감각도 느낍니다. 이 모든 것들도 일시적이며, 몸과 함께 변해갈 것입니다. 이런 모든 변화는 감각으로서 여러분의 몸에 영향을 주고, 그래서 마음에도 영향을 줍니다. 이 모든 것을 이해하면, 주변과 내면의 변화에 대한 자신의 감각을 자각하는 것을 통해 수행 속으로 들어가는 진입점을 얻게 됩니다.

우리는 자신의 몸에 아주 집착합니다. 그 몸을 소중히 여기고, 그것을 쉽게 포기하지 못합니다. 그러나 몸의 가변적인 성품과 불가피한 쇠퇴를 예리하게 자각하게 되면 몸에 대한 집착을 더는 데 도움이 됩니다. 몸의 한계와 제약에서 벗어날 수 있고, 몸의 작용, 움직임, 감각에서 더 초연해질 수 있습니다.

어떤 수행방법 없이 마음의 무상함을 체험하기란 매우 어렵습니다. 만일 우리의 생각이 항상적이고 불변이라면, 우리는 변하며 흘러가는 마음에 의해 고통 받지 않겠지요. 우리가 자신과 불화할 때는 불안하고 초조합니다. 그런 상황에서는 어떤 방도를 써서 마음을 진정시키는 한편, 생각들이 우리의 통제를 벗어나 오고 가면서 계속 일어나고 스러진다는 것을 자각할 필요가 있습니다.

마음을 고요히 하는 한 가지 방법은 생각들의 찰나적 성품을 관하는 것입니다. 생각들이 스스로 생멸하는 것을 자각하면 그것들에 지배되거나 제약 받을 필요가 없겠지요. 여러분의 마음은 차분히 가라앉아 초연한 자각으로 그것을 관찰하게 될 것이고, 정서도 평온해질 것입니다. 그렇게 할 수 있으면 곧 마음을 평화롭게 만들 수 있습니다.

먼저 몸을 이완하는 법을 터득하십시오. 머리 부위부터 몸의 나머지 부위들까지 쭉 내려가며 이완하십시오. 일단 안정되고 나면, 그저 여러분의 몸이 그곳에서 좌선하고 있다는 것만 알고 그 단순성을 유지하십시오. 그러면서 무상을 자각하십시오. 환경의 무상, 몸의 무상, 그러나 무엇보다도 중요한 마음의 미묘한 무상을 말입니다.

오후 법문: 묵조법의 주안점

묵조 수행의 기초는 이완하는 것과 전적인 자각을 가지고 좌선하는 것입니다. 여러분의 1차적 관심사는 이완된 몸과 마음을 부단히 유지하는 것입니다. 이것을 해내게 되면 마음이 덜 흐트러질 것이고, 그러면 최소한 기초적 수준에서 묵조를 수행하게 됩니다.

이완하려고 할 때 대다수 사람들은 너무 이완하여 혼침에 빠지거나, 아니면 너무 열심히 하려다가 긴장되거나 산란한 마음이 됩니다. 이완은 몸이 느슨해지고 마음이 게을러진다는 의미가 아닙니다. 그것은 여러분의 전 존재가 휴식하면서 오롯한 일념의 마음으로 자신이 그저 좌선하고 있다는 것을 자각하는 것을 뜻합니다. 이완하기 없이는 이 수행에서 힘을 얻기 어렵습니다. 안온한 자세는 여러분이 편안해지는 데 도움이 될 것입니다. 좌선하는 동안 불편, 통증 혹은 쑤시는 느낌이 들 수도 있습니다. 그럴 경우, 이완한다는 것은 그냥 느슨해져야 한다는 의미가 아닙니다. 이 기회를 이용하여 자기 몸을 하나의 전체로서 온전히 자각해 보십시오. 통증이 있는 어떤 부위에 집중하거나 주의를 국한하지 마십시오. 오히려 그런 부위들을 전신자각全身自覺이라는 맥락 안에서 보십시오. 여러분은 이 전체 몸 안에 통증이 있는 부위가 있다는 것을 알지만 그 통증에서 초연할 수 있습니다. 통증에서 초연하다는 것은, 그것을 자각하지만 신경 쓰지 않는다는 뜻입니다. 그러나 올바른 자세를 유지하면서 이것을 아주 또렷이 알고 있어야 합니다. 이런 태도를 유지하면 그 불편함에 대한 지각이 약해질 것입니다. 이것이 이완하는 법입니다.

몸에 대한 자각의 저변에 무상함에 대한 이해도 있다면, 감각들이 제 스스로 일어나고 머무르고 스러지는 것을 통찰할 수 있게 될 것입니다. 사실 통증의 느낌은 자기 마음을 조절하고 조정할 수 있는 기회입니다. 이런 현상들이 있는 것은 여러분이 마음을 계발하도록 하기 위해서입니다. 도피하려 하거나 거기에 굴복하지 마십시오. 오히려 그것을 최대한 활용하십시오.

견뎌냄과 오롯함

어려움에 봉착해도 졌다고 얼른 손들지 마십시오. 핵심은 이완과 오롯한 견뎌냄[堅忍] 사이에 균형을 잡는 것입니다. 제가 쓰는 말에 이런 것이 있습니다. "몸은 이완하고 방법은 팽팽하게 하라." '이완'은 몸이 편안한 것이고, '팽팽함'은 마음이 긴장 없이 예리하게 깨어 있는 것입니다. 견뎌냄은 이 방법을 지속적으로 오롯이 적용하는 것입니다. 이렇게 하면 수행이 하나의 끊임없는 흐름이 됩니다. 균형을 잡기 위해 이완과 지관타좌로 시작하면 오롯한 견뎌냄이 자연스럽게 자리를 잡을 것입니다. 이완된 몸과 마음으로 수행하되, 방법을 고수하면서 아주 또렷이 깨어 있고 오롯한 자각을 유지하십시오. 고통과 불편함 속에서도 이렇게 할 수 있으면 그것이 진정한 수행입니다.

무상의 견지에서 불편함과 통증을 보게 되면, 초연해져서 그런 것들에 집착하지 않게 될 것입니다. 통증을 회피하거나 거기서 도피하려고 하는 것은 그것에 집착하는 것일 뿐입니다. 그것은 무상에 대한 이해의 부족을 드러내는 것이겠지요. 통증과 불편함은 수행에서 으레 나타나는 것이니, 무상에 대한 여러분의 이해를 일어나는 모든 일에 적용하십시오. 그런 것들을 무상의 프리즘을 통해 차분히 바라보십시오. 그것들의 일시적인 성품을 참으로 볼 수 있으면, 공空을 점차 이해하게 될 것입니다.

공空에 대한 개념적 이해와 체험적 이해가 있습니다. 개념적 공은 모든 현상이 일시적이고, 따라서 고정불변의 실체가 없다는 지적인 이해입니다. 이것은 체험적 공이 아닙니다. 체험적 공은 수행에서만 직접 얻을 수 있습니다. 우리는 이런 공에 대해 뒤에서 이야기하게 될 것입니다.

졸음에 대처하기

식후의 첫 좌선 시간에는 보통 졸음이 옵니다. (어깨를 때려 달라고) 향판을 청하는 것은 잠시 도움이 될 수 있지만 금방 다시 졸음이 옵니다. 음식을 소화해야 한다는 신체적 요구는 머리에 공급되는 혈액을 감소시킬 수 있습니다. 이것과 피로가 식후의 졸음을 야기하는 두 가지 요인입니다. 한 가지 좋은 대처법은 좌복을 조금 높게 괴어 힘들이지 않고 등을 곧게 펴는 것입니다. 그런 다음 턱을 끌어당기고 눈을 뜬 채 똑바로 앞을 보십시오. 눈물이 나올 때까지 눈을 깜박거리지 마십시오. 또 한 가지 방법은 사각 매트 위에 호궤胡跪 합장(엉덩이를 든 채 꿇어앉아 합장하기)한 채 눈을 뜨고 있는 것입니다. 그렇게 계속 수행하십시오. 눈을 쉬어 주려면 눈을 감아도 좋습니다. 그래서 더 졸리지 않다면 말입니다. 아니면 45도 각도로 아래쪽을 응시해도 됩니다.

이런 방법들이 효과가 없다면 그냥 거기 앉아서 휴식하십시오. 그런 상황에서는 방법상에 큰 힘을 쏟지 마십시오. 정말 피로해지면 언제 휴식해야 하는지를 알아야 합니다. 휴식할 때는 부디 똑바로 앉아서 눈을 감고, 몸이 10분에서 20분 정도 이완되게 하십시오. 각성과 기력을 회복한 다음에 다시 방법으로 돌아가십시오.

호흡 자각을 통해 수행에 들어가기

만일 수식법隨息法(호흡 따르기)에 익숙하다면, 그것을 이용하여 지관타좌로 들어갈 수도 있습니다. 그러나 호흡을 세지는 마십시오. 그저 호흡이 들고 나는 것을 완전히 자각하기만 하십시오. 마음이 안정되면 수식隨息에서 지관타좌의 자각으로 힘들이지 않고 옮겨갈 수 있습니다. 호흡자각은 그냥 전신감각의 한 측면이 되고, 여러분은 이어서 지관타좌를 수행할 수 있게 됩니다. 설사 수식을 사용한다 하더라도 앞에서 설명한 이완 연습부터 시작할 수 있습니다. 일단 머리 부분이 이완되고 나면 마음자세가 밝고 트이게 해야 합니다. 호흡이 들고 나고 데 자각을 두어서 마음이 고요하고, 안정되고, 맑아질 때까지 하십시오. 이것은 전신이 그곳에서 좌선하고 있다는 것을 자각하기 위한 하나의 매개물로 호흡을 사용하는 것일 뿐입니다. 호흡에 덜 몰두하게 되면서 전신감각을 더 잘 자각하게 될 것입니다.

눈을 뜨는 것과 감는 것

바로 지관타좌를 시작할 수 있다면 얼마든지 그렇게 하십시오. 수식으로 시작할 필요는 없습니다. 눈은 떠도 되고 감아도 됩니다. 환경 때문에 마음이 흐트러지거나 산란해지지 않을 수 있다면 눈을 뜨고 있어도 괜찮습니다. 그러나 부디 어떤 특정한 대상을 응시하거나 거기에 집중하지는 마십시오. 눈은 뜨고 있어도 여러분의 마음은 여전히 지관타좌를 완전히 자각합니다. 이 수행에서는 한 가지 노력밖에 없는데, 그것은 자기가 그곳에서 그저 좌선하고 있다는 것을 경험하는 것입니다.

눈을 감으면 환경에 반연攀緣하는 것은 막을 수 있으나, 졸음이 오는 것을 경계해야 합니다. 눈은 감아도 되지만 마음은 휴식하면 안 됩니다. 마음은 또렷하고, 밝고, 특히 예리하게 깨어 있고 열려 있어야 합니다. 열려 있다는 것은 어떤 광대함을 느끼는 가운데 자신의 전 존재가 그저 좌선하고 있다는 것을 또렷하고 완전하게 자각하는 것을 의미합니다. 만일 졸리고 둔해진다고 느끼면 즉시 마음을 예리하게 만들어야 합니다. 눈을 뜨고 자세를 조정한 다음, 수행으로 돌아가십시오. 눈을 뜨고 있든 감고 있든, 그저 자기 몸이 그곳에서 좌선하고 있다는 또렷한 자각만 유지하십시오. 어떤 망념을 자각하면 그냥 방법상으로 즉시 돌아가십시오. 이렇게 하면 망념들이 결국 줄어들고 사라질 것입니다.

몸이 점차 사라지는 것

수행이 깊어지면 마음이 더 또렷해지고 더 넓어지며, 신체감각은 줄어들거나 심지어 사라질 수도 있습니다. 이럴 때 여러분의 마음은 어디에 있습니까? 만일 홀연히 자기 몸이 사라지고 있다고 생각되면, 그 망념은 여러분의 신체감각이 다시 돌아올 거라는 분명한 신호입니다. 그런 경우 몸이 사라진다는 느낌은, 또 다른 미세한 형태의 졸음에 지나지 않을 수도 있습니다. 그럴 때는 자각하면서 지관타좌를 회복하십시오. 또 한편 여러분의 마음이 참으로 안정되었지만 잠시 방법을 잃어버렸을 가능성도 있습니다. 망념들이 일어나면 어떤 미세한, 둔한 듯한 정체停滯 단계에 들어갑니다. 그것을 알아차리면 몸의 자각으로 다시 돌아가십시오. 졸음과 둔감鈍感(둔한 느낌)이 몸이 점차 사라진다는 환상을 야기할 때, 그 해법은 지관타좌의 자각으로 돌아가는 것입니다. 필요하다면 먼저 전신을 쓸어내려 자신이 확실히 이완되게 하십시오.

둘째 날

아침 법문: 몇 가지 공통적인 문제

사람들이 좌선을 닦기 시작하면 나타나는 몇 가지 공통적인 문제가 있습니다. 좌선에서 오는 생리적 반응에는 통증, 쑤심, 무감각, 가려움은 물론 따뜻함, 뜨거움, 서늘함과 차가움이 있습니다. 어떤 때는 기氣로 인해 몸이 저 마음대로 움직이기도 합니다. 두통과 흉통을 제외하면 온갖 신체적 통증은 수행 중에 늘 있고 흔히 보는 것이며, 여러분에게 해가 없습니다. 그런 것들을 견뎌낼 수 있으면 좋습니다. 만일 견디지 못하겠으면 그냥 더 이완된 자세를 사용하십시오. 다리를 느슨하게 하거나 어쩌면 등을 약간 구부리면 통증이 좀 가실 것입니다. 만약 흉통이나 두통이 있다면, 그것은 여러분에게 병이 났거나 병이 나려고 하는 신호일 수 있습니다. 잠시 수행을 놓아두고 휴식을 취하거나, 통증이 사라질 때까지 수행을 중지하십시오. 정말 의학적 문제가 있지 않다면, 통증을 회피하려 드는 것은 거기에 대해 더 신경을 쓰게 되는 결과밖에 오지 않습니다.

서늘하거나 따뜻한 느낌은 좋지만 춥거나 뜨거운 느낌은 문제일 수 있습니다. 쑤심, 무감각, 가려움 같은 신체적 감각은 아무 문제도 야기하지 않을 것입니다. 피부가 가렵거나 따끔거리는 것은 먹은 음식 때문일 수 있습니다. 근육이 아파서 욱신거리는 것은 아무 문제도 아닙니다. 다리 부위가 곱은 것은 다리를 뻗고 주무른 다음 일어서면 없어집니다.

졸음을 극복하려면 눈을 크게 뜨고, 턱을 당기고, 몸을 꼿꼿이 하여 앉으면 됩니다. 다른 한 가지 방식은 사각 매트 위에 호궤 합장하고 방법을 계속 닦는 것입니다. 이런 방법들이 효과가 없고 몹시 졸리면, 바르게 앉아서 눈을 감아야 합니다. 당분간 방법을 놓아두고 회복될 때까지 휴식하십시오.

좌선을 시작하기

좌선은 호흡을 관하는 것으로 시작해도 되고, 곧바로 지관타좌를 수행해도 됩니다. 호흡으로 시작한다면, 마음이 차분하고 안정될 때 지관타좌로 나아가십시오. 만일 횡격막의 오르내림을 주시하는 데 익숙하고 이 방법을 놓아 버리기 힘들다면 그것도 좋습니다. 그것으로 시작하다가 마음이 차분해져서 망념에서 벗어나게 되면 지관타좌로 들어가십시오. 어떻게 시작하든 여러분은 결국 전신에 대한 자각에 집중하기를 원합니다. 호흡을 제어하려 들지 말고, 그저 수동적으로 관찰하면서 호흡의 들고남이나 배의 오르내림만 단순하게 자각하십시오. 의식적으로 호흡을 제어하면 가슴이 답답해져서 억지 호흡이 됩니다. 배를 긴장시키거나 배의 오르내림을 제어하려 든다면 이 역시 자연스럽지 못하고 가슴을 답답하게 할 것입니다.

마음의 문제

망념이 있는 것은 자연스러운 것이니, 망념이 있다고 자신을 탓하지 마십시오. 망념을 자각하면 그냥 수행으로 돌아가십시오. 초조하거나 짜증이 나거나 좌절감을 느껴 앉아 있을 수가 없으면, 이 방법을 놓아두고 그냥 좌복 위에 똑바로 앉아 있기만 하십시오. 그리고 방법을 다시 잡을 준비가 될 때까지 이완하십시오. 주안점은 평화롭고 평상平常한 마음과 태도로 망념에 반응하는 것입니다. 생각들이 일어나면 본능적으로 방법상으로 돌아가십시오.

초조하거나 짜증이 나거나 좌절감을 느낄 때, 이런 징후들은 보통 산만한 태도나 해이함에서 비롯됩니다. 만일 안이하게 망념에 빠져 있다면, 다시 정신을 차리고 부지런히 정진하겠다는 서원을 세우십시오. 방법을 계속 사용하되 정말 진지한 노력을 해 보십시오. 이것은 불법을 닦을 희유한 기회라는 것을 생각하십시오. 그러나 자신의 초조함이나 좌절감이 게으름 때문이 아니라는 것이 분명하면, 그냥 이완하여 마음이 자연스럽게 가라앉게 한 다음 나중에 방법을 다시 잡으십시오.

환각

좌선할 때는 가끔 신체적 환각이 일어나기도 합니다. 예를 들어 손, 머리, 심지어는 몸 전체가 사라지는 것처럼 느껴집니다. 이런 환각은 이런 부위의 정상적인 감각들이 여러분의 의식에서 물러나기 때문에 일어납니다. 만일 '내 손들이 사라졌다'와 같은 생각을 일으키면, 망념을 만들어내는 것이고 방법에서 벗어나게 됩니다. 조금 있으면 정상적인 감각이 자연히 돌아올 것입니다. 또 다른 환각은 몸이 줄어들거나 압축되거나 확대된다고 느끼는 것입니다. 또 흔한 환각은 몸이 위로 밀려 올라 가거나 밑으로 가라앉는다고 느끼는 것입니다. 이런 환각들 대부분은 눈을 뜨고 있으면 몰아낼 수 있습니다. 놀라서 겁먹지 않으면 이런 체험들은 저절로 지나갈 것입니다.

좌선할 때 눈을 뜨고 있든 감고 있든 환각은 나타날 수 있습니다. 무엇을 보거나 듣는 것이 그것입니다. 예를 들어 여러분이 어떤 단계에 도달할 때마다, 환경에서 오는 것이 아닌 소리들이 들립니다. 그런 것을 인식할 때는 자신이 좌복 위에서 그저 좌선하고 있다는 자각으로 늘 돌아가십시오. 그러면 결국 그런 현상은 지나갈 것입니다. 만약 흐릿한 의식 속에서 방법을 놓쳐 버렸고 자기 몸이 없는 것 같으면, 그냥 눈을 뜨고 몸을 움직인 다음 올바른 자세를 취하십시오. 몸 감각이 돌아오면 다시 좌선으로 돌아가십시오. 그런 문제들을 일단 자각하면 이완 연습으로 그 대부분은 치유될 것입니다. 이완되면 지관타좌로 돌아가십시오.

마음이 넓게 열려 있고, 또렷하고, 망념이나 몸의 부담과 감각에서 벗어나 있음을 체험하는 단계에 도달하면, 부디 새로운 생각을 일으키지 마십시오. 자기가 어디 있는지, 무엇을 하고 있는지, 또는 무엇을 해야 하는지를 묻지 마십시오. 그저 계속 앉으십시오. 그러면 그것이 묵조를 닦는 것입니다. 여러분의 마음이 아주 또렷하고, 열려 있고, 반연하는 생각에서 벗어나 있습니다. 그 마음의 고요함이 '묵默'(묵연함)이고, 그 또렷함과 열려 있음이 '조照'(비춤)입니다.

저녁 법문: 묵조의 단계들

우리가 묵조의 단계를 이야기하기는 하지만, 뚜렷이 구분되는 단계들을 체험할 것으로 기대하지는 마십시오. 우리가 사용하는 '단계'라는 용어는 여러분을 지도하기 위한 일종의 준거점입니다. 따라서 체계적으로 수행하여 최고 단계까지 도달한다는 생각은 하지 마십시오. 자각하면서 좌선하는 기초 수행만으로도 묵조를 깨달을 수 있습니다. 단계를 이야기하는 것은 또한 수행에서 얻는 체험에 다양한 깊이가 있다는 의미를 수반합니다. 비유하자면, 우리가 수식법數息法에 다섯 단계가 있다고 이야기할 때, 그 다섯 가지가 호흡 관법 전체를 구성합니다.* 차이는 체험의 깊이에 있습니다. 앉자마자 깊은 묵조 수행에 들어가는 것도 가능합니다. 그런 단계들을 반드시 거쳐야만 묵연함(默)과 비춤(照)에 도달하는 것은 아닙니다. 그것을 염두에 두고 묵조의 처음 두 단계를 논의해 봅시다.

묵조의 첫째 단계는 지관타좌를 통해서 들어갑니다. 이때는 단순히 몸 전체가 그곳에 앉아 있다는 자각을 유지합니다. 그러다 보면 결국 몸과 마음이 하나가 됩니다. 즉, 몸의 각 부위를 자각하는 것이 아니라 전신을 자각하는 것입니다. 이것이 첫째 단계인 몸과 마음의 통일입니다. 몸은 더 이상 부담이 아니고, 몸의 감각이 사라지면서 명징하고 또렷하며 열린 마음이 남습니다.

그 수행으로 더 깊이 들어가면 몸, 마음, 환경이 하나가 됩니다. 즉, 안과 밖이 통일됩니다. 이것이 두 번째 단계입니다. 여기서 환경은 주위의 사물들을 가리키는데, 이것을 여러분은 이제 큰 몸으로 인식합니다.

---

* (역주) 성엄 스님의 수식법 다섯 단계는, 1) 망념을 알아차릴 때마다 힘써 수식으로 돌아가는 단계, 2) 바깥 대상들의 영향이 줄어들어, 망념은 있지만 수식이 중단되지 않는 단계, 3) 수식이 중단 없이 자연스럽게 이어지고 망념이 근소한 단계, 4) 잡념이 전혀 없고 마음이 수식 자체에 오롯이 집중되어 있으며, 아주 편안하고 행복한 단계, 5) 호흡이 너무 미세하여 헤아릴 것이 없어져 수식이 자연히 그치는 단계이다. 그 다음은 몸과 마음, 안과 밖이 통일되어 정定에 들거나 묵조를 수행하는 단계로 이행한다.

이 또한 지관타좌입니다. 그것은 더 이상 여러분을 방해하거나 망념을 불러일으키지 않습니다. 전체 환경의 존재만이 있는데, 그것이 곧 그곳에 앉아 있는 여러분이기도 합니다. 이 두 번째 묵조의 단계에서 마음은 아주 또렷하고 열려 있습니다. 이것은 좌선하면서 닦을 수도 있고, 일상생활에서 닦을 수도 있습니다.

만일 여전히 신체감각을 경험하고 있다면, 그것은 아직 두 번째 단계에 이르지 못한 것입니다. 전신감각의 자각을 계속 유지하십시오. 일단 전신감각이 사라지고 몸이 더 이상 아무 부담이 되지 않으면, 가벼움과 열림, 그리고 망념과 집착에서 벗어난 또렷함을 체험할 것입니다. 이때는 그곳에 앉아 있는 여러분의 큰 몸이 된 환경을 지각합니다. 그것을 자신의 보통 몸과 같이 대하십시오. 여러분은 환경—이 선 센터, 새들, 바람, 비행기, 지나가는 차들, 광대한 야외, 다른 사람들—의 전체성을 자각합니다. 여러분이 보통 지각하는 특정한 사물들이 전체 환경으로서 존재합니다. 일체가 여러분이고 여러분이 일체입니다. 더 이상 어떤 특정한 사물도 없고, 전체 환경이 그곳에서 좌선하는 여러분의 몸입니다.

이 두 번째 단계에서는 안과 밖이 하나가 되었습니다. 환경과 직접 닿아 있음을 체험하지만 그것에 영향을 받지 않습니다. 그것이 모두 있지만 '지止' 속에 흡수되어 있습니다. 내면에는 어떤 생각도 없고, 외부 사물에 의해 조건 지워지는 일도 없습니다. 여러분은 일체를 현재의 직접성 속에서 지각합니다. 이것이 '묵연함'의 측면입니다. '비춤'의 측면은 사물들이 있는 그대로 있다는 또렷한 자각입니다. 방해받지도 않고 움직임도 없으며, 주위의 무수한 사물들에 대해 아주 또렷합니다. 이것이 세 번째 단계입니다. 이 묵조는 완전히 고요한 거울에 영상과 그림자들이 자유롭게 나타나는 것에 비유할 수 있습니다. 외부 환경은 이 지나가는 영상과 그림자와 같습니다. 여러분의 마음이 이 거울인데, 묵연한 만큼이나 움직임이 없고, 그 앞의 모든 형상을 드러냅니다. 이것이 비춤의 측면입니다.

어떤 형태의 삼매에서는 마음이 완전한 고요함[止] 안에 있음에도 환경을 전혀 지각하지 못합니다. 그것은 정체된 고요함이며, 밝거나 열려 있지 않습니다. 그에 비해 세 번째 단계의 묵조에서는 마음이 여전히 열려 있고, 무수한 형상들을 또렷하게 반사합니다. 이 또렷함 안에 마음이 고요히 머물러 있습니다.

일상생활 속의 수행

우리는 일상 활동 속에서도 묵조를 닦습니다. 낙엽을 긁어모으든, 음식을 준비하든, 욕실을 청소하든, 밥을 먹든, 휴식을 하든 마찬가지입니다. 첫째, 그 활동을 늘 하던 대로 그러나 무아적無我的으로 하십시오. 매순간 그 소임을 자신의 생업활동으로 보되 환경을 자신과 별개의 것으로 보지 마십시오. 그것은 모두 여러분입니다. 이런 식으로 계속 말없이 일하되 자신의 활동과 주위 환경을 아주 또렷이 자각하면서 하십시오. 그런 소임을 해 나가면서 여러분이 몸을 움직이고, 이동하고, 변화할 때 환경도 따라서 움직입니다. 여러분의 거울 마음을 움직이지는 마십시오. 그냥 그것이 서로 다른 이 움직임들 모두를 반사하게 하십시오. 이런 식으로 일하면 마음이 아주 안정되고 아주 또렷해지겠지만, 사물들을 여러분 자신과 결부시키지 않게 될 것입니다. 여러분이 그냥 있는 그대로의 모든 사물입니다. 움직이고 있을 때는 그 소임 자체 외에 어떤 준거점도 없습니다. 이렇게 하면 정서, 번민, 좋고 싫음이 일어날 수 없습니다.

이런 상황에 있는 마음은 또렷하면서도 초연합니다. 설사 여러분이 소임을 어떻게 처리해야 할지 모른다 해도, 역시 그에 대해 아주 또렷할 수 있습니다. 그 마음은 이 상황에서 다소 떨어져 있습니다. 그렇지만 누가 일러주면 배울 자세가 되어 있습니다. 피로할 경우에도 마찬가지입니다. 힘든 일을 하고 나면 몸은 피로할지 모르지만 마음은 또렷하고 초연합니다. 그것은 몸이 피로하다는 것을 인식하지만 번뇌는 없습니다. 그럴 때는 어떻게 해야 합니까? 당연히 가서 쉬어야지요.

한번은 어느 선칠 중에 일군의 수련생들에게 들판에서 큰 나뭇가지와 작은 나뭇가지들을 모두 치워 따로 쌓아두라고 아주 명확한 지시를 내린 적이 있습니다. 큰 가지는 큰 가지끼리, 작은 가지는 작은 가지끼리 쌓였습니다. 그들이 일을 시작하자 저는 그들이 어떻게 일하는지 아주 또렷이 볼 수 있었습니다. 그들 대다수는 아무렇게나 흩어져 사방에서 나뭇가지들을 찾았습니다. 동쪽에서 좀 찾고, 서쪽에서 좀 찾고, 여기서 좀 찾고 저기서 좀 찾아냈습니다. 어떤 나무는 그들이 땅에 떨어뜨렸다가 다시 집었고, 어떤 것은 손에 든 채 그것을 어떻게 해야 할지 몰랐습니다. 그래서 그들은 아무렇게나 쌓기 시작했는데, 얼마 후에는 지치고 동작이 느려 보였습니다.

그러나 아주 안정되고 또렷한 수련생이 한 사람 있었습니다. 그가 일하는 속도는 서두르지 않는 가운데 아주 효율적이었고, 의심이나 망설임이 없었습니다. 작은 가지들은 작은 가지들끼리, 큰 가지들은 큰 가지들끼리 모두 아주 질서 있게 쌓였습니다. 그가 가장 효율적으로 일했고, 일하는 모습도 우아하고 매끄러웠습니다. 그런데도 전혀 피로해 보이지 않았습니다. 그와 다른 사람들 간에는 현저한 차이가 있었습니다. 제가 이 이야기를 하는 것은, 우리의 일이 우리의 마음 상태를 반영하기 때문입니다. 만일 묵조를 일상 업무에 적용할 수 있으면 우리가 아주 효율적이면서 질서가 있게 될 것입니다. 일 처리가 유연할 것이고, 쉽게 지치지도 않을 것입니다. 그래서 묵조는 아주 유용합니다. 우리가 어떤 활동을 할 때는 고요한 마음을 유지하면서도 일체를 또렷하게 보아야 하며, 개인적인 선호가 없어야 한다는 것을 부디 기억하십시오. 그냥 그 일이랑 환경과 하나가 되십시오. 그래서 마음, 몸, 환경이 하나이면서 차분한 태도와 또렷한 마음이 유지될 때는, 여러분이 맡은 일을 가볍게 해내게 될 것입니다.

그러니 선당에서는 물론 일상생활 속에서도 두 번째 단계의 묵조를 수행할 수 있다는 것을 유념하십시오. 묵연함(默) 속에 늘 비춤(照)이 있고, 비춤 속에 늘 묵연함이 있습니다. 그 둘은 불가분리입니다. 묵조는 고요함이자 또렷함입니다. 좌선 중이나 좌선 이후의 시간에도 이런 방식으로 해 나가야 합니다.

이완이라는 기초를 확고히 수립해야 합니다. 그 다음은 몸의 전체성을 자각하고 그 단순한 자각을 유지하십시오. 몸의 부담과 감각들이 떨어져 나가면 감관의 영역이 확장되어 환경을 여러분의 전 존재 속에 포함시킬 수 있습니다. 단순히 두 번째 단계가 지관타좌의 첫 번째 단계에서 나아간 단계라고 해서 자신이 두 번째 단계에 있다고 생각하지 마십시오. 그것은 체험해 봐야 합니다. (두 번째 단계에서는) 전체 환경을 자신의 앉아 있는 몸으로 여기되, 그 전체 속에 흡수되는 특정한 광경이나 소리에 의해 마음이 분산되지 않습니다. 어떤 단계에 있든, 묵연함이 비춤과 별개가 아니라는 원리를 유지하십시오. 이것은 나중에 우리가 묵조의 세 번째 단계를 논의할 때 더 분명해질 것입니다.

셋째 날

아침 법문: 공空과 무아無我

우리가 닦을 수 있는 좌선 방법이 많이 있지만, 바른 견해를 가져야만 진정한 불법을 닦게 됩니다. 어떤 방법도 우리의 협소한 자아감을 우주와 통일된 자아감으로 바꿔줄 수 있습니다. 그러나 불법의 바른 견해에 의해 인도될 때는 이 대아大我와 통일을 넘어 무아와 해탈을 지향할 수 있습니다. 우리의 수행을 인도해야 할 원리들은 무상, 공空, 무아입니다. 우리는 이런 인도 원리들을 수행에 적용하여 해탈을 실현할 수 있습니다. 무상에 대해서는 이미 이야기했습니다. 오늘 아침은 공과 무아에 대해 이야기하겠습니다.

앞서 우리는 개념적 공과 체험적 공이 있다고 말했습니다. 개념적 공은 만물이 무상하고 실체가 없다는 인식과 이해입니다. 영어의 '엠프티니스(emptiness)'는 산스크리트의 슈냐타(*shunyata*)나 한자어 공空(*kong*)의 의미를 제대로 전달하지 못합니다. 사람들은 그것을 어떤 텅 빔으로 오해할 수 있습니다. 공空은 '비었다'와 '없다'의 의미로 이해될 수습니다. 무엇이 비었다는 것입니까? 항구적이고, 고정적이고, 실체적인 본질이 비었다는 것입니다. 무엇이 없다는 것입니까? 집착이 없는 것입니다. 따라서 불교적 의미의 공은 단순히 비어 있는 것이 아니라 자성自性이 없는 것입니다.

모든 현상은 인因과 연緣에서 나오고, 인과 연이 변함에 따라 변화합니다. 따라서 현상들은 항구적인 자성이 없습니다. 현상들은 존재하고 서로 공존하지만 그것들의 성품은 일시적이어서, 내재적인 상주불변의 실체가 없습니다. 그래서 자성은 본래 공합니다. 만물이 실체가 비어 있고 따라서 무상하다는 것을 이해하면, 자연히 현상들에 집착하지 않게 됩니다. 공에 대한 이러한 개념적 이해가 기본적인 불법입니다.

체험적 공은 공에 대한 관觀이거나 공에 대한 깨달음일 수 있습니다. 공에 대한 관[觀空]에는 여러 가지 방식이 있습니다. 직접적인 방법은, 과거를 놓아 버리고 미래로 (마음을) 투사하지 않으며, 과거와 미래 사이의 '공간'에 고착되지 않으면서, 망념에서 벗어나 현재 순간의 또렷함과 무집착을 유지하는 것입니다. 신체감각이 떨어져 나가면서 우리가 더 이상 환경의 영향을 받지 않게 되면 마음은 또렷이 자각합니다. 그러나 방법도 없고 형상도 없습니다. 마음은 어디에도 '머무르지' 않을 것입니다.

여러분은 신체의식(body-sense)이 떨어져 나가고 망념에서 벗어나는 지점까지 수행할 수 있습니다. 그러나 여전히 선당과 옆 사람의 존재를 느낀다면, 환경이 아직 여러분에게 존재하는 것입니다. 만일 여러분이 의지하거나 집착할 무엇이 있다면 그것은 관觀이 아닙니다. 아직은 환경을 자각하고 있으니, 그것을 그저 좌선하고 있는 자신의 몸으로 여기십시오. 환경 속의 특정한 사물들이 떨어져 나가 더 이상 여러분에게 존재하지 않을 때, 공에 대한 관觀에 들어갈 수 있을 것입니다.

그것은 깨달은 공은 아니지만 여러분의 수행에서 중요한 지점입니다. 여러분은 신체의식이 떨어져 나가고 마음이 집착할 것이 아무것도 없는 지점에 도달할 수 있습니다. 사람들은 어떤 것을 붙드는 데 워낙 익숙하기 때문에 이 상태를 유지하기가 어려울 수도 있습니다. 그렇다고 너무 겁내지는 마십시오. 왜냐하면 공을 관한다는 것은 바로 집착이 없는 것이기 때문입니다. 그냥 그 또렷함을 유지하십시오. 어쩌면 여러분은 이렇게 생각할지 모릅니다. '내 몸은 어디 있고, 나는 어디 있지? 어떻게 해야 하나?' 만일 그런 생각을 일으키면 분명 뭔가에 집착하게 될 것입니다. 그러나 사실 지관타좌는 공을 관하는 가장 직접적인 방법입니다. 지관타좌를 하고 있을 때는 자신이 좌선하고 있다는 느낌에 집중하고 있습니다. 그러나 실제로는 느낌이 별로 없습니다. 왜냐하면 여러분이 자각하는 것은 몸에 대한 일반적 의식일 뿐, 특정 부위에 대한 감각은 거의 또는 전혀 없기 때문입니다. 마음이 더 고요해지고 안정된 상태에서 여러분의 방법이 아주 이완되고 안온하면, 신체의식이 결국 줄어들 것입니다. 이 지점에서 여러분은 이 수행에 진입점을 얻은 것입니다. 그 '묵연함'은 과거, 현재, 미래에 대한 생각들에서 벗어난 마음이고, 그 '비춤'은 아주 또렷하고 집착에서 벗어난 마음입니다.

공을 관하기

공을 관하기[觀空]를 '중도관中道觀'이라고 하는데, 이것은 이러한 초기 수행에 붙여진 후대의 용어입니다. 중도는 현상들의 존재를 긍정하지도 않고 부정하지도 않습니다. 왜냐하면 어느 입장도 집착을 표현할 것이기 때문입니다. 이것이 공을 관하는 진정한 방식입니다. 그 관觀을 시작하려면 바로 현재 순간의 경험에 의지해야 합니다. 예를 들어 지관타좌나 여타의 방법으로 시작하면, 현재 순간 여러분 앞에 아주 직접적으로 현전하는 것을 관합니다. 좌선을 하든, 길을 걷든, 밥을 먹든 관계없이 완전히 그것과 함께 하여, 집착을 넘어서고 과거나 미래에 의해 조건 지워지는 것을 넘어설 때까지 하십시오. 이 현상계를 놓아 버리면서 그것을 경험할 수 있을 때, 그리고 이 마음의 열림과 또렷함을 유지할 수 있을 때, 그것이 공을 관하는 것입니다. 이때는 자각의 대상이 없고, 어떤 것에도, 심지어 현재에도 의지할 수 없습니다. 그러나 그것은 아직 참으로 깨달은 공이 아닙니다. 왜냐하면 공을 관하기 위해 여전히 이 수준의 단순한 자각에 의존하고 있기 때문입니다.

그렇다면 깨달은 공은 어떤 것입니까? 굉지 선사는 묵조에 관한 글에서[본서 제2부와 3부 참조], 깨달은 공을 광대히 넓고 아득히 멀면서 항상 존재하는 광명으로 묘사했습니다. 주체[자아]가 없는 가운데 비춤이 있기 때문에, 대상들[현상]을 실제 있는 그대로 지각합니다. 깨달음의 순간에는 번뇌의 생멸을 경험하지 않습니다. 왜냐하면 자아집착이 없기 때문입니다. 이것이 '묵연함'의 측면입니다. 즉, 현상들이 조용히 소멸하고 본체의 상태로 들어가는데, 이것은 감각 기관들이 알 수 없는, 사물들이 있는 그대로인 상태입니다. 이것이 '비춤' 입니다. 이때 사물들은 어떤 관찰자로부터도 독립해 있어 그것들 자체로서 존재합니다. 그래서 외부 환경의 인과 연에 말려들지 않고, 번뇌를 경험하지도 않게 됩니다.

지금까지 제가 말한 것은 불법의 세 가지 기본 원리를 소개한 것입니다. 저는 무상으로 시작하여 공을 이야기했습니다. 공의 견지에서는 공에 대한 개념적 이해에 대해 이야기했고, 그 다음은 공을 관하는 것과 깨달은 공으로서의 체험적 공을 논의했습니다.

그러나 더 중요한 것은, 공을 깨닫는 것에 대해 너무 신경 쓰지 않고 수행에 완전히 자리 잡는 것입니다. 지관타좌로 시작하되 과거에 대해 생각하거나 미래로 (마음을) 투사하지 마십시오. 여러분이 그곳에서 좌선하고 있다는 것을 알 만큼만 몸을 자각하십시오. 그곳에 그저 좌선하고 있는 몸 전체에 대한 느낌을, 일반적 이해와 자각으로서 얻도록 노력하십시오. 그러다 보면 점진적으로 몸이 전체적으로나 특정한 부위에서나 부담이 되지 않는 지점에 도달할 것입니다. 마음이 더 고요해지고 안정되면서 전신감각은 형태가 없어져 사라집니다. 그 지점에 자연스럽게 도달하면, 과거나 미래에 의존하거나 (목전에) 나타나는 것에 집착함이 없이 공을 관하게 될 것입니다.

만일 환경이 여전히 존재하면 그 환경을 여러분의 몸으로 여기십시오. 그러면 결국 환경과 몸이 하나가 될 것입니다. 이 지점에서는 공을 얻는 것에 상관하지 마십시오. 왜냐하면 그것이 자연히 올 테니까 말입니다. 여러분은 그것이 말과 비유로써 사유할 수 있는 것이 아니고, 존재나 부존재로 생각할 수도 없다는 것을 이해하게 될 것입니다. 말로는 깨달은 공을 묘사할 수 없습니다. 그것은 아예 불가사의입니다. 그것은 제가 달을 가리키는 것과 같습니다. 여러분이 지금 볼 수 있는 것은 제 손가락뿐입니다. 그러나 결국에는 달 자체를 보게 될 것입니다.

저녁 법문: 완전히 현재 속에 있기

지관타좌의 첫 번째 단계에서 여러분은 자신이 그곳에 앉아 있다는 것을 아주 또렷이 자각합니다. 전신이 그곳에 앉아 있다는 것을 지각하고, 또한 몸의 어떤 부위들을 지각합니다. 뻔히 아는 감각들은 물론이고 알지 못했던 다른 감각들을 느낄 수도 있습니다. 그렇지만 그곳에 앉아 있는 것에 대해서만큼은 아주 분명히 압니다. 이 또렷함이 비춤입니다.

통증, 쑤심 혹은 가려움 같은 감각들에 의해 마음이 분산되는 것은 어떻습니까? 그런 것들에 반응하지 않으면 그것이 묵연함입니다. 이것이 묵조 수행의 시작 단계인 지관타좌입니다. 어떤 사람들은 '좋다, 가렵지만 긁지 않겠다' 라고 생각할지 모릅니다. 그러나 긁고 싶다는 강한 충동을 느낀다면, 이미 긁고 있는 것입니다. 다리 통증도 마찬가지입니다. '다리가 아프구나. 하지만 다리를 움직이지 않겠다. 반응하지 마. 반응하지 마.' 그것도 이미 통증에 반응하고 있는 것입니다. 그리고 이미 반응했기 때문에, 그냥 가려운 곳을 긁고 다리를 편 다음 그것을 끝내 버리십시오. 그런 다음 지관타좌로 돌아가십시오.

지관타좌를 하면서 공을 관하려면 완전히 현재 속에 있으십시오. 현재 순간 속에 완전히 있으면 여러분의 신체의식은 점차 떨어져 나갈 것입니다. 집착할 과거도 미래도 없고, 결국에는 현재도 떨어져 나갈 것입니다. 여러분의 마음은 어디에 안주해야 합니까? 마음은 그냥 그 자체로 또렷하고 열려 있는 이 자각 안에, 모든 생각을 벗어 버린 채 안주해야 합니다. 이것이 공을 관하는 것입니다.

만일 신체의식이 떨어져 나갔는데도 여전히 환경을 지각하고 있다면, 그것을 그곳에서 좌선하고 있는 여러분의 전체 몸으로 여기십시오. 결국에는 개별 사물들이 합쳐질 것이고 환경은 더 이상 하나의 부담이 아닐 것입니다. 이것은 '공을 관하기' 속으로 들어가는 또 하나의 방식입니다. 무엇을 붙들 필요가 없습니다. 그러니 붙드는 마음을 놓아주고 그냥 존재하십시오. 그렇기는 하나, 이것은 아직 진정한 공의 체험이 아닙니다. 과거, 현재, 미래를 놓아버리면 무엇이 남습니까? 여러분은 붙드는 마음을 외부 환경이나 몸에 둔 것이 아니라, 순간순간의 자각 그 자체에 두었습니다. 이 단순한 자각의 느낌은 계속되는 현재이며 아주 미묘한 것이지만, '나' 가 아직 있습니다. 이것마저 떨어져 나가면 그것이 공을 깨닫는 것입니다. 그것이 깨달음입니다.

오늘 어떤 분이 저에게 묻기를, 공을 관하는 것으로써 깨달음에 이를 수 있느냐고 했습니다. 저의 대답은 "아닙니다. 공을 관한다고 해서 깨달음에 이르는 것은 아닙니다."였습니다. 사실 어떤 방법도 (그 자체가) 여러분을 깨달음에 이르게 할 수는 없습니다. 어떤 수행법을 쓰면 여러분이 마음을 안정시키고 번뇌 없이 편안히 있을 수는 있습니다. 어떤 방법도 현재 순간의 마음을 안정시킬 수 있지만, 묵조를 하면 현재 순간에서조차 벗어날 수 있습니다. 이런 태도를 취하십시오. 즉, 과거나 미래에 대해 걱정하지 말고 현재조차도 놓아버리십시오. 그저 자각 속에 머무르십시오. 선을 '문 없는 문[無門關]'이라고 하는 것은 깨달음으로 들어가는 문이 없기 때문입니다. 방법들은 여러분을 우롱하여 '아하, 저기 문이 있다. 열쇠를 찾자.' 하는 생각을 하게 만듭니다. 사람들은 열쇠, 즉 그들을 깨닫게 해 줄 올바른 방법을 찾겠지요. 그들은 깨달음에 이르는 문을 찾지만, 찾지 못하면 포기할지도 모릅니다. 사실 문은 없습니다. 그러나 각자의 수행과 업습業習 또는 선근에 따라 문득 진입하여 깨달음을 얻습니다. 찾는 과정에서 그냥 문 없는 문으로 들어가는 것입니다.

정말 깨달음에 이르게 하는 어떤 방법이 있다면, 부처님이 가장 총애한 제자들 중 한 사람인 아난다는 부처님 생전에 깨달았을 것입니다. 왜 아난다는 부처님에게서 깨달음에 이르는 열쇠를 받지 못했습니까? 사실 부처님은 아난다에게 열쇠를 주었지만 그가 알아차리지 못했던 것입니다. 부처님이 열반에 드신 뒤에 아난다는 부처님의 법을 이은 마하가섭에게 도움을 청했는데, 마하가섭은 그의 요청을 거절했습니다. 아난다는 마침내 자기 자신의 바깥에는 깨달음으로 이끌어 줄 수 있는 그 무엇도 없다는 것을 깨닫자 모든 추구를 놓아 버렸고, 그래서 깨달았습니다.

　미안한 말씀을 드리지만, 제가 가르치는 선의 방법들 중 어느 하나도 여러분을 깨달음으로 이끌어주지 않습니다! 그러면 여러분은 선칠에 들어오는 것이 시간 낭비라고 생각합니까? 선칠에 들어와도 깨닫기가 무척 어려운데, 선칠을 하지 않는다면 더 말할 나위가 없습니다. 그렇기는 하나, 공을 관하는 것은 과거·현재·미래를 놓아버리고 다른 것에도 의지함이 없이 묵조를 체험하는 좋은 훈련입니다. 저는 여러분에게 일상생활 속에서도 공을 관할 것을 권합니다. 자신이 아직은 깨닫지 못했다는 것, 아직은 집착이 있다는 것을 인정하십시오. 인내심을 가지고, 자기 자신에게 말하십시오. "나는 아직 깨닫지 못했지만, 무엇을 기대함이 없이 부지런히 수행하겠다." 그렇게 하면 결국 깨달을 것입니다. 그리고 감산덕청 선사처럼, 홀연히 자신의 콧구멍이 아래를 향하고 있다는 것을 알 것입니다.* 바꾸어 말해서, 깨달음의 가능성은 늘 열려 있다는 것을 알게 될 것입니다.

---

* (역주) 감산 대사의 오도송은 다음과 같다. "나고 죽음과 밤낮의 바뀜이여/물은 흐르고 꽃은 지는구나./오늘에야 비로소 알았네/콧구멍은 밑으로 나 있음을(死生晝夜 水流花謝 今日乃知 鼻孔向下)."

넷째 날

새벽 법문: 바른 견해와 수행

수행자는 바른 견해를 갖는 것과 수행에 동등한 비중을 두어야 합니다. 그 둘은 나란히 함께 갑니다. 만일 방법이 바른 견해에 의해 인도되지 않으면 그 결과는 선사들이 가르친 것과 다를 것입니다. 비불교적 견해를 가진 사람은 불교적 깨달음을 얻을 수 없습니다. 왜냐하면 어떤 견해에 의해 인도되든 그것은 불교적 견해가 아니기 때문입니다. 따라서 인도하는 견해가 아주 중요하며, 어쩌면 방법보다도 더 중요합니다. 수행하는 것도 어렵지만 바른 견해를 갖기는 더 어렵습니다. 석가모니 부처님이 팔정도八正道를 말씀하실 때 '바른 견해[正見]'를 맨 앞에 두었습니다. 바른 견해를 받아들여 지닐 수 있으면 이미 삿된 견해[邪見]의 장애를 극복한 것입니다. 우리는 부처님 말씀을 길을 인도하는 원리로서 그냥 받아들일 수도 있지만, 분명한 이해도 필요합니다. 왜냐하면 자신이 이해하지 못하는 것은 참으로 받아들였다고 할 수 없기 때문입니다. 이것은 자신의 이전 견해를 불교의 바른 견해로 대체하는 것을 의미합니다. 공의 체험 속에서 바른 견해를 깨달을 때 이것을 '견성見性'이라고 하며, 이것이 깨달음의 시작입니다. 그 깨침의 순간에 그릇된 견해들은 완전히 떨어지고, 바른 불교적 견해에 대한 철저한 이해를 얻습니다.

수행은 배를 몰아 먼 항구로 가는 것과 같습니다. 목적지와 항해법을 알아야 하지만 지도도 가지고 있어야 합니다. 만일 지도가 잘못되어 있거나 나침반의 방향이 제대로 맞춰져 있지 않으면 생각한 것과 다른 곳으로 가고 맙니다. 따라서 지도를 갖는 것도 중요하지만, 또한 그것이 정확한 지도여야 합니다. 석가모니 부처님은 여러 해의 수행과 고행 끝에 그 길을 스스로 발견했습니다. 그는 완전한 깨달음을 얻은 뒤에 이 길에 대한 자신의 체험을 다른 사람들과 함께 나누었습니다. 그의 주된 가르침은 사성제四聖諦, 삼법인三法印, 팔정도八正道로 포괄됩니다.

바른 견해를 갖는 것은 이 길에 오르는 첫 걸음이며, 나머지 여정의 인도 원리입니다. 바른 견해를 갖는다는 것은 사성제와 삼법인의 가르침 안에 확고히 자리 잡는 것입니다. 사성제는 고苦의 진리와 그 고苦를 종식하는 법을 가르칩니다. 사성제의 네 번째 진리로서, 부처님은 팔정도를 따르는 것이 괴로움에서 해탈하는 길임을 가르쳤습니다. 삼법인은 고苦, 무상, 무아를 올바르게 이해하는 것을 나타냅니다. 불법, 곧 부처님이 가르친 법에 대한 바른 견해를 가지려면, 이 모든 가르침을 이해하고 받아들여야 합니다.

아침 법문: 무아

무아에는 세 가지 측면이 있는데 개념, 수행, 성과가 그것입니다. 무아를 개념적으로 이해하려면 먼저 무상을 이해해야 하고, 그 다음은 공을 이해해야 합니다. 그러면 무아를 이해할 수 있습니다. 이것이 자연스러운 순서입니다. 현상들을 깊이 들여다보면 모든 것이 일시적이고 늘 변하고 있다는 것을 알게 됩니다. 이로써 만물은 근본적으로 고정된 실체가 없다는 이해에 이르게 됩니다. 이 무상에 대한 앎을 발판으로 하여 사물들의 참된 성품이 공이라는 것을 이해할 수 있습니다. 만물이 부단히 변천하고 있다면 무엇이 별개의 실체로서 참으로 존재할 수 있습니까? 이것을 여러분 자신과 관련시키면, 자신도 모든 현상과 같은 조건에 의해 제약받는다는 것을 이해할 수 있습니다. 이 모든 부단한 변화를 경험하는 이 '나'는 무엇입니까?

불교는 '나' 혹은 '자아'가 오온五蘊, 곧 색·수·상·행·식의 결집체라고 이해합니다. 이 오온이 한 사람 안에서 함께 작용하여 신체적이고 정신적인 별개의 한 자아라는 느낌을 창조합니다. 모든 현상과 마찬가지로, 이 오온도 부단히 변하고 있습니다. 환경은 부단히 변하는 인과연으로 이루어져 있고, 그것들은 이 부단히 변하는 '나'에 의해 지각되기 때문에, 둘 다 매 순간 변천하고 변화합니다. 따라서 여러분은 이 '나'에 내재적인 고정된 성품이 없다는 결론을 내릴 수 있고, 그리하여 무아에 대한 개념적 이해에 도달합니다.

『반야심경』에 이런 구절이 있습니다. "관자재보살이 깊은 반야바라밀다 속에서 수행할 때, 오온이 모두 공함을 비추어 보았다(觀自在菩薩 行深般若波羅密多時 照見五蘊皆空)." 오온은 어떻게 공합니까? 오온은 실체가 없고 부단히 변천하기 때문에 공합니다. 우리가 이것을 철저히 체험할 때 이것이 완전한 깨달음입니다. 그것은 단순한 자각으로는 체험할 수 없고 반야般若에 의해, 즉 불교에서 말하는 지혜의 작용으로써 체험할 수 있습니다. 그것은 공을 직접 지각하는 지혜이지, 개념적으로만 지각하는 것이 아닙니다. 이것을 잠깐이라도 체험할 수 있으면 그 시간 동안은 모든 괴로움이 경감되지만, 더 중요한 것은 우리가 무아에 대한 어떤 이해를 얻었다는 것입니다. 이것이 앞에서 말한 깨달은 공입니다. 무상, 무아, 공의 견해를 받아들일 수 있으면 우리 자신의 괴로움을 경감하게 될 것입니다. 그래서 바른 견해를 받아들이는 것이 팔정도를 닦는 아주 중요한 첫 걸음인 것입니다.

무아를 관하기

마음이 산란하고 혼란되고 불안정할 때는 무아를 관하기가 아주 어렵습니다. 그러나 묵조 수행을 통해서 무아를 관할 수 있습니다. 첫째, 전신감각을 자각하고 현재 순간에 머무름으로써 지관타좌를 수행합니다. 여러분은 자신이 그곳에 앉아 있다는 것은 어떻게 압니까? 자기가 존재한다는 것을 아는 것은, 순간순간 몸의 존재를 느끼기 때문입니다. 자아는 자각을 통해서 존재하고 자각은 감각을 통해서 존재합니다. 그래서 몸[자각의 대상]이 존재하면 주체[자각하는 자아]도 존재합니다. 그 감각이 강하면 자아감도 아주 강합니다. 여러분이 죽으면 몸은 하나의 시체로서 아직 존재하지만 자아감은 없습니다. 왜냐하면 자각이 더 이상 작용하지 않기 때문입니다. 몸이 감각을 느끼고 여러분이 감각을 자각할 때, 여러분은 자기가 살아 있고 그곳에 앉아 있다는 것을 압니다. 그러나 몸도 감각도 그 자각의 산물인 '나'가 아닙니다. 따라서 묵조를 수행할 때는 감각을 자신의 존재와 동일시하지 마십시오.

좌선 도중 망념이 일어날 때 여러분은 저절로 그것을 자각합니다. 빨리 자각하든 늦게 자각하든 최소한 그것을 자각합니다. 여기서 생각은 대상이고 자각은 주체입니다. 주체는 실은 대상에 의지하여 존재하고, 대상도 주체에 의지하여 존재합니다. 주체가 없으면 생각이 있을 리 없고, 그러면 여러분은 하나의 시체나 다를 바 없겠지요. 생각이 있으면 그것에 대한 자각이 있지만, 그것은 생각에 대해 상대적으로 존재합니다. 따라서 자신의 생각들이 자기가 아니라는 것을 이해할 때 여러분은 무아를 관하는 것이고, 그것이 비춤의 측면입니다. 묵연함의 측면은 지관타좌에 있습니다. 순간순간 현재 속에 머무르십시오. 신체감각에 반응하지 않으면 그것들은 결국 사라질 것이고, 남는 것은 이 순수한 존재입니다. 과거와 미래는 이미 뒤로했지만 아직 여러분이 반응하는 현재의 '나'가 있습니다. 그 '나'에 반응하기를 그치고 현재조차도 떨어져 나갈 때, 이것이 묵연함의 측면입니다. 이처럼 (무아를 관하면서) 현재도 떨어져 나가는 그 지점에 도달할 때, 이것은 묵연함인 동시에 비춤입니다.

정定과 무아

자아가 존재한다는 견지에서 볼 때는, 우리가 정定(삼매)에 드는 것을 어떻게 이해해야 합니까? 그 수행자가 무시간의 영원한 자아의 상태에 들어가는 것입니까? 만일 어떤 고정된 자아가 있다면, 정에 들 때 여러분은 그 상태로 영구히 변해 버리겠지요. 그러면 정에서 어떻게 도로 나오겠습니까? 정에 들었다가 나올 수 있다면, 그것은 정이 무상하며 고정불변의 실질이 없다는 것을 뜻합니다. 따라서 정에 들고 날 때, 우리는 정에도 자아는 없다는 것을 이해할 것입니다. 정에 든 사람은 마치 자기가 뭔가 영구적인 것을 체험하는 것처럼 느낄지 모릅니다. 그러나 그들이 정에서 나올 수 있다는 사실 자체가, 정에서 체험하는 것이 무상하다는 것을 말해줍니다. 그러니 정을 체험할 때는 부디 그것을 자아로 여기지 마십시오. 바른 견해는 그것을 무아의 견지에서 이해하는 것입니다.

망념은 여러분의 생각일지 모르지만, 그것이 여러분은 아닙니다. 그것들은 그냥 제 스스로 오고가는 생각에 지나지 않습니다. 이런 생각들 중 어떤 것은 강한 집착을 표출하며 우리에게 어떤 자아감을 안겨줄지 모릅니다. 사람들은 이런 강렬한 생각들을 자신의 자아감과 쉽게 구분하지 못합니다. 그러나 우리 수행자들은 우리의 집착이 우리 자신은 아니라는 것을 압니다. 그래서 우리는 망념과 우리 자신을 동일시하지 않음으로써 무아에 대한 관觀을 닦습니다. 일상생활 속에서 무아를 수행한다는 것은 바로 자신의 경험들을 자아로 보지 않는 것입니다. 이 수행은 공을 관하는 것과 밀접히 연관됩니다. 공을 관할 때 우리는 과거, 현재, 미래의 생각들에서 초연한 채 어떤 것에도 집착하지 않기 때문입니다.

무아를 깨닫기

무아를 깨닫는 데는 세 가지 수준이 있습니다. 첫째는 오온을 무아로서 직접 체험하는 것입니다. 앞에서 말했듯이, 오온은 몸과 마음을 구성하는 다섯 가지 현상들의 모임입니다. 오온에 자아가 없다는 것을 직접 체험할 때 우리는 생사윤회를 초월합니다. 그러나 이 첫째 수준에 들어가기 이전의 보통 사람의 자아 개념은 제가 말하는 '소아小我', 즉 보통의 에고입니다. 영적인 수행이나 철학적 사유를 통해 이 협소한 자아감이 사라지면 다른 어떤 자기동일시가 생겨납니다. 그 개인은 만물 안에서 더 큰 어떤 것, 단일성 의식이나 신성神性의 존재를 봅니다. 그리하여 우주는 큰 통섭적統攝的 지성을 보유한 하나의 '대아大我'가 됩니다. 그러나 이 큰 존재도 여전히 오온의 한계 내에 있습니다. 왜냐하면 대아가 소아를 대체하기는 했으나 여전히 '아我'의 관념이 남아 있기 때문입니다. 그래서 무아를 관하는 이 첫 번째 수준에서는, 오온이 공하고 무아임을 볼 때 대아가 떨어져 나갑니다. 그것이 윤회를 초월하는 것입니다.

우리는 『심경心經』을 송경할 때 "오온이 다 공하다(五蘊皆空)"고 하고, "공 가운데는 색이 없고 수상행식도 없다(空中無色 無受想行識)"고 합니다. 불교에서는 중생이 오온의 결집체라고 믿는데, 오온 중의 첫 번째인 '색'은 물질적 측면이고 나머지 네 온은 심리적 측면입니다. 사람들은 보통 오온, 즉 마음과 몸의 결합체를 자아로 여깁니다. 이것은 오해입니다. 불교 수행자에게는 오온이 일체의 현상과 마찬가지로 무상하고, 공하고, 자성이 없습니다. 이것을 직접 지각하는 것이 첫째 단계에서의 무아를 관하기입니다.

보통은 영적인 지도자나 흔들리지 않는 믿음과 열성을 가진 구참 수행자들만이 제가 '대아'라고 부른 만물과의 합일을 성취할 수 있습니다. 자연과의 합일도 위대한 철학가나 시인, 예술가를 제외하면 좀처럼 이루기 어렵습니다. 서양의 신비 전통에서는 경험 많은 수행자가 관상觀想 기도를 통해서 신들과 소통하는 반면, 인도에서는 요가와 삼매를 통해 신과 합일합니다. 중국의 도교에도 그 비슷한 관념이 있습니다. 그런 체험 속에서는 소아가 대아나 더 높은 의식 또는 신으로 대체됩니다. 그러나 여전히 자아의 흔적이 있습니다. 이런 체험을 깨달음으로 볼 수도 있겠으나, 그것은 불교적 깨달음이나 선禪의 깨달음은 아닙니다. 수행자들이 그런 체험을 하는 것은 아주 훌륭하지만 그 체험 안에 정체되면 안 됩니다. 불법에 대한 바른 견해를 가지고 있다면, 그것이 구경究竟의 무아가 아니라는 것을 깨달을 것입니다. 그것이 대아이기는 해도 그 속에는 여전히 '아我'의 흔적이 남아 있습니다.

무아를 깨닫는 첫 번째 수준은 오온의 공성을 깨닫는 것이고, 두 번째 수준은 아라한으로서 해탈하는 것입니다. 이것은 윤회와 오온을 뒤로하고 열반에 머무르는 것을 뜻합니다. 그러나 한 사람이 열반에 들 때 다른 사람들은 여전히 고苦의 세계 속에 있습니다. 따라서 보살들에게 자비의 길은, 생사윤회에 머무르면서 일체중생을 해탈시키기 위해 헌신하는 것입니다. 이것이 대승大乘의 자비의 길이며, 불보살佛菩薩들의 길입니다.

무아와 자비

우리가 자신의 해탈을 위해서가 아니라 일체중생의 해탈을 위해서 노력할 때 그것이 더할 나위 없는 자비입니다. 무아를 깨달으면 윤회계를 자유자재로 다니면서 중생들의 필요에 반응할 수 있습니다. 이 상태에 대해 굉지 선사는 이렇게 말했습니다. "그것과 함께 할 때는 그것과 같고, 이것과 함께 할 때는 이것과 같다(在彼同彼 在此同此)." 대보살들은 적절한 모습을 띠고 나타나 중생들을 제도하지만, 그들을 제도한다는 생각이 없습니다. 이와 같이 자유자재하게 생사를 넘나드는 것이 대승의 대열반입니다. 이러한 대승 해탈의 길을 걷는 사람들은 모든 중생이 해탈하기까지는 부처가 되지 않겠다고 서원합니다. 또한 성불한 뒤에도 보살로서 다시 돌아와 우리를 돕는 분들이 있습니다. 이런 대수행인들은 진정한 무아를 깨닫고 있습니다. 그들은 생사윤회에서 벗어나 있지만 생사윤회를 버리지 않습니다. 이것은 괴로움을 끝내고 싶어서 자기 자신의 해탈을 위해 노력하는 것과는 아주 다릅니다.

불경에서 말하기를, 관세음보살은 무량겁 이전에 성불했다고 합니다. 그는 완전한 깨달음을 이루었지만 중생들을 돕기 위해 여전히 보살로서 윤회계에 출현합니다. 관세음보살은 중국식 이름으로 관음觀音(Guanyin)이며, 여성의 모습을 하고 있습니다. 그리고 문수보살文殊菩薩이 있는데, 그는 여러 부처님들의 스승이자 모체입니다. 그를 통해서 모든 부처님들이 계속 출현합니다. 문수보살은 남들을 제도하겠다는 자비 서원을 세웠기 때문에 부처가 되는 것을 미루었습니다. 지장보살地藏菩薩도 그와 같은 서원을 세운 분이며, 지옥에까지 들어가서 그곳의 중생들을 제도합니다.

우리는 남들을 제도하려는 이런 보살들의 헌신적인 자세를 본받아야 합니다. 자비와 서원만으로는 충분치 않습니다. 생사윤회를 벗어나되 여전히 생사윤회 안에 머무를 수 있어야 합니다. 이것이 대승불교의 깨달음이 지향하는 이상理想입니다. 그러나 여러분은 자신이 성불은 고사하고 깨달음도 이룰 수 없다는 생각을 하며 기가 죽으면 안 됩니다. 중요한 것은, 대보살들의 정신을 가지고 수행하겠다는 서원을 발하는 것입니다.

남전南泉 선사(745~835)가 아주 연로했을 때 한 제자가 물었습니다. "스님께서는 입적하시면 어디로 가시겠습니까?" 스승은 전혀 아무렇지도 않게 대답했습니다. "글쎄, 산 밑으로 내려가 물소나 되지 뭐." 제자는 깜짝 놀랐습니다. "어떻게 스님께서 물소가 되실 수 있습니까? 제가 같이 갈까요?" 이 사람은 아주 좋은 제자라고 할 수 있습니다. 스승이 어디로 가든 따라가겠다고 하니 말입니다. 저는 아직 그런 제자를 만나 보지 못했습니다. 그래서 스승이 말했습니다. "그래, 원한다면 와도 되지. 하지만 풀을 먹어야 한다." 남전 선사는 완전한 깨달음을 얻었기 때문에, 고삐 풀린 물소처럼 어디든지 마음대로 다닐 수 있습니다. 인연이 성숙하고 중생들이 그를 필요로 하는 곳이면 어디든지 몸을 나툴 것입니다. 어쩌면 그 대답을 할 때 산 밑의 물소들이 도움을 필요로 했고, 그래서 "물소가 될지도 모른다"고 말했는지 모릅니다. 그에게는 윤회계 중의 어디도 상관이 없습니다. 그러나 아직 자아감이 강하게 남아 있는 제자가 물소로 태어난다면, 아마 평범한 물소가 되어 풀을 먹어야겠지요!

저는 불법의 세 원리인 무상, 공, 무아를 설명했습니다. 이것들은 올바른 불법과 올바른 선법의 토대이자 기초입니다.

다섯째 날

새벽 법문: 보리심을 발하기

　보리심을 발한다는 것은 이타적인 깨달음의 마음을 일으키는 것입니다. 보리심이 없으면 기껏해야 자신의 해탈을 얻거나, 아직 집착이 남아 있는 세간적인 정定을 닦는 데 그칠 수 있습니다. 따라서 보리심은 대승 수행자의 기초이자 1차적인 초점입니다. 보리심에는 두 가지 측면이 있는데, 출리심과 자비심이 그것입니다. '출리出離'는 집념, 명예, 자기잇속, 세간적 집착을 버리는 것을 뜻합니다. 세간 현상에 대한 관심이 줄어들면 우리의 자아중심도 줄어듭니다. 배에 바위들을 쌓아놓았는데, 바위를 더 많이 쌓으면 결국 배는 침몰하겠지요. 그와 마찬가지로, 아만我慢과 자아집착이 아주 무거우면 번뇌의 무게가 배를 침몰시킬 수 있고, 우리는 지혜의 바다로 항해할 수 없습니다. 출리를 통해서 우리의 번뇌가 경감되면 그 배가 순조롭게 항해할 수 있습니다. 그것은 우리를 피안으로 데려다 주는 반야, 곧 지혜의 배일 것입니다.

　자비심을 갖는다는 것은 남들의 이익을 위해 진력하면서 동시에 자아집착을 줄이는 것입니다. 어떤 진지한 수행자들은 출리심이 더 많고 자비심이 적은 경향이 있습니다. 그들은 홀로 수행하기 좋아하며 책임지지 않는 것을 선호합니다. 이것은 일종이 도피주의입니다. 그와 같은 태도는 예를 들어, 어떤 사람이 결혼의 좋은 점들을 즐기고 싶으면서 책임은 전혀 지지 않으려고 할 때와 같습니다. 한편으로는 행복을 추구하면서 다른 한편으로는 책임을 회피하는 것입니다. 좋은 결혼에는 행복도 있어야 하고 책임도 있어야 합니다. 같은 이치로, 보리심에는 자비도 있어야 하고 출리도 있어야 합니다.

지혜는 소망한다고 얻어지지 않으며 자아집착과 번뇌를 줄여야 얻을 수 있습니다. 그러기 위해 우리는 출리와 자비를 통해 보리심을 발합니다. 만일 자비심 없이 출리심만 갖는다면, 세간을 거부하고 부정적인 태도를 갖게 것입니다. 출리심 없이 자비심만 갖는다면, 구하는 마음으로 세간에 집착하게 될 것입니다. 그래서 보리심에서 자비와 출리는 불가분이며, 이 둘이 함께 할 때가 보리심입니다.

사홍서원

출리와 자비에서 우리가 보리심의 정신을 발견할 수 있지만, 보리심의 수행은 우리가 매일 창송하는 사홍서원에 달려 있습니다.

무수한 중생을 건지기로 서원합니다.	衆生無邊誓願度
끝없는 번뇌를 끊기로 서원합니다.	煩惱無盡誓願斷
무량한 법문을 배우기로 서원합니다.	法門無量誓願學
위없는 불도를 이루기로 서원합니다.	佛道無上誓願成

중생을 제도하겠다는 첫 번째 서원을 이루려면 두 번째 서원도 필요합니다. 즉, 남들이 번뇌에서 벗어나도록 도우면서 우리 자신의 번뇌를 없애는 것입니다. 사람들은 성향이 서로 다르고 번뇌의 수준도 다르기 때문에 우리는 다양한 방편으로 돕는 법을 배워야 하고, 그래서 다양한 법문法門(수행방법)을 공부하고 통달해야 합니다. 이것이 세 번째 서원입니다. 이 과업을 달성하면 우리는 또한 부처가 되기 위해 수행합니다. 이것이 네 번째 서원입니다. 시작할 때는 일체 중생의 이익을 위해 헌신하며, 마지막 서원에 가서야 성불을 열망합니다. 따라서 보리심의 정신은 출리와 자비이지만, 보리심의 실질은 사홍서원을 실천하는 것입니다.

사실 사홍서원은 출리와 자비를 구현합니다. 예를 들어 중생을 건지겠다는 서원은 자비이지만, 자아중심을 포기해야만 이것을 성취할 수 있습니다. 또한 우리는 자신의 번뇌에서 떠날 수 있지만, 자비가 있어야 남들의 괴로움을 참으로 덜어줄 수 있습니다. 그래서 사홍서원은 실은 보리심의 이 두 가지 특질을 성취하기 위한 방법입니다.

어떤 사람들은 이 서원들 중의 첫 번째조차도 어떻게 달성할 수 있을까 하고 회의합니다. "나 자신의 수행만으로도 벅차다!"고 말입니다. 그러나 우리는 이 서원들을 의도의 선언으로 보아야지, 특정한 일시에 무엇을 이루겠다는 약속으로 보면 안 됩니다. 이 서원들을 반드시 한 생에 다 이루어야 하는 것은 아닙니다. 오히려 이 서원들은 우리에게 장기적인 방향과 헌신감을 제시해 줍니다. 한 걸음 한 걸음 우리는 그 서원을 이루어 나갑니다. 그러나 사홍서원을 발하지 않는다면, 우리 자신을 대승불교 수행자로 여겨서는 안 됩니다.

선 수행이 곧 불법의 수행

우리가 보리심의 정신과 사홍서원으로 수행할 때, 선 수행은 불법을 수행하는 것과 다르지 않습니다. 왜냐하면 우리가 목표와 방향을 확립했기 때문입니다. 우리는 자기 나름의 페이스에 따라 이 목표를 향해 노력하며, 자신의 운명을 향해 이 길을 걷습니다. 출리심과 자비심의 인도를 받으며 그 길을 걷는 가운데 우리는 남들을 도울 지혜를 얻게 될 것입니다.

우리는 사성제, 삼법인, 보리심 그리고 사홍서원에 대해 이야기했습니다. 그리고 묵조를 하며 좌선하는 법을 배웠습니다. 이 모든 것의 목적은 번뇌, 집착 그리고 아만을 종식하기 위함입니다. 이렇게 하여 우리는 남들을 도울 수 있는 더 나은 위치에 있게 됩니다. 우리는 자기 내면의 번뇌를 끊고, 남들도 번뇌를 끊을 수 있도록 돕기 위해 방법, 개념, 견해들을 사용합니다. 그러면서 우리는 출리와 자비를 실천하는데, 그것이 다름 아닌 보리심입니다.

『화엄경』에는 "보리심을 발했을 때 부처의 깨달음을 얻는다(初發心時便成正覺)"는 구절이 있습니다. 이것은 깨친 마음이 성불의 길로 들어서는 것에 대한 가르침입니다. 우리가 일으키는 보리심은 클 수도 있고 작을 수도 있지만, 그래도 그것은 하나의 성취입니다. 여러분이 이 길을 완전히 성취하지 못할 수도 있겠지만 최소한 튼튼한 기초를 확립한 것이고, 미래에는 분명히 성불할 것입니다. 그러한 의미에서, 보리심이 일어날 때 우리는 성불하는 것입니다. 보리심을 일으키고 또한 모든 중생을 이익 되게 하겠다고 서원하는 사람이 보살입니다.

보리심의 단계들

보리심을 발하면 우리가 부처가 되는 길을 걷게 됩니다. 그러나 그것은 아직 맹아적인 부처입니다. 『대지도론大智度論』에 따르면, 다섯 단계의 보리심을 완성한 뒤에야 부처가 될 수 있다고 합니다.

1. 발심보리發心菩提 - 처음 깨달음을 구함
2. 복심보리伏心菩提 - 번뇌를 조복 받음
3. 명심보리明心菩提 - 불성을 밝게 비춤[즉, 깨침]
4. 출도보리出到菩提 - 윤회를 벗어나서 불위佛位에 도달함
5. 무상보리無上菩提 - 지혜와 자비가 완전하고, 불과佛果가 완전함.

보리심의 다섯 단계 중 우리는 어디에 있습니까? 아니면 우리는 아직 보리심을 발하지 못했습니까? 매일 우리는 보리심에 대한 예불문을 읽고 사홍서원을 발합니다. 따라서 여러분 모두 내면에서 이러한 보리심을 일으켜 성불의 길을 걷기 바랍니다. 여러분의 주된 임무는 사홍서원을 세우고 그것을 완성하며, 지혜와 자비 그리고 궁극적으로는 불지佛地를 성취하는 것입니다. 보리심은 어떻게 발합니까? 한 가지 방법은 여러분이 앉기 전에 좌복을 향해 절을 하는 것입니다. 이것은 여러분의 보리 만달라(bodhimandala-法座), 즉 깨달음의 자리요 지혜와 자비의 연화좌입니다. 이곳이 바로 여러분의 서원을 실현하기 시작하는 곳입니다.

자비가 없으면 지혜를 완성할 수 없습니다. 그러나 자비롭기 위해서는 출리심이 있어야 합니다. 자비심도 없고 출리심도 없으면 자아중심이 커지고 번뇌가 늘어납니다. 따라서 이 두 가지 원리를 이해하고 자기 것으로 해야 합니다. 그렇지 않으면 좌복에 앉아 있는 것이 땅바닥에 막

대기 하나 세워 둔 것보다 나을 게 없습니다. 고정되어 있고 직립부동直立不動인 막대기—정체되어 있고 아무 쓸모가 없습니다. 이런 상태에서 벗어나려면 정신적으로 활발하고, 힘이 있고, 환히 밝아야 합니다. 어떻게 하면 정신적으로 힘이 있고 밝아질 수 있습니까? 고요함[止]을 닦으면 자비심, 출리심 그리고 보리심의 활발한 작용을 체험할 것입니다. 이런 힘 가운데서 마음은 밝게 빛납니다.

그러니 이제부터는 좌선을 할 때마다 부디 보리심을 발하고, 부디 이타심을 발하십시오. 보리심은 그냥 출리심과 자비심입니다. 출리심은 번뇌를 끊는 데 있습니다. 자비심은 곧 일체중생을 제도하는 것입니다. 어떻게 번뇌를 끊고 중생을 제도합니까? 여러분이 이미 배웠고 또한 배우게 될 법문法門들을 닦고, 묵조를 닦아서 그렇게 하면 됩니다. 이제 이 수행법을 사용하여 진입하십시오.

아침 법문: 묵조의 세 번째 단계

대다수 사람들은 아무래도 수행에 여러 단계가 있다고 이해하는 편이 자연스럽기 때문에, 제가 앞에서 묵조의 몇 단계를 묘사했습니다. 사실 묵조의 어느 단계에서도 공과 무아를 관할 수 있습니다. 이 수행의 어느 단계에서도 깨달음을 체험할 수 있습니다. 반드시 한 단계 한 단계 나아가야 할 필요는 없습니다. 첫째 단계는 지관타좌와 전신감각을 자각하는 것입니다. 이 단계는 심신을 완전히 이완하는 것으로써 들어갈 수 있는데, 호흡을 관해도 되고 직접 전신을 자각하는 것으로 시작해도 됩니다. 두 번째 단계는 환경이 자기와 하나라는 것을 체험하는 것입니다. 여러분이 곧 환경이고 환경이 곧 여러분입니다.

묵조의 세 번째 단계는 무한한 광대함을 체험하는 것입니다. 마음이 산만한 생각과 망상으로 가득하면 무한한 마음을 체험할 수 없습니다. 또한 우리가 감각 대상들을 계속 분별하면서 협소한 관점을 갖게 되면 무한한 환경을 체험할 수 없습니다. 그러나 생각이 완전히 가라앉으면 우리가 무한히 광대한 마음을 지각합니다. 그리고 모든 분별이 그치면 무한히 광대한 환경을 지각합니다.

만일 완전히 이완하여 지관타좌에 대한 자각을 유지할 수 있으면 신체의식이 사라질 것입니다. 이 상태에서는 환경도 사라질 수 있습니다. 그렇게 되면 여러분이 얕은 정定의 상태에 들어간 것이지만, 그것이 묵조의 상태는 아닙니다. 왜냐하면 묵조의 상태에서는 환경을 생생하게 자각하기 때문입니다. 환경과 하나임을 느끼는 단계에서도 그런 일이 일어날 수 있습니다. 환경이 사라지면 여러분은 다시 어떤 가벼운 정定의 상태에 들어가지만, 그것은 묵조를 닦는 것이 아닙니다. 묵조를 닦을 때는 여러분의 마음이 또렷하고, 일체를 자각하며, 완전히 고요할 것입니다. 앞선 어느 단계에서도 이러한 비춤의 단계에 들어갈 수 있습니다. 여러분 자신의 수행의 결과로 마음은 또렷하고 밝으며, 자아나 무아에 대한 집착이 없습니다. 이것이 진정한 묵조입니다. 되풀이하여 강조하지만, 묵조의 세 단계를 여러분이 한 단계씩 밟아 올라가야 할 영적인 사다리로 여기면 안 됩니다. 각 단계가 완전하며, 어느 단계나 진정한 묵조에 들어가는 진입점이 될 수 있습니다. 그러니 부디 지금 여러분이 있는 단계보다 더 나은 단계가 있을 거라고 기대하지 마십시오.

저는 내면의 무한과 외부의 무한에 대해 이야기합니다. 왜냐하면 여러분 가운데 그 중의 하나나 둘 다를 체험해 본 분이 있을지 모르기 때문입니다. 그러나 외부의 무한 없이 내면의 무한을 체험한다면 그것은 정定이지 묵조가 아닐 것입니다. 따라서 그 차이를 알아야 합니다. 정定

에 들어 있을 때는 내면의 것은 광대하고 열려 있고 또렷하지만, 환경을 자각하지 못합니다. 환경도 광대하고 열려 있다는 것을 체험해야 합니다. 이때는 분별을 뒤로 한 상태이지만 그럼에도 외부 환경을 아주 또렷이 압니다. 진정한 묵조에서는 환경이 존재합니다. 그러나 우리는 전혀 그에 의해 영향 받거나, 오염되거나, 조건 지워지지 않습니다. 그리고 더 이상 분별적 생각에 끄달리지 않습니다. 제가 이 점을 강조하지 않으면, 사람들이 좌선 중에는 무한한 광대함을 체험한다 해도 일상생활로 돌아가면 외부 세계로 인해 마음이 분산될지 모릅니다. 그들은 그 환희로운 정定 속에서 수행하면서 다른 사람들을 멀리 하고 싶은 도피적 태도를 키울지 모릅니다. 이것은 분명 대승大乘이나 선의 가르침이 아닙니다. 이 세 번째 수준은 내적인 마음은 물론 외적인 세계에 대해서도 무한히 광대합니다. 이런 바른 견해를 가지고 있으면 세상과 관계해도 번뇌나 장애를 느끼지 않을 것입니다.

여섯째 날

새벽 법문: 일상생활 속의 묵조

이제는 여러분 모두 어떻게 이완하고 지관타좌를 수행하는지 압니다. 그러나 묵조를 일상생활에 어떻게 응용해야 하는지는 압니까? 만일 모른다면, 아마 이 방법의 효용성이 아직 (여러분에게) 자리를 잡지 못한 것이고 선칠에 참가한 것도 별 소용이 없었다고 해야겠지요. 그래서 일상생활 속의 수행에 대해 말씀드리고 싶습니다. 고대 인도에서는 요가 수행자들이 사회를 떠나 숲 속에서 홀로 수행하는 것이 보통이었습니다. 그리고 그들을 존경하는 일반인들로부터 음식과 시물施物을 탁발하곤 했습니다. 중국에는 그런 전통이 없었습니다. 구걸하러 다니는 사람은 거지들뿐이었습니다. 수행자들이 먹고살면서 수행을 계속하기 위해서는 일을 해야 했습니다. 그래서 선禪은 전통적으로 수행을 일상 업무에 응용하는 것을 크게 강조해 왔습니다.

선종의 초조初祖인 보리달마가 건너오기 전부터도 어떤 수행자들은 수행에서 좌선을 강조했습니다. 4조祖와 5조祖의 시대에 이르러서는 자급자족하는 수행 공동체들이 건립되어 일과 좌선을 함께 강조했습니다. 그렇기는 하나 이런 공동체들이 널리 퍼져 있지는 않았고, 사회가 먹고 살기 어려웠기 때문에 일반 대중은 수행자들을 지원하지 않았습니다. 8세기의 6조 혜능 시대에 와서는 수행이 주로 일이었습니다. 그가 5조 홍인弘忍(602~675)의 절에 들어갔을 때는 많은 대중을 위해 주방에서 쌀을 찧었습니다. 『육조단경』에는 그가 좌선을 했다는 말이 나오지 않습니다. 그는 철저한 깨달음을 얻어 5조에게서 법을 전해 받은 뒤, 절을 떠나 사냥꾼들과 함께 살면서 그들이 파 놓은 함정을 살피는 일을 했습니다. 만일 어떤 동물이 (함정의) 우리에 갇혀 있으면, 우리를 열어 그 동물로 하여금 떠날지 여부를 결정하게 했습니다. 그는 생계를 사냥꾼들에게 의지하고 있었기 때문에 더 이상은 개입하지 않았습니다.

9세기의 백장百丈(720~814) 선사 때는 일을 수행으로 삼는 제도가 널리 확산되었습니다. 그의 절에서는 하루 일하지 않으면 하루 먹지 않았습니다. 농사철에는 승려들이 농사를 지으며 아침저녁으로 좌선을 했습니다. 들판이 어는 겨울에는 집중적인 좌선 수행을 했습니다. 이때는 백장 선사가 법문을 했고, 안거安居는 석 달씩 갔습니다. 겨울에 집중적으로 수행하는 선종의 전통이 여기서 생겨났습니다.

저의 한 제자는 회계사였는데 나중에 비구니가 되었습니다. 우리가 그녀에게 선 센터의 회계 소임을 맡겼더니 그녀가 불평을 했습니다. "스님, 제가 출가하여 비구니가 된 것은 열심히 수행하기 위해서였습니다. 그런데 여기서 다시 돈을 세고 있습니다." 제가 그녀에게 말했습니다. "이것은 많이 다르지. 전에는 자네가 자기 자신과 가족을 위해 그렇게 했지만, 지금은 승가僧伽를 위해서 하지 않나. 자기잇속도 없고, 이윤도 이익도 없고, 이 일을 해도 자네에게 아무 해가 없기 때문에 이것이 진짜 수행이야. 자네의 마음자세도 지금은 많이 달라. 불법을 배우기 전에는 마음이 혼란스럽고 일을 하는 중에도 여기저기 헤맸지만, 지금은 일하는 가운데서도 자네 마음을 조정하고 수련할 수 있지. 자네는 자신의 능력을 승가에 바치고 있는 거야. 이것이 수행이 아니면 뭐라고 할 건가?"

여러분도 마찬가지입니다. 불법을 만나기 전에는 수행을 하지 않았고, 일상생활은 들끓는 감정과 망념으로 가득 차 있었습니다. 불법을 만나서 묵조를 배운 뒤에 돌아가면 다를 것입니다. 여러분이 어떤 일을 하든, 일이 여러분의 수행이 될 것입니다. 여러분이 어디에 있든 자기 마음을 조절하고, 조정하고, 수련할 것입니다. 한편으로 여러분은 수행을 하고 있고, 다른 한편으로는 안정된 마음을 유지하면서 남들과 상호작용하고 있는 것입니다. 여러분이 어디에 있든 그것이 수행이 될 것입니다.

일을 하고 있을 때의 묵조

우리가 밥을 먹을 때는 밥만 먹고, 잠을 잘 때는 잠만 자야 합니다. 좌선할 때는 좌선만 하고, 일을 할 때는 일만 해야 합니다. 그러나 이렇게 말하는 것과 행하는 것은 별개의 문제입니다. 그래서 제가 여러분에게 묻습니다. 이런 일들을 할 때 여러분의 마음은 어디에 있습니까? 이것이 일에 어떻게 응용되는지를 생각해 봅시다. 묵조를 닦는다는 것은 몸과 마음을 당면한 그 일에 투입한다는 것을 뜻합니다. 이것은 또한 그 일에 적합한 최선의 방법을 운용하는 것을 의미합니다. 오롯한 마음으로 그리고 최선의 노력으로 그렇게 한다면, 아주 안정되고 이완된 마음으로 그 일을 완성하게 될 것입니다. 일을 대할 때는 과거와 미래를 고려한 계획이 있어야 하지만, 일단 일을 시작하면 현재에 집중하십시오. 아주 평온하고 평상한 마음으로 일을 해내야 하며, 좋아하고 싫어함, 좋고 나쁨의 느낌을 갖거나 산만한 생각에 빠지는 일이 없어야 합니다. 일을 끝낼 때는 어떤 변화가 필요한지, 일이 잘 되었는지, 그리고 앞으로 어떻게 하면 더 잘할 수 있겠는지를 성찰해야 합니다. 이것이 일을 하는 동안 묵조를 닦는 법입니다. 그러나 어떤 일을 하든 관계없이 원리는 동일합니다. 묵연함은 그 활동을 하면서 번뇌, 집착, 분별을 일으키지 않을 때 나타납니다. 비춤은 그 활동을 또렷이 이해하면서 그것을 완성하는 것에 집중할 때 나타납니다.

우리는 수행자로서 우리 자신의 능력과 한계를 분명히 알아야 합니다. 사회에서 우리가 맡은 역할과, 우리가 무엇을 할 수 있는지, 그리고 무엇이 우리의 능력 범위를 넘는지를 이해해야 합니다. 모든 사람은 어떤 적성과 한계를 가지고 태어나므로, 우리 자신의 한계를 아는 것도 수행입니다. 어떤 사람들은 손재주가 뛰어나지만 어떤 사람들은 서투를 수 있습니다. 어떤 사람들은 아주 세밀한 일에 능하고, 어떤 사람들은 육체노동에 더 적합합니다. 우리는 자신의 한계에 만족하면서 자기 능력의 최선을 다해 일하는 법을 배워야 합니다. 이것은 여러분이 어디에 있는지, 그리고 무슨 역할을 해야 하는지를 분명하게 인식하는 것입니다. 이것을 모르면 자기 자신과 남들에게 번뇌를 초래할 수 있습니다.

어디에 자신을 투입해야 하는지를 아는 것이 묵연함이고, 일을 할 때 이것을 아주 분명하게 아는 것이 비춤입니다. 들에서 일하는 황소를 생각해 보십시오. 황소는 힘이 세고 활동적이지만 작물을 밟지 않고 자기 일을 합니다. 그것은 우리의 환경에 따라서 반응합니다. 이 황소와 같이 일하면, 여러분이 어디에 있든, 일을 하든 친구와 놀든, 행복과 기쁨을 얻을 것입니다. 여러분이 있는 곳에 평안과 조화가 있다면 그것이 곧 묵조를 수행하는 것입니다. 그러니 부디 여러분의 삶 속에서 한 마리 황소가 되십시오.

수행은 좌선에 국한되지 않습니다. 좌복에서 일어나자마자 삶이 스트레스를 주어서는 안 됩니다. 자기 몸의 존재와 몸의 감각들에 대해 아주 또렷이 자각하십시오. 의미 없는 감각이 일어날 때는 반응하지 마십시오. 그것이 묵연함입니다. 전체적인 몸-마음에 대한 이 또렷한 자각을 늘 유지하십시오. 그것이 비춤입니다. 환경에 대해 아주 또렷이 자각하되 환경의 영향을 받지 마십시오. 그것이 전체성입니다. 위의 모든 것을 합친 것이 묵조입니다. 이제 부디 전심전력으로 묵조를 닦으십시오.

아침 법문: 직접 관법

묵조에서 '묵默'은 일시적인 경험들을 쫓아가지 않는 것이고, '조照'는 실제로 무슨 일이 일어나고 있는지를 또렷이 자각하는 것입니다. 그와 마찬가지로 직접 관법은 현재 여러분이 무엇을 지각하든 그것을 관하는 것입니다. 개념화하거나 이름을 붙이거나 판단함이 없이, 여러분의 목전에 있는 것을 직접 경험하고 받아들이십시오. 화가는 자신이 그리려고 하는 장면과 그것을 어떻게 그리고 싶다는 관념들을 발전시킵니다. 그래서 자신이 그 주제에 대해 느끼는 바를 표현합니다. 그에 비해 직접 관법은 사진을 찍는 것과 같습니다. 카메라는 판단, 이름 붙이기 또는 감정 없이 일체를 정확하게 받아들입니다. 그런 의미에서 직접 관법은 카메라가 사물들을 그냥 있는 그대로 받아들이는 것과 비슷합니다.

우리가 밖에서 경행을 할 때는 이 직접 관법 수행을 적용합니다. 그것을 잘 할 수 있으면 묵조 수행에 도움이 될 수 있고, 그 반대도 마찬가지입니다. 경행할 때는 눈을 뜨고 보통 때 길을 걷듯이 걸으십시오. 자신의 지각에 어떤 관념이나 정서도 덧붙이지 마십시오. 천천히 걷거나 정상 속도로 걸으십시오. 보통의 경행과는 달리, 발의 움직임이나 감각에 집중하지 마십시오. 아무 제약 없이 모든 감각 기관을 활짝 열어 놓고 주위에서 일어나는 일체를 흡수하되, 아무것도 덧붙이지 마십시오. 카메라처럼 일체를 그냥 받아들이고 경험하십시오. 이것이 직접 관법을 닦는 법입니다.

일곱째 날

오후 법문: 참회

우리가 부지런히 수행할 수 없다면, 최소한 그에 대해 참회하는 마음을 가져야 합니다. 또한 오계五戒를 지키지 못하거나 남들에게 피해를 주면, 마음속으로 참회를 해야 할 뿐 아니라 (몸으로) 참회를 행해야 합니다. 불교에서 참회는 그저 우리의 과오를 인정하고 그것을 기꺼이 바로잡겠다는 자세를 의미합니다. 피해를 주고서도 그것을 인정하지 않는 것은 오만입니다. 석가모니 부처님은 제자들에게 늘 겸허한 마음을 지니고, 참회하며, 자신의 수행에서 나태한 점을 인식하라고 했습니다. 겸허란, 늘 우리 자신의 마음 상태를 인식하고, 잘못했을 때는 그것을 뉘우치는 것을 뜻합니다. 그래서 불법의 수행은 정진, 겸허, 참회를 수반합니다.

부처님은 또한 우리에게 무상을 상기시켜 줍니다. 우리가 언제 죽을지 누가 압니까? 따라서 여러분의 시간을 최대한 활용하여 수행을 하고, 여러분의 삶을 이용하여 건전한 활동을 하십시오. 부처님의 일부 제자들이 '삶이란 무상한 것이고 나는 죽을 것이다. 그러나 나는 다음 생에도 계속 수행할 것이다.'라고 생각한 것은 사실입니다. 여기에 대해 석가모니 부처님은 이런 취지로 대답했습니다. "그렇다, 여러분은 다시 태어날 것이다. 그러나 다음 생에는 다리가 네 개가 될지도 모르고, 그러면 가부좌하고 좌선하기가 어려울 것이다. 그러니 제자들이여, 지금 여러분의 시간을 최대한 활용하라."

바로 지금, 여러분 가운데 어떤 분들은 마음이 들떠서 차분히 가라앉아 있지 않습니다. 여러분은 망념이 너무 많을 수도 있습니다. 그렇지만 부끄러움이나 참괴심慚愧心을 느끼지 못할 수도 있습니다. 심지어 자신의 상태를 인식하지 못할지도 모릅니다. 그래서 하루가 지나면 이렇게 생각합니다. '아이고, 오늘 좌선도 끝났구나. 다음 시간은 그냥 쉬엄쉬엄 하자. 선칠도 어차피 끝나 가니까. 다음번에 또 오지 뭐.' 이런 생각을 하는 이유는, 자신의 상황을 인식하지 못하기 때문입니다. 겸허함, 부끄러움, 참괴심이 없는 것입니다.

지난 한 주 동안 여러분이 오롯한 마음으로, 최대한 노력하며, 혼신의 힘을 다해 수행 속으로 뛰어들지 않았다면 부끄러움을 느껴야 하고, 따라서 참회를 행해야 합니다. 이것은 자신의 잘못과 나태함을 전적으로 인정하고 그것을 바로잡기 위한 진지한 노력을 한다는 것을 뜻합니다. 이 참회 수행은 여러분이 자신의 죄를 고백하고 용서를 받는 그런 종류가 아닙니다. 불교는 그런 것을 믿지 않습니다. 불교의 참회는 자신의 잘못을 인정하고, 자신의 행위에 대한 책임을 받아들이며, 과보가 올 때는 그것을 온전히 그리고 기꺼이 받아들이는 것을 의미합니다. 여러분이 자기 행위의 결과를 받아들이고, 이제부터는 더 나아지겠다는— 즉, 앞서 하지 못한 부분을 벌충하겠다는 확고한 마음을 갖는 것입니다. 이것이 참회 수행입니다.

부끄러움, 겸허함, 뉘우침을 느끼지 못하는 것은 마음이 두려움과 불안정 속에서 살면서 들떠 있다는 표시입니다. 그러나 자신의 상황을 인식하고 자신의 잘못에 대한 겸허함과 뉘우침을 느낀다면, 그것은 큰 짐을 더는 것과 같습니다. 마음이 참으로 가라앉고, 더 안정되고 자리가 잡힐 수 있을 것입니다. 그러면 참회를 행하고 두려움과 불안정에서 자신을 해방할 수 있습니다.

참회는 어떤 선 수행방법과 함께 행해도 되고, 일상생활 속에서도 참회를 행해야 합니다. 자신의 결점과 번뇌를 인식할 때, 그리고 자기 자신뿐 아니라 남들에게 피해를 주었음을 인정할 때 겸허함과 뉘우침을 느낀다면, 참회를 행해야 합니다. 무엇보다 중요한 것은 여러분이 참회를 느끼고 참으로 자기 자신과 대면할 필요가 있다는 것입니다. 마음을 집중하기 위해 불상 앞에서 그렇게 해도 되지만, 가장 중요한 것은 부끄러운 마음을 일으키는 것입니다.

다음 좌선 시간에는 우리가 참회절 수행을 하겠습니다. 저도 여러분과 함께 참회할 것입니다. 왜냐하면 여러분 가운데 몇 분이 나태해진 데는 저의 책임도 있기 때문입니다. 절을 할 때는 자신의 정진이 부족했다는 후회의 마음을 일으키도록 노력하십시오. 자신의 삶과, 여러분이 자기 자신과 남들에게 끼친 피해에 대해 반성하고, 남들에 대해서는 물론 자기 자신에 대해서도 자비심을 느끼십시오. 자기 자신에게 "나는 자신의 잘못에 대해 후회하고, 그 책임을 받아들인다. 그리고 참회하겠다." 혹은 그런 취지의 말을 되풀이하여 하십시오. 가슴 깊은 곳에서부터 후회를 느낄 때, 그리고 자신의 결점을 정면으로 대면할 때 진심으로 그렇게 할 수 있습니다. 그렇지 않으면 이 선칠의 나머지 시간은 낭비하는 것이 될 것입니다. 남들에 대해서는 상관하지 마십시오. 지금 여러분이 관심을 가져야 하는 것은 자기 자신의 상황입니다. 인경引磬이 울릴 때마다 절을 하고 나서 일어서십시오. 우리는 한 번 입선하는 시간 동안 이 절을 하겠습니다.

[참회절이 시작됨.]

선칠을 마치며

새벽 법문: 감사, 회향, 보시

이번 선칠이 끝나는 마당에 저는 은혜에 대한 감사, 공덕의 회향廻向, 그리고 보시에 대해 이야기하고 싶습니다. 우리의 마음이 차분하고 또렷할 때는, 우리에게 생명, 지식 그리고 영적인 성장을 안겨준 분들에 대해 생각하면 그분들에게 고마움을 느끼게 됩니다. 그러나 우리의 마음이 편치 않을 때는 우리를 방해하는 사람들을 떠올리기 십상이고, 그들에 대해 우리는 고마움을 느끼지 않습니다. 그래서 우리를 도와준 사람들에게는 고마움을 느껴도, 우리를 반대한 사람들에게는 그러고 싶지 않을 수 있습니다. 이것은 그릇된 태도일 것입니다. 사실 우리는 우리와 가까운 사람들은 물론이고 우리와 멀리 떨어져 있는 사람들에게도 고마움을 느껴야 하고, 우리의 성장이라는 긍정적 측면을 도와준 사람들은 물론 우리에게 문제를 야기한 사람들에게도 고마움을 느껴야 합니다. 전자의 사람들은 그들이 우리에게 발전할 기회를 주었기 때문에 고맙고, 후자의 사람들은 역경에 대처하는 것이 우리를 더 강한 수행자로 만

들어 주기 때문에 고마운 것입니다. 우리가 모든 존재에 대해 참으로 고마운 마음을 느낄 때는 우리에게 적이 없을 것입니다. 분별심 없이 모두에게 고마움을 느낄 때, 우리의 아만과 자아중심은 줄어들 것입니다.

고마움을 아는 수행자들은 인과 연의 작용을 이해합니다. 그들은 우리의 성공과 능력이 우리의 개인적 노력을 통해서 올 뿐만 아니라, 남들의 영향을 통해서도 온다는 것을 압니다. 그것이 좋은 영향이든 나쁜 영향이든 관계없이 말입니다. 그래서 우리는 고마워하는 마음으로 모두의 이익을 위해 헌신합니다. 우리에게 가까운 사람들부터 시작하여 덜 친밀한 사람들에게까지 범위를 넓히고, 결국에는 우리가 알지도 못하는 사람들에게까지 미치게 됩니다. 이것이 적절한 순서입니다. 왜냐하면 우리와 가장 가까운 사람들이 우리의 도움을 가장 필요로 하는 사람들이니까요.

우리가 고마워하는 마음을 가지고 남들을 돕는 데 헌신하게 되면, 수행을 통해 축적한 공덕을 회향할 수 있습니다. 우리를 도와준 사람들과 공덕을 함께 나누고 또한 그들에게 그것을 되갚습니다. 만일 어떤 사람이 우리의 도움을 필요로 하지 않으면—예컨대 보살의 경우—우리는 그들을 본받아야 합니다. 어떤 보답도 기대하지 말고 무조건적으로 베푸십시오.

어두운 방 안에 촛불을 켜면 그것이 방을 어느 정도 밝히지만 그 힘은 한계가 있습니다. 그러나 같은 촛불로 다른 촛불을 켜면 전체 밝기가 증가합니다. 이런 식으로 계속해 나가면 아주 밝은 빛으로 방을 채울 수 있습니다. 공덕을 남들에게 회향하는 것도 이와 같습니다. 우리 자신의 빛만 이기적으로 감추어 두면 그것이 비출 수 있는 빛은 한계가 있습니다. 그러나 우리의 빛을 남들과 나누면 우리 자신의 빛은 줄어들지 않고, 오히려 모든 사람이 쓸 수 있는 빛의 양을 늘립니다. 따라서 다른 사람들이 우리의 촛불을 켜면 우리가 빛을 발합니다. 우리가 고마움에서 우리의 촛불로 다른 사람들의 촛불을 켜주면 방 전체가 더 밝아집니다. 그래서 우리가 공덕을 남들에게 회향하는 것입니다. 이러한 빛은 지속적이며 다함이 없습니다.

고마워하는 마음을 가지고 남들을 돕는 데 헌신할 때, 우리는 보시布施를 닦을 수 있습니다. 우리는 재산과, 우리 자신과, 불법으로써 보시할 수 있습니다. 어느 면에서는 재산을 베푸는 것이 가장 쉽습니다. 우리가 덜 소비하고 더 검소하게 살면, 우리가 저축한 것을 보시할 수 있습니다.

또한 베풂의 본질은 반드시 그 물건의 양이나 가치에 있지 않다는 것을 기억하는 것이 좋습니다. 한번은 부처님이 숲 속에서 회중에게 법을 설하려고 하실 때 날이 어두워졌습니다. 몇몇 사람이 자기 등불을 바쳤지만, 집 없는 한 여인은 가진 것이 동냥그릇 하나뿐이었습니다. 그녀는 그것을 기름등잔으로 쓰도록 바쳤습니다. 이것을 아신 부처님은 이 여인의 공덕이 가장 수승殊勝하다고 회중에게 말했습니다. 왜냐하면 그녀는 자신의 전 재산인 동냥그릇을 바쳤기 때문입니다. 여러분은 그녀가 그 공양물을 바침으로 해서 잃은 것이 있다고 생각합니까? 따라서 가장 가난한 사람도 보시를 행할 수 있는 것입니다.

자기를 보시하는 것(남들을 위해 헌신하는 것)은 재산을 보시하는 것과 다릅니다. 왜냐하면 우리가 참으로 남들을 도울 수 있으려면 수행을 많이 해서 충분한 기술과 지식을 얻어야 하기 때문입니다. 그래서 자신을 바쳐 남들을 돕기로 했으면 우리 자신의 수행을 더 열심히 해야 합니다. 사홍서원의 세 번째는 "무량한 법문을 배우기로 서원합니다"입니다. 이것은 여러분이 자신의 기술과 지식을 운용하여 첫 번째 서원, 즉 중생을 돕겠다는 서원을 완성하게 되는 것을 말합니다. 그래서 보시의 두 번째 형태는 자신을 바쳐서 불법을 배우는 것이기도 합니다.

법보시[法施]로 말하자면, 저 자신이 하나의 예가 되겠습니다. 제가 불법을 닦아서 알게 된 것은 제가 그것을 성취의 대상으로 여기지 않았기 때문입니다. 오히려 저는 늘 불법에 대해 궁금했고, 불법은 그 자체가 배울 가치가 있는 것이라고 보았습니다. 그래서 저의 이해를 분명히 하기 위해 열심히 공부하고 열심히 수행했습니다. 저는 제가 배운 것에 대해 고마움을 느꼈기 때문에 그것을 다른 사람들과 함께 나누고 싶었고, 그래서 불법을 보시했습니다. 그 순환은 계속됩니다. 불법을 더 많이 배우면 배울수록 저는 더 많이 함께 나누고 베풀 수 있습니다.

그래서 우리가 고마운 마음에서 남들을 이롭게 하기 위해 헌신할 때, 이것이 곧 보시, 곧 베풂을 닦는 것입니다. 이것은 우리가 배울 수 있는 것입니다. 어떤 사람들은 일체를 다 주어 버리면 자기에게 아무것도 남는 게 없을 거라고 생각합니다. 그러나 불법은 아무리 길어다 써도 마르지 않는 우물입니다. 거기서 아무리 많이 가져다 베풀어도 늘 더 많이 가져올 수 있습니다. 왜냐하면 이 우물에서 더 많이 길을수록 수위가 더 높아질 것이기 때문입니다. 불법을 베풀어 남들에게 영양을 공급하는 한, 불법은 그곳에 있을 것입니다. 여러분이 살아 있고 수행을 할 수 있는 한 늘 그러할 것입니다. 살아 있기만 하면 여러분이 더욱 더 많은 것을 배울 수 있고, 더욱 더 많이 보시할 수 있습니다. 살아 있기만 하면 여러분은 또한 쉬면서 회복할 수 있고, 그런 다음 다시 (불법의) 원천으로 돌아갈 수 있습니다. 이것이 법보시가 이루어지는 모습입니다.

이 선칠을 끝내면서 우리는 이제 몇 가지 아주 간단하고 짧은 의식을 거행하겠습니다. 먼저 삼귀의三歸依, 그 다음은 오계五戒 받기, 마지막으로 감사의 절을 하겠습니다.

[의식을 거행함.]

제2부

굉지 선사 법어 강해
(上)

『굉지선사광록宏智禪師廣錄』에서(1)

넓고 아득하여 끝이 없고
청정하며 빛을 발하네.
신령스러우나 장애되는 바가 없고
환히 밝으나 비추어지는 것이 없네.
텅 비었다 하겠으나 스스로 밝고
그 밝음은 스스로 청정하며
인연을 넘어서고 능소能所를 떠났네.
그 오묘함은 늘 존재하고
그 비춤은 툭 트였으며,
또한 있고 없음이나 말과 비유로써 생각하거나 논할 수 없네.
바로 여기, 이 핵심적인 축[樞機]에서
회전문을 열고 길을 치우니,
인연 따라 응하되 애씀 없이 할 수 있고
큰 활용은 걸림이 없네.
일체처에 구르고 구르되

연緣을 따르지 않고 틀에 떨어지지 않으며,
그런 것들의 한가운데서도 편안히 자리 잡네.
그것과 함께 할 때는 그것과 같고,
이것과 함께 할 때는 이것과 같으며,
그것과 이것이 뒤섞여 구분할 수 없네.
그래서 말하기를,
"산을 지탱하는 땅이
산의 가파르고 높음을 모르는 것과 같고,
옥을 품은 돌이
옥에 흠이 없음을 알지 못하는 것과 같다"고 했네.
만일 이처럼 될 수 있다면
이것이 참된 출가라네.
출가한 사람들은
이와 같이 본체를 파악해야 하리.
납승納僧들은 마음의 생각들을
말라 죽게 하고 차갑게 식게 하여
나머지 연緣들을 쉬어 버려야 하며,
오롯한 마음으로 이 밭을 일구어야 하네.
곧바로 웃자란 풀들을 다 쳐내어
사방의 경계선까지 이르러야 하며,
털끝만큼의 오염도 없게 해야 하네.
신령스러우면서도 밝고, 툭 트였으면서도 투명하네.
본체 앞에 오는 것을 철저히 비추면
빛이 그대로 드러나고 정결한 상태에 이르러
티끌 하나도 붙을 수 없네.

이 황소(마음)의 코를 끌어당기면
자연히 그것이 씩씩하고 늠름한 모습을 보이리니
다른 부류들과 섞여서 길을 가도
남의 어린 곡식들을 짓밟지 않네.
활력에 넘치며 애씀 없이 환경에 반응하고
자재하게 환경에 반응하며 활기차게 흐르네.
속박에서 벗어나 어디에 고정되지 않았으니,
이것이 바로 겁공劫空의 밭을 가는 일이네.
이와 같이 나아가면
일체가 또렷이 나타나 흐릿함이 없으니
처처에서 만물이 있는 그대로 현현하네.
일념이 만년을 가니
원래 이것이 상相에 머무르지 않음이네.
그래서 말하기를,
"마음자리에 모든 씨앗이 들어 있어
두루 비가 내리면 모두 싹이 튼다.
(깨달음의) 꽃이 피는 뜻을 알면
보리菩提의 열매가 저절로 익는다."고 했네.

曠遠無畛, 清淨發光, 其靈而無所礙, 其明而無所照, 可謂虛而自明, 其明自淨, 超因緣離能所. 其妙而存, 其照也廓, 又不可以有無言象擬議也. 卻於箇裡樞機, 旋關捩活, 隨應不勤, 大用無滯. 在一切處, 輥輥地不隨緣不墮類, 向其間放得穩. 在彼同彼, 在此同此, 彼此混然無分辨處. 所以道:「似地擎山, 不知山之孤峻, 如石含玉, 不知玉之無瑕」. 若能如是, 是眞出家, 出家輩, 是須恁麼體取.

衲僧家, 枯寒心念, 休歇餘緣, 一味揩磨此一片田地。直是誅鉏盡草莽, 四至界畔, 了無一毫許汚染。靈而明廓而瑩, 照徹體前, 直得光滑淨潔, 著不得一塵。便與牽轉牛鼻來, 自然頭角崢嶸地, 異流中行履, 了不犯人苗稼。騰騰任運, 任運騰騰, 無收繫安排處, 便是耕破劫空田地底。卻恁麼來, 歷歷不昧, 處處現成, 一念萬年, 初無住相。所以道:「心地含諸種, 普雨悉皆萌, 旣悟花情已, 菩提果自成」。*

---

* (역주) 『굉지선사광록宏智禪師廣錄』, 卷六에서 발췌한 글. 성엄 스님의 『禪門修證指要』, 124-5쪽에 스님이 뽑은 '굉지선사어록 16칙則' 중 제3, 4칙으로 나온다. T. no. 2001, vol.48:73c25-74a4; T. no. 2001, vol.48:74a5-13(중화전자불전 사이트 www.cbeta.org의 T48n2001_p0073c25(00)-74a13(01)).

1. 첫째 날 저녁 강해
— 큰 활용은 걸림이 없다

송나라 때 조동종의 굉지정각 선사는 묵조법을 가르쳤습니다. 또한 그는 몇 편의 저작을 남겼는데, 이것을 통해 우리는 묵조의 범위에 대한 아주 분명한 이해를 얻을 수 있습니다. 굉지 선사 이전의 선사들도 이 수행법과 관련되는 중요한 가르침을 남겼습니다. 6조 혜능의 2세 법손인 석두희천石頭希遷(700~790) 선사의 「참동계參同契」가 있고, 또 하나의 고전적 문헌은 조동종의 공동개조開祖인 동산양개洞山良价(807~869) 선사의 「보경삼매가寶鏡三昧歌」가 있습니다.

이 수행법에서 '묵默(묵연함)'은 말과 언어에서 벗어난 것, 이성적인 마음의 활동에서 벗어난 것을 의미하고, '조照(비춤)'는 마음이 또렷하고 광대하게 확장된 것을 가리킵니다. 묵조를 완전히 깨달았을 때는 사고 작용을 떠나 무수한 사물에 반응할 수 있습니다. 이것이 지혜입니다. 묵조의 인지因地*는 산만한 생각이 없는 (묵연함의) 수행이면서, 마음의 완전한 또렷함을 유지하는 것입니다. 이것이 묵조를 닦는 방법입니다.

---

* (역주) 깨닫기 이전의 수행 단계. 깨달음을 완성한 '불지佛地'에 상대되는 말이다.

굉지 선사의 첫 대목을 살펴봅시다.

넓고 아득하여 끝이 없고
청정하여 빛을 발하네.
신령스러우나 장애되는 바가 없고
환히 밝으나 비추어지는 것이 없네.
텅 비었다 하겠으나 스스로 밝고
그 밝음은 스스로 청정하며
인연을 넘어서고 능소能所(주체와 대상)를 떠났네.
그 오묘함은 늘 존재하고
그 비춤은 툭 트였으며,
또한 있고 없음이나 말과 비유로써 생각하거나 논할 수 없네.
바로 여기, 이 핵심적인 축[樞機]에서
회전문을 열고 길을 치우니
인연 따라 응하되 애씀이 없고
큰 활용은 걸림이 없네.

曠遠無畛, 淸淨發光, 其靈而無所礙, 其明而無所照, 可謂虛而自明, 其明自淨, 超因緣離能所。其妙而存, 其照也廓, 又不可以有無言象擬議也。卻於箇裡樞機, 旋關捩活, 隨應不勤, 大用無滯。

묵연함 속에 비춤이 있고, 비춤 속에 묵연함이 있습니다. 이 둘은 분리할 수 없습니다. 만일 분리한다면 그것은 지止(shamata)를 닦아 정定에 들고, 관觀(vipashyana)을 닦아 혜慧를 얻는 것에 지나지 않습니다. 이 수행에서 묵연함의 측면만 닦으면 정定의 고요함에 쉽게 들어갈 수 있습니다. 그러나 참으로 묵조를 닦으면 우리가 정에 들지 않습니다. 왜냐하면 이 수행의 탁 트인 광대함이 정체停滯 상태를 피하기 때문입니다. 이것은 묵연함 속에 자유롭게 흐르는 지혜—역동적이고 활발발한 지혜가 있기 때문입니다. 그래서 묵조에서는 정에 들지 않습니다. 적어도 완전한 정지靜止라는 의미의 정에는 들지 않습니다. 묵조에서 정이라고 한다면 그것은 대정大定(mahasamadhi)이며, 이때는 우리가 모든 상황에서 자유자재하게 작용을 발휘할 수 있습니다.

굉지 선사의 글은 묵조 수행의 지침이라기보다는 이 수행법으로 얻은 자신의 깨달음을 표현하는 것입니다. 이 텍스트에서 우리는 한 가지 인도 원리를 배웁니다. 즉, 묵연함과 비춤은 불가분이라는 것입니다. 우리의 수행에서는 이 원리를 고수하여, 마음이 고요해질 때 그것이 정체되지 않게 해야 합니다. 깨어 있는 또렷함을 유지해야지 단순한 고요함에 머무르면 안 됩니다. 이 또렷함을 유지하면 망념을 일으키지 않게 될 것입니다. 그러니 부디 이 묵조의 통일적 본질을 명심하십시오. 저는 이 텍스트의 순서를 따라 비춤에 대해 이야기하고, 이어서 묵연함, 그리고 비춤과 묵연함의 통일에 대해 말하겠습니다.

비춤

넓고 아득하여 끝이 없고
청정하여 빛을 발하네.
曠遠無畛, 淸淨發光。

내재적인 참마음[眞心]이 비추어지면 그것은 무한합니다. 광대하고 열려 있으며, 툭 트여 무한하고, 투철히 청정하여 생각과 번뇌에 오염되어 있지 않습니다. 여러분 자신의 수행에서, 자신의 마음이 밝고 무한하다고 말할 수 있습니까? 실은 우리 마음의 범위는 우리의 몸에 대한 집착 때문에 협소해지기 일쑤입니다. 더 딱한 것은 자기 몸에 대한 자각조차도 유지하지 못한다는 것입니다. 우리의 생각은 금방 어떤 환상의 나라로 옮겨가 이것저것 생각합니다. 아니면 혼침으로 잠에 떨어집니다.

이 넓고 아득한, 무한하고 청정한 상태에 문득 들어가는 것이 가능합니까? 예, 가능합니다. 누가 그렇게 할 수 있습니까? 우리가 아는 분으로 6조 혜능이 있습니다. 그는 일자무식이었지만 『금강경』의 몇 구절을 듣고 깨달았습니다. 굉지 선사 자신도 단하자순丹霞子淳 선사 밑에서 10년 넘게 공부했습니다. 예, 우리는 이 상태를 깨달을 수 있습니다. 그러나 그 수행에 확고한 기초가 있어야 합니다.

그 기초 수준에서 깨달음을 얻는 것이 가능합니까? 가능합니다. 깨달음은 호흡을 관하면서도 일어날 수 있고, 공안과 화두를 참구하거나 지관타좌를 하면서도 일어날 수 있습니다. 문제는 어떤 방법이 여러분을 깨달음으로 데려다주는 것이 아니라, 여러분이 언제 어디서나 생각을 내려놓고 오롯한 마음으로 당면 과제에 집중할 수 있느냐입니다. 밥을 먹을 때, 그곳에 있는 여러분의 전 존재는 밥 먹는 것 외에는 아무 생각이 없습니까? 좌선할 때는 여러분의 전 존재가 그곳에서 오로지 좌선만 합니까? 헤매지 않고 늘 방법에 집중해 있는 오롯한 마음으로 모든 일을 할 수 있다면, 여러분이 깨닫는 것은 시간문제입니다.

방법만 남은 채 마음이 산만한 생각이나 변동하는 정서에서 벗어나 있을 때, 무시간성과 광대무변함을 체험하게 될 것입니다. 이것은 좋은 체험이지만 아직 깨달음은 아닙니다. 아직 자아의 찌꺼기들이 남아 있기 때문입니다(만일 자아감도 떨어져 나간다면 그것은 깨달음이겠지만). 우리는 이것을 '통일심'이라고 합니다. 여러분이 이것을 체험할 수 있으면 좌선을 쉽게 포기하지 않을 것입니다.

　이런 구절들의 이미지에서 우리는 그것을 약간 맛볼 수 있습니다. 즉, 여러분의 마음이 넓고 아득하며, 열려 있고, 경계가 없습니다. 여기서 '청정'이라는 한자어는, 신선하게 하고 깨끗이 한다는 의미도 있습니다. 여러분 자신이 정서적 번뇌, 동요 혹은 마음의 한계에서 벗어나 있다고 상상해 보십시오. 그저 순수하고, 깨끗하고, 신선한 지혜가 아무 작위 없이 자유롭게 작용한다고 말입니다. 이것을 상상하는 것만으로도 상당히 즐거울 수 있는데, 그것을 체험하면 더 말할 나위가 없습니다.

묵연함

신령스러우나 장애되는 바가 없고
환히 밝으나 비추어지는 것이 없네.
其靈而無所礙, 其明而無所照。

　한자어로 신령스러울 '령靈' 자는 기민함과 활력이라는 뉘앙스도 있습니다. 그래서 이 구절은 역동적이고, 활발하고, 기민하고, 장애 없는 어떤 것을 이야기합니다. 이런 묘사들이 움직임을 은연중 시사하기는 하나, 굉지 선사가 말하는 것은 움직이는 어떤 것이 아닙니다. 만일 전적으로 장애가 없는 것, 광대무애廣大無碍한 것을 상상한다면, 그것은 실은 움직이지 않는 것입니다. 그와 같이, 신령스러움의 활발함은 있을 수 있는 어떤 장애와도 무관합니다. 왜냐하면 어떤 장애도 없기 때문입니다. 어디로 움직여 갈 것도 없고 어디서 움직여 올 것도 없으므로 움직일 필요가 없습니다. 그래서 묵조의 이 역동적인 성질은 실은 움직이지 않는 것입니다. 이것이 묵연함의 측면입니다.

만일 '지止'의 비유로써 묵조의 '묵默'의 측면을 묘사하려고 한다면, 그것은 죽은 것 같고, 정체되어 있고, 아마도 쓸모없는 것으로 해석될지 모릅니다. 그러나 깨달은 사람의 마음은 죽은 것이 아닙니다. 반대로 그것은 사뭇 활발합니다. 그래서 깨달은 상태의 묵연한 마음은 아주 역동적이고 강력한 동시에 장애가 없습니다. '역동적'이고 '강력하다'는 것은 움직임을 암시하지만 완전한 또렷함은 움직임이 없습니다. 그것은 무한한 잠재력을 가진 '지止'이며, 그래서 대단히 활발한 것일 수 있습니다. 이것이 '묵默'의 공능功能(작용적 측면)입니다.

어떤 사람은 '그래, 나는 묵조를 닦고 있다. 그러니 뭔가를 비추어야겠다'고, 마치 이 수행이 무슨 조명등이나 되는 것처럼 생각할지 모릅니다. 태양은 무엇을 의식적으로 비추지 않습니다. 그 빛과 온기를 느끼는 것은 우리들입니다. 그래서 "환히 밝으나"는 무엇을 의식적으로 비춤이 없이 비추어지는 마음을 가리킵니다. 이 또렷함에는 자아성이 없습니다. 이와 같은 관념은 불보살이 무수한 중생을 제도하지만 한 중생도 제도하는 바가 없다고 말하는 경전들에서도 나타납니다. 불보살이 중생들을 돕지 않는다는 것이 아니라, 오히려 중생들이 불법의 빛을 받아 자기 스스로를 돕는 것이라 하겠습니다.

묵연함과 비춤의 통일

다음 구절들은 묵연함과 비춤의 통일[默照同時]을 묘사합니다.

텅 비었다 하겠으나 스스로 밝고

그 밝음은 스스로 청정하며
인연을 넘어서고 능소能所를 떠났네.
可謂虛而自明, 其明自淨, 超因緣離能所。

　여기서 "텅 빔"을 뜻하는 한자 '허虛'는 '비어 있음'을 의미하는 보통의 단어가 아니라 다른 함의를 많이 가지고 있습니다. 허공, 광대함, 아무것도 없음, 부재不在, 결여, 아님 등이 그것입니다. 그것은 무엇이 비어 있습니까? 능소能所, 즉 주체나 대상이 비어 있고, 묵조를 하는 사람이 없습니다. 그것은 이원성과 자아성에서 벗어나 있습니다. 그것은 텅 비어 있기 때문에 광대하고, 광대하기 때문에 일체를 포괄합니다. 그것은 일체를 포괄하기 때문에 무수한 형상을 포함합니다. 하지만 단순한 비어 있음이 아닙니다. 비춤의 작용은 만물을 생동하게 하며, 무수한 형상들에 빛을 가져다줍니다. 그래서 묵연함 안에 비춤이 있습니다. 묵연함 안에 '빔(虛)'과 '밝음(明)'이 결합되어 있습니다.
　"그 밝음은 스스로 청정하며(其明自淨)"는 묵연함 안에 비춤도 있다는 것을 말합니다. 이 '스스로 청정함'에는 물듦이나 오염이 없습니다. 이것은 도덕적 의미의 오염이 아니라 자아집착과 번뇌에서 벗어난 것, 외부의 영향에서 벗어난 것을 의미합니다. 자아가 없기 때문에 '내가 비춘다'는 관념도 없습니다. 하지만 이 비춤은 그것을 만나는 사람의 마음 속에서는 확실히 존재합니다. 중생들이 크게 깨달은 수행인들을 만나면, 자신이 도움을 받고 있다는 것을 지각합니다. 그러나 그 보살에게는 청정함도 없고 비추어지는 마음도 없습니다. 그것은 그냥 저절로 자연스럽게 이루어지는 일이며, 중생들은 자신을 제도함으로써 반응합니다.
　"인연을 넘어서고(超因緣)"는 생사윤회, 곧 연기緣起의 세계를 초월한다는 의미입니다. "능소를 떠났네(離能所)"는 주객이 대립하는 장애가 없다는 뜻입니다. 이것은 해탈한 사람의 경계이며, 그러한 수행자에게는 더 이상 장애가 없습니다. 그들은 묵조의 수행을 완성한 것입니다. 이것이 곧 돈오입니다.

그 오묘함은 늘 존재하고
그 비춤은 툭 트였으며,
또한 있고 없음이나 말과 비유로써 생각하거나 논할 수 없네.
其妙而存, 其照也廓, 又不可以有無言象擬議也.

"그 오묘함은 늘 존재하고(其妙而存)"는 묵조의 묵연함을 가리키고, "그 비춤은 툭 트였으며(其照也廓)"는 비춤을 가리킵니다. 그런 다음 굉지 선사는, 이 오묘한 경계는 있다거나 없다고 생각할 수 없고 말로써 설명할 수도 없다고 분명히 말합니다. 그는 그 오묘함과 광명을 긍정하면서 그 경계는 '이것'이나 '저것'의 성질이 없다고 말합니다. 그래서 굉지 선사는 묵조를 긍정하고 이어서 그것을 부정합니다.

여기에 모순이 있습니까? 사람들은 이원적인 사고에 고착되어 있어, '이다'와 '아니다', 득실, 고하, 선후, 선악 등의 관념에 지배됩니다. 그런 관념을 늘 견고히 붙들고 있어, 만일 '이것'을 놓으면 '저것'을 붙들어야 합니다. 그러나 지혜를 깨달은 사람은 이원성을 초월해 있습니다. 그런 사람은 현상들을 부정하지 않으면서 사물의 무상한 성품을 이해합니다. 오히려 그들은 늘 흘러 변하는 환경을 평등심을 가지고 봅니다. 일체가 평등하여 이것도 없고 저것도 없습니다. 이것은 그들이 세계 및 환경과 객관적으로 상호작용 하는 방식의 관점에서 본 것입니다. 그러나 주관적으로는 그들이 세계를 실제로 어떻게 경험합니까?

자, 제가 여러분에게 질문을 하나 하겠습니다. 여러분이 태어나기 전에 세계는 존재했습니까? 여러분이 죽은 뒤에 세계는 존재하겠습니까? 아마 그것은 너무 먼 얘기겠지요. 여러분이 꿈이 없는 아주 깊은 잠에 빠진다고 합시다. 그 다음은 아침이고 여러분이 깨어납니다. 여러분이 잠들어 있는 동안 세계는 여러분에게 계속 존재했습니까?

선중: 세계가 존재하지 않는다면 우리가 호흡을 할 수 없습니다.

성엄: 생리에 대해서는 이야기하지 맙시다. 잠들어 있는 동안 여러분의 마음이 경험하는 것에 대해 이야기합시다. 여러분이 잠들어 있는 동안 사람들이 이야기를 하고 있었다고 합시다. 그들이 여러분에게 존재했습니까? 만일 그들이 존재했다면 여러분이 깨어났을 때 그들이 무슨 이야기를 했는지 알겠습니까? 어떤 사람들은 재빨리 "아뇨, 그들이 무슨 말을 했는지 모릅니다. 그러나 이야기를 한 그 사람들, 그들은 압니다."라고 대답하겠지요. 그러나 여러분에게는 무엇이 존재했습니까?

여기 또 하나 가정적假定的인 예가 있습니다. 저의 출가 제자 두 명이 서로 다투고 있는 것을 제가 봅니다. 저는 "아, 그들이 다투는군. 그 중 한 명이 다른 사람을 한 대 때렸어."라고 말할 수 있겠지요. [웃음] 이 순간 저는 그들의 세계가 저의 세계와 아주 다르다고 생각할 수 있습니다. 제가 개입해야 합니까? 아니면 '나는 이런 일이 일어나고 있는 것을 인식하지만, 그것은 나와 무관하다.'고 생각해야 합니까? 아니면 당혹한 반응을 보이며 마음속으로 '내 제자들이 싸우고 있다! 사람들이 알면 뭐라고 하지? 참, 남부끄럽군! 내가 못 살아!' 해야 합니까? [웃음]

사실 저는 그런 상황을 그냥 처리해 버릴 수도 있겠지만, 그것이 거기서 끝나지 않는다고 합시다. 한 사람은 이렇게 말합니다. "그가 저를 이용하고 있습니다!" 다른 사람은 말합니다. "저 아무짝에도 쓸모없는 친구를 어떻게 좀 해 주십시오!" 저는 좌우를 돌아보면서 그들이 이제는 저를 자기네 싸움에 끌어넣고 있는 것을 봅니다. 저는 그들에게 두 사람 다 옳다고 말해 줄 수 있지만, 그들은 이렇게 말하겠지요. "그러니 뭘 좀 어떻게 해 주십시오!" 그 문제를 해결하기 위해 저는 이렇게 말할 수 있습니다. "좋아. 나중에 내가 어떻게 하마." 그리고 상황이 진정되고 나서 저는 그들을 불러 야단을 칩니다. 그러면 그걸로 끝입니다. [웃음]

이제 텍스트로 돌아가서, 깨달은 사람의 주관적 체험은 어떤 것입니까? 객관적으로는 일체가 실로 존재합니다. 여러분이 잠을 자는 동안 사람들은 이야기를 하고, 스님들은 다툽니다. 모두가 존재합니다. 그러나 깨달은 사람은 그런 사건들에 자아를 투사하지 않을 것입니다. 그런 사건들 안에 자아성이 없기 때문에, 그 사람에게는 그들이 존재하지 않습니다. 사물들은 상대적으로 존재합니다. 즉, 두 사람 간의 싸움은 여러분이 그것을 목격하기 때문에 존재합니다. 그 싸움이 있고, 여러분은 그것을 보고 듣습니다. 사물들은 여전히 그것들 자신에게 객관적으로 존재합니다. 그러나 깨달은 사람의 주관적 체험 속에서는 마치 아무 일도 일어나지 않은 것과 같습니다.

그것을 텍스트와 다시 관련시켜 봅시다. 그렇지요, 비춤은 오묘하게 존재하고 그 광명은 광대하고 열려 있습니다. 밝은 비춤의 작용이 있으며, 지혜의 작용이 있습니다. 그러나 거기에 자아가 없기 때문에 아무 준거점이 없습니다. 텍스트는 이어서 그것은 있고 없음으로 생각할 수 없다고 분명하게 말합니다. 또한 그것은 말과 비유로써 묘사할 수도 없습니다. 그것은 다시 일체를 부정합니다. 이해가 됩니까?

선중: 스님께서 어떤 사람이 다른 사람을 때리는 것을 보십니다. 그것은 존재합니까, 존재하지 않습니까?

성엄: 존재하지요.

선중: 그러면 존재하지도 않고 존재하지 않는 것도 아닌 것은 무엇입

니까?

성엄: 일체가 존재합니다. 존재하지 않는 것은 자아집착입니다. 현상과 사건들을 자아와 관련시키는 것 말입니다. "나는 그들이 싸우고 있다는 것을 안다. 왜냐하면 내가 그것을 목격하고 있으니까. 그래서 나는 그에 대해 뭔가 조치를 해야겠다!" 존재하는 것은 바로 그것입니다. 그것이 뭐 대단한 것은 아닙니다. 그들이 싸우고 있고, 그래서 여러분은 그들에게 어떤 조치를 합니다. 깨달은 사람들은 환경에 반응하지 않는다는 것이 아닙니다. 사람들이 서로를 때리고, 그들은 그들 자신에게 확실히 존재합니다. 그러나 우리가 경험하는 모든 상황 속에 들어가는 이 '나'와의 관련성, 그것은 깨달은 자의 마음에 존재하지 않습니다.

오늘 경행 때 어떤 사람이 바로 제 뒤에서 넘어졌습니다. 제가 괜찮으냐고 물었습니다. 나중에 그는 본채로 들어갔고, 저는 어떤 사람을 보내서 그가 어떻게 하는지 보라고 했습니다. 하지만 그가 넘어졌을 때 저는 통증을 느끼지 않았고, 주관적으로 결코 영향을 받지 않았습니다. 실은 그가 넘어졌고 도움을 필요로 했습니다. 그 사실은 존재합니다. 문제는, 도움을 주려고 하는 그 사람의 마음속에 무엇이 있느냐입니다.

따라서 지혜는—환경에 의해 동요되지 않으면서—늘 자비와 함께 있고, 환경에 분명히 반응합니다. '그는 넘어지는 것처럼 보이지만 실제로는 넘어지지 않는다'고 생각해서는 안 됩니다. [웃음] 그렇게 되는 것이 아닙니다. 이해가 됩니까? 질문 감사합니다.

비추어지는 마음은 존재하지 않는다고 말할 수 없습니다. 그것은 작용하고, 환경에 반응합니다. 하지만 그 반응은 집착이 없습니다. 어떤 자취도 뒤에 남기지 않습니다. 존재의 면에서는 우리가 그 작용의 효과를 볼 수 있지만, 자아 관련성이 없기 때문에 그것이 실제로 존재한다고 말할 수 없습니다. 깨달은 자의 마음은 지나가는 자취를 남기지 않고 날아가는 새와 같습니다. 사람들은 말하겠지요. "새가 그냥 날아갔다." 그들의 마음속에는 그 새가 지나간 자취가 있습니다. 이것이 집착입니다. 깨달은 수행자에게는 그 순간은 이미 지나갔습니다. 그 새는 날아간 자취를 남기지 않았습니다. 그 새와 마찬가지로, 깨달은 수행자의 행동은 순간순간 어떤 자취도 남기지 않습니다.

> 바로 여기, 이 핵심축에서
> 회전문을 열고 길을 치우니,
> 인연 따라 응하되 애씀이 없고
> 큰 활용은 걸림이 없네.
> 卻於箇裡樞機, 旋關捩活, 隨應不勤, 大用無滯.

이 구절은 영어로 번역이 잘 안 됩니다. 저는 여기에 함축된 의미를 설명해 보겠습니다. 먼저, 우리는 "핵심축(樞機)"을 하나의 특정한 점으로 이해하면 안 됩니다. 그것을 전체가 돌아가게 하는 어떤 메커니즘의 핵심적 작용으로 생각하십시오. 그 핵심적 작용에 강조점이 두어져야 하는데, 이 경우 그것은 수행 중인 묵조의 작용입니다. 이 작용이 활발할 때는 "회전문(旋關)"이 열리고, 비추어지는 마음이 애씀 없이 환경에 반응합니다. 물론 문자 그대로 열리는 그런 문은 없습니다. 그것은 역동적이고 기민한 어떤 것—지혜의 작용으로 들어가는 자유롭고 반응력이 뛰어난 그런 문에 대한 하나의 비유입니다. 그 핵심점의 기초 위에서 지혜의 작용은 아주 활발하고 아주 역동적인 어떤 것으로서 자유롭게 열릴 수 있습니다.

회전문의 비유를 사용하면 그것을 더 분명하게 설명할 수 있을지 모르겠군요. 회전문은 어떤 중심축 상에서 회전합니다. 회전문의 그 축은 사람들이 문을 밀고 들어갈 수 있게 해 줍니다. 이런 의미에서 우리는, 묵조에서 비춤의 측면은 지혜의 작용을 열어 주는 핵심축과 같은 역할을 한다고 말할 수 있습니다. 하지만 지혜의 이 오묘한 작용은 노력을 요하지 않습니다. 회전문과 같이 그 축은 그 핵심점 상에서 돌아갑니다. 그러나 그것을 작용하게 하는 것은 그 문을 미는 사람들입니다.

텍스트에서는 이렇게 말합니다. "인연 따라 응하되 애씀이 없고, 큰 활용은 걸림이 없네(隨應不勤 大用無滯)." 이 지혜의 작용, 혹은 비춤은 사람들의 필요와 환경에 반응합니다. 하지만 사람들을 돕겠다는 자의식적인 노력은 없습니다. 오히려 그것은 아주 자연발생적입니다. 누군가가 도움을 필요로 한다? 그것이 반응합니다. 이쪽에서 밀면 그것은 저쪽으로 기웁니다. 우리가 다른 쪽으로 바꾸면? 그것도 따라 움직입니다. 이 지혜의 작용은 다른 사람들의 필요에 따라 적절히 반응합니다. 그것은 회전문과 같습니다. 축 자체는 회전하려는 노력을 하지 않지만, 그 작용 때문에 문은 회전할 수 있습니다. 사람들이 그 문을 아무리 세게 밀어도 그 축은 적절히 반응합니다. 지혜는 이와 같이 작동합니다. 환경과 반응 간의 완벽한 조화인 거지요.

자아집착과 자아중심을 가진 범부들은 그 축점軸點이 정지해 있다는 것을 지각하지 못하고 이렇게 말할 것입니다. "봐! 내가 미니까 움직여 보이지?" 물론 여러분이 밀면 그것이 움직이고 밀지 않으면 움직이지 않습니다. 그 축은 미는 것에 그냥 반응할 뿐입니다. 깨달은 수행자들의 지혜의 작용도 그와 같습니다. 정지해 있는 중심에서 어떤 상황이 요구하는 대로 반응할 따름입니다. 한번은 어떤 제자가 저에게 말했습니다. "스님, 아시겠지만, 스님께서 화가 나실 때는 정말 화를 내십니다." 제가 말했습니다. "물론, 그것은 자네들이 나를 화나게 하기 때문이지." [웃음] 그러나 그리 단순하지 않습니다. 문제는, 여러분이 제가 화를 내며 행동하는 것을 볼 때 제 마음도 화를 내느냐 하는 것입니다.

한번은 제가 대만에 있는 어느 절을 방문했을 때, 정신이 이상한 사람이 침입하여 칼을 들고 사람들을 위협했습니다. 덩치가 큰 주지 스님이 지팡이를 들고 침입자에게 다가갔습니다. 침입자는 험상궂게 생긴 그 스님을 보더니 이내 출구 쪽으로 향했습니다. 침입자가 떠난 뒤에 그 노스님이 돌아보더니 부드러운 목소리로 말했습니다. "이 사람, 아주 딱하고 정말 가엾군요."

제가 화를 내는 것처럼 보일 때는 그 사건이 지나가는 즉시 그 화도 사라집니다. 그러나 어떤 사람들은 화가 나면 잠을 못 이루고, 때로는 며칠씩 화를 내기도 합니다. 심지어 무덤까지 그 화를 가지고 가는 사람도 있습니다.

우리가 분명하게 알 때, 우리가 정서적 번뇌에서 벗어나 안정을 유지할 수 있을 때, 그럴 때 "큰 활용은 걸림이 없다"는 말의 의미를 이해할 수 있습니다. 이 큰 활용(大用)이 무엇입니까? 그것은 선에서 말하는 '활살자재活殺自在'입니다. 그것은 깨달은 사람이 득실이나 이해利害에 관계없이 상황에 적절히 반응한다는 것을 뜻합니다. 깨달은 사람은 무엇이 필요한지를 분명하게 볼 것입니다. 즉, 굉지 선사가 말하는 대로 "걸림이 없이(無滯) 작용할 것입니다. 그래서 이것이 자비가 작동하는 방식입니다. 이 '활살자재'가 바로 선사가 제자와 관계하는 방식이어야 합니다. 때로는 제자들의 망상을 '죽여서' 그들의 내재적인 지혜를 '살려야' 할 필요가 있습니다.

오늘날은 옛날 선사들이 쓰던 엄혹한 방법을 사용하는 것이 늘 효과적이지는 않습니다. 왜냐하면 요즘 사람들은 옛날 사람들과는 다르게 반응하기 때문입니다. 덜 심한 상황에서는 수련생이 아마 맞대꾸를 하거나 되받아치겠지요. 더 심한 경우에는 이렇게 말할 것입니다. "법정에서 봅시다." [웃음] 저를 찾아왔던 캐나다 출신의 한 중국 동포가 생각납니다. 그는 저의 책을 읽고 나서 저를 아주 존경했습니다. 그는 제가 하는 모든 말을 맹신했고, 저를 어떤 큰 스승같이 대했습니다. 그러나 선칠 때 제가 아주 부드럽게 그의 몇 가지 문제를 지적하자, 그는 저에게 소리를 질렀습니다. 그러니 여러분은 제가 야단을 쳐도 좋다고 허락합니까? 그런가요? 부디 손을 들어 주십시오. 뭐 신경 쓰지 않아도 됩니다. 이제 여러분은 "예, 저를 야단치셔도 좋습니다"라고 말할 수 있지만, 제가 정말 야단을 치면 여러분은 그 사람처럼 반응하여 저에게 소리를 지를지도 모르지요. [웃음] 그럼, 오늘밤은 이걸로 됐습니다.

2. 둘째 날 저녁 강해
– 본체를 파악하라

오늘밤은 굉지 선사의 묵조에 관한 글을 계속 강해합시다.

일체처에 구르고 구르되
연緣을 따르지 않고 틀에 떨어지지 않으며,
그런 것들의 한가운데서도 편안히 자리 잡네.
그것과 함께 할 때는 그것과 같고,
이것과 함께 할 때는 이것과 같으며,
그것과 이것이 뒤섞여 구분할 수 없네.
그래서 말하기를,
"산을 지탱하는 땅이
산의 가파르고 높음을 모르는 것과 같고,
옥을 품은 돌이
옥에 흠이 없음을 알지 못하는 것과 같다"고 했네.
만일 이처럼 될 수 있다면
이것이 참된 출가라네.

출가한 사람들은
이와 같이 본체를 파악해야 하리.

在一切處, 輥輥地不隨緣不墮類, 向其間放得穩。在彼同彼, 在此同此, 彼此混然無分辨處。所以道:「似地擎山, 不知山之孤峻, 如石含玉, 不知玉之無瑕」。若能如是, 是眞出家, 出家輩, 是須恁麽體取。

이 구절들은 우리가 핵심축과 중생들의 필요에 반응하는 것에 대해 이야기한 것을 상기시킵니다. 이 핵심축은 비춤과 지혜의 결합입니다. "일체처에 구르고 구르되(在一切處 輥輥地)"는 말 그대로 구른다는 의미가 아니라, 비춤을 지혜의 활발한 작용 그 자체로 묘사하는 것입니다. 비춤은 환경에 자연발생적으로 그리고 창조적으로 반응하는 지혜입니다. "연緣을 따르지 않고 틀에 떨어지지 않으며(不隨緣不墮類)"라는 구절은 지혜가 인因과 연緣에서 벗어나 있다는 것을 말합니다. 그것의 작용은 정해진 틀에 따른다고 할 수도 없고, 어떤 주어진 상황에 구속되지도 않습니다.

"그런 것들의 한가운데서도 편안히 자리 잡네(向其間放得穩)"는, 지혜가 반응할 때 그것은 그 상황에서 충분히 작용하며, 확고히 그리고 완전하게 작용한다는 뜻입니다. 그 반응이 어떤 패턴을 따르는 것처럼 보일 때도 그것은 그 상황에 적합한 독특한 방식이며, 정확히 딱 들어맞습니다. 지켜보던 사람이라면 이렇게 말할지 모릅니다. "뭐, 저건 그 상황에 맞는 표준적인 반응일 뿐이야." 그러나 깨달은 사람의 반응은 그 상황에 맞춰진 독특한 것입니다.

다음 구절은 객관적인 입장에서 본 지혜와 묵조의 결합을 묘사합니다.

그것과 함께 할 때는 그것과 같고,

이것과 함께 할 때는 이것과 같으며,

그것과 이것이 뒤섞여 구분할 수 없네.

在彼同彼, 在此同此, 彼此混然無分辨處.

보살은 누군가를 적절히 도와주기 위해 사람들과 한데 어울리고 그들의 환경에 적응합니다. 다른 상황에서는 또 그에 맞추어 그 환경에 완전히 적응하는 식입니다. 보살은 중생들이 도움을 받을 수 있도록 하기 위해 그들처럼 됩니다. 이와 같이 부처님은 인간의 형상으로 화현하여 사람들을 돕습니다. 스파이는 어떤 임무를 완수하기 위해 적들과 한데 섞여 살면서 그들의 생활방식에 적응할 수 있습니다. 그가 그런 데 아주 능숙하면 적들이 그를 자기들 중의 한 사람으로 생각할 수 있고, 그래서 그들의 신임을 얻습니다. 자신이 필요로 하는 모든 정보를 얻고 나면 그가 임무를 완수할 수 있습니다. 여기서 한 가지 차이는 보살은 사람들을 돕지만, 스파이는 적을 기만한다는 것입니다.

제가 사미沙彌일 때 스위스에서 온 한 친구가 선당에서 수행하는 것을 허락받았습니다. 그는 아주 뛰어난 사람이었는데, 결국 계를 받고 스님이 되었습니다. 그 뒤에는 전통 불학원佛學院(강원)에서 경전을 공부했고, 거기서도 공부를 아주 잘했습니다. 중국어도 거의 중국인만큼이나 잘했습니다. 젊은 스님들은 그를 숭배했습니다. 왜냐하면 그가 불법을 서양에 전할 거라고 생각했기 때문입니다. 그들이 몰랐던 것은 이 친구가 기독교 목사였다는 것입니다! 그 뒤 그는 난징으로 가서 자기 절을 차렸고, 절 이름을 기독총림基督叢林이라고 붙였습니다[전통적으로 절을 '총림'으로 불렀다]. 그는 좌선을 가르치면서, 불교 훈련을 많이 받지 못해 불법에 대한 지식이 얕은 많은 젊은 스님들을 끌었습니다. 그들이 아는 거라고는 좌선하는 법뿐이었으니 이 아름다운 절 이름이 기독총림인들 어떻겠습니까? 많은 젊은 스님들이 거기 가서 그와 함께 좌선을 했습니다. 결국 그 중의 몇 명은 머리를 길렀고, 결혼을 했고, 목사가 되었습니다. [웃음]

여러분은 굉지 선사가 말하는 "그것과 이것이 섞여 구분할 수 없다(彼此混然 無分辨處)"는 말이 이런 의미라고 생각합니까? 깨달은 사람은 자아관념에서 벗어나 있고, (이루려는) 어떤 목표도 없습니다. 우리는 어느 깨달은 사람을 말하는 것이 아니라 철저히 깨달은 사람을 말합니다. 그런 보살은 환경에 따라 중생들을 제도하지만, 그렇게 한다는 관념이 전혀 없습니다.

다음 구절의 한문 원문은 아주 어려운데, 영어 번역문은 더 구어적이고 접근하기 쉽습니다.

그래서 말하기를,
"산을 지탱하는 땅이
산의 가파르고 높음을 모르는 것과 같고,
옥을 품은 돌이
옥에 흠이 없음을 알지 못하는 것과 같다"고 했네.
만일 이처럼 될 수 있다면
이것이 참된 출가라네.
출가한 사람들은
이와 같이 본체를 파악해야 하리.
所以道:「似地擎山, 不知山之孤峻, 如石含玉, 不知玉之無瑕」。* 若能如

---

* (역주) 이 인용문은 반산보적盤山寶積 선사(마조馬祖의 법제자, 생몰연대 미상)의 법어 중에 나온다(景德傳燈綠, 卷第七; 祖堂集, 卷十五).

是, 是眞出家, 出家輩, 是須恁麽體取。

이 구절에서 굉지 선사는 수행인을 큰 산을 받치는 대지와 보옥寶玉을 포함한 암석에 비유합니다. 대지와 암석은 자신들이 가지고 있는 본질을 의식하지 못합니다. 그래서 굉지 선사는 출가인들에게 말합니다. 그들이 아직 깨닫지 못했다 하더라도 수행의 본체를 파악하려고 노력해야 한다고 말입니다. "본체를 파악한다(體取)"는 것은 참된 이해를 맛본다는 뜻입니다. 그것이 반드시 깨달음은 아니지만 사람을 격려하여 수행하게 하는 데는 확실히 유용합니다. 이 법어에서 굉지 선사는 출가인들을 대상으로 말하고 있으나 기본적으로는 모든 진지한 수행자들에게 이야기하고 있습니다. 따라서 우리는 여기 계신 모든 보살이 본체를 파악하고 핵심을 붙잡을 것을—묵조 수행의 맛을 잘 볼 것을—촉구합니다.

비록 대지가 가파르고 높은 산을 받치고 있기는 하나, 대지는 자신이 그러고 있다는 것을 의식하지 못합니다. 그와 마찬가지로 돌도 자신이 흠 없는 보옥을 품고 있다는 것을 알지 못합니다. 둘 다 자아관념에서 완전히 벗어나 있습니다. 따라서 이 두 가지 비유는 묵조의 '묵默'을 긍정한 것입니다. 즉, 생각이 없고 집착이 없는 것입니다.

부처님은 32상相을 갖추고 있는 것으로 더러 묘사되는데, 예를 들면 당신의 몸에서 빛이 나온다든가, 귓불이 길다든가 하는 것입니다. 그러나 만일 여러분이 부처님 시대에 살면서 거리에서 부처님을 보았다면 부처님인 줄 알아보았겠습니까? 뛰어난 선근이 있거나 보살이 아니라면, 아마도 평범한 스님이 탁발을 하는 것으로만 보았을 것입니다. 어떤 사람이 "저분은 부처님이오!"라고 말해도, 여러분은 "아니오, 그냥 탁발승이오."라고 말했을지 모릅니다. 그리고 부처님은 발우를 들고 여러분 앞을 지나가겠지요. 그래서 32상을 확인하여 부처님을 알아보겠다는 사람은 설사 진짜 부처님을 만났어도 평범한 탁발승을 보게 될 것입니다.

어떤 일화에서, 중국의 한 고관이 근대 중국의 유명한 선사인 허운 스님을 찾아뵈러 갔습니다. 스님은 산중에 살고 있었습니다. 그 관리는 산 밑에서 채소밭에 거름을 주고 있는 한 노승을 만났습니다. 그는 다소 무례하게 그 스님에게, 산 위의 선사를 찾아뵈려면 어디로 가야 하는지 물었습니다.

노스님이 말했습니다. "그 양반을 왜 만나려고 하십니까?"

"그분을 모른단 말이오? 그분은 유명한 큰스님이오. 그래서 찾아뵈려는 것이오."

"그 친구요? 쳇. 번거롭게 그럴 것 없습니다. 별 볼 일 없는 사람이니 구태여 가 보실 것도 없지요."

"어떻게 감히 유명한 선사에 대해 그렇게 말한단 말이오! 당신은 똥거름이나 주고 있으면서 말이오!"

"좋습니다. 그 양반을 정 만나고 싶다면 제가 상관할 바 아니지요. 산으로 올라가는 길은 저쪽입니다."

관리는 절에 당도하여 선사가 어디 계신지를 물었습니다. 한 스님이 말했습니다. "아, 스님은 산 밑에서 채소밭에 거름을 주고 계십니다." 후회막급이 된 관리는 급히 산을 내려가 거름더미 위에서 노선사에게 절을 했습니다. 그러니 여러분도 거름통을 나르는 노승을 보게 되면 부디 경의를 표하기 바랍니다. [웃음]

겉모습만 가지고는 깨달은 사람인지를 판단할 수 없습니다. 마치 암석을 겉으로 보아서는 보옥을 품고 있는지 알 수 없듯이 말입니다. 그래서 이런 말이 있습니다. "큰 지혜를 가진 사람은 바보와 같다(大智若愚)." 반대로, 선사라고 하는 사람이 대단한 존재인 것처럼 행동하는 것을 여러분이 본다면, 그의 성취에는 문제가 있을 공산이 큽니다.

어떤 절에서는 대종大鐘 옆에 통나무를 매달아 놓고 그것으로 종을 칩니다. 바보는 주위를 돌면서 "아무 소리도 안 나네. 이 종은 무용지물이야." 할지 모릅니다. 그러나 힘 있는 사람이 당목撞木을 흔들어 종을 치면 종은 아름다운 소리로 울려 퍼집니다. 그래서 이렇게 말할 수 있습니다. 크게 치면 크게 울리고, 작게 치면 작게 울리며, 치지 않으면 울리지 않는다고 말입니다.

오늘밤 우리는 다시 묵조의 지혜가 갖는 무아적 작용에 대해 이야기했습니다. 이 지혜는 중생들의 필요에 반응하여, 자아관념이나 집착 없이 대종처럼 울려 퍼집니다. 중생들이 이 도움을 경험할 때는, 실로 그것을 인식합니다. 그러나 깨달은 사람에게는 지혜를 가지고 있다거나 돕는다는 의식이 없습니다.

3. 셋째 날 저녁 강해
― 마음 밭을 갈기

오늘밤의 구절은 설명하기가 아주 어렵지만, 어려우면 어려울수록 저는 설명하는 것이 더 즐겁습니다.

납승衲僧들은 마음의 생각들을
말라 죽게 하고 차갑게 식게 하여
나머지 연緣들을 쉬어 버려야 하며,
오롯한 마음으로 이 밭을 일구어야 하네.
곧바로 웃자란 풀들을 다 쳐내어
사방의 경계선까지 이르러야 하며,
털끝만큼의 오염도 없게 해야 하네.
신령스러우면서도 밝고, 툭 트였으면서도 투명하네.
본체 앞에 오는 것을 철저히 비추면
빛이 그대로 드러나고 정결한 상태에 이르러
티끌 하나도 붙을 수 없네.
衲僧家, 枯寒心念, 休歇餘緣, 一味揩磨此一片田地。直是誅鋤盡草莽, 四至界畔, 了無一毫許污染。靈而明廓而瑩, 照徹體前, 直得光滑淨潔, 著不得一塵。

'납승들(衲僧家)'의 오래된 전통은 인도에서 유래합니다. 당시에는 출가인들이 화장터나 쓰레기더미 같은 데서 천 조각들을 주워, 그것을 깁고 염색하여 승복을 만들어 입곤 했습니다. 그렇게 한 이유는 분명 가난해서였지만, 승려들은 세간적 사물에 집착해서는 안 되기 때문이기도 했습니다. 그래서 '납승들'은 통상 출가인들을 지칭하는 표현이 되었습니다.

제가 사미일 때 본 스님들은 거의 모두 기운 승복을 입고 있었습니다. 하루는 주지 스님이 새 승복을 입은 것을 보았는데, 역시 덧댄 자리들이 있었습니다. 그래서 여쭈었지요. "왜 새 옷에 덧댄 데가 있습니까?" 그가 말했습니다. "이렇게 하지 않으면 사람들이 나를 납승이라고 부르지 않을 거 아니냐." [웃음] 제가 지금 입고 있는 이 승복은 그다지 낡지는 않았지만, 한 제자가 아주 고급 리넨을 안쪽에 덧대어 주었습니다. 원래 구멍이 숭숭 나 있어 여름에는 시원했는데, 리넨을 대는 바람에 이제는 겨울옷이 되어 버렸습니다. [웃음]

굉지 선사가 "납승들은 마음의 생각들을 말라 죽게 하고 차갑게 식게 하여 나머지 연緣들을 쉬어 버려야 한다(衲僧家 枯寒心念 休歇餘緣)"고 할 때, 이것은 우리에게 번뇌와 집착을 뿌리 뽑으라고 권하는 것입니다. "오롯한 마음으로 이 밭을 일구어야 한다(一味揩磨此一片田地)"는 것은 진정한 결의로 수행해야 한다는 뜻인데, 원문에서는 이것을 "한 맛으로(一味)"라고 표현했습니다.

이것은 결코 쉬운 일이 아니지만, 그 첫걸음은 우리의 망상을 제거하고 진정한 수행을 실제로 하는 것입니다. "마음의 생각들을 말라 죽게 하고 차갑게 식게 하여(枯寒心念)"는 번뇌심을 그치고 반연攀緣을 놓아 버리는 것을 말합니다. 이 비유가 아주 좋은데, 그것은 추운 겨울에 생기 없고 얼어붙은 낙엽들을 보는 것 같습니다. 번뇌와 반연은 특히, 남아 있는 과거의 연緣(욕망과 집착의 대상)들에 끄달리는 마음이 미래로 투사되면서 번뇌를 일으키는 것을 가리킵니다. 수행자는 바로 이런 마음을 끊어 버리고 내버려야 합니다. 그러면 이런 장애들에서 벗어나 오롯한 마음으로 이 밭을 청소하고 회복하여 그것을 일굴 수 있습니다. 그 비슷한 다른 비유는, 거울 마음에서 먼지를 씻어내어 거울의 본래적 밝음을 회복시킨다는 것입니다.

마음의 생각들을 말라 죽게 하고 차갑게 식히는 것은 묵연함의 측면이고, 그 밭을 회복하여 가는 것은 비춤의 측면입니다. 이 둘은 서로를 보강하고, 그래서 두 가지를 동시에 닦아야 합니다. 한편으로는 이 반연심과 번뇌심을 장악하여 정지시키고, 다른 한편으로는 이 거울 마음을 닦아서 그 광명을 회복합니다. 이것이 지와 관을 동시에 닦는 것[止觀雙運], 곧 묵조입니다. 우리가 마음을 침묵시켜 그것이 번뇌와 반연에서 벗어나게 할 수 있는 정도만큼, 우리는 그것이 비추게 할 수 있습니다.

웃자란 풀을 뿌리 뽑기

곧바로 웃자란 풀들을 다 쳐내어
사방의 경계선까지 이르러야 하며,
털끝만큼의 오염도 없게 해야 하네.
直是誅鉏盡草莽, 四至界畔, 了無一毫許汚染。

사실 우리는 "웃자란 풀들을 다 쳐내야(誅鉏盡草莽)"할 뿐만 아니라 모든 가시덤불을 뿌리 뽑아서 밭을 원래의 아무것도 없는 상태로 회복해야 합니다. 그래서 오염이 없을 때, 우리는 툭 트인 너른 밭이 사방으로 무한하게 뻗어 있는 것을 볼 수 있습니다. 실로 웃자란 풀을 다 쳐낸다는 것도 이러한 노력의 정신을 충분히 묘사하지 못합니다. 어떤 농부가 이 광대한 밭을 마주하고 있는데, 오랜 세월에 걸쳐 자라 온 모든 것을 뿌리 뽑아야 한다고 생각해 보십시오. 끝이 없을 것 같은 이런 일을 하기 위해서는 큰 결심과 큰 정진이 필요합니다. 이 초목이 어지럽게 우거진 밭에서 우리 눈에 들어오는 것은 모두 쳐내고 뿌리 뽑아야 합니다. 이것은 큰 용기와 의지를 요합니다. 그와 마찬가지로, 마음 밭을 가는 수행자도 그런 결심, 정진, 의지를 가져야 합니다. 번뇌와 반연을 상대할 때는 일종의 무자비함으로, 이른바 '도둑 마음[偸心]'이 나태함과 핑계로 득세하지 못하게 해야 합니다. 나머지 연緣들, 곧 우리의 습기習氣를 얕보지 마십시오. 그것을 발견하면 무자비하게 끊어 버리고 뿌리 뽑아 버리십시오.

어떤 사람들은 이렇게 생각할지 모릅니다. '술을 약간 마신들 무슨 문제가 있나? 누구에게도 해를 끼치지 않는데.' 혹은 '가끔 사람들에게 소리를 지른들 그게 뭐 어때? 나는 그런 사람인 걸.' 그러나 바로 이런 것이 우리가 빠지는 사소한 습관으로서, 자칫하면 무성한 숲으로 자랄 수 있는 것입니다. 그러니 이 마음 밭에서 우리는 일체를 쳐내겠다는 결심을 해야 합니다.

제가 아는 한 젊은 스님은 절에서 평극平劇(경극) 노래를 부르는 습관이 있었습니다. 그는 늘 다른 사람들을 청중 삼아 노래를 불러, 절에는 작은 군중이 모여들곤 했습니다. 하루는 다른 스님이 말했습니다. "너는 스님이야. 평극 노래를 부르면 안 돼! 노래를 부르려면 불교 범패를 불러야지." 노래를 부르는 스님이 말했습니다. "그래도 저는 다른 사람들처럼 연극이나 영화를 보러 가지는 않습니다. 여기저기서 한 곡씩 흥얼거릴 뿐이고, 사람들이 그걸 좋아하는 것 같은데요. 저도 분명히 좋아하고요. 이걸 하면 즐겁거든요."

사실 이런 행위는 스님이 세속 노래 부르는 것을 금하는 계율을 위반하는 것이지만, 그는 겉보기에 아주 그럴듯한 핑계를 댔습니다. "저는 전생에 분명히 가수였나 봅니다. 그래서 이 습을 없애지 못합니다. 하지만 저의 선근이 성숙하여 이번 생에 스님이 되었으니, 적어도 이 점만은 칭찬받을 만합니다." 여러분은 어떻게 생각합니까? 어쨌든 그는 누구에게도 해를 끼치지 않고, 그냥 여기저기서 한 곡조씩 흥얼거리며 다른 사람들에게 노래를 불러 줍니다. 그러나 정진하는 수행자라면 그런 습에 굴복하여 자신의 행동에 대한 핑계를 대면 안 됩니다. 무엇을 하면 안 된다는 것을 분명히 알면서도 그것을 하는 것은 계율에 부합하지 않습니다. 전생이 어떠했다는 턱없는 구실을 대는 것은 어리석은 짓입니다.

그래서 한 스님이 그에게 말했습니다. "너는 정말 노래를 부르면 안 된다. 왜냐하면 너 때문에 우리 모두의 평판이 나빠지니까. 이 절에 평극 노래를 부르는 스님이 있다는 것을 사람들이 알면 뭐라고 하겠나? 승단 전체를 비판하겠지. 게다가 너는 노래를 별로 잘하지도 못해." [웃음] 그 스님이 대답했습니다. "뭐, 상관있습니까. 물이 너무 맑으면 고기가 살지 못한다는 것 모르세요? 물에 조금은 더러운 것을 남겨 둬야지요." 분명히 이 고기는 흙탕물을 좋아하는 것입니다.

수행자들은 굉지 선사의 조언을 따라야 합니다. 열심히 수행하고, 굳은 결심으로 이 야생 초목들을 "사방의 경계선까지 이르도록(四至界畔)" 모두 쳐내야 합니다. 뿌리 뽑아야 할 자신의 과오나 결점을 알아차릴 때마다 그것을 없애는 노력을 해야 합니다. 집착, 반연, 번뇌를 쳐내고 포기해야 합니다. 자기 자신에게 있는 줄 모르는 과오와 습관은 어떻게 합니까? 만일 어떤 사람이 우리가 남들에게 번뇌를 야기하는 점들을 지적해 주면, 설사 우리가 알아차리지 못한 것이었다 해도 남들을 위해 그것도 없애려고 노력해야 합니다. 이것이 자비입니다. 우리는 눈에 들어오는 모든 잡초는 물론, 우리가 알아차리지는 못해도 다른 사람들이 우리에게서 발견하는 것들도 뿌리 뽑겠다는 큰 결심을 지녀야 합니다. 그래서 마음 밭에서 웃자란 잡초들을 사방으로 쳐내는 것은 비춤의 작용입니다. 자각의 빛이 우리의 결점을 비추면 그 순간 그것들이 사라지기 시작합니다. 따라서 이것이, 우리의 마음속에 존재하는 그런 모든 문제의 근원들을 뒤로하는 방법입니다.

"털끝만큼의 오염도 없게 해야 한다(了無一毫許汚染)"는 것은, 오염이 있는 것을 발견하면 바로 그것을 비추어야 한다는 뜻입니다. 먼저 그것을 인식하고, 그것의 존재를 받아들이거나 긍정해야 합니다. 그러면 그것을 놓아 버릴 수 있습니다. 털끝만큼의 티끌도 우리의 마음 밭을 오염시키게 놔두지 않는 이것이 비춤의 작용입니다. 이처럼 마음 밭을 청소하는 것이 비춤의 작용이고, 오염이 없는 것이 묵연함이 작용입니다. 묵연함의 부분은 티끌과 오염이 없는 것이고, 비춤의 부분은 티끌이 우리의 마음 밭에 쌓이지 않게 하는 것입니다. 티끌이 쌓일 때는 그것을 거듭거듭 청소하여, 우리의 마음 밭을 늘 깨끗하고 밝게 유지해야 합니다. 이것이 묵조동시默照同時(묵과 조가 하나로 통일된 상태)입니다.

신령스러우면서도 밝고, 툭 트였으면서도 투명하네.
본체 앞에 오는 것을 철저히 비추면
靈而明廓而瑩, 照徹體前.

이 구절은 묵조 그 자체의 상태, 즉 우리가 잡초들을 힘써 제거하여 이 광대한 마음 밭을 회복한 뒤의 결과를 말해 줍니다. 묵조가 현전現前할 때의 모습은 어떤 것입니까? 굉지 선사는 그것이 "신령스러우면서도 밝고, 툭 트였으면서도 투명하다(靈而明廓而瑩)"고 말합니다. 묵연함과 비춤의 결합은 신령스러운 동시에 밝습니다. 이 '밝음'은 빛을 말하는 것이 아니라 마음의 또렷함을 말합니다. '신령스러움'에는 많은 함의가 있는데, 활발한 움직임도 그 중의 하나입니다. 이런 영적 능력은 투명한 것이어서 존재하지 않는 듯하나 늘 존재합니다. 마치 못이 너무 맑으면 바닥까지 보이듯이 말입니다. 이런 투명함은 더없이 활발하고 더없이 명료하며, (그 무엇도 그것을) 능가할 수 없습니다. 이 비유를 조금 더 사용해 본다면, 못의 물이 탁할 때는 그 물 속에 여러 가지 물질이 많기 때문입니다. 그러나 물이 완전히 투명할 때는 그것이 존재하기도 하고 존재하지 않기도 합니다. 그것은 너무나 맑기 때문에 큰 잠재력을 가지고 있습니다. 이 방 안의 공간은 투명하기 때문에 그 안의 많은 사물이 보입니다. 공기는 투명하고 맑을 때 가장 활발하고 역동적인 성질을 갖습니다.

"툭 트였으면서도 투명하다"에서 '툭 트임'은 경계가 없고 아무 한계가 없는 것을 암시하고, '투명함'은 비춤을 가리킵니다. 이것은 묵연함과 비춤이 함께 작용하는 상태를 묘사합니다.

굉지 선사 당시에 많은 사람들이 그의 묵조 수행을 비판했습니다. 그들은 묵조를 하며 앉아 있는 사람들을 '고목枯木'이라고 부르면서, 또렷함의 상태를 고인 물에 비유했습니다. 묵조의 진정한 상태는 그와 전혀 다릅니다. 마음이 고요하고 평온하기는 하지만 또한 활발하고 또렷합니다. 그래서 묵조의 상태는 늘 흐르는, 바닥까지 보이는 투명한 물에 비유됩니다. 마음의 상태가 이와 같기 때문에, 그것을 신령스럽고, 툭 트였고, 밝다고 묘사하는 것입니다.

꿩지 선사의 다른 법어 가운데, 제가 묵조의 깨달음을 분명히 보여주기 위해 자주 인용하는 멋진 구절이 있습니다. 그것은 다음과 같습니다.

물이 하도 맑아 바닥까지 투명하니	水淸澈底兮
물고기는 느릿느릿 나타나지 않고,	魚行遲遲,
하늘이 하도 넓어 경계가 없으니	空闊莫涯兮
새들이 날아간 곳은 자취가 없네.	鳥飛渺渺.

이것이 바로 묵조의 모습입니다. 마음은 물과 같아서, 너무 맑고 투명하면 물고기들이 잘 나타나지 않습니다. 그와 마찬가지로, 하늘과 같은 마음은 광대하고 아무 한계가 없습니다. 순전히 탁 트인 공간입니다. 그러나 이 하늘은 결코 생명이 없는 것이 아닙니다. 새들은 그 속을 자취 없이 날아갑니다. 이런 이미지들은 움직임으로써 고요함을, 유有로써 공空을 전달합니다. 이 공은 죽은 것이 아니라 생명으로 가득합니다. 물고기와 새들이 보이지 않는 것은 그들이 잠재적으로 존재하기 때문입니다. 그래서 맑고 투명한 물 속과 광대하게 열린 하늘 안에 움직임이 있습니다. 마음은 묵연하지만 활발한 비춤이 있습니다. 밝고도 신령스러운 것입니다. 그리고 그것이 마침내 묵조동시默照同時를 실현한 상태입니다.

우리의 원문으로 돌아가서, "본체 앞에 오는 것을 철저히 비추면(照徹體前)"은 깨달음의 순간을 가리킵니다. 묵조의 힘이 여기서 최대로 발휘되고 있습니다. '본체'는 불성, 진여 혹은 여러분이 태어나기 전의 본래면목입니다. 이런 말들은 바로 이 본체를 묘사입니다. 이 본체를 철저히 비추는 것을 선에서는 "태어나기 전의 본래면목을 본다"고 말합니다.

굉지 선사는 여기서 앞 '전前' 자로 언어유희를 하고 있습니다. 한편으로 비춤의 힘은 불성까지 뚫고 들어가, 그것이 여러분 앞(前)에 현전합니다. 동시에, 이때 현전하는 것은 불성과 진여 이전(前)입니다. 이것은 철저히 관념화('불성'이니 '진여'니 하는 인식)를 버리고 진여를 깨닫는 것을 암시합니다.

이어서 이렇게 말합니다. "빛이 그대로 드러나고 정결한 상태에 이르러, 티끌 하나도 붙을 수 없네(直得光滑淨潔 著不得一塵)." 여기서 '빛'은 비춤을 가리키며, 이것은 오염과 번뇌를 씻어 버리는 힘을 방출합니다. '그대로 드러나고'에 해당하는 한자 '활滑'은 '매끄럽다' 혹은 '마찰이 없다'는 뜻인데, 이 문맥에서의 실제 의미는 방해나 장애가 없다는 것—이 빛이 신속히 그리고 효율적으로 일체를 꿰뚫어 비춘다는 것입니다. 비춤이 일단 작용을 발휘하여 불성을 깨치면[깨달으면], 오염에서 벗어난 순정純淨한 경계에 도달합니다. 그 지점에서는 티끌 하나도 붙을 수 없습니다.

오늘밤 텍스트의 첫째 부분은 묵조를 사용하는 것에 대해 이야기하고, 둘째 부분은 묵조를 통한 깨달음을 묘사합니다. 우리는 진도를 더 나갔어야 하지만, 몇 가지 일화를 끼워 넣는 바람에 모두 아주 즐겁게 웃었습니다. 시간을 좀 써 버렸지만 말입니다. 이제 질문을 좀 받겠습니다.

선중: 묵조에도 큰 결심과 큰 의심이 필요한지 궁금합니다.

성엄: 큰 의심은 물론 필요하지 않지만 용맹스러운 큰 결심은 있어야겠지요. 그런 큰 결심으로 해야 합니다.

선중: 수행은 어렵고, 많은 용기를 필요로 합니다. 그래서 그것은 사찰에서나 할 수 있다고 생각합니다. 사찰은 그럴 환경이 되니까 말입니다. 저에게 격려의 말씀을 좀 해 주시지요.

성엄: 확실히 그것은 세속의 환경에서 일상생활 중에도 할 수 있습니

다. 이 텍스트를 보면 사찰의 환경이 필요한 것처럼 보일 수도 있습니다. 그러나 6조 혜능은 『단경壇經』에서 말하기를, 자신이 하는 말을 이해할 수 있는 사람이라면 누구나 그것을 세속 생활에 적용하여 수행하고 참된 깨달음을 얻을 수 있다고 했습니다. 문제는 우리가 그럴 자세가 되어 있느냐, 세속 생활의 모든 상황에서 수행하겠다는 결심을 하고 있느냐 하는 것입니다. 가족, 직업, 대인관계가 모두 지혜와 자비라는 핵심 가르침을 운용할 기회입니다. 이런 기회가 오면 한 번에 조금씩, 자신의 능력껏 번뇌를 지혜로, 그리고 집착을 자비로 바꾸는 노력을 해 볼 수 있습니다. 우선 번뇌를 인식하는 것부터 시작하되 자기 스스로 번뇌에 빠지지 않게 합니다. 그것이 지혜입니다. 즉, 자신에게 정서적 집착이 있다는 것을 인식하지만, 그 집착들을 자비, 곧 남들에 대한 보편적 관심으로 바꾸는 것입니다. 단, 집착이 없어야 합니다. 왜냐하면 집착은 괴로움과 고통을 가져오기 때문입니다. 이와 같이 점진적으로, 거듭거듭 지혜와 자비를 일상생활 속에서 적용하면 그것들을 아주 잘 자각하게 됩니다.

묵조를 여러분의 생활 속에 적용하는 법에 대해서는 이미 말했습니다. 선의 가르침이 출가인들에게만 이익이 된다면 여러분은 아무도 여기 오지 않겠지요. 이 큰 선당에 몇 명의 비구와 비구니들만 앉아 있을 것입니다. [웃음]

한번은 러트거스 대학교에서 강연을 할 때 어떤 사람이 묻기를, 깨달음은 출가한 사람들만 얻을 수 있는 거냐고 했습니다. 제가 그에게 말했습니다. "아닙니다. 재가자들도 깨달을 수 있습니다."

그는 즉시 이렇게 물었습니다. "그러면 스님께서는 왜 스님이 되셨습니까?"

제가 대답했습니다. "출가하는 목적은 한편으로는 수행하기 위한 것이고, 또 한편으로는 모든 중생들에게 오롯한 마음으로 헌신하기 위한 것입니다. 본질적으로 출가인은 불법을 전하고 부처님의 혜명慧命을 잇는 데 헌신합니다. 당신은 스님이 되고 싶습니까?"

그는 "생각해 본 적이 있습니다" 하고 나서 침묵을 지켰습니다.

4. 넷째 날 저녁 강해
― 황소 마음이 속박을 벗어나다

   선종에서 황소는 수행자의 망심妄心을 상징합니다. 굉지 선사는 이 텍스트에서 황소의 비유를 써서 우리에게 이 황소 마음이 속박을 벗어나는 법을 말해줍니다.

   이 황소(마음)의 코를 끌어당기면
   자연히 그것이 씩씩하고 늠름한 모습을 보이리니
   다른 부류들과 섞여서 길을 가도
   남의 어린 곡식들을 짓밟지 않네.
   활력에 넘치며 애씀 없이 환경에 반응하고
   자재하게 환경에 반응하며 활기차게 흐르네.
   속박에서 벗어나 어디에 고정되지 않았으니,
   이것이 바로 겁공劫空(영겁의 공)의 밭을 가는 일이네.
   便與牽轉牛鼻來, 自然頭角崢嶸地, 異流中行履, 了不犯人苗稼。騰騰任運, 任運騰騰, 無收繫安排處, 便是耕破劫空田地底。

꿩지 선사는 수행자의 마음이 황소와 같다고 말합니다. 이 황소 마음은 젊고 길이 들기는 했지만 조복되지 않았고 평범하지 않습니다. 힘이 세고 뿔이 우뚝하니 날카롭습니다. 그러나 몇 가지 좋은 자질이 있으니, 아주 활기차고 용기가 있다는 것입니다. 중국인들은 "하룻송아지 범 무서운 줄 모른다(初生牛犢不怕虎)"고 말합니다. 또 하나 좋은 자질은 길에서 다른 짐승들과 한데 섞여 있어도 밭에 들어가 작물을 망쳐 놓지 않는다는 것입니다. 소는 남들에게 문제를 야기하지 않으면서 다른 동물들과 잘 지냅니다. 이 황소는 새로 깨달은 사람을 상징합니다. 그런 사람은 말하자면 거듭났기 때문에 아주 활발하고 힘이 있습니다. 아직은 젊지만 여러 사람 가운데서 두각을 나타냅니다. 그는 남들과 한데 섞여도 남들에게 번뇌와 문제를 야기하지 않습니다. 이것이 바로 소가 "남의 어린 곡식들을 짓밟지 않는다(了不犯人苗稼)"고 하는 의미입니다.

알베르트 슈바이처 박사는 음악가로서의 명성을 포기하고 질병이 창궐하는 아프리카의 작은 마을로 가서 의사가 되었습니다. 그는 두려움 없이 병든 사람들 사이에서 여러 해를 살면서 많은 생명을 구했는데, 자신은 병이 나지 않았습니다. 그와 마찬가지로, 깨달은 사람은 사회 각계각층 사람들과 어울려도 그들의 영향을 받지 않고 그들을 도울 수 있습니다. 중국 속담에 "도적선에 탔으면 도적이 되는 법을 배워라(上了賊船就得學當賊)"는 말이 있습니다. 깨달은 사람들이 이와 비슷한 점이 있습니다. 만일 그들이 도적들의 배를 타게 되면 도적이 되어 그들의 신임을 얻은 다음, 결국 그 도적들을 양민으로 바꿔 놓을 것입니다. 그것은 아주 어려운 과업입니다.

능력이 뛰어난 사람들은 흔히 아주 당당하고 자부심이 있어, 다른 사람들에게 적응하기보다는 그들이 자기처럼 되어 주기를 바라는 경향이 있습니다. 그들이 취하는 방식은 반대와 겁주기입니다. 반면에 깨달은 사람들은 아주 평범하며, 다른 사람들의 상황에 적응하여 걸림 없이 그들과 자유롭게 어울릴 것입니다. 그들은 자신의 행동거지를 통해 다른 사람들의 신임을 얻고, 그리하여 그들을 도울 수 있습니다. 무엇을 설교해서가 아니라 그들의 마음을 움직여서 말입니다. 사람들은 그런 식으로 불법을 만나고 받아들이는 경우가 많습니다. 그래서 이렇게 사람들과 상호작용 하는 방식은, 아주 깨끗해서 티끌 하나 보이지 않는 빛에 비유할 수 있습니다. 설교하기보다는 사람들을 감동시켜 그들의 마음이 움직이게 해야 합니다. 인연이 따라주면 그들 스스로 불법을 받아들일 것입니다.

사람들은 가끔 저에게, 제가 제자들을 더 잘 훈련시켜야 한다고 말합니다. 마치 제가 동물 조련사처럼 그들을 채찍질하여 더 낫게 만들 수 있는 듯이 말입니다. 비불교도인 배우자들이 저에게 불평을 하기도 합니다. "스님, 제 남편이 스님께 귀의했습니다. 그런데 왜 그를 더 낫게 훈련시키지 않으십니까?" [웃음] 제가 대답합니다. "당신 남편은 저를 스승이라고 부르면서 가끔 찾아옵니다. 반면에 당신은 이 사람과 매일 함께 삽니다. 그런데도 제가 그를 훈련시켜 주기를 기대합니까?" 여러분에게 이 이야기를 하는 동안, 저는 제자가 너무 많아서는 안 되겠다는 생각을 합니다. 그들이 저에게 귀의하면 갑자기 제가 그들의 결혼 상담자가 됩니다. [웃음] 사실 우리는 불법을 사용하여 사람들을 굴복시키거나 설교하지는 않습니다. 사람들이 불법을 받아들일 때는 보통 그들이 불법에 감동하여 마음이 움직이기 때문입니다.

여하튼 저는 제자들에게 관심을 기울입니다. "당신은 불자입니다. 불자가 된다는 것이 무엇을 뜻하는지 상기하고, 늘 용서와 나눔을 실천하십시오." 그런 식으로 말입니다. 그들의 배우자들에게는 이렇게 말할 것입니다. "결혼은 사람들이 함께 하는 드문 기회이고, 그것을 소중히 여겨야 합니다. 거기에는 상호 협조, 함께 나누기 그리고 무엇보다도 존경이 수반됩니다. 저는 도와드리도록 노력하겠지만 여러분도 최선을 다해야 합니다. 왜냐하면 배우자와 함께 사는 사람은 여러분이기 때문입니다. 결혼 관계를 돕는 가장 직접적인 방식은 여러분이 마음을 함께 나누는 것입니다. 그러면 상대방이 여러분에게 감동 받을 것입니다."

텍스트로 돌아가서, 황소의 코를 끌어당긴다는 것은 그냥 수행을 통해 마음을 훈련하여 지혜와 자비를 배양하라는 의미입니다. 이어서 이 황소-마음이 도대체 어떤 것인지 보기로 합시다.

황소-마음이 환경에 반응하다

활력에 넘치며 애씀 없이 환경에 반응하고
자재하게 환경에 반응하며 활기차게 흐르네.
속박에서 벗어나 어디에 고정되지 않았으니,
이것이 바로 겁공劫空의 밭을 가는 일이네.
騰騰任運, 任運騰騰, 無收繫安排處, 便是耕破劫空田地底。

이 자비와 지혜의 마음, 이 황소-마음은 활력에 넘치며(騰騰), 애씀 없이 중생과 환경에 반응하되 편견이 없습니다. 이것이 이른바 '임운任運'(자재함)입니다. 이런 존재방식은 아주 정확하되 아주 자유롭고 활발하며, 중생들과 상호작용 할 때 늘 편안하고 자연스럽습니다. 이것을 우리 자신의 삶에 관련시키면, 사람들이 아주 바쁘게 일하고 유능해도 피곤할 때는 진짜 감정이 드러나는 경우를 종종 보게 됩니다. 그들은 이렇게 생각하겠지요. '하루 종일 남들을 위해 이 일 저 일 하느라고 바쁘군.' 그들은 그 일을 해내지만, 부담과 피로가 심해지면 좌절감을 드러낼 것입니다. 그들은 활력에 넘칠지 모르지만 환경에 애씀 없이 반응하지는 않습니다. 오히려 좌절감으로 반응하기 쉽고, 그런 상황에 빠져 있어서 다소 불행하다고 느낄 수도 있습니다.

그러나 깨달은 사람들은 부담과 요구가 있는 가운데서도 아주 자연스럽고 편안하게 느낍니다. 그들은 능력껏 최선을 다해 자신의 페이스대로 일하며, 그에 대해 아주 즐거워합니다. 그들의 몸이 어디에 붙들려 있고 그들의 일정이 해야 할 일들로 빡빡하다 해도, 그들의 마음은 바쁘지 않습니다. 그들은 바쁜 마음이 없기에 자유와 편안함을 누리며, 이 즐거운 상태를 유지합니다.

저는 아주 효율적이고 아주 능숙한 그런 사람을 압니다. 이런 총명한 사람은 아주 바쁜 스케줄을 가지고 있지만, 일들을 제때에 해 냅니다. 그러나 가끔 이런 중국식 표현을 사용할 것입니다. "남보다 더 많이 먹는 것도 아닌데, 나는 왜 이렇게 일이 많지?" 미국식으로 표현하면 좀 다르겠지요. "너나 나나 같은 월급을 받는데, 어째서 내가 일을 다 해야 하나?" [웃음] 아주 활기차기는 하지만 자신의 일에 매여 있다고 느끼는 사람들이 있습니다. 어떤 사람들은 활기가 없고 일에 최선을 다하지도 않으며, 대충 때우는 정도만 합니다. 예를 들어 그 일이 설거지하는 것이라면 그들은 이렇게 생각하겠지요. '이 접시를 내가 다 닦을 필요가 없어. 저기 헹구는 사람에게 넘겨주면 돼. 그가 조금 더 세게 헹구면 되니까.' 설거지하는 여러분, 이런 사람을 본 적이 있습니까? [웃음] 선칠에서는 그런 사람이 없습니다.

굉지 선사가 "어디에도 고정되지 않았다(無收繫安排處)"고 할 때는, 이 황소-마음이 어디서나 활기차고 자재할 수 있다는 것을 말합니다. 어떤 사람들은 아주 유능하고 아주 총명하고 아주 솜씨가 좋지만, 그들은 또한 자신이 하는 일을 자신과 아주 강하게 동일시합니다. 그들은 열심히 일하면 할수록 더 많은 성취감을 느낍니다. 그러나 황소-마음은 자신의 장소나 활동과 스스로를 동일시하지 않습니다. 어디에 있든, 무슨 일을 하고 있든 관계없이 그것은 늘 활기차고 자재합니다. 그 황소 마음은 어느 한 장소에 고정되지 않을 뿐 아니라 속박에서도 벗어나 있습니다. 6조 혜능이 깨달았을 때, 그는 쌀을 찧는 공양간 보조원에 지나지 않았습니다.

굉지 선사는 이어서 이렇게 말합니다. "이것이 바로 겁공劫空의 밭을 가는 일이네(便是耕破劫空田地底)." 중국에서는 옛날에 소를 이용하여 밭을 갈았기 때문에 굉지 선사는 이런 표현을 쓰고 있습니다. '겁劫(kalpa)'은 아주 오랜 시간을 뜻하는 인도 말입니다. 그래서 굉지 선사가 말하는 '겁공'은 영원을 말합니다. 이 황소-마음은 속박에서 벗어나 있지만, 공겁 동안 계속 밭을 갈면서 자재하게 환경에 반응합니다.

일반인들은 자존감自尊感을 가지고 사회 속에서 역할을 하기 위해 뭔가에 마음을 둡니다. 어떤 것과 자신을 동일시할 필요가 있는 것입니다. 영적으로 하근기인 사람들은 명예, 재산 기타 자기잇속에 마음을 둡니다. 중근기인 사람들은 가정, 직업, 대인관계에 마음을 둡니다. 상근기인 사람들은 자비심을 일으켜 남들을 이롭게 하는 데 마음을 둡니다. 최상근기인 사람들만이 어디에도 마음을 두는 곳이 없습니다. 황소처럼 마음에 고정된 목표가 없어, 자유자재하게 환경에 반응합니다.

5. 다섯째 날 저녁 강해
- 법 음식

  오늘은 벌써 이 선칠의 5일째인데, 아직도 어떤 분들은 묵조의 방법을 분명하게 이해하지 못하고 있습니다. 그 원인은 많겠지만, 첫째는 이 선생이 분명하게 설명하지 못하기 때문입니다. 둘째로는, 수련생들이―어떻게 말을 해야 하지요?―이 수행을 갓 시작한 탓에 감을 잡지 못하고 있기 때문입니다. [웃음] 이유가 뭐든, 어떤 분들에게는 이 방법이 아직 분명하게 이해되지 않기 때문에 다시 복습을 하겠습니다. 만일 선칠이 끝난 뒤에도 여전히 분명하게 이해되지 않는다면, 부디 다음 선칠에도 참가하여 제 이야기를 다시 듣기 바랍니다. [웃음]
  저는 여러분 모두에게 이 방법을 이해시켜야겠다는 큰 결심을 하고 있습니다. 한번은 제가 일본에 있을 때 몹시 배가 고팠는데, 짧은 일본어로 그것을 한 일본 신사에게 전달하려고 애썼습니다. 제가 계속 저의 배를 가리키면서 "배고파요, 배고파요!" 하니까 그는 계속 "레수토란니 이쿠"라고 말했습니다. 말을 알아듣지 못한 제가 거듭 "배고파요, 배고파요" 하자 그는 계속 "레수토란니 이쿠"를 되풀이했습니다. 결국 저는 그가 한 말이 저의 배고픔과 관련이 있다는 것을 알았습니다. 나중에 알고 보니 그 말은 "식당에 가라"는 뜻이었습니다. [웃음] 그래서 여러분이 선칠에 들어오면 저에게 말합니다. "불법을 갈구합니다, 불법을 갈구합니다." 그러면 제가 계속 말합니다. "여기 왔으니, 드세요! 식당에 갈 필요는 없습니다." [웃음] 언젠가 여러분이 제가 공양하는 법 음식[法食]을 먹는다는 것이 어떤 의미인지 이해할 날이 오기를 바랍니다.

그래서 이 법 음식을 다시 여러분에게 공양하겠습니다. 첫째, 머리부터 발까지 이완하십시오. 부위별로 안면 근육, 두 눈, 두 뺨, 그 다음은 목을 따라 내려가 두 어깨, 두 팔, 가슴, 배 그리고 등을 이완하십시오. 그렇게 쭉 내려가며 이완하십시오. 한 번 쓸어가며 전신을 이완할 수 없으면, 할 수 있을 때까지 그냥 다시 하십시오. 아무리 해도 이완되지 않는 곳이 있으면 그냥 내버려 두었다가, 자신이 더 이완되었다 싶을 때 다시 거기를 이완해 보십시오. 이완하려면 자기 몸을 정말 한 부위 한 부위 감각하면서 그 부위를 이완할 수 있어야 합니다. 어떤 사람들은 거의 무의식적으로 긴장하여 그 신체 부위에 이완을 명령하려고 합니다. 지금 이완이 안 되면 나중에 그 부위로 돌아가십시오.

이완된 뒤에는 지관타좌 수행으로 들어가도 됩니다. 이 '지관타좌只管打坐'는 중국어로 '즈관따쭤(zhiguan dazuo)'인데, 문자적으로는 '그저 좌선하는 데만 전념한다'는 뜻입니다.* 여러분 가운데 어떤 분들은 일본 발음인 시칸타자(shikantaza)에 친숙할 것입니다. 어쨌든 이 말은 "네 일에나 신경 써라"는 느낌을 가지고 있습니다. 어떤 '일' 입니까? 여러분 자신이 좌선하는 데 신경 쓰는 일입니다. 최소한 자기가 앉아 있다는 것은 또렷이 자각해야 합니다. "그저 여러분 자신이 좌선하는 데만 전념하라"

---

* (역주) 只管打坐에서 管은 '상관하다, 신경 쓰다'의 뜻이고, 打는 어떤 동작이나 행위를 '하다'는 뜻이다.

는 것은 여러분의 몸이 그곳에 앉아 있다는 것을 알라는 것입니다. 이것은 몸의 특정 부위에 신경을 쓰거나 특정한 감각에 개입하라는 의미가 아닙니다. 오히려 여러분의 전신全身, 여러분의 전 존재가 그곳에 앉아 있습니다. 그곳에 앉아 있는 자기 자신에게 마음을 둔다는 것은, 그냥 자신의 전신이 그곳에 앉아 있음을 알고 경험하는 것에 지나지 않습니다.

물론 우리는 전신을 경험할 수는 없습니다. 사실 우리는 보통 자기 몸의 부위들 대부분, 특히 내부 장기들을 지각하지 못할 것입니다. 이것은 몸의 부위들을 지각하는 게임이 아니라, 여러분의 전신이 그곳에 앉아 있다는 것을 아는 데 중점이 있습니다. 이것은 자기 몸의 요점, 곧 자기 몸이 그곳에 앉아 있다는 일반적인 느낌을 파악한다는 뜻입니다. 여러분의 전신이 그곳에 앉아 있다는 것은 어떻게 압니까? 여러분이 지각하는 부위들—팔다리, 엉덩이, 머리, 살갗, 눈 등이 여러분이 그곳에 앉아 있다는 것을 알려줍니다. 자기가 그곳에 앉아 있다고 느껴집니다. 그러니 그것을 받아들이고 인정하십시오. 그것을 지각하고 다른 어떤 것도 지각하지 마십시오. 여러분의 몸이 그곳에 앉아 있음에 마음 쓰면서 자신이 좌선하고 있음에 주의를 기울일 때는 일어나는 특정한 감각에 개입하지 마십시오. 반대로 '상관없다, 너[몸의 그 부위]는 네 하고 싶은 대로 해라. 나는 내가 좌선하는 데만 전념한다.' 고 스스로에게 말하십시오. 그래서 특정한 감각, 통증 혹은 불편함에 개입하지 말고, 그저 여러분의 전신이 그곳에 앉아 있다는 것만 아십시오.

더 나아가, '나는 여기 앉아서 내가 여기 앉아 있다는 것에 마음을 쓴다' 와 같은 말들은 부디 되뇌지 마십시오. 언어 문자가 필요 없습니다. 두 가지 원칙만 있습니다. 첫째, 여러분이 그곳에 앉아 있다는 것을 분명하게 아십시오. 둘째, 여러분의 전신이 그곳에 앉아 있다는 것을 자각하십시오. 몸의 특정한 감각에 신경 쓰지 않고, 그에 영향 받지 않는 것이 묵연함입니다. 여러분의 몸이 그곳에 앉아 있다는 것을 아는 것이 비춤입니다. 이렇게 할 수 있으면 얼추 말해서 이 수행의 첫째 단계에 들어간 것입니다.

여러분의 몸이 그곳에 앉아 있다는 데 대한 그 자각을 유지하면서 다른 어떤 것도 신경 쓰지 않을 수 있으면, 시간이 지나면서 환경에 대한 더 예리한 자각이 발전할 것입니다. 그것은 여러분의 전신감각이 희미해지기 때문일 수도 있고, 그것이 더 이상 부담이 되지 않거나 그것이 워낙 미세해져서 몸이 그곳에 없는 것처럼 되기 때문일 수도 있습니다. 여러분의 자각 범위가 확대되면서, 환경을 통합하고 인지하게 됩니다.

이것이 환경을 여러분의 좌선하는 몸으로 삼는 단계입니다. 이때 여러분은 여전히 앎의 원칙과 전체성의 원칙을 또렷이 유지하고 있습니다. 여러분의 감각 기관을 자극하는 특정한 소리, 형상 혹은 사건에 신경 쓰지 마십시오. 오히려 이 모든 것은 환경의 일부라는 것을 이해하십시오. 마치 여러분의 몸이 환경의 일부이듯이 말입니다. 따라서 특정 부분에 주목함이 없이 그저 전체 환경에 대한 이 감각을 유지하면서, 그것을 그곳에 앉아 있는 여러분의 전 존재로 받아들이십시오. 그 환경은 그냥 그곳에 앉아 있는 여러분입니다.

설사 환경과의 동일시 단계에 도달하지 못한다 해도, 여러분의 몸이 그곳에 앉아 있는 것에 대한 또렷한 자각을 유지하는 한 상관이 없습니다. 그러나 환경과 하나가 된다면 그것을 그곳에 앉아 있는 여러분의 몸으로 보십시오. 이처럼 간단한 것입니다. 내면의 환경에 신경 쓰지 않고 외부의 환경에 영향 받지 않는 것이 묵연함이고, 환경을 아주 또렷하게 아는 것이 비춤입니다. 어느 쪽이든, 망념이 많지 않은 가운데 매우 평온하고 차분하며, 현재의 순간에 아주 많이 머무르고 있는 상태에 도달하면, 그 현재 순간도 놓아 버릴 수 있습니다. 생각이 과거에 머무르거나 미래로 투사되지 않으면 순수한 자각 그 자체를 그냥 또렷이 유지할 수 있습니다. 이제 이 상태에서 여러분은 몸이나 환경을 지각하지 않는 것이 가능합니다. 이 또렷한 자각 그 자체로 그냥 머물러 있는 것입니다. 몸이 여전히 그곳에 있다는 것을 알고 환경이 여전히 그곳에 있다는 것을 알지만, 더 이상 그 어느 것도 관하지 않습니다. 단순히 그 놓아 버림의 상태를 유지하십시오. 이것이 공을 관하는 것이며, 다른 말로 중도관中道觀이라고 합니다.

공을 관하는 이 공간 안에서 여러분의 시간 체험이 변할 것입니다. 아주 짧은 시간이 아주 길게 체험될 수도 있고, 아주 긴 시간이 한 순간으로 체험될 수도 있습니다. 짧은 시간을 아주 길게 체험할 때, 이것은 여러분이 이 공을 아주 열심히 관하고 있고 방법상에서 마음을 세밀히 쓰고 있다는 것을 말해줍니다. 긴 시간을 한 순간으로 체험할 때, 이것은 여러분이 시간이 존재하지 않는 삼매 같은 상태에 들어갔다는 것을 말해줍니다. 그곳에 몇 시간 혹은 며칠을 앉아 있어도 그냥 한 순간인 것처럼 느낄 수 있습니다.

오늘밤은 여기서 그칩시다. 이번 선칠을 하기 전에 제 배에 풍한風寒이 들었는데, 어제는 그것이 목까지 올라왔습니다. 여러분에게 이야기를 하고 있으면 두통이 심합니다. 이 추운 선당에 오래 있으면 감기가 심해질지 모릅니다. 그래서 앞으로 이틀간 분명히 선당에 와서 법문은 하겠지만, 그 외에는 좀 거리를 두려고 합니다. 이것이 '인연을 따르기 [隨順因緣]'라고 하는 것입니다. [웃음] 누구의 인연입니까? 여러분의 인연입니다. [웃음] 제가 아픈 티는 내지 않아도 머리가 지끈지끈하고 목이 상당히 아픕니다. 이것은 제 몸 안에서 일어나는 일일 뿐 여러분이나 저와는 아무 상관이 없습니다. 제가 여기 있어야 할 시간에는 분명히 있을 것입니다. 여러분이 저를 필요로 할 때는 저도 함께 있을 것입니다.

6. 여섯째 날 저녁 강해
– 처처에서 만물이 있는 그대로 현현하다

어젯밤의 텍스트는 지혜심과 자비심의 작용을 논의했습니다. 오늘밤의 텍스트는 이렇게 이어집니다.

이와 같이 나아가면
일체가 또렷이 나타나 흐릿함이 없으니
처처에서 만물이 있는 그대로 현현하네.
일념이 만년을 가니
원래 이것이 상相에 머무르지 않음이네.
그래서 말하기를,
"마음자리에 모든 씨앗이 들어 있어
두루 비가 내리면 모두 싹이 튼다.
(깨달음의) 꽃이 피는 뜻을 알면
보리菩提의 열매가 저절로 익는다."고 했네.
卻恁麼來, 歷歷不昧, 處處現成, 一念萬年, 初無住相. 所以道:「心地含諸種, 普雨悉皆萌, 既悟花情已, 菩提果自成」.

"이와 같이 나아가면 일체가 또렷이 나타나 흐릿함이 없으니(卻恁麼 來 歷歷不昧)"는, 깨달은 사람이 중생들을 돕기 위해 활동하는 모습을 묘사합니다. 즉, 그는 환경을 대할 때 번뇌가 없고, 사물을 있는 그대로 완전한 또렷함으로 볼 수 있습니다. "처처에서 만물이 있는 그대로 현현하네(處處現成)"는, 깨달은 사람들은 어디에 있어도 어떤 친숙감을 가지고 있다는 것을 말합니다. 일체가 이미 그냥 있는 그대로 있습니다. "있는 그대로 현현함"의 한자어 '현성現成'은 중국어로 '시앤청', 일본어로 '겐조'입니다. 이 친숙감, 자기 집처럼 편안하고 자신과 남들 사이에 분리가 없는 느낌은 "있는 그대로 현현함"과 비슷하지만, 이 표현은 '현성'이라는 말의 의미를 충분히 드러내지 못합니다. 그것은 또한 사물들이 이미 존재하며, 거기에 무엇을 보태거나 어떻게 할 필요가 없다는 것을 뜻합니다. 사물은 그냥 있는 그대로 있고, 여러분의 존재는 그 중의 일부입니다.

제가 처음 일본에 가서 어느 절에 살 때, 밤에 늦게 들어와 숙사로 직행하여 잠을 잤습니다. 숙사는 절에 인접해 있었고, 그래서 스님들도 거기서 살았습니다. 제가 깨어나 보니 주위 사람들이 일본어로 말을 하고 있었습니다. 저는 자신이 일본에 있다는 것을 잊어버리고 이렇게 생각했습니다. '이상하네. 어떻게 사람들이 일본어로 말하지?' 하지만 어떤 자연스럽게 받아들이는 느낌이 있었고, 아주 친숙했습니다. 마치 그들이 저 자신의 방언으로 이야기하는 것 같았습니다.

저의 제자 두 명은 불학佛學을 더 공부하러 일본에 유학을 갔는데, 그들도 가끔 언어 문제 때문에 일본인들과 잘 사귀지 못한다고 하소연했습니다. 저는 그들에게, 문제는 언어도 아니고 일본인도 아니고 그들 자신이라고 말했습니다. 그들은 일본인들과 친구 하고 싶다는 것을 보여주지 못했습니다. 그들은 일본인들에 대해 그런 친숙감과 편안함을 계발하지 못한 것입니다. 그들은 만물이 있는 그대로 현현하게 하지 못했습니다. 우리가 이야기하는 것은 그냥 하나의 존재방식입니다. 만일 여러분이 친숙함을 체험하지 못한다면, 최소한 이렇게 해서는 안 됩니다 [그러면서 두 눈과 귀를 가리는 시늉을 함]. '나는 그들을 모르고 그들은 나를 모른다.' 이렇게 생각하면 안 됩니다. 오히려 남들에게 가슴을 열어야 합니다.

"일념이 만년을 가니, 원래 이것이 상에 머무르지 않음이네(一念萬年 初無住相)"라는 말은, 아마 3조 승찬僧璨의 「신심명信心銘」에서 영감을 받았을 것입니다. 거기에 '일념만년'이라는 말이 나옵니다. 또 『화엄경華嚴經』에서도 그 비슷한 관념을 이야기합니다. 이것은 우리가 정定에 들어 말 그대로 한 생각을 오랫동안 유지한다는 것이 아니라, 머무르지 않는 지혜를 말합니다. 마음이 어디에도 머무르지 않을 때, 모든 생각은 영원한 것처럼 느껴집니다.

소참 때 어떤 분들은 이렇게 불평합니다. "저는 왜 아직 깨닫지 못하고 있습니까?" 혹은 "저는 왜 번뇌가 이렇게 많습니까?" 그러면 저는 아주 간단히 대답할 것입니다. "바로 당신이 그런 생각을 하기 때문입니다." 생각들은 늘 '나', '나', '나'와 연관됩니다. 이 자아가 얼마나 큰지 보십시오. 아주 작은 몸뚱이들이 아주 큰 자아들을 가지고 있습니다. 분명, 이것은 우리가 이야기한 큰, 통일된 자아는 아닙니다. 그냥 고집스러운 자아집착인데, 그것이 여러분의 모든 경험을 물들입니다. 여러분이 깨닫지 못했다면 그 이유는 다 거기에 있습니다.

제가 가르친 여러 가지 중에 무아를 관觀하는 것이 있는데, 그 목적은 바로 이 큰 자아를 해소하는 것입니다. 저는 또 무상, 공, 무아에 대해 이야기하고, 관觀과 사물의 본래 모습을 올바르게 이해하는 법에 대해 이야기합니다. 이 모든 것은 여러분이 이런 방법들을 써서 일체를 자아와 부단히 연관짓기를 그침으로써 점진적으로 조금씩 그것을 녹여 없앨 수 있게 하려는 것입니다. 제가 이런 중점들—무상, 공, 무아—을 자세히 설명한 것은, 보살인 여러분들이 그것을 진지하게 사용하고 적용하도록 하기 위해서였습니다.

6조 혜능이 처음 깨달았을 때, 그는 수행을 하고 있지도 않았습니다. 『금강경』에 나오는 "어디에도 머무르지 않으면서 마음을 내라(應無所住而生其心)"는 한 구절을 들었을 뿐입니다. 우리가 이야기하고 있는 것도 바로 겉모습에 머무르지 않기입니다. '마음을 낸다'는 것은 무엇입니까? 그렇지요, 하나의 마음, 곧 지혜심이 존재합니다. 그것은 자아관념과 자아집착에서 벗어난 마음이며, 겉모습과 형식에 매이지 않고 자유롭게 작용합니다. 이 구절을 듣는 것만으로 6조 혜능은 깨달았습니다.

보살인 여러분은 만물이 어떻게 무상하고, 어떻게 공하여 고정된 성품이 없는지를, 그리고 자아가 없다는 것을 저에게서 몇 번이고 들었습니다. 하지만 어떤 분들은 아직도 자기가 언제 깨달을 것인지 궁금해 합니다. 제가 전에도 말했지요. 어떤 방법도 여러분을 깨달음으로 이끌어 주지 않는다고 말입니다. 그러나 어떤 분들은 제가 뭔가를 아직 내놓지 않고 있다고, 뭔가를 감춰 두고 있다고 생각합니다. 깨닫기 위한 어떤 방법이 있을 거라는 거지요. 제 말을 믿으십시오. 수행한다는 것만으로 깨닫게 되는 것은 아닙니다.

깨달은 수행자는 어떤 상황, 어떤 곳에서도 자연스럽고 편안함을 느낍니다. '만년萬年'은 시간의 초월을 말하며, 우리가 항상 그러했다는 것—즉, 자연스럽고 마치 그곳에 태어난 것처럼 아주 친숙하다는 것을 의미합니다. 어제저녁에 저는, 오랜 시간을 한 순간으로 체험할 수 있고, 역으로 짧은 시간을 아주 길게 느낄 수 있는 그런 상태에 대해 이야기했습니다. 이것은 범부의 시간 체험입니다. 그러나 이 구절에서는 깨달은 사람이 현상에 머무르지 않음을 통해 시간을 초월하는 것을 말하고 있습니다. 이 상태에서는 시간 체험이 아예 없습니다.

"상에 머무르지 않음(無住相)"에는 여러 수준의 의미가 있습니다. 한 수준에서는 마음이 머무르지 않는 것, 즉 어떤 상황에 걸리지 않는 것을 의미합니다. '머무르지 않음,' 곧 '무주無住'는 또한 무념無念·무상無相의 도리와도 밀접히 관련됩니다. 이 세 가지 관념은 『금강경』에서 "어디에도 머무르는 바 없이 마음을 내라"고 하는 데서 나왔습니다. 이런 관념들은 늘 함께 나타나며 『육조단경』의 중심 관념이기도 합니다. 그것들은 같은 성품을 가진 마음의 미세한 측면들로서, 서로 관련됩니다. 어디에도 머무르지 않음은 더 나아가 자아중심이 없음을 의미합니다. 자아중심이 없는 사람에게는 시간이 아주 유동적이고 중요하지 않습니다. 시간이 이와 같이 체험될 때는 공간도 같은 방식으로 체험됩니다. 즉, 한계가 없습니다. 깨달은 사람은 공간과 시간을 초월해 있습니다.

굉지 선사는 말합니다. "일체가 또렷이 나타나 흐릿함이 없다(歷歷不昧)." 우리는 이것을 두 가지 측면에서 이해할 수 있습니다. 첫째로, 그것은 철저한 깨달음 이후에는 사물이 어떻게 경험되는지를 묘사합니다. 둘째로, 우리는 그것을 수행 과정에서 우리가 따라야 할 원리로 이해할 수 있습니다. 우리가 또렷함과 사물의 생동함을 이야기할 때, 확실히 우리들 대다수는 낮 동안 그것을 어느 정도 갖습니다. 낮 동안은 대다수 사람들이 깨어 있습니다. 물론 어떤 사람들은 그다지 깨어 있지 않습니다만. 그러나 일상적 상황에 직면할 때 우리는 실제로 일어나는 일에 대해 또렷이 자각합니까? 아니면 기복起伏을 경험합니까? 만일 우리가 직접 관법을 할 수 있고, 사물을 있는 그대로 보면서 정서적인 물듦이나 이름 붙이기, 비교하기, 우리 자신의 관념과 묘사 덧붙이기를 하지 않을 수 있다면, 사물들을 정말 있는 그대로 보게 됩니까?

이것은 우리가 직접 관법을 닦으면 일종의 초자연적 안목을 계발하게 된다는 의미가 아닙니다. 만일 여러분이 근시近視거나 원시遠視라면 그 상태는 그대로 유지될 것입니다. 그러나 직접 관법에서 얼마간 힘을 얻으면 여러분에게 아주 유용할 것입니다. "일체가 또렷이 나타나 흐릿함이 없다"는 이 심오한 구절이 어떤 의미인지를 조금 알게 될 것입니다. 직접 관법에서 힘을 얻는다는 것은 여러분 앞에 현전하는 것들의 직접성을 체험하는 것을 의미합니다. 이것은 깨달음은 아니고, 그것이 반드시 깨달음으로 이끌어주는 것도 아니지만, 여러분의 일상생활에는 확실히 도움이 될 것입니다. 이런 상태에 있는 사람은 사물을 움직이지 않는 것으로, 그러면서도 활발하고 생동하는 것으로 체험합니다. 그래서 고요함과 움직임을 동시에 체험합니다.

우리의 통역자인 궈구가 조금 전에 물을 마실 때, 만일 여러분이 직접 관법을 하고 있었다면 그가 컵을 들어 마시는 것을 보았겠지요. 여러분은 그의 동작을 보았지만 여러분에게는 아무 움직임도 없었습니다. 이 경계에 도달하면, 여러분 주위에서 혼란과 소동이 벌어지는 것을 보아도 마치 아무 일도 일어나지 않는 것과 같습니다. 이것은 여러분의 마음이 더 이상 그런 사건들에 의해 좌우되지 않고 정지해 있기 때문입니다. 그럼에도 일체를 그냥 있는 그대로 주시할 수 있습니다. 이것이 이른바 '경안輕安'이라고 하는 것입니다. 티베트 불교의 전통에서는 그것을 '유연심柔軟心'이라고 합니다.

세계에 대한 체험이 더 철저해지면 사물을 더 정확하고 미세하고 예리하게 보고, 감지하게 됩니다. 여러분의 마음이 그냥 더 예리하게 볼 수 있게 될 것입니다. 왜냐하면 마음이 분주하게 비교하고 이름 붙이면서 사물들이 실제의 모습과 다르기를 바라지 않기 때문입니다. 마음은 이런 모든 가외의 물들임에서 벗어나 아주 고요하고 아주 또렷해지며,

여러분은 사물을 좀더 그 자체의 견지에서, 그냥 있는 그대로 보게 될 것입니다.

한번은 제가 대만의 우리 절에서 선칠을 주재할 때 직접 관법을 가르쳤습니다. 낮 동안 우리는 이 방법을 닦으면서 어느 산기슭에 앉아 있었습니다. 우리는 나무들, 도로, 도로변의 작은 개천을 볼 수 있었습니다. 수행인들 중 한 명은 말레이시아 스님이었는데, 그는 그 방법을 터득하지 못하고 있었습니다. 그래서 모두 잠자리에 든 뒤에 밤새도록 앉아서 이 방법의 요령을 터득하려고 애썼습니다. 눈을 크게 뜨고 아주 고요히 앉아서 그냥 바라보고 또 바라보았습니다.

다음날 아침 그가 저에게 말했습니다. "저는 미쳐 가는 것 같습니다. 직접 관법을 행하려고 애쓰면서 사물을 보면, 갑자기 사물이 정지해 버립니다. 그뿐만 아니라 그냥 사라져 버립니다. 예를 들면 차들이 그렇습니다. 거리의 사람들도 마찬가지입니다. 제가 바라보면 그들이 정지해 버리고, 그런 다음 사라져 버립니다. 얼마 지나면 다시 나타납니다. 제가 미쳐 가는 겁니까?"

제가 말했습니다. "좋지요. 그것이 직접 관법입니다." [웃음] 이런 일은 흔치 않습니다. 보통은 시각이 아주 예리해지고 감각이 더 살아나며, 그냥 사물이 더 또렷하고 생생하게 보입니다. 그러나 이 수행을 맹렬히 하면 사물들이 말 그대로 정지하고 심지어 사라지는 것을 체험할 수도 있습니다. 그러나 그런 일이 일어날 거라는 것을 알면 문제가 없겠지요.

굉지 선사의 다음 몇 구절은 실은 인용문인데, 누가 이 말을 했는지는 제가 찾아보지 못했습니다. 그것이 무슨 말인지 봅시다.

그래서 말하기를,
"마음자리에 모든 씨앗이 들어 있어

두루 비가 내리면 모두 싹이 튼다.
(깨달음의) 꽃이 피는 뜻을 알면
보리菩提의 열매가 저절로 익는다."고 했네.
所以道:「心地含諸種, 普雨悉皆萌, 旣悟花情已, 菩提果自成」。

이 말을 하는 것이 누구인지를 잠시 접어두면,* 이 말은 깨달음의 상태를 묘사합니다. "마음자리(心地)"는 큰 보리심, 곧 깨달은 마음을 가리킵니다. "모든 씨앗(諸種)"은 복덕의 씨앗을 가리킵니다. 우리가 보리菩提를 증득하면 복덕의 열매가 나타납니다. 그럴 때 우리는 마음자리가 본래적인 온갖 복덕으로 충만해 있다는 것을 깨닫게 됩니다. 그러면 그러한 열매를 가지고 어떻게 합니까? 씨앗들을 싹트게 하는 비와 같이, 보리가 중생들을 만나면 공덕이 저절로 성숙하고, 따라서 깨달은 사람은 이 공덕을 모든 중생에게 회향합니다.

이어서 말하기를, "깨달음의 꽃이 피는 뜻을 알면 보리菩提의 열매가 저절로 익는다(旣悟花情已 菩提果自成)"고 했습니다. 즉, 깨달음은 자연히 꽃피는 것이지 강제되거나 강요되는 것이 아니라는 것입니다. 자연 속의 꽃들은 자연히 자발적으로, 제 스스로 핍니다. 그와 마찬가지로 깨달음은 저절로 피어나고 "보리의 열매는 저절로 익는" 것입니다. 그 꽃들만 그렇게 작용할 뿐 아니라 그 나무의 열매도 자연스러운 방식으로 익습니다. 그 열매는 꽃에서 나오고, 그 꽃은 씨앗에서 나옵니다. 앞에서 말했듯이 '씨앗'은 복덕의 씨앗을 가리키는데, 이 씨앗들의 목적은 모든 중생을 이익 되게 하는 것입니다.

이런 성질들은 우리의 마음 속에 내재해 있습니다. 우리도 깨닫게 되

---

* (역주) 이것은 6조 혜능의 게송이다. 『육조단경』, '부촉품付囑品'에 나온다.

면 그것들이 자연히 드러날 것입니다. 이런 씨앗에서 나오는 열매는 사람들의 필요에 따라 그들과 함께 나눌 수 있습니다. 초자연적인 힘이 아니라 자연적인 힘을 사용해서 말입니다. 따라서 자연현상과 깨달음 속에서 일이 이루어지는 방식 사이에는 밀접한 연관이 있습니다. 중생들과 함께 나누는 경우와 같이, 깨달은 상태의 작용 또한 자연스럽게 자발적으로 일어납니다. 그것은 그렇게 하려고 해서 되는 일이 아닙니다.

이 말을 듣고 나면 여러분은, 이것은 철저한 깨달음에 대한 이야기여서 자신에게는 해당될 몫이 없다고 생각하면 안 됩니다. 이것은 우리 모두 본받아야 할 아주 중요한 태도입니다. 만일 여러분이, 깨닫기 전에 불법에 접근하는 한 가지 방법이 있고, 깨달은 뒤에는 다른 방법이 있다고 생각한다면 그것은 크게 빗나간 것입니다. 어떤 사람이 깨닫게 되는 것은 깨닫기 전의 태도가 이미 깨달은 상태의 그것과 부합하기 때문입니다. 즉, 그들은 깨달은 자의 존재방식을 닮고 있는 것입니다. 그래서 그 사람이 깨닫게 됩니다.

굉지 선사는 깨닫기 전에 우리가 가져야 할 태도를 밝힌 다음, 깨달은 뒤의 상태가 어떤 것인지를 이야기합니다. 우리는 수행과 깨달음 전반에 관한 이야기를 듣고 있습니다. 올바른 태도를 갖는 것, 우리를 깨달음 자체로 점점 더 가까이 데려다 줄 인도 원리들을 갖는 것은 아주 중요합니다. 선칠에서는 두 가지 유형의 사람들을 흔히 보게 됩니다. 첫째 유형은 자신들이 깨달을 잠재력을 가지고 있지 않다고 생각하는 사람들입니다. 그래서 그들은 제가 깨달음에 대해 이야기하는 것을 들으면 이렇게 말합니다. "스님, 이런 깨달음에 관한 이야기는 그냥 건너뛰실 수 없습니까? 그저 저의 괴로움을 어떻게 끝낼 수 있는지만 말씀해 주십시오. 저는 깨달음에 관심이 없습니다. 전혀요. 여하튼 저는 결코 깨닫지 못할 테니까 말입니다." 두 번째 유형은 바로 제가 깨달음에 대해 이야기하는 것을 듣기 위해 옵니다. "스님, 그냥 깨닫기 위한 방법으로 들어가실 수 없습니까? 다른 이야기는 듣고 싶지 않습니다. 저는 그냥 지금 깨닫고 싶습니다!" 여기 계신 여러분 가운데 이런 태도 중 어느 하나를 가진 분 있습니까?

성엄: B 씨, 당신은 어느 유형입니까?

B 씨: 저는 깨달음이 하늘 저 위에 있다고 생각합니다. [웃음]

성엄: 사실 깨달음은 아주 가까이 있습니다. 그것이 멀리 있다거나 하늘 위에 있다고 생각하는 것은 오해입니다. 왜냐하면 깨달음은 어떤 사물이 아니니까요. 그것은 전적으로 우리가 여기서 선칠 중에 무엇을 하고 있느냐와 관계됩니다. 우리가 이야기한 모든 것은 이기심을 놓아 버리고 집착을 놓아 버리는 방법과 소견에 대한 것입니다. 이런 것들에서 자유로워지는 것이 깨닫는 것입니다. 덜 이기적이고 덜 집착하기 위해 수행하는 것은 깨달음에 가까이 있는 것입니다. 한편으로 우리는 깨달음을 '추구해야 할 어떤 것'으로 생각하면 안 되고, 다른 한편 번뇌를 끊고 우리의 개인적인 문제를 해결하는 것이 자아감과 별개라고 생각하면 안 됩니다. 바로 자아에 대한 집착 때문에 우리에게 그런 문제들이 있는 것입니다. 만일 여러분이 '나는 깨달을 수 없으니 괴로움만 끝내고 싶다'고 생각한다면, 그것은 분리가 없는 곳에 분리를 만들어낸 것입니다. 실은 깨닫는 것과 괴로움을 없애는 것은 같은 것입니다. 여러분의 피부가 곪았는데 딱지를 벗겨내기 시작하면 괴로움을 연장하기 십상입니다. 여러분 모두 이 점을 이해할 수 있기 바랍니다.

선중: 한 가지만 여쭈겠습니다. 우리가 선칠을 하고 있을 때는 이와 같이 열려 있고 유연합니다. 그러나 선칠이 끝나고 직장으로 돌아가면 우리 자신을 방어해야 합니다. 길거리로 나가 혼란스러운 곳에 있게 됩니다. 사람들이 기아로 죽어가고 있습니다. 다가와서 돈을 달라고 하는

사람도 있고, 위협적으로 행동하는 사람들도 있습니다. 그래서 이런 상황에서 살아남으려면 우리가 아주 강한 자아감을 가져야 합니다.

성엄: 아주 강한 자아감을 가진 사람들은 종종 당신이 가진 것을 갖고 싶어할 것입니다. 무아에 대한 불교적 이해는 관습적 자아가 없다는 의미가 아닙니다. 사실 석가모니 부처님은 경전에서 당신 자신을 지칭할 때 늘 "저는 이렇게 말했고 (…) 여러분은 제가 이렇게 말하는 것을 들었습니다"라고 말합니다. 우리의 환경과 관련해서는, 그렇지요, 우리를 지켜줄 자아가 필요합니다. 그리고 어쩌면 다른 사람들, 심지어 우리를 이용하려는 사람들의 이익을 위해서라도 아주 조심스럽고 상황을 잘 분별하는 자아가 필요하겠지요. 만일 제가 저 자신을 지키지 않고 그들이 저를 해치게 내버려 둔다면, 어떤 의미에서 저는 그들의 나쁜 행위에 가담하는 것입니다.

무아에 대한 불교적 관념에 대해서는 우리가 두 가지 원칙을 유념해야 합니다. 첫째, 어떤 사람이 여러분을 해치려고 하는 불리한 상황에서 여러분 자신은 결코 번뇌를 일으키지 않아야 한다는 것입니다. 둘째, 만일 우리가 다른 사람들에 대한 진정한 자비심으로 상황과 대면한다면, 그런 나쁜 상황이 지속되지 못하게 하거나, 나쁜 의도를 가진 사람들이 계속 해를 끼치지 못하게 할 거라는 것입니다. 그래서 이 두 가지 원칙은 실은 (1) 번뇌를 끊는 자비, (2) 해害를 그치게 하는 자비입니다.

아주 쉬운 예를 들겠습니다. 제가 병이 났습니다. 목이 아프고, 머리가 지끈지끈하고, 열도 있습니다. 여러분이 어떤 증상을 이야기해도 다 가지고 있습니다. 그러나 이런 증상이 있으면, 저는 계속 선당에 앉아 있으면서 '나는 무아에 도달했다. 그러니 죽는다한들 어떠랴? 죽는 것은 이 몸이지 내가 아니다. 부처님은 어쨌든 자아가 없다고 하셨다.' 하고 생각해서는 안 될 것이 분명합니다. 여기 계속 앉아 있다가 이 육신이 더 병들게 하여 결국 죽고 만다면, 그것은 깨달은 방식이 아닙니다. 질병에서 저 자신을 보호하여, 예컨대 선칠이 계속 진행될 수 있게 해야 합니다. 그래야 제가 더 많은 선칠을 이끌 수 있고, 다른 사람들도 와서 불법을 닦을 수 있습니다. 따라서 진정한 배려와 자비가 있을 때는 지혜도 있습니다. 그래서 저에게는 아직 병이 드는 관습적 자아가 있고, 보살펴야 할 육신이 있습니다. 그것을 무시하는 것은 어리석음이고 무지에 지나지 않습니다. 이 어리석은 질문을 해줘서 고맙습니다. [웃음]

우리는 굉지 선사의 묵조선 어록에 대한 강해를 끝냈습니다. 시간이 늦어 좌선할 시간이 없고, 밖에 나가 보름달을 직접 관할 시간도 없군요.

제3부

굉지 선사 법어 강해
(下)

『굉지선사광록宏智禪師廣錄』에서 (2)

비어 있어 흔적이 없고
비춤에는 정서의 티끌이 없네.
빛이 관통하면 고요함이 깊고
신비롭게 모든 흠과 때를 끊네.
이렇게 '자아'를 이해할 수 있으면
이렇게 '자아'를 해소할 수 있네.
청정하고 묘명妙明한 이 밭은
본시 그대의 것이네.
다생에 (이 자아집착을) 해결하지 못한 것은
의심의 장애와 망상의 티끌 때문인데,
모두 스스로 지은 장애요 장벽이네.
툭 트였고 지혜가 노니니
안으로 공덕과 보상을 잊네.
(자아라는) 이 짐을 곧바로 벗어 버리고
돌아서서 지위를 되찾으라!

두 발을 확고히 도道에 두라.
이 신령스런 반응과 오묘한 작용 속에서는
만나는 모든 일이 참되네.
털끝 하나 먼지 하나도
그대의 밖에 있지 않네!

空無痕跡, 照非情塵. 光透靜深, 杳絕瑕垢, 能恁麽自知, 恁麽自了. 清淨妙明田地, 是本所有者, 多生不了, 只爲疑礙昏翳, 自作障隔, 廓然智游, 內忘功勳. 直下脫略去擔荷, 去轉身就位, 借路著脚. 靈機妙運, 觸事皆眞, 更無一毫一塵, 是外來物爾.*

---

* (역주) 『굉지선사광록』, 卷六에서 발췌한 글. 『禪門修證指要』, 127쪽에 '굉지선사어록 16칙則' 중 제8칙으로 수록되어 있다. T. no. 2001, vol. 48: 74c18-23(중화전자불전의 T48n2001_p0074c18(00)-c23(02)).

1. 첫째 날 저녁 강해
— 묵조의 상태

오늘밤은 굉지 선사의 묵조에 관한 어록에서 뽑은 글에 대한 강해를 시작하겠습니다. 만일 시작 부분이 느닷없어 보인다면, 그것은 이 텍스트가 지난번 선칠 때 끝낸 부분에서 이어지기 때문입니다.

비어 있어 흔적이 없고
비춤에는 정서의 티끌이 없네.
空無痕跡, 照非情塵。

이 구절은 묵조의 깨달은 상태를 묘사합니다. "흔적"은 우리가 경험한 어떤 것이 미혹된 마음에 남긴 인상을 가리킵니다. 이 흔적은 우리의 지식, 우리의 경험, 우리의 견해로 이루어지며, 또한 상징과 언어를 포함합니다. 우리가 묵조를 닦을 때는 이런 흔적들의 공성을 체험하고, 그런 다음 그것을 뒤로합니다. 이것이 묵조에서의 '묵默' 입니다. 마음을 묵연하게 만들기는 사실 아주 어렵습니다. 진정한 묵연함에는 한계가 없고 방편이 없으며, 마음이 의지할 것이 전혀 없습니다. 우리가 마음의 잡담을 침묵시키려면 마음이 집중할 뭔가가 있어야 합니다. 따라서 우리는 이 수행을 시작할 때, 몸이 그곳에서 좌선하고 있는 것에 대한 자각에 그냥 집중합니다. 이렇게 하여 몸은 여러분의 마음을 붙들어 매는 어떤 것이 됩니다. 이것은 아직 묵조가 아니고 그 수행에 들어가는 하나의 방편입니다. 진정한 묵연함을 성취하면 마음은 어디에도 머무르지 않습니다.

굉지 선사는「좌선잠坐禪箴」이라는 다른 글에서 묵조를 어떻게 닦아야 하는지를 분명하게 묘사합니다. 우리의 이 텍스트에서는 묵조의 상태 그 자체를 묘사하고 있습니다. 마음이 어떤 것에 의해서도 동요되지 않을 때 도달하는 묵연함이 곧 공空입니다. 이 공에는 분별이 없고 망념이 없으며, 무엇보다도 집착이 없습니다. 이 묵연함은 비록 공하지만 아무것도 존재하지 않는 텅 빔이 아닙니다. 그것은 비춤입니다. 왜냐하면 진정한 묵연함은 늘 비춤을 수반하며, 비춤은 마음의 본질이기 때문입니다. 무엇이 비추어집니까? 집착이나 산란함이 없고 망념이 없다는 것을 우리가 극히 명료하게 압니다. 우리는 분별과 집착에서 벗어나 있고, 동시에 이것을 자각합니다. 그것이 묵조이며, 그것이 "비춤에는 정서의 티끌이 없다"는 구절에서 표현되는 비춤의 측면입니다.

사람들이 마음속에서 일어나고 스러지는 생각들을 자각하게 되면 그것을 비춤으로 착각할 수도 있지만, 그것은 실은 관觀에 지나지 않습니다. 왜냐하면 여전히 관하는 '나' 가 있기 때문입니다. 이 '나' 는 많은 성질을 가지고 있습니다. 예를 들어 여러분이 마음을 관하면 온갖 생각이 오고간다는 것과, 이 활동이 좋고 싫음, 거부와 집착을 일으킨다는 것을 깨닫습니다. 일어나는 생각과 감정에 따라 그 순간 여러분이 보이는 반응이 곧 '자아' 입니다. 선禪에서는 '나' 가 반응하는 선호, 감정, 인상, 정서 등을 "티끌(塵)"이라고 지칭합니다. 분별심이 경험하는 모든 것이 '티끌'입니다. 그리하여 우리는 주체[경험하는 자아]와 대상[경험되는 티끌]을 갖습니다. 그래서 마음 작용과 그것의 환경을 자각하는 것은 관觀이지 묵조가 아닙니다. 여전히 경험하는 자아가 있기 때문입니다.

진정한 묵조에서는 또렷함만이 있습니다. 이때는 우리의 마음이 집착에서 벗어나 있다는 것을 또렷이 알고, 타인들이나 세계와 관련하여 대립도 이원성도 없다는 것을 또렷이 압니다. 더 나아가 이 비춤은 묵연함과 완전한 조화와 일치를 이룹니다. 묵연함과 비춤은 서로 보완하고 향상시키며, 서로 불가분입니다. 이것은 비추는 자와 비추어지는 대상이 있는 이원적인 비춤의 개념과는 많이 다릅니다. 제가 "우리 자신이 자각한다," "우리의 마음에 대립이 없다"고 말하기는 하지만, 이것은 그 관념을 세상 사람들과 소통하려는 방식에 지나지 않습니다. 이 순수한 비춤 혹은 또렷함은 묵연함 혹은 무집착과 늘 함께 존재합니다. 만일 비춤이 묵연함과 별개라면 그것은 비춤이 아닐 것입니다. 그것은 보통의 또렷한 마음일 것이고 이원적일 것입니다. 왜냐하면 자아와 대상 간의 관계를 내포하기 때문입니다. 반대로 묵연함이 비춤과 별개이면, 그것은 쉽게 둔한 혼침이 되어 공백 상태의 경험에 떨어질 것입니다.

> 빛이 관통하면 고요함이 깊고
> 신비롭게 모든 흠과 때를 끊네.
> 光透靜深, 杳絶瑕垢.

앞 구절에서는 묵연함을 비춤의 관점에서 보았고, 이 구절에서는 비춤을 묵연함의 관점에서 봅니다. 어느 관점을 선택하든 둘 다 동시에 존재합니다. "빛"은 물론 비춤을 가리키지만, 누가 비추고 있습니까? 실은 아무도 비추고 있지 않습니다. 왜냐하면 비추는 자아가 없기 때문입니다. 그것을 '지혜와 자비의 작용'이라고 부를 수 있겠지요. 그것은 순수하며 오염에서 벗어나 있습니다. 왜냐하면 자아관념의 흔적이나 이원적 방식으로 사물과 관계하는 일이 없기 때문입니다. 그래서 그 빛이 관통할 때는 지혜와 자비 둘 다 작용합니다. 굉지 선사가 말하는 빛은 무아적 지혜와 무한한 자비입니다. 그것은 물리적인 힘이 아니라, 예컨대 우리가 대보살을 만날 때 느낄 수 있는 것과 같은 어떤 정신적인 힘입니다. 따라서 비춤은 지혜와 자비의 작용입니다.

가끔 우리는 보살들이 광명을 놓는 상(像)들을 보는데, 깨달은 존재들이 방사하는 그 빛은 무한하지만 반드시 눈에 보이는 것은 아닙니다. 이것이 "빛이 관통하면 고요함이 깊고"의 의미입니다. 그 빛은 장애나 걸림 없이 관통합니다. 그 무엇도 그 빛의 자유로운 흐름을 막을 수 없습니다.

"고요함(靜)"은 미묘함과 잠잠함의 의미를 함축합니다. 제가 '잠잠함'이라고 하는 것은 이 빛이 중생들에 의해 뚜렷이 지각되지 않는다는 뜻입니다. 지혜이자 자비인 이 빛은 아주 미묘하게 작용합니다. 그것은 일체 존재를 포함하지만, 딱 집어서 어떻다고 말할 수 없습니다. 그럼에도 그것은 항상 존재하며 중생들을 이롭게 합니다. 그것은 우리가 보고 경외감을 느낄 수 있는 그런 것이 아닙니다. 우리가 거기서 이익을 얻을 때만 그 빛을 느낄 수 있습니다. 그럴 때 우리는 이것이 불보살님들의 자비의 작용이 분명하다는 것을 이해합니다. 그것은 불가사의하게 작용하기 때문에 사람들이 알아차리지 못합니다. 이것이 고요함의 의미입니다. 즉, 심오하면서도 형상이 없는 것입니다.

묵조에서는 우리가 어떤 장애도 느끼지 않습니다. 묵조는 마음의 완전한 또렷함이며, 그것은 뭐라고 규정하거나 이름 붙이거나 한정할 수가 없습니다. 공간적인 비유를 해 보자면, 넓이 면에서는 그 마음에 경계선이 없고 깊이 면에서는 아득히 깊습니다. 그 마음은 밝게 비추면서 싱그럽게 살아 있어, 우리가 묵연하면서도 차분합니다. 이것은 그 빛이 관통할 때 우리가 체험적으로 이해하게 되는 심오한 고요함입니다.

여러분은 이 늙은 중이 무슨 이야기를 하고 있는지 의아해할지 모릅니다. 무슨 말인지는 모르겠지만 매혹적으로 들리지요. [웃음] 실은 제 의도는 여러분이 묵조를 수행하도록 끌어들이려는 것입니다. 왜냐하면 바로 지금 우리는 그것이 실제로 어떤 것인지 체험하지 못하고 있기 때문입니다. 우리에게는 마음을 가라앉히고 우리 자신을 자리 잡게 해 줄 어떤 방법이 필요하고, 그래서 이런 방식으로 시작합니다. 결국 저는 여러분에게 이런 모든 관념을 놓아 버리라고 말할 것입니다. 그렇게 할 수 있을 때 여러분은 묵조를 체험할 수 있을 것입니다. 일단 일체를 놓아 버리고 마음이 어디에도 머무르지 않게 하면, 묵조가 현전할 것입니다. 그럴 때 여러분은 아주 즐거워할지 모릅니다. "아! 이제 스님이 말씀하신 게 뭔지 알겠다."면서 말입니다.

"신비롭게 모든 흠과 때를 끊네(杳絕瑕垢)"는 묵조 중에 마음에 한 점의 번뇌, 오염 또는 집착도 없다는 것을 말합니다. 흠을 뜻하는 한자 '하(瑕)' 자는 옥玉과 함께 연상됩니다. 옥에 흠이 있으면 값이 떨어지지만, 맑고 흠이 없으면 값이 비쌉니다. 그와 마찬가지로, 묵조에서는 마음에 어떤 흠도 없을 뿐 아니라 번뇌, 집착, 반연도 일어나지 않습니다. 머무르지 않는 것은 더 말할 나위가 없습니다. 오직 순수한 자각만 있습니다.

마음이 그 묵연함 속에서 안정되게 비출 때도 우리는 여전히 환경에 반응하고, 결정을 내리고, 남들과 상호작용 할 수 있습니다. 이 모든 과정이 아주 안정된 방식으로 수행되며, 어떤 동요도 없습니다. 이것이 일상 환경 속의 묵조입니다. 즉, 그 마음은 사물을 있는 그대로 보지 못하게 하는 집착에 의해 물들지 않습니다. 대다수 사람들은 마치 세상이 그들에게 문제를 야기하고 있는 것처럼 생각하고 행동합니다. '세상이 거꾸로 되었고 미쳐 있지, 나는 문제가 없다.' 만일 이렇게 생각한다면, 우리는 수행자라고 할 수도 없고 묵조 수행자는 더더욱 아닙니다. 흠이 없는 옥이기는커녕 하나의 숯덩이나 매한가지입니다. 사실 숯도 쓸모는 있지만 묵조와는 무관합니다.

2. 둘째 날 저녁 강해
– 묵연함은 자아가 없는 것이다

이렇게 '자아'를 이해할 수 있으면
이렇게 '자아'를 해소할 수 있네.
能恁麼自知, 恁麼自了。

"이렇게 '자아'를 이해할 수 있으면"은 비춤을 가리키고, "'자아'를 해소한다"는 것은 묵연함을 가리킵니다. '이해한다'의 한자어 '지知'는 자각한다, 안다는 뜻도 있는데, 여기서는 비춤의 측면을 가리킵니다. 여러분의 수행에서는 여러분이 무엇을 하고 있든 부디 자아를 비추십시오. 다시 말해서, 자기 마음과 몸의 움직임을 자각하십시오. 수행이 진보함에 따라 비추어질 수 있는 자아가 실제로는 없다는 것을 이해하게 될 것입니다. 그럴 때 우리는 우리가 일으키는 번뇌, 고뇌, 근심이 본질적으로 존재하지 않는다는 것을 깨닫습니다. 이러한 번뇌들의 주인이 없습니다. 여러분은 또한 『심경』에서 "관자재보살이 오온이 모두 공함을 비추어 보았다"고 한 것이 무엇을 의미하는지 이해하게 될 것입니다. 오온은 독립된 자아, 곧 우리가 경험하는 행위, 생각, 감정들의 주인이 없다는 것을 가르쳐 줍니다. 여러분이 계속 비추고 자신의 몸과 마음을 생생히 자각하면, 공空을 깨닫고 자아를 넘어설 수 있습니다. 자아는 마음이 만들어낸 것이기 때문입니다. 자아의 공함을 깨닫는 것이 곧 공성을 깨닫는 것입니다. 비춤을 통해서 그렇게 할 수 있을 때 묵연함, 곧 자아 없음의 의미를 참으로 이해할 수 있습니다.

여기에 우리가 설명해야 할 두 가지 관념이 있습니다. 자아 이해하기[自知]와 자아 해소하기[自了]입니다. 부처님도 자아가 있지만 이 자아는 범부의 자아와는 판이합니다. 범부 중생은 오온을 '자아'로 여기고 그에 강하게 집착합니다. 그들은 이것을 '나'로 알고 집착할 뿐 아니라 오온을 '나'의 것으로 여기고 집착합니다. 이 때문에 온갖 반연, 붙들기, 번뇌, 대립, 번민이 치성熾盛합니다. 부처님들은 자신들을 '나'로 지칭하고 깨달은 아라한들도 마찬가지지만, 그들이 말하는 '나'는 중생들과 관계하기 위한 편의상의 명칭이고 방편입니다. 부처님들은 몸과 마음을 자아로 인식하지 않으며, 그들이 세간에 몸을 나투는 것도 중생들을 제도하기 위해서일 뿐입니다. 그들의 피와 살, 그들의 깨달은 마음은 순수한 지혜와 자비의 나툼입니다. 그래서 부처님의 '나'와 보통 사람의 '나'는 큰 차이가 있습니다. 한편에는 보통 사람이 가진 '나'에 대한 집착이 있는데, 이것은 번뇌의 뿌리이자 고뇌와 괴로움의 원인입니다. 또 한편에는 부처님들의 순수하고 자유로운 지혜와 무아적 자비의 작용이 있습니다.

묵조에서 여러분은 자신이 좌선하고 있다는 것을 자각하지만, 대체 자각하는 그것은 누구입니까? 여러분은 자신에게 번뇌와 망념이 있다는 것을 잘 알지만, 아는 그것은 누구입니까? 여러분이 좌복 위에서 좁니다. 그것을 자각하는 것은 누구입니까? 그것은 여러분일 수밖에 없지요, 맞습니까? 여러분이 사랑하고 소중히 여기거나 아니면 미워할 때,

그런 감정들을 가진 것은 누구입니까? 그것은 번뇌를 가진 자아입니다. 예를 들어, 좌선이 잘 되면 여러분은 자신에 대해 아주 기분이 좋아집니다. 대단하지요! 놀랍지요! 여러분은 그게 뭐라고 생각합니까? 그것은 어떤 마음의 상태입니까?

선중: 번뇌입니다.

성엄: 번뇌다. 좋습니다. 그래서 저는 하루 종일 이 친구가 아주 바쁘게 다리를 움직이고, 자세를 고치는 것을 봅니다. 두 다리가 그에게는 큰 부담인 것 같습니다. 그게 누구의 다리입니까? 저는 그가 좌선할 때마다 좌절감을 느낄 거라고 짐작하고 있습니다. 그는 이렇게 생각할지 모릅니다. '왜 내 몸의 이 두 다리가 문제를 야기하지? 어떤 자세를 취해도 다리가 아파.' 좌우간 그 다리는 누구의 것입니까? 사람이 이와 같이 제약되어 있고 자유롭지 못하다고 느낄 때는 자아감이 아주 강합니다. 자기 자신에 대해 좀 무자비해지십시오. 다리 걱정은 모두 놔버리십시오. 자신의 다리에게 이렇게 말하십시오. "다리들아, 나는 지금 좌선하고 있다." 집착을 계속 놓고 또 놓으십시오. 그러면 통증에서 벗어날 것입니다.

망념이 많을 경우에도 같은 방법을 써 볼 수 있습니다. 이런 망념에 대한 모든 걱정과 개입을 놓아 버리십시오. 여러분의 유일한 관심사는 지관타좌입니다. 생각들에 대해서는 그것들이 하고 싶은 대로 내버려두십시오. 그렇게 하는 순간 산란심에서 벗어나게 될 것입니다. 이 수행에서 여러분의 유일한 관심사는 한 겹 한 겹 그냥 놓아 버리는 것입니다. 몸에 대한, 망념에 대한 개입을 놓아 버린 채 지관타좌 하고, 좌선에만 신경 쓰십시오. 그것이 여러분의 유일한 관심사입니다. 몸에 신경 쓰지 않고 망념에 신경 쓰지 않으면서 거기서 그저 좌선만 하십시오. 이와 같이 자신을 훈련하면 몸과 마음에서 벗어나게 될 것입니다.

그러나 그것으로 충분하지는 않습니다. 여러분이 더 이상 몸에 개입하지 않고 마음이 또렷할 때, 그리고 수행이 아주 순조롭게 진행될 때, 그럴 때 희열, 편안함, 만족감이 일어날 수 있습니다. 여러분은 그에 대해 아주 즐거움을 느낄지도 모릅니다. 그런 순간에 남아 있는 것은 그 즐거워하는 자아입니다. 여러분은 그곳에서 근심에서 벗어나 아주 만족한 상태로 앉아 있게 됩니다. 그럴 때 그 만족한 자아도 놓아 버려야 합니다. 그 희열과 행복을 완전히 놓아버릴 수 있을 때, 묵조가 여러분 앞에 현전할 것입니다. 한 겹 한 겹 놓아 버리는 그것이 진정한 수행입니다.

티베트 불교를 수행하는 사람들은 그것이 단순히 진언과 신비한 의식 체계만은 아니라는 것을 압니다. 좌선도 중요합니다. 저의 중국인 친구 한 사람은 저명한 불교학자인데, 상당한 수준의 티베트 불교 수행자이기도 합니다. 그는 티베트에서 수행할 때, 선당에서 라마승(lama)만큼이나 오래 잘 앉아 있다가 라마가 떠나면 다리를 움직이곤 했다고 합니다. 라마가 돌아오면 그는 다시 다리를 꼬고 가만히 앉아 있었습니다. 얼마 후 라마가 말했습니다. "나는 당신을 지켜볼 시간이 없소. 다른 사람을 물색해 보겠소." 그는 밖으로 나가서 바위를 하나 들고 와 그 학자의 다리 위에 놓았습니다. 몇 시간이 지나자 제 친구는 바위를 들 수 없었고, 그래서 자세를 바꿀 수 없었습니다. 그는 불보살님께 도와달라고 기도했지만 아무도 오지 않았습니다. [웃음] 마침내 그 라마가 돌아와서 말했습니다. "시간이 아직 안 되었소. 몇 시간 더 앉으시오."

따라서 여러분이 어떤 전통을 따르든, 다리를 훈련시켜야 합니다. 저는 여러분에게 처음 하루 이틀은 통증을 참아내라고 조언합니다. 그러고 나면 시간이 금방 지나갈 것입니다. 그저 방법만 사용하고 몸에 대해서는 신경 쓰지 마십시오. 만일 통증을 못 참겠으면 이렇게 해 보십시오. 사각 매트 위에 무릎을 꿇고 둥근 좌복을 수직으로 세워, 두세 개를 쌓아 마치 말을 타듯이 하는 것입니다(다만 중국인들은 이것을 '학 타기'라고 표현합니다만). 제가 오늘 보니 사람들이 그렇게 하지 않는군요. 한쪽 다리를 세운 채 꼿꼿한 자세가 아니라 턱을 무릎 위에 얹고 있습니다. 그것은 묵조가 아니고 좌선도 아닙니다. 좌선할 때는 최소한 꼿꼿하고 활기차야 합니다. 만일 몸이 똑바르지 않다면, 선칠을 하는 것이 아니라 로댕의 저 유명한 '생각하는 사람'을 흉내 내는 것입니다. 이렇게…… [자세를 취하자 사람들이 웃음].

몸이 아직 여러분을 번거롭게 하고 마음이 아직 안정되지 않았다면, 내면 깊은 곳에서 겸허한 마음을 내도록 하십시오. 그런 마음을 어떻게 냅니까? 이 선칠에 참여한 것을 드문 기회로 인정해야 합니다. 여러분이 나이가 많든 적든, 이번 생에 선칠을 얼마나 많이 할 수 있겠는지 자문해 보십시오. 여러분은 자신이 언제 죽을지 확실히 모르고 무상無常을 대면하고 있으면서, 아직 이 수행에 모든 것을 투입하지 못하고 있습니다. 왜냐하면 정진이 부족하고 신심이 부족하기 때문입니다. 여러분의 미래가 불확실하다는 것을 알면 내면에서 깊이 부끄러운 마음을 내야 합니다. 마치 마왕이 세워 놓은 벽들처럼 무수한 장애를 가지고 있기에 부끄러운 것입니다. 그렇지요, 이 길에서는 장애들을 만나게 됩니다. 우리는 이것을 '망심妄心'이라고 합니다. 또 이 마왕은 여러분의 바깥에 있는 것이 아니라는 것을 알아야 합니다. 그것은 여러분 자신입니다. 이것을 깨달으면, 부끄러움과 겸허함이 정진과 힘찬 수행을 가져다 줄 것입니다.

어제 저는 B 씨가 많이 몸을 많이 움직인다고 놀렸습니다. 저는 그가 부끄러움을 느꼈다고 믿습니다. 왜냐하면 오늘은 그가 수행에 힘을 더 많이 쏟았고 잘 앉아 있었기 때문입니다. 다리가 좀 아프다고 해서 그가 죽지는 않았습니다. 어제는 그 다리들이 자신에게 자라난 낯선 물건이라고 느꼈을지 모르지만, 오늘은 그가 자기 다리의 주인입니다. 그것이 겸허함이고, 겸허함에서 에너지와 정진을 일으킬 수 있습니다.

3. 셋째 날 저녁 강해
― 환경과 하나 되어 좌선하기

    오늘밤은 굉지 선사의 어록을 쉬고, 우리가 어떻게 묵조를 참으로 깨닫는지에 대해 이야기하겠습니다. 저의 목적은 여러분이 현재의 상태를 넘어서도록 격려하기 위한 것입니다. 묵조의 진정한 상태는 깨달은 마음의 작용에 다름 아닙니다. 어쩌면 저는 이 수행법을 분명하게 설명하여 여러분이 이 길을 걷도록 고무할 수 있을지 모릅니다. 제가 말했듯이, 묵조 수행의 선결조건은 자신의 몸과 자신의 태도를 이완하는 것입니다. 이것은 우리가 축 늘어진다는 의미가 아닙니다. 반대로 노력이 지속적이고, 활기차고, 부지런해야 합니다. 그것이 이음매 없는, 부단한 하나의 연속적 흐름이 되어야 합니다. 그렇지 않으면 이완은 쉽사리 나태함으로 변합니다. 몸과 태도는 이완해야 하지만 수행은 팽팽하고 틈이 없어야 합니다.

    일단 이완했으면 묵조의 첫째 단계에 들어가, 그곳에서 그저 좌선하고 있는 여러분의 몸을 자각할 수 있습니다. 그곳에서 좌선하는 여러분의 몸을 그냥 느끼고 늘 거기에 집중하십시오. 어떤 시점에서 더 이상 신체감각을 느끼지 못한다 하더라도, 그럴 때도 계속 몸이 그곳에서 좌선하고 있다는 것을 자각해야 합니다. 신체감각이 없다는 것은 여러분의 몸이 더 이상 부담이 아니라는 것을 의미합니다. 편안한 느낌이 있지만 그 앎이 틈새 없이 지속되어야 합니다. 그러자면 힘써 정진해야 합니다. 접근 방법은 이완되어 있다 해도 활기차게 노력해야 하고, 이런 방식으로 계속해 나가야 합니다. 그렇지 않으면 거기 앉아 고개가 축 늘어진 채 [졸린 목소리로 속삭이는 흉내를 내며] "좌선, 좌선하는 것을 알기 [드르렁], 좌선하는 것을 알기, 그리고 남이 좌선하는 것을 알기" 할 수 있고, 그러면 여러분의 마음은 그냥 하나의 큰 먹구름이 됩니다. [웃음] 마음을 아주 예리하고 아주 또렷하게, 정신을 아주 늠름하게 유지하십시오. 여러분의 자각을 전신감각에 딱 붙여 두고 놓치는 일이 없게 하십시오. 만일 놓치면 죽는다고 자신에게 말하십시오. 왜냐하면 이 방법은 윤회의 바다에서 살아남는 구명부표이기 때문입니다. 이것이 여러분의 유일한 희망이라고 믿으십시오. 만일 여러분이 망망대해 한가운데서 구명부표를 붙들고 있다면, 그것을 놓아 버리겠습니까? 그러지 않겠지요. 여러분의 방법도 그와 같이 보아야 합니다. 주의력을 방법상에 딱 고정하십시오. 그렇지 않으면 익사합니다.

그곳에서 좌선하는 것에 대한 자각을 이어나가다 보면 여러분의 몸이 더 이상 부담이 아닌 지점에 도달할 수 있습니다. 몸은 상당히 평화롭고 휴식하며, 자각은 아주 또렷하고 망념 없이 아주 생생합니다. 이와 같이 해 나가면 자각의 장場이 자연스럽게 확장되어 이제는 환경을 포함하게 되는 때에 도달합니다. 그러면 자발적이고 자연스럽게, 환경 속의 여러 사물을 알아차리며 그것들과 친밀히 관계하게 됩니다. 자신이 그것과 하나임을 느낍니다. 이럴 때 환경이 얼마나 큰지를 생각하지 말고, 그것을 한정하지도 마십시오. 그것은 여러분이 있는 환경에 지나지 않습니다.

이때 많은 일이 일어납니다. 새소리, 사람들의 말소리, 바람 부는 소리가 들립니다. 이런 것은 모두 여러분의 자각의 장 안에 있습니다. 이와 같이 계속 좌선하고 있으면 환경을 자신의 몸으로 인식하기 시작합니다. 마치 지관타좌의 단계와 같이, 다만 엄청나게 큰 규모로 말입니다. 이제 환경은 곧 그곳에서 좌선하는 여러분입니다. 환경 속의 특정한 사물에 의해 동요되지 않는다는 원리를 유지하면, 여러분의 마음은 고요하면서도 아주 또렷한 상태에 머무릅니다. 지나가는 차 소리와 같은 소리들도 또렷이 들을 수 있습니다. 그것이 차라는 것을 아주 또렷이 알지만, 마음은 그것을 따라가지 않습니다. 이와 같이 아주 또렷한 본래적인 성질이 비춤입니다. 이 앎, 곧 비춤의 작용을 유지하면서 실제로 일어나는 일들을 인식합니다. '묵연함'은 끄달리지 않는 것, 조건 지워지지 않는 것, 그것이 어떤 차일까 하면서 마음이 따라가지 않는 것을 의미합니다. 그것은 환경의 특정한 사물을 따르지 않음을 뜻합니다.

'비춤'은 한편으로 여러분이 실제로 일어나는 일의 세부적인 점들을 아주 또렷이 알고 있다는 것을 의미합니다. '묵연함'은 마음이 소리나 형상에 지배되거나 끄달리지 않음을 뜻합니다. 이러한 관조觀照의 상태에서 여러분은 환경과 하나가 됩니다. 즉, 여러분이 환경이고 환경이 여러분입니다. 끄달리지 않는 묵연함의 원리와 또렷이 자각하는 비춤의 원리를 유지하면, 환경 자체가 더 이상 부담이 아닌 지점에 도달할 수 있습니다. 이 단계에서 여러분은 환경을 비추는데, 그것이 존재함을 자각하지만 그와 연관되는 일련의 생각들을 일으키지 않습니다. 지각하는 소리와 형상들을 아주 또렷이 자각하지만 여러분이 거기에 반응하지 않습니다. 그러나 이 관조를 오랫동안 유지하지 못할 수도 있습니다. 전에 본 영화를 생각한다거나, 무엇을 적어 두고 싶어 한다거나 하게 되면 그 관조를 잃어버릴 수 있습니다. 그런 것은 망념에 지나지 않습니다. 자신이 이런 식으로 옆길로 간다는 것을 알아차리면, 즉시 현재의 환경에 대한 자각으로 돌아가고 관조를 회복하십시오.

이 단계에서 여러분의 자각은 환경 속의 소리에 의해 유지될 수도 있습니다. 그러면 소리가 없을 때는 어떻게 됩니까? 그럴 때도 환경이 존재한다는 자각을 유지해야 합니다. 그리고 이것은 결코 개념적이거나 상상적인 것이 아닙니다. 환경은 여러분에게 엄연히 존재합니다. 이 선당은 존재합니다. 그 단순한 앎을 유지하십시오. 그걸로 족합니다. 여러분은 이 선 센터에 왔습니다. 그러니 분명 그것은 존재할 수밖에 없습니다. 여러분은 샤왕겅크(Shawangunk)*의 파인부시 읍에 들어왔습니다. 그리고 콰나커트 도로(Quannacut Road)를 따라 선 센터로 왔습니다. 여러분이 살았던 모든 곳은 존재하고 있거나 존재했습니다. 그런 곳들을 회상할 필요는 없습니다. 그것은 개념화입니다. 아무 소리도 없을 때는 그저 환경이 존재한다는 그 앎을 유지하십시오. 그것은 개념화가 아닙니다.

우리는 이제 며칠 남지 않았습니다. 만일 준비되어 있다면, 얼마든지 정진하여 지관타좌에서 '여러분과 환경이 하나 되어 앉기'로 넘어가십시오. 이렇게 생각하지 마십시오. '나는 첫째 단계에만 들어가도 좋겠다. 그 뒤의 단계들은 다음 선칠 때 하지 뭐. 지금은 그냥 내 작은 첫째 단계인 지관타좌에만 마음을 쏟자.' 만일 그렇게 생각한다면 그것은 자신감이 부족한 것이거나 아니면 그냥 게으른 것일 수도 있습니다. 어쨌든 대충 때우기는 아주 쉽습니다. 여러분을 위해 식사가 준비되고 여러분이 앉을 좌복이 준비되어 있습니다. 그러니 수행을 할 수도 있고, 그

---

* (역주) 미 뉴욕 주의 샤왕겅크 산맥 일대 지역. 성엄 스님이 창건한 선 센터인 '상강도량象岡道場'이 이곳의 파인부시(Pine Bush) 읍 외곽에 있다. '상강'은 샤왕겅크의 음역이다.

냥 대충 때울 수도 있습니다. 어느 쪽이든, 자신도 모르는 사이에 7일이 지나가 버립니다. (대충 때운다면) 그것은 좋은 태도가 아니겠지요.

그러나 어떻게 부지런히 수행하게 됩니까? 여러분 자신이 언제 죽을지 모른다는 것과, 지금 손에 들어온 드문 기회에 대해 성찰해 봐야 합니다. 불과 며칠밖에 남지 않았지만, 여러분에게 내일이 과연 있을지도 알 수 없습니다. 무상無常은 우리 존재의 모든 측면에 널려 있습니다. 여러분이 언제 다시 선칠을 하게 될지 확실히 알고 있습니까? 여러분이 죽을 수도 있고 제가 죽을 수도 있습니다. 저는 늙었고, 설사 살아 있다 해도 다음 선칠을 이끌지 못할지도 모릅니다. 저의 오른쪽에는 젊은 친구가 앉는데, 이제 스물두 살입니다. 그는 선에 관한 이야기들을 읽어 보았을지 모릅니다. 조주 선사는 예순이 되어서야 각지의 절들을 참방參訪하기 시작했고, 여든이 되어서야 사람들을 가르치기 시작했습니다. 그래서 제 오른쪽의 이 친구는 이렇게 생각할지 모릅니다. '나는 스물둘밖에 안 되었다. 나에게는 58년이나 남아 있다. 나는 시간이 많다.' 그것을 당연하게 여기면 안 됩니다. 실은 우리 모두 무상 속에서 살고 있고, 언제 죽을지 모릅니다.

여러분은 이렇게 생각할지 모릅니다. '스님, 정말 저희들이 죽음에 대해 생각하기를 바라십니까?' 예, 그렇습니다. 왜냐하면 여러분이 자신의 임종에 대해 생각할 수 있을 때, 분발하여 노력할 수 있기 때문입니다. 정진은 머리를 벽에 부딪치거나 고행하듯이 수행하는 것을 의미하지 않습니다. 그것은 그냥 진정한 노력으로 부단히 수행하는 것을 의미합니다.

4. 넷째 날 저녁 강해
 － 본래의 청정한 마음 밭

청정하고 묘명妙明한 이 밭은
본시 그대의 것이네.
다생에 (이 자아집착을) 해결하지 못한 것은
의심의 장애와 망상의 티끌 때문인데,
모두 스스로 지은 장애요 장벽이네.

淸淨妙明田地, 是本所有者, 多生不了, 只爲疑礙昏翳, 自作障隔.

이 몇 구절이 드러내는 것은 묵조를 철저히 꿰뚫은 마음입니다. 우리가 계속 수행하면 "청정하고 묘명한" 마음을 정말 체험할 수 있습니다. 이것은 번뇌와 정서적 기복, 자아집착과 내면의 '주인'(행위의 주체)이라는 관념이 없는 마음입니다. "본시 그대의 것이네"는 마음이 청정하고 묘명한 것, 바꾸어 말해서 밝게 비추어지는 것을 말합니다. 청정한 마음은 또한 이원성에서 벗어나 있고, 이전의 생각들과 대립하는 현재 생각들의 동요에서 벗어나 있습니다. 이러한 내면의 갈등에서 벗어날 때 우리가 참으로 편안할 수 있습니다. 환경과의 대립이라는 이원성에서도 벗어납니다. 우리가 무엇을 만나든, '나는 여기 있고 환경은 저기 있다'고 믿지 않습니다. 그 또렷한 마음 속에는 내면의 '여기'도 없고 외부의 '저기'도 없습니다.

내면의 이원성이라고 할 때 이것이 무슨 뜻입니까? 이 물음에 답하려면 묵조를 수행하여 마음이 어떻게 행동하는지를 보기만 하면 됩니다. 여러분은 마음이 묵연하고 비추기를 바라지만 망념도 가지고 있습니다. 여러분이 졸기 시작하면, 이것을 알아차렸을 때 본능적으로 보이는 반응은 대립적인 태도를 취하는 것입니다. 우리가 번뇌를 일으킵니다. 그런 다음에는 그것을 어떻게 처리해 보려고 합니다. 상황을 배척하거나 붙들고, 자기폄하적인 관념을 갖고, 낙담하거나 실의에 빠지기도 하며, 다른 방식으로 반응하기도 합니다. 내면의 갈등에 의해 마음이 흐릿해지고 오염된다고 하는 것은 바로 이것을 의미합니다. 우리는 사물과 대립함으로써 그것들에 대처하는 사람들입니다.

우리가 청정한 마음과 더 가까이 상응하게 되는 수행방식이 있습니다. 우리가 반드시 청정한 마음을 갖게 된다는 것이 아니라, 청정한 마음과 오염된 마음의 차이를 최소한 아주 분명하게 이해하게는 될 거라는 것입니다. "청정한"은 이원적 사고가 없는 것을 가리킵니다. 청정한 마음이 어떤 것인지를 알면 이러한 이해에 따라서 수행할 수 있습니다. 몸이 우리의 의도를 따라주지 않아도 몸과 대립하지 마십시오. 마음에 망념이 있어도 마음과 대립하지 마십시오. 그냥 좌선하고 있는 자기 자신을 계속 자각하십시오. 실제로 일어나고 있는 일들을 그냥 또렷이 지각하고, 그것을 여러분의 자각 속으로 받아들이십시오. 일어나는 일들을 마음과 몸으로써 알고, 받아들이고, 계속 나아가십시오. 이렇게 수행하면 이미 청정한 마음에 상응하고 있는 것입니다.

앞에서 우리는 내면적 대립에 대해 이야기했습니다. 그러면 환경과 관련해서는 어떤 것이 청정한 마음입니까? 자기 자신과 남들 사이의 대립은 또 어떻습니까? 남들과 대립에 빠지기는 아주 쉽습니다. 불경에서는 선한 사람이 어떤 사람이고 악한 사람이 어떤 사람인지에 대한 예가 무수히 많습니다. 많은 사람들에게는 이것이 하나의 회색지대지만 말입니다. 그러나 사람들이 불법을 닦으면 보살이 어떤 존재인지에 대해 분명한 답을 얻습니다. 또한 덕이 무엇이며, 우리의 행위가 어떻게 업을 지어 내생에 잘 태어나고 못 태어남을 좌우하는지에 대해서도 분명한 답을 얻습니다. 이런 행동 기준을 배우고 나서 주위를 돌아보면 보살이 한 사람도 보이지 않습니다. 그들이 아는 사람은 모두 지옥에 가 있습니다. 제가 이것을 증언할 수 있는 것은, 어떤 사람들이 저를 이미 지옥에 배정했기 때문입니다. 저는 합장하고 말합니다. "고맙습니다." [웃음] 실은 지옥에서 중생을 제도하는 지장보살을 만나 뵙기를 고대합니다.

어떤 불교도들은 특히 남들을 판단하기 좋아합니다. 남이 어디에 태어날 것이라고 예측한다든가, 자신들이 찬동하지 않는 것은 모두 삿되다고 보는 것은 대체 어떤 마음입니까? 그것은 청정한 마음이 아니라 염라대왕의 마음입니다. 한번은 제가 선 센터에서 한 쌍의 신혼부부를 축복하기 위한 작은 의식을 거행했습니다. 얼마 후 대만에서 제가 발행하는 소식지에 편지 두 통이 실렸는데, 제 기억이 맞다면 대략 이런 내용이었습니다. "성엄 스님, 스님께서는 지옥에 떨어지실 원인을 또 하나 지으셨습니다. 빨리 참회하십시오. 부끄럽지 않으십니까?" 그 맥락은, 비구계율에 따를 때 승려는 남의 결혼식을 주재하면 안 된다는 것입니다. 그러니까 이 젊은 부부는 제가 지옥에 떨어질 원인을 짓는 데 일조한 것입니다. 그러나 그 이후로 저는 무수한 결혼 축복을 주재했습니다. 저는 그것을 축복이라고 부릅니다. 사제나 랍비와는 달리 저는 결혼 서약을 받지 않기 때문입니다. 그냥 축복만 해줍니다. 신랑신부는 삼보

三寶에 귀의하고, 불교 계율을 받습니다. 저로서는, 만일 제가 축복을 해주지 않으면 어차피 결혼을 할 그들이 불문에 귀의할 기회를 놓칠 거라는 것입니다. 저는 어차피 지옥에 갈 터이니 차라리 사람들의 수행修行 인연이 되어주는 게 낫겠다는 것입니다.

이 비판자들은 제가 그 신혼부부를 축복한 것을 비판할 때 청정한 마음을 가지고 있지 않았습니다. 수행자들은 사물을 보는 방식을 바꿀 필요가 있습니다. 그것은 많은 이로움이 있습니다. 왜 우리는 좋은 인연과 나쁜 인연을 수행을 돕는 인연으로 보지 못합니까? 예를 들어, 사람들이 부정적인 행위를 하는 것을 우리가 볼 때, 그것은 우리 자신의 수행에 대한 하나의 경책입니다. 그들을 적으로 볼 필요가 없습니다. 인류를 위해 좋은 일을 하는 사람들은 어떻습니까? 그들은 우리가 따를 수 있는 긍정적인(좋은) 모범이 되고, 우리도 사람들을 이롭게 할 수 있다는 것을 일깨워줍니다. 좋은 인연을 만나든 나쁜 인연을 만나든, 우리는 모든 사람을 보살로 보고, 부정적인 것과 긍정적인 것을 포용하는 청정한 마음으로 그들을 바라보아야 합니다. 환경에 대립하지 않고 살 수 있으면, 어떤 상황에 직면해도 그것이 여러분의 수행을 돕고 진전시켜 줄 것입니다. 예를 들어 바로 지금 제 얼굴 주위에 파리들이 날아다니면서 저를 귀찮게 합니다. 제 관점에서는 그들을, 저에게 인내심을 닦을 기회를 주는 보살로 간주할 수 있습니다. 우리의 통역자 궈구가 파리 한 마리를 잡아서 밖으로 내갈 때, 여러분은 그가 보살을 잡았다고 생각해도 됩니다. 이와 같이 우리는 청정한 마음으로 어려움에 대처하면서, 그 어려움들을 보살로 보아야 합니다. 이것은 우리가 상황을 실제 있는 그대로 보지 못하고 순진하게 행동해야 한다는 말은 아닙니다. 상황에는 적절히 반응해야 합니다. 그러나 마음이 청정하고 긍정적인 상태를 유지해야 합니다. 이렇게 하면 "청정하고 오묘하게 밝다"는 것이 무엇을 뜻하는

지 조금 감을 잡게 될 것입니다. 그것은 여러분이 '본시 가지고 있는 밭' 입니다.

우리가 청정한 마음을 가지고 있을 때는 화내는 마음보다는 감사의 마음으로 환경에 반응합니다. 저는 많은 지부를 가진 큰 조직을 관장하는데, 그 지부 중 어떤 것은 재가자들이 관장합니다. 한 지부에서 그들 중 어떤 사람이 저에게 불평했습니다. "스님, 저희 센터에 와 보셔야 합니다. 안 그러면 이곳이 지옥으로 변하겠습니다. 사람들이 서로를 비판하고 험담합니다. '당신은 악업을 가지고 있어요. (…) 당신은 방금 악업을 지었고, 당신의 행동은 중생들에게 부정적이고 해롭습니다.' 라는 식으로 말합니다." 이상한 일은, 이 사람들이 서로를 정말 좋아한다는 것입니다.

제가 가 보았더니 그들은 정말 좋은 사람들이고, 좋은 불자이자 보살들이었습니다. 문제는 그들의 인격이나 행동이 아니라 그들의 관점이었지요. 특히 그들은 불법에 대해 아주 높은 기준을 가지고서 그에 따라 서로를 평가했던 것입니다. 물론 이런 아주 높은 기준의 견지에서는 누구나 부정적인 업을 짓고, 잘못된 말과 행동을 하는 것처럼 보입니다. 저는 그들에게 사물을 대립적으로 보지 말고 청정하게 보고, 문제가 있으면 그것을 자기 수행을 향상시키는 기회로 여기라고 조언했습니다. 무엇보다도 서로를 보살로 보아야 한다고 말입니다. 그 뒤 그들은 이 조언을 받아들였고, 그래서 그 작은 공동체에 얼마간 변화가 왔습니다. 완전히 변한 것은 아니지만 좋은 쪽으로 변했지요. 적어도 지금은 그 감독자가 거기가 지옥이라고 늘 불평하지는 않고, 불평을 해도 금방 자신의 실수를 깨닫습니다.

대만에 연쇄살인과 강간을 저지른 수배자가 하나 있었습니다. 사람들은 제가 모든 사람을 보살로 보라는 이야기를 한다는 말을 들었고, 그래서 어느 언론사가 저를 인터뷰했습니다. 그들은 즉석에서, 제가 그런 말을 했다고 하니 그 살인자를 보살로 보느냐고 물었습니다. 제가 그렇다고 하자 질문자는 어안이 벙벙했습니다. "만일 그가 보살이라면, 도대체 보살은 무슨 일을 합니까?" [웃음]

제가 대답했습니다. "예, 실로 그는 한 사람의 보살입니다. 예를 들어, 어떤 사람이 검은 안경을 끼고 있으면 세상이 검게 보입니다. 푸른 렌즈를 끼고 있으면 세상이 푸르게 보이지요. 그리고 어떤 사람이 맑은 렌즈를 끼면 세상도 그렇게 보입니다. 흰 것은 희고 검은 것은 검으며, 옳은 것을 옳고 그른 것은 그릅니다. 사물은 가능한 한 분명하게 지각해야 합니다. 저로 말하면 그 살인자는 한 명의 보살이지만, 그렇다고 해서 그가 남을 해치는 일을 계속하도록 내버려두어야 한다는 말은 아닙니다. 그는 사람들을 해쳤고, 그의 행위는 제지해야 합니다. 우리는 그의 사건에 적절히 대응해야 하지만, 그는 우리에게 남들을 돕는 임무를 완수할 기회를 주었습니다. 그를 체포하여 제지해야 하지만, 일단 우리가 그 사람을 체포하게 되면 그를 악마로 볼 필요는 없습니다. 우리는 그를 도움이 필요한 사람으로 보아야 합니다. 그를 감옥에 집어넣고 나면 그를 도와서, 그가 이전에 아마 만나 보지 못했을 것들, 예컨대 자비를 만나도록 해줄 수 있습니다. 어쩌면 그것이 그를 변화시킬지도 모릅니다. 설사 그가 사형선고를 받는다 해도, 만일 불법을 듣고 참회할 수 있다면 그의 미래는 더 밝아질 것입니다. 금생에 보살처럼 행동하지 않는다 해도 내생에는 그렇게 될 것입니다."

시간적 관점에서 볼 때 이 사람이 지금 보살이 아니라 해도, 미래에는 보살이 될 잠재력을 다 갖추고 있습니다. 다른 관점에서 보면 이런 사람은 우리에게 남들을 도울 기회를 준 것이고, 우리는 그를 우리 자신의 마음을 정화하는 하나의 인因으로 간주할 수 있습니다. 또 다른 관점에서 보자면, 우리는 불교도로서 그의 상황에 적절히 반응해야 합니다.

텍스트로 돌아가면, "청정"은 묵조의 묵연함이고 "묘명妙明"은 비춤입니다. 그렇지요, 깨달음은 오묘하고 밝습니다. 그러나 마음이 청정하지 않다면 깨달음이 어떻게 일어날 수 있겠습니까? 따라서 첫 번째 필요한 과제는 자기 마음을 청정하게 하는 것입니다. 우리가 묵조를 수행하는 것은 마음을 닦아서 그것이 본래의 또렷함과 청정함을 되찾게 하려는 것입니다. 이 밝은 본질이 '오묘한' 것으로 묘사되지만, 마음이 번뇌를 일으킬 때는 오묘하지도 않고 밝지도 않습니다. 우리의 마음을 청정하게 하려면 번뇌를 가라앉혀야 합니다. 번뇌가 가라앉으면 지혜의 작용이 자연스럽게 저절로 흐릅니다. 따라서 여러분은 늘 자신의 번뇌가 일어나고 스러지는 것을 자각해야 합니다. 이 번뇌들을 있는 그대로 보십시오. 번뇌에 대해 배척과 대립으로 반응하지 않게 되면 그것은 긍정적인 진일보입니다. 이런 식으로 닦아 가면 번뇌들이 줄어들 것이고, 결국에는 일어나지 않게 됩니다. 그럴 때 오묘하고 밝은 마음이 현전하는데, 그것이 바로 묵조입니다. 그것은 본시 여러분의 것이고 늘 여러분의 일부였습니다. 다만 지금은 그것이 번뇌에 덮여 있다는 것뿐입니다. 여러분이 맨 처음 해야 할 일은 그 번뇌에서 벗어나도록 자신을 훈련하는 것입니다.

일단 "청정하고 묘명한"의 의미를 이해하고 이 마음 밭이 본시 우리의 것이라는 것을 알게 되면, 다음 구절은 쉽게 이해할 수 있습니다.

다생에 (이 자아집착을) 해결하지 못한 것은
의심의 장애와 망상의 티끌 때문인데,
모두 스스로 지은 장애요 장벽이네.
多生不了, 只爲疑礙昏翳, 自作障隔.

대다수 사람들은 깨달을 수 있는 자신의 잠재력을 알지 못하고, 자신의 본래 마음자리가 본시 순수하고 밝다는 것을 자각하지 못합니다. 묵조를 통해, 본래 우리 내면에 있는 이 밭을 우리가 발견할 수 있다는 것을 모릅니다. 이것을 모르는 까닭은, 우리가 장애들을 짊어지고 있기 때문입니다. 우리의 이원적 마음, 번뇌, 자아집착, 그리고 무엇보다도 회의懷疑가 그것입니다. 이런 것들이 원래 청정한 마음을 가리기 때문에 우리는 자신이 실제로 무엇을 가지고 있는지 모릅니다. 그래서 우리는 생사윤회를 거듭합니다. 따라서 먼저 이 청정하고 밝은 마음자리가 원래 우리 것이라는 것을 믿으십시오. 이런 결심과 신심을 가지고 우리는 그 본래적인 마음자리를 발견하는 과정을 시작하며, 어떤 회의도 극복해 나갑니다.

처음에는 우리 자신에게 자존감과 자신감이 부족하다는 것을 인식합니다. 그런 다음 묵조와 같은 가르침을 만나면 그 방법을 의심합니다. 마지막으로, 우리는 스승들을 쉽사리 의심합니다. 따라서 그런 의심들을 극복하려면 첫째, 깨달아 있는 마음의 본래성품을 믿어야 합니다. 둘째, 이 방법을 받아들이고 배워, 그것을 우리의 삶에 적용해야 합니다. 셋째, 어떤 과정으로 스승을 선택하든 그 스승을 믿어야 합니다. 이 세 가지 측면에 대한 믿음을 가지고 있으면, 우리 내면의 뿌리 깊은 의심을 극복해 나가게 될 것입니다. 우리는 얽힌 것들을 풀어 나갈 수 있고, 때가 되면 세 가지 장애—우리 자신에 대한 믿음 부족, 가르침에 대한 믿음 부족, 스승에 대한 믿음 부족—를 제거할 수 있습니다.

제가 지금까지 말한 것을 부디 기억해 두십시오. 즉, 겸허한 마음, 참회하는 마음을 발하십시오. 이것은 기본적으로 여러분이 지금 어디에 있는지를 인식한다는 것, 그리고 여러분의 수행방법과 그 가르침에 대해 믿음을 확립한다는 것을 의미합니다. 그 가르침이 유용하다는 것과 여러분이 거기서 이익을 얻을 수 있다는 것을 믿으십시오.

5. 다섯째 날 저녁 강해
— 이 자아를 곧바로 포기하라

툭 트였고 지혜가 노니니
안으로 공덕과 보상을 잊네.
廓然智游, 內忘功勳.

저는 묵조가 삼매[定] 수행은 아니지만, 그럼에도 분명 하나의 삼매 수행이라고 말했습니다. 그러나 묵조의 삼매는 일념 몰입을 뜻하는 일반적 의미의 삼매와는 다릅니다. 불교의 좌선에는 몇 단계의 삼매가 있는데, 어떤 때는 8단계로 나누고 어떤 때는 4단계로 나눕니다. 또 삼매를 선정禪定(dhyana)이라고도 합니다. 반면에 묵조의 삼매는 부처님들의 삼매입니다. 이것은 무슨 뜻입니까? 불경에서 부처님은 걷거나, 앉거나, 먹거나, 말하거나, 가르치는 것에 관계없이 늘 삼매에 들어 있는 것으로 묘사될 때가 많습니다. 여기서 삼매의 의미는 더 폭이 넓어서, 마음이 움직이지 않고 늘 평온하고 고요하며, 순경順境이나 역경에 동요되지 않는 상태입니다. 이러한 삼매는 부처님들의 지혜이며, 묵조의 궁극적 깨달음입니다.

이러한 대삼매[大定]에서는 마음이 늘 밝고 항상 평온하며 고요합니다. 어느 경에서는 "이와 같이 무량무변의 중생들을 제도하지만, 실은 한 중생도 제도되는 바가 없다(如是滅度無量無數無邊衆生, 實無衆生得滅度者)"고 말합니다. 이것이 "툭 트였고 지혜가 노니니, 안으로 공덕과 보상을 잊네"의 의미입니다. 집착이 없는 이러한 비춤은 부단히 지속되고 도처에 편재하면서 중생들과 활발히 상호작용 합니다. 그것은 특정한 성격이나 형상을 띠지 않고 자유롭게 작용하며, 어떤 것에 집착하거나 공덕이나 업보의 관념을 갖지도 않습니다. 그것은 어떤 인위적 노력도 없고, 어떤 자취도 남기지 않습니다.

초기 경전인 『아함경』에서는, 부처님이 선정에 들면 초선初禪부터 시작하여 4단계의 선정을 통과하고, 다시 그 반대의 순서로 선정에서 나왔다고 기록하고 있습니다. 그러나 제 기억으로 초기 경전 중의 하나에서는, 부처님이 아주 깊은 선정인 네 번째 단계의 4선정에 들어 있을 때 어떤 사람이 불법을 구하여 찾아왔다고 합니다. 부처님은 단계를 거쳐 선정에서 나오지 않고 바로 그 구도자의 질문에 답했습니다. 이것을 볼 때, 부처님이 깊은 선정에 들어 있을 때도 당신의 마음은 주변에서 일어나는 일들을 아주 또렷이 지각하고 있었음을 알 수 있습니다. 이것이 구경究竟의 묵조입니다.

    (자아라는) 이 짐을 곧바로 벗어 버리고
    돌아서서 지위를 되찾으라!
    두 발을 확고히 도道에 두라.
      直下脫略去擔荷, 去轉身就位, 借路著脚。

"이 짐을 곧바로 벗어 버리고(直下脫略去擔荷)"는 묵연함을 가리키고,

나머지 구절들은 비춤을 가리킵니다. 번역자는 이 구절을 영어로 더 분명히 나타내기 위해 첫 줄에 '자아라는' 이란 말을 덧붙였습니다. 그러나 "이 짐"은 더 넓은 의미에서 '티끌[塵]' 혹은 감각 대상들을 지칭할 수도 있습니다. 그것은 물질적인 것과 비물질적인 것을 포괄합니다. "곧바로 벗어 버리고"는 우리의 집착, 번뇌, 자아관념을 놓는 것을 의미합니다. 불교에서는 이런 현상들을 '티끌' 이라고 부릅니다. 이 티끌을 어떻게 벗어 버립니까? 이 텍스트에서 말하듯이, 그것을 바로 처리해야 합니다. "곧바로"의 한자어 '직하直下'에는 '집착을 바로 놓아 버리다' 와 같은 아주 강한 의미가 있습니다. 환경과 대면할 때는 순간순간 그리고 거듭거듭 티끌과 집착의 다양한 형태들을 놓아야 합니다. '벗어버리고' 를 뜻하는 한자어 '탈락脫略' 은 또한 '사라진다' 는 의미를 가지고 있고, 그래서 이것은 '놓아 버리기', '사라지기', '넘어서기' 의 의미가 있습니다. '탈략' 에는 또한 '벗어 버린다' 는 특별한 의미가 있습니다. 따라서 우리가 일단 놓아 버리면, 남는 것은 장애를 벗어 버린 마음입니다.

초기 경전 가운데는 제자들이 부처님의 말씀 몇 마디를 듣고 나서 깨달은 예들이 나옵니다. 그것이 "(자아라는) 이 짐을 곧바로 벗어 버리고"라는 이 구절의 의미를 잘 보여줍니다. 일체를 즉각 놓음으로써 마음의 벗어 버림을 성취하는 것은 마치 눈덩이를 이글거리는 화산에 던져 넣는 것과 같습니다. 그 눈덩이는 아무 자취도 없이 순식간에 녹아 버립니다. 불행히도 이 센터에는 우리 중의 누군가가 자아를 곧바로 벗어 버릴 수 있는지 확인할 활화산이 없습니다. 자아나 티끌을 놓는 순간 여러분은 부처님들의 '큰 일' 을 감당할 수 있습니다. 이 큰 일이란 곧 불법이 세상에 계속 머무르게 하고, 모든 존재들의 이익을 위해 그 가르침을 널리 펴는 것입니다. 부처님들의 이 큰 일은 불법이라는 귀중한 보배에 비유되지만, 우리는 다른 것을 쥔 손을 펴지 않으면 이 보배를 집을 수 없습니다. 우리가 손에 무엇을 가득 쥐고 있다면 어떻게 다른 것을 집을 수 있겠습니까? 손바닥을 펴서 쥐었던 것을 놓을 수 있을 때, 비로소 불법이라는 귀중한 보배를 받을 수 있습니다. 이것은 다른 사람이 여러분을 위해 해 줄 수 있는 일이 아닙니다. 여러분 자신이 해야 합니다.

"돌아서서 지위를 되찾으라(去轉身就位)"는 방향을 전환하여 보살의 지위를 되찾으라는 말입니다. "두 발을 확고히 도에 두라(借路著脚)"는 물론 보살도를 가리킵니다. 이 구절들의 의미는, 우리가 놓아 버릴 수 있을 때 비로소 불법이 오래오래 세상에 머무르게 하려는 부처님들의 짐을 감당할 수 있다는 것입니다. 그 수행은 다름 아닌 보살도를 따라서 단계적으로 나아가는 것입니다. 보살이 깨달음을 얻으면 중생들을 제도하는 책무를 막 시작한 셈입니다.

불법을 전파하는 짐을 질 때, 보살은 단거리 선수와 비슷합니다. 선수는 단거리 경주 훈련을 한 후 트랙의 제 위치에 섭니다. 보살의 길은 단거리 선수의 트랙과 같이, 아무렇게나 혼란스러운 것이 아니라 잘 가다듬어져 있습니다. 그 선수는 완주할 결의를 가지고 있어야 합니다. 달리기 선수는 가벼운 복장을 해야 하고 어떤 짐도 들고 있으면 안 됩니다. 일체를 놓아 버리고 그냥 경주에 나서야 합니다. 그와 마찬가지로, 여러분이 보살이 되고 싶어하면서도 일체를 놓아 버리려고 하지 않는다면, 저는 이런 말밖에 해 드릴 수 없습니다. "아미타부처님이 여러분을 보우해 주시기를!" 보살이라면 (단거리 선수 같은) 그런 보살행자菩薩行者가 되겠다고 발심해야 합니다.

6. 여섯째 날 저녁 강해
- 모든 일의 오묘한 작용

이 신령스런 반응과 오묘한 작용 속에서는
만나는 모든 일이 참되네.
靈機妙運, 觸事皆眞.

"이 신령스런 반응과 오묘한 작용"은 깨달은 보살이 중생들에게 적절히 반응할 수 있게 해 주는 비춤의 상태입니다. 그 상태에서는 만나는 모든 일이 실상實相입니다. 다시 말해서, 묵연함이자 무집착입니다. 그것은 활발하고 선입견 없이 남들과 상호작용 하는 방식이며, 정체되지도 않고 형식에 구애되지도 않습니다. 그것은 자발적이고 오묘한 지혜의 자유로운 흐름이고, 번뇌에 지배되지 않습니다. 대보살은 어떤 중생이 필요로 하는 바로 그 적절한 가르침을 줄 수 있습니다. 중생들의 유형이 아무리 많다 해도 대보살은 그만큼 많은 방식으로 반응할 수 있습니다. 선종에서는 이것을 '지혜대용智慧大用'이라고 하는데, 이것은 몸, 말, 마음으로 나타납니다.

저는 자신이 보살이라고 생각하지 않지만 어떤 때는 상황에 대한 저의 반응이 정확하고 적절할 수도 있습니다. 저에게 신통력은 없습니다. 저는 그저 직관에 의존하여 적절히 반응하며, 의식적인 노력이나 계획이 없습니다. 어떤 때는 사람들이 제가 그들에게 정확히 그들이 필요로 하는 가르침을 준다고 말하지만, 어떤 때는 제가 틀릴 수도 있습니다. 이런 감각은 특히 선칠 기간에 예리합니다. 제가 선당에 들어서면 직관적으로 무엇을 알게 되고, 저는 반응합니다. 저도 더러 실수를 했고 어떤 때는 부적절하게 반응하기도 했습니다. 그러나 어떤 때는 그것조차도 좋은 결과를 내는 수가 있습니다. 그리고 하나 더 이야기하면, 제가 사람들을 만날 때는 그들을 보살로 봅니다.

이제 제가 작업하는 비결을 여러분에게 공개할 수 있습니다. [웃음] 그 비결은 이겁니다. '좋아하지도 말고 싫어하지도 말라.' 어떤 선호도 갖지 말라, 즉 이 사람은 도와주고 저 사람은 포기해서는 안 되며, 틀에 박힌 방식에 의존하지 말라는 것입니다. 열린 마음을 가지고 사람들에게 반응해도 실수가 나올 수 있다는 것을 인정하라는 것입니다. 예를 들어, 제가 향판으로 어떤 사람을 때리면 그 사람은 저에게 화를 낼지도 모릅니다. 혹은 제가 어떤 사람을 질책하면 그 사람은 선칠을 그만두고 가 버릴지도 모릅니다. 그것은 의도하지 않은 결과가 나오는 사례들입니다. 저는 이런 사건들을 어떻게 설명해야 하는지 압니다. 저는 그것이 그 사람의 업 때문이지 제 문제가 아니라고 말합니다. [웃음] 실은 어떤 사람이 선칠이 끝나기 전에 가 버리면, 저는 그들을 더 잘 돌보지 못한 것을 부끄럽게 여깁니다.

"신령스런 반응과 오묘한 작용"은 제가 앞서 말했듯이 비춤입니다. "만나는 모든 일이 참되네(觸事皆眞)"는 묵연함입니다. 우리는 또한 이런 반응이 지혜의 대용大用이라고 말할 수 있습니다. 우리는 중국인들이 실상을 체體와 용用으로 이해하는 방식에 주목합니다. 용用이 활발할 때

체體는 불변입니다. 그러나 체體를 용用에 대립되는, 움직이지 않는 것으로 이해하는 것은 이원적인 사고겠지요. 그러면 이 체體가 무엇입니까? 체體는 주관적으로 체험되지 않습니다. 왜냐하면 비춤의 상태에서는 만나는 모든 일이 참되기 때문입니다. 이 구절들은 현상 속에 어떤 실재 이면의 고유한 본체가 있다는 의미가 아닙니다. 또한 그것은 자아가 체體이고 자아의 활동이 용用이라는 의미도 아닙니다. 자아나 집착에 대한 어떤 관념에서도 벗어난 그 오묘한 작용 속에서는, 모든 일 그 자체가 체體로서 경험됩니다. 사물이 있는 그대로 나타나는 것입니다. 그 자유롭게 작용하는 상태 속에서는 '체體'라고 부를 수 있는 준거점이 없습니다. 그럴 때는 체가 곧 용입니다. 그 대용大用 안에서는 모든 현상이 그 자체 체體로서 참다운 실상을 드러냅니다. 왜냐하면 우리가 깨달으면 모든 것이 깨달아 있다는 것을 알기 때문입니다. 그것이 체와 용의 의미입니다. 이것이 묵조동시입니다.

 이것을 참으로 이해할 수 있다면, 여러분이 무엇을 만나든—그것이 '좋은' 사람이든 '나쁜' 사람이든, 순경이든 역경이든—그들을 어떻게 보겠습니까? 아마 이렇게 생각하겠지요. '좋은 사람도 나쁜 사람도 없고, 순경도 역경도 없다. 좋은 일도 나쁜 일도 없다. 만나는 모든 일이 실상이다.' 여러분이 부처가 아닌 한, 참으로 이런 방식으로 사물을 체험하기란 불가능합니다. 그러나 개념적으로 이것을 어떻게 이해합니까? 부처님들의 관점에서 보자면 중생들은 제불諸佛의 자성 속에 존재합니다. 바꾸어 말해서, 부처는 중생들을 부처로 봅니다. 중생의 관점에서 보면, 부처님들은 중생들 자신의 자성 속에 부처로 존재합니다. 이것은 이해하기 어렵게 들릴지 모르지만 실은 쉽습니다. 그냥 중생이 부처고 부처가 중생이라고 아십시오. 그들은 상호적으로 존재합니다. 왜냐하면 이것이 참된 실상의 관점이기 때문입니다. 그리고 여러분이 제가 체體와 용用, 특히 체體에 대해서 한 말을 이해했다면, 이것이 이해될 것입니다. 중생들은 부처의 마음 밖에 존재하지 않고, 부처도 중생의 마음 밖에 존재하지 않습니다. 이것이 실상입니다.

한번은 한 제자가 아주 흥분해서 저를 찾아와 말했습니다. "스님, 두 보살*이 밖에서 다투고 있습니다. 금방 싸움을 벌일 것 같습니다." 옆에 있던 다른 제자가 말했습니다. "보살들이 다투고 싸운다고요? 무슨 보살들이 그래요?" 제가 중간에 끼어들어 말했습니다. "보살들에 대해 다투지 말고 그 상황을 해결하게. 가서 이 다툼과 싸움을 해결해." 자, 이곳에 앉아 있는 여러분은 그 싸우는 사람들이 보살이라고 생각합니까?

그렇다고요? 문수보살과 관자재보살이 싸운다는 뜻입니까? [웃음]

선중: 스님께서 어젯밤에 모든 사람은 보살이라고 하셨습니다. [웃음]

성엄: 굉지 선사의 텍스트에서는 체와 용을 이야기합니다. 싸움과 다툼은 행위이고, 용用으로 볼 수 있습니다. 체體, 곧 실상의 관점에서 보면, 그렇지요, 모든 중생은 보살입니다. 그러면 다투는 것은 어떻습니까? 뭐, 그것은 자발적인 반응이자 오묘한 작용이라고 볼 수 있겠지요. [웃음]

제 입장에서는 그들이 보살입니다. 왜냐하면 그들은 저의 아둔한 두 제자로 하여금 "보살이란 무엇인가?" 하는 문제를 생각해 보게 했기 때문입니다. 결국 그것은 그 다툰 사람들이 준 생생한 가르침이었습니다. 따라서 다툰 사람들은 보살입니다. 그러나 이것은 여러분이 부처님의 가르침에 반反하여 사람들과 다투고 싸우라는 의미는 아닙니다.

---

* (역주) 여기서 '보살'은 재가불자를 가리킨다. 중국불교에서 '보살'은 남녀를 구분하지 않고 붙이는 호칭이며, 남자의 경우 '거사'와 같은 의미이다.

털끝 하나 먼지 하나도
그대의 밖에 있지 않네!
更無一毫一塵, 是外來物爾。

이 구절은 단순히 실상 바깥에는 한 물건도 없다는 것, 일체가 체體의 나툼이라는 것을 선언합니다.

이로써 굉지 선사의 법어에 대한 저의 강해를 마치겠습니다. 이것은 두 가지 용도가 있습니다. 첫째, 여러분이 지금까지 들은 것은 묵조에 대한 어떤 개념적 이해와 지식을 제공합니다. 물론 우리는 그것에 대해 다른 사람들에게 이야기해 줄 수 있고, 그것은 그들에게 유용할지 모릅니다. 둘째로 더 중요한 것은, 우리가 이 지식을 이용하여 우리가 배운 것을 실현할 수 있다는 것입니다. 우리는 그것을 이용하여 우리 자신의 본체와 우리 자신의 생각들을 관조할 수 있습니다. 특히 번뇌를 일으킬 때 그렇습니다. 이런 식으로 성찰할 수 있습니다. '실제로 만나는 모든 일이 실상이라면, 그리고 이 대용大用과 체體가 동일하다면, 나는 왜 번뇌를 경험하는가?' 이렇게 성찰하면 번뇌를 놓아 버리고 바른 길로 돌아가서 이 원리에 상응할 수 있습니다. 그러나 진정한 용도는 우리가 묵조를 좌선 중에 응용할 때 나타납니다. 한 단계씩 우리는 그 방법에 숙달하면서 우리 자신을 변화시킵니다. 이 수행을 개념적인 지식과 비교해 본다면 이것이 훨씬 더 유용합니다.

옮긴이의 말

화두선과 묵조선은 선종禪宗의 대표적인 두 가지 수행법이다. 화두선은 대혜종고 선사 이후 흔히 '간화선'으로 불려 왔고, 우리나라의 제방諸方 선원에서도 많은 선객들이 이 방법으로 수행하고 있다. 묵조선은 중국에서는 거의 실전되고 주로 일본 조동종에서 계승되어 왔지만, 우리나라에서는 널리 알려지지 않았고 이것을 닦는 수행자도 많지 않다. 그러나 묵조선은 부처님 당시의 수행 전통까지 소급하는 지관止觀 수행법의 오랜 연원과, 일체의 망념을 놓아 버리고 바로 들어가는 예리한 '돈오'적 성격으로 인해 선종의 원래 가풍(조사선)에 더 가까운 수행법이라고 할 수 있다. 흔히 임제종은 화두선, 조동종은 묵조선이라고 이야기하나 조동종에서도 화두나 공안을 보조적으로 사용한다. 성엄 선사는 중국 임제종과 조동종의 법을 함께 이은 선사로서, 당신이 주재한 많은 선기禪期에서 때로는 '화두선'을, 때로는 '묵조선'을 가르쳤다. 이는 스님 자신이 묵조 수행을 통해 얻은 바가 있었고, 굉지 정각 선사의 문헌을 보며 그 뜻에 깊이 계합契合했기 때문이었다. 여하튼 스님은 중국 선불교 전통에서 묵조선을 실질적으로 부활시키는 데 성공했다.

이 책은 화두선을 다루는 『대의단의 타파』와 묵조선을 다루는 『무방법의 방법』을 한데 묶었는데, 이는 무엇보다도 선종의 대표적 수행법인 화두선법과 묵조선법을 나란히 비교해 볼 수 있도록 하기 위해서이다.

두 수행법은 방법상 확연한 차이가 있어 한데 섞거나 융합하기 어렵다. 가장 큰 차이는 화두선이 의심의 힘을 기반으로 대의단을 형성하여 이것을 폭발시키는 방법인데 반해, 묵조선은 이러한 큰 의심을 요하지 않고 마음의 고요함과 또렷함으로써 사물의 실상에 곧바로 다가간다. 수행자가 두 노선 중 하나를 선택할 때는, 방법상의 이러한 차이를 자신의 기질이나 마음 특성과 연관시켜 고려할 필요가 있다. 그러나 초기 단계에서는 두 행법에 비슷한 면이 있을 수 있다. 예컨대 스님은 화두 수행자가 명료한 자아감을 확립하려면 "몸과 그 감각들을 자각하는 것"부터 시작해도 되며, 그럴 때는 "마음과 몸이 하나라는 것을 경험해야 한다"고 말하는데, 이것은 묵조선의 첫째 단계와 같은 방법이다.

『대의단의 타파』에서 성엄 스님은 '간화선'이라는 용어 대신 '화두선'이라는 명칭을 사용하며, '간화'라는 말은 화두선의 네 번째 단계, 즉 견성한 이후 번뇌를 다스리기 위해 화두를 드는 경우[看話頭]에만 사용하고 있다. 이것은 그 이전 단계들을 '화두 염하기[念話頭]', '화두 묻기[問話頭]', '화두 참구하기[參看頭]'로 나눈 데 따른 것이다. 화두 수행에 들어가기에 앞서 우리는 마음을 안정시키고 자아감을 확립할 필요가 있다. 왜냐하면 정서나 자아감이 불안정한 사람은 화두에 집중하기 어렵기 때문이다. 그래서 스님은 마음을 가라앉히는 방편으로 호흡 관법(수식관)이나 직접 관법도 가르쳤다. 화두 수행에서는 의정疑情을 일으키는 것이 필수적인데, 스님은 의정이 일어나지 않는 근본 이유와 그것을 극복하는 법을 설명한다. 또한 화두 수행에는 치열한 방식과 이완된 방식의 두 가지가 있을 수 있다고 하며, 그에 상응하여 집중적인 수행 환경에서의 의단과 일상생활에서의 의단에 차이가 있을 수 있다고 말한다. 한 가지 특기할 점으로, 스님은 많은 사람들이 화두로 사용하는 "나는 누구인가?"에 대해 이것은 전통적 화두가 아니며, 이것을 화두로 들 경우 깨달음을 얻을 정도의 힘을 산출할 수 없다고 말한다. 이것은 주목할 만한 지적이다. 왜냐하면 "나는 누구인가?"의 자기탐구법은 본시 '나' 또는 '내가 있다'는 자기자각을 통해 자아감의 근원을 궁구하는 묵조적 행법이며, "나는 누구인가?"는 초기 단계에서 그 자각의 관심을 화두적으로 표현해 보는 물음일 뿐이기 때문이다. 실은 그 수행에서는, 마음속에 어떤 생각도 없이 '나' 또는 '내가 있다'는 느낌 자체만을 예리하게 자각해야 한다. 그것이 "나는 누구인가?"를 하는 올바른 방법이다. 따라서 "나는 누구인가?"라는 물음만을 화두로 쓰는 것은 '무無' 자 화두만큼의 힘을 산출하지 못할 수 있다. 전통적인 화두선으로 하려고 한다면, 예로부터 가장 보편적으로 사용되었고 성엄 스님이 강력히 권장하는 '무' 자 화두를 드는 것이 안전하고 효과적일 것이다. 우리나라 화두 수행자들은 "왜 무라 했는가?" 혹은 일반적으로 "이것은 무슨 도리인가?" 하고 참구하는데, 스님은 "무엇이 무인가?" 또는 "무?" 하고 물으라고 가르친다. 중요한 것은, 어떤 식으로 묻든 이 알 수 없는 '무'를 간절히 참구해야 한다는 것이다.

『무방법의 방법』에서 주목해야 할 점은, 묵조선법이 전통적인 지관止觀(사마타-위빠사나) 수행법을 근간으로 하면서도 사마타와 위빠사나를 순차적으로 닦는 지관 수행법과는 다르다는 것이다. 묵조선에서는 묵연함과 비춤이 늘 함께 가야 한다[默照同時]. 묵연함에 비춤이 동반해야만 '고요함'에 머물러 정체되는 폐단을 피할 수 있기 때문이다. 또한 이러한 비춤은 수행자가 이른바 '선정[定]'에 집착하는 위험을 피하게 해 준다. 이 점에서, 통상 선정과 지혜를 단계적으로 추구하는 남방불교의 관법 수행과는 차이가 있다. 무심의 경계를 지향하는 선 수행에서는 선정을 자연히 긍정하고 지나갈 뿐 그것을 중요시하지는 않는다. 왜냐하면 선정 그 자체는 아직 깨달음의 지혜가 아니기 때문이다. 또한 구체적인 수행의 내용 면에서도 묵조선과 위빠사나는 뚜렷한 차이가 있다. 위빠사나 수행에서는 호흡의 들고 남, 배의 움직임과 같은 몸의 현상이나 몸과 마음이 지각하는 느낌·생각 등 일정한 대상을 관찰하는 사념처四念處 관법을 주로 쓰는 반면, 묵조선에서는 예비적으로 호흡 따르기[隨息] 등을 잠시 쓰는 것 외에는 몸과 마음을 하나의 전체로 자각하는 데 집중하며, 세부적인 몸과 마음의 느낌이나 생각 같은 것을 관찰하지 않는다. 이 점에 대해 성엄 스님은, 마음의 작용을 관찰하는 것은 주체(자아)와 대상의 분리가 남아 있는 관觀이지 묵조가 아니라고 말한다. 그것은 "여전히 경험하는 자아가 있기 때문"이다. 실은 심신 전체의 자각조차도 진정한 묵조의 단계에 도달하기 위한 기초 단계일 뿐이다. 전신자각을 통한 심신의 통일과 더 나아가 환경과의 통일을 체험한 이후에 묵조의 진정한 면모가 드러나는데, 이때는 미세한 자아와 함께 일체의 번뇌가 사라지고 만물이 있는 그대로 현전하며, 모든 상황에서 자발적인 지혜가 자유롭게 작용한다. 따라서 묵조선은 비춤이라는 자각의 힘을 통해 현상의 공성空性을 꿰뚫고 무아를 직접 실현하는 행법이라 하겠다.

화두선이든 묵조선이든 공히 초기 단계에는 심신을 이완하는 연습이 필요하다. 성엄 스님은 머리에서부터 발끝까지 이완해 내려가는 구체적인 방법을 직접 지도하고 있는데, 좌선 도중 몸에 힘이 들어가거나 마음이 안정되지 않을 경우에는 이 방법을 써서 이완할 수 있다. 망념이 많거나 집중이 어려울 때는 수식관을 닦는 것이 도움이 된다. 한편 일상생활 중에는 어떤 대상을 지각하거나 어떤 행위를 할 때 '이것을 인식하는 것은 누구인가?', '이것을 하고 있는 것은 누구인가?' 하고 자문함으로써, 마음이 대상에 반연하는 것을 제어함과 동시에 주의를 자기 자신에게로 돌려 자각의 힘을 키우는 것이 좋은 방법이다. 이렇게 하여 마음이 안정되고 '자아감'이 확립되면 본격적으로 화두나 묵조의 수행에 착수할 수 있다. 다만 실제 수행에서는 '추구하는 마음' 없이 주의를 오롯이 방법상에 두면서 의심이나 자각의 힘을 면면히 이어가야 한다. 성엄 스님에 따르면, 선 수행에서 힘을 얻는 요령은 강한 힘을 몰아서 쓰기보다는 지속적으로 유연하게 힘을 안배하는 데 있다. 이와 같이 오래오래 해 나가면 수행에서 좋은 결과를 얻을 수 있을 것이다.

성엄 선사가 가르치는 수행 체계를 놓고 보면, 화두와 묵조에 동등한 비중을 두면서 그것을 각기 적절한 단계로 구분하여 수행자들이 자신의 진도를 가늠하기 쉽게 하였다. 여기에 수식법과 직접 관법을 보조적으로 운용하고 무상, 공空, 무아를 중심으로 한 불법의 핵심 관념을 선 수행의 불가결한 바탕으로 강조하는 한편, 참회와 발원을 통한 실천적 결의와 꾸준한 정진을 권장한다. 스님의 불법은 폭이 넓으면서도 결코 복잡하지 않고, 평이한 듯하면서도 심오한 깊이를 지녔다. 요컨대 스님은 선禪의 관점에서 불법의 핵심적 측면들을 유기적으로 결합하여, 현대의 불자들이 이해하고 실천하기 좋은 최상의 수행 법문을 내놓았다. 가장 초보적인 수준부터 궁극의 깨달음 경지까지 모두 보여주는 이 선 법문을 소화할 수 있다면, 불법을 내실 있게 체화體化하면서 이 선禪이야말로 수승한 깨달음의 길임을 확신하게 될 것이다. 왜냐하면 불법의 진수가 여기에 다 집약되어 있기 때문이다. 이것은 부처님 가르침의 기본에 충실하면서도, 다양한 근기들을 두루 포섭하여 성불의 길로 데려가는 크고 빠른 배이다.

대승불교와 선禪의 관계라는 측면에서 보자면, 성엄 선사는 화두와 묵조로 대표되는 선 수행을 대승불교의 중심에 놓고 이를 대승보살의 원력과 긴밀히 결부시키고 있다. 그래서 '사홍서원'과 같은 대승적 서원을 바탕으로 깨달음을 위한 수행에 발심하는 것이 선 수행자의 출발점이 된다. 왜냐하면 대승보살이 수행을 하는 목적은 그 자신의 해탈과 함께 일체 중생을 돕는 일에 매진하는 것이고, 이와 같이 중생들을 도우려는 자비심과 함께 모든 욕망과 집착을 버리는 출리심이 갖추어졌을 때 진정한 보리심을 발할 수 있기 때문이다. 이렇게 보리심을 발해야만 그 수행자가 궁극적으로 불지佛地에 이를 수 있다. 이러한 '성불'의 수행 체계가 대승불교이며, "대승의 가르침을 완전하게 표현하는" 것이 바로 "선의 지혜"이다. 따라서 견성見性과 그 이후의 수행으로 이끄는 선 수행은 대승보살의 필수적 과제이다. 우리는 스님의 법문을 통해 불교의 핵심 가르침이 무엇을 지향하고 그 과정은 어떻게 수행되어야 하는지에 대한 분명한 이해와 함께, 그것을 꾸준히 밀고 나갈 수행의 기초를 배울 수 있다. 독자 여러분은 여기서 많은 힘을 얻고, 불법에 대한 바른 안목으로 활발발한 삶의 가치를 창조해 가기 바란다.

2010년 6월 옮긴이